U0804668

第三版

中外教育史纲

胡金平　主编

南京师范大学出版社
NANJING NORMAL UNIVERSITY PRESS

图书在版编目(CIP)数据

中外教育史纲 / 胡金平主编. — 3版. — 南京 : 南京师范大学出版社，2019.7(2024.1重印)
ISBN 978-7-5651-4228-4

Ⅰ. ①中… Ⅱ. ①胡… Ⅲ. ①教育史—世界 Ⅳ. ①G519

中国版本图书馆CIP数据核字(2019)第105842号

书　　名　中外教育史纲(第三版)
主　　编　胡金平
策划编辑　张　春
责任编辑　于丽丽
出版发行　南京师范大学出版社
地　　址　江苏省南京市玄武区后宰门西村9号(邮编:210016)
电　　话　(025)83598919(总编办)　83598412(营销部)　83373872(邮购部)
网　　址　http://press.njnu.edu.cn
电子信箱　nspzbb@njnu.edu.cn
照　　排　南京凯建文化发展有限公司
印　　刷　盐城市华光印刷厂
开　　本　787毫米×960毫米　1/16
印　　张　22
字　　数　383千
版　　次　2019年7月第3版　2024年1月第9次印刷
书　　号　ISBN 978-7-5651-4228-4
定　　价　45.00元

出 版 人　张　鹏

南京师大版图书若有印装问题请与销售商调换
版权所有　侵犯必究

第三版说明

“中外教育史”是关于中国与外国教育思想、教育制度的产生、变革和发展的轨迹并由此揭示其规律的一门学科，是教育科学的一个重要分支。

教育史作为一门学科，既有历史学科的一些特点，如阶段性与连续性、变革性与继承性等；同时作为教育科学的一个分支，它对于教育科学体系又具有依赖性。

中外教育史以中国和外国教育思想和教育制度的产生、发展的过程及其规律为研究对象。涉及的范围主要包括两大部分：一是自古以来中外教育制度的发展脉络，包括教育的起源、学校教育制度的建立、教育政策的制定以及教育实施的史实等；二是自古以来中外主要教育家的教育思想和主要教育流派的教育主张。

要学好中外教育史，我们首先需要正确处理历史性与现实性的关系，以历史性为基础，因为历史是凝固的现实，现实是流动的历史。今天的教育是在继承传统教育的基础上发展起来的，同时又必须坚持“古为今用”，学习历史的目的不是为了回到过去，而是为现实的教育发展服务。

其次还要处理好政治性与学术性的关系，政治性对学术性有决定和制约作用，但不能以政治性简单地来代替或推断学术性。一个在政治上保守的教育家，他在教育理论方面的主张并非一无是处，所以具体人物要具体分析。

此外还要处理好阶段性和连续性的关系、中国教育与外国教育的关系。

学习研究中外教育史的方法主要有文献法和比较法，在掌握每个具体的教育史实的基础上，还要比较中外教育发展的异同，从中找出共性与个性，发现某种规律，把握当今教育的发展趋势。

《中外教育史纲》系编写者在多年本、专科教学的基础上，为公共教育理论课程改革而编写的教材，适合于师范院校非教育学专业的本、专科学生使用，也可以作为各类教师进修教育史课程的教材。本教材由胡金平负责全书纲目、体例的拟定以及最后的统稿。参加本书编写的有:胡金平(第三版说明,第一章,第二章第一、二、三、四、五、六节和第八节之第一部分,第三章第一、二、三、四节,第四章第一、二节,第五章,第六章,第七章第四、五节,第八章第一节之第二部分、第三节、第四节之第三部分、第五、六、七节)、王本余(第二章第七节,第三章第五节,第四章第三、四节)、王雯(第二章第八节之第二部分,第七章第一、二、三节,第八章第一节之第一和三部分、第二节、第四节之第一和二部分)。

法国历史学家马鲁说:"历史性的知识,作为关于人的知识的一个特定方面,从来都是变动不居的。我们对人、世界和生活的理解总是处于永恒的流动之中。"教育历史同样如此。随着新史料不断被发现、新方法不断被运用,以及人们对教育历史的认识不断深刻,某些观点结论被修正是理所当然的。

自 2010 年第二版出版以来,国内外教育史研究方面又有了诸多新的研究成果问世。同时,作者对于教育发展的历史事实也有了新的认识,加之原版中存在的一些错误未能纠正,以及诸多该教材使用者在教学过程中提供的有益反馈意见和建议,促使作者有了重新修订本教材的勇气和决心。由于诸多因素,本次修订由主编一人完成,故若存在错误亦由主编一人承担。

本教材在编写过程中吸收了诸多前贤、时哲的研究成果,在此深表谢忱。同时还要感谢为本教材的出版提供资助的南京师范大学出版社以及为本教材进行润色的编辑同志。

由于编写者水平有限,书中舛错不当之处在所难免,敬请读者批评指正。

编写者

2019 年 5 月

修订版前言

这次应出版社之请对多年前本人主编的《中外教育史纲》作修订，颇有“无心插柳柳成荫”之概。想不到八九年前出版的一本小书居然很得读者厚爱，短短数年间多次重印，销量几近十万册，这在当今教育史类教材多达数十种、市场竞争非常激烈的形势下，已是十分难得。前两年出版社高教部主任徐蕾女士和责任编辑朱海榕女士便希望我能对该书作一修订，由于有着其他科研任务的压力以及各种杂事缠身，加之本人疏懒，一直未能践行。这次根据广大教材使用者的要求，在大框架基本不变、字数增加不多的前提下，主要从四个方面进行了修订：一是在体例方面，根据教学要求，在每章正文前后增加了“学习目标”“本章小结”“学习指南”，在正文中间增加了“资料链接”。此外，为了使教材形象、生动，特在文中插入了一些图片。二是在教育内容选取方面，综合考虑多种因素，补充了部分教育家教育思想和某些教育制度发展史实的简要介绍，如苏霍姆林斯基、陈鹤琴教育思想及元代官学制度发展等。三是对某些内容的历史时段的归属方面进行了调整，如夸美纽斯身处古代向近代过渡时期，其教育思想也是从古代教育理论向近代教育理论的转变时期，故目前在教育史研究界，对其历史时段的归属存在两说：有的将其放在古代的终结部分进行介绍，有的放在近代教育理论的揭幕进行介绍。考虑到西方近代教育思想发展史的完整性，这次修订将其调整至近代部分。四是在原书部分内容的行文和史实评价等方面作了些许修订，但基本观点未作颠覆性修正。

由于种种原因，本次修订工作主要由主编独自完成，本着“文责自负”原则，修订版中出现的问题均由主编一人承担。

胡金平

2010 年 2 月于南京

目 录

第一章　古代学校教育的产生

【学习目标】

1. 了解世界早期学校的主要类型和特征。
2. 掌握中国夏、商、西周的官学制度体系及其变迁。
3. 掌握古希腊时期斯巴达和雅典两种教育制度的异同。
4. 了解古罗马帝国时期学校教育制度的变化。

教育是人类特有的一种社会现象，是一种有意识的以影响人的身心发展为直接目标的活动。教育伴随着人类社会的产生而出现，并随着人类社会的发展而变化。在人类社会发展的远古时期，教育并没有从人类的生产和生活活动中以一种独立的形式出现，教育处于非形式化发展阶段。随着人类社会的发展，教育的价值和重要性日益凸显，加之各种内外因条件的成熟，教育活动终于成为一种专门的、特殊的社会活动，学校由此产生，这是人类教育发展史上的一次重大飞跃。

第一节　世界早期学校的出现

世界最早的学校产生于古代东方。两河流域、古埃及、古印度和中国最早进入文明时代，也是最早产生学校的区域。

一、古代两河流域的学校

古代希腊人称幼发拉底河与底格里斯河之间的地区为“美索不达米亚”，意即河间之地。它的北部叫亚述，南部约从巴格达至波斯湾，叫巴比伦尼亚；而巴比伦尼亚北部叫阿卡德，南部则称苏美尔。

两河流域发掘出的“楔形文字”，证明早在6500年前两河流域便出现了令人瞩目的古代文明。这个地区是人类最早出现城市和国家的地方，也因此成为世界最古老的文明发源地。在两河流域的学校教育发展进程中,苏美尔王朝和巴比伦王国兴办的学校先后兴起,成为其中的代表。

(一)苏美尔人的学校

苏美尔文明是巴比伦文明的先驱。早在公元前5000年左右,苏美尔人来到了美索不达米亚,开创了两河流域的文明。其中楔形文字便是苏美尔人对文明最有意义的贡献,而这直接导致了世界最早学校的产生和发展。

楔形文字是世界上最早出现的文字之一。当时苏美尔人用当地盛产的芦苇和黏土作为书写材料,以削尖的芦苇秆在黏土泥板上压写字符,由于压出的笔画呈楔形,因此名为"楔形文字"。将写好字的泥板晒干或烧干后即成为今天所说的泥板文书。楔形文字后来为西亚古代各民族所采用,如迦南人、巴比伦人、亚述人、波斯人等均采用苏美尔文字来记写自己的语言,并由此形成了楔形文字的不同系统。

考古学家和历史研究者通过发现的泥板文书,根据其内容和形式大致为我们描绘了苏美尔学校教育教学的情形。

公元前3000年代初期,苏美尔氏族制度解体,奴隶制国家逐渐形成。大约在公元前3000年至公元前2500年左右,苏美尔人开始建立了学校。不过,直接论及这段时期苏美尔学校制度、组织机构和运行方式的泥板并没有被发现。考古学家只在经过对学校遗址的考察发掘,已知当时的学校按照创立者划分,主要可以分为三大类:一是宫廷或政府机关设立的学校;二是附属神庙的学校;三是私立学校。这些学校在早期主要是为培养寺院和宫廷里面的缮写员而设立的,因而学习书写便成为学校教育的主要内容。随着学校的发展,课程的内容不断地丰富,大致而言,苏美尔学校的课程主要分为三部分。第一部分是语言类课程,主要是学习苏美尔语的单词和语法。第二部分是半科学性课程,如算术、动物学、植物学、地理学、矿物学等方面的知识,在出土的由当时苏美尔教师编写的"教科书"中,发现列有许多树和草的名称,各动物的名称,国家、城市、乡村的名称,岩石和矿石的名称等。第三部分是关于文学和创作的课程,主要是学习、抄写、模仿过去的文学作品与进行新的文学创作。从迄今发现的文学作品看,主要包括诗歌、格言、寓言、随笔以及哲理性作品等,其中有不少是古代苏美尔学生们的未成熟的手稿。①

---

① [美]克雷默:《最早的学校》,见《教育学文集·教育与教育学》,瞿葆奎,人民教育出版社1993年版,第260页。

苏美尔人的学校被称为“埃都巴”，意思是“泥板房子”①，校长是一位“专家”“教授”，也被称为“学校之父”；学生被称作“学校之子”；教授的助手被称为“大哥”，其职责是书写新的泥板，以供学生临摹，以及检查学生临摹作业情况。此外，学校还有教授苏美尔语、绘画的教员，有负责考勤、维持课堂秩序等的管理人员。

苏美尔人的学校并不是全民教育，原则上学生来自社会各阶层，但实际上学生多为富裕家庭的男性孩童。据对一些出土的文献进行研究发现，当时学生的父亲主要为地方长官、大使、军官、寺院管理者、船长、高级税务官员、会计师、教士、督学、工头、缮写员、档案保管员等，总之，他们的父亲都是城市比较富裕的居民。

关于苏美尔学校的教学方法等，我们至今所知甚少。通常学生一早到校后，先复习前一天学过的内容，接着助教拿出准备好的一块新的泥板，提供给学生摹写和学习。有时助教、校长还要检查学生的摹写情况。在学生们的学习过程之中，记忆无疑起着重要的作用。在教学管理中，虽然教师有时也可能会采用鼓励的方法教育学生认真学习，但总体而言，一些原始资料告诉我们，体罚是常用的方法。一块记载学生学校生活的泥板记录了一个学生一天内受到的体罚。②

我的校长读完我的泥板说：“这儿缺了几个字符。”用藤条抽我。

掌管清洁的职员说：“你在街上游逛，没有整理好你的衣服。”用藤条抽我。

负责课堂纪律的职员说：“你为什么没有得到允许就讲话?”用藤条抽我。

负责学生集会的职员说：“你为什么没有得到允许就随便起立?”用藤条抽我。

负责学生出入学校的职员说：“你为什么没有得到允许就走出校门?”用藤条抽我。

教苏美尔语的老师说：“你为什么不说苏美尔语?”用藤条抽我。

可见，学校的体罚是严厉的，学生没有轻松的时间，每天从早到晚都生活在学校严格的管教环境里。

(二) 古巴比伦的学校教育

公元前1894年，阿摩利人占据巴比伦城，建立了古巴比伦王国。公元前18世纪，在古巴比伦第六代国王汉谟拉比统治时期进入了古巴比伦王国的鼎

①② 李海峰、祝晓香：《古代西亚苏美尔人的学校教育》，《阿拉伯世界》2003年第6期。

盛时代。此时，古巴比伦统一了两河流域，建立起强大的中央集权的奴隶主专政国家，并通过大兴水利，促进了经济的发展。

为巩固统治，汉谟拉比在重视军事控制的同时，也注意文治，其在位时颁布的《汉谟拉比法典》是目前所知人类历史上第一部较完备的成文法典。根据这部法典的规定，巴比伦尼亚的居民分为自由民和奴隶两大类，而自由民按社会法律地位又可分为全权自由民（"阿维鲁"）和非全权自由民（"穆什根努"）两个等级。前者包括僧侣、贵族、高利贷者、自耕农以及各行各业的雇工等，后者则在经济上依附王家的人，如充当常备军士兵的人等。①

古巴比伦创造了灿烂的科学文化，如天文学方面，当时的巴比伦人已经能够将五大行星（火星、水星、木星、金星、土星）与恒星区别开来，一些星象家认识到地球是个球体，此外，还将天文学知识运用到历法和计时方面，制定了太阴历；数学方面，曾采用六十进位和十进位双重计数法，掌握了算术四则和分数演算，能求出平方根和立方根，成为代数学的奠基者。

研究者们根据已有的大量史料推断，古巴比伦王国时期已经建立起一套为权贵阶层服务的学校体系，即祭司、书记员和文职人员的教育。②

大致而言，古巴比伦学校体系可以分为两级：一级是初等教育，主要对年轻一代进行读、写、算的基本训练，其中语言文字的教学主要是教授苏美尔文（即"古文"）和阿克德文（日常用语），不过教授前者文字的教师的地位似乎更被世人尊重；另一级是高一级的以培养文士为目标的"学院"，主要学习具有应用价值的技术类学科，如工程学、天文学、建筑学、医学等。

值得注意的是，由于最初规定只有僧侣才能充任文士，因而寺庙成为文士教育的主持者，学习文化知识也成为僧侣的特权。后来随着社会的发展，不仅寺庙、官府需要识文断字的文士，而且私人也需要缮写员、计算员等之类的文士，社会对文士需要量增加，由此导致非僧侣身份的文士也大量出现。

当时没有课堂教学，教学方式是采取师徒传授式的个别指导。学生的学习主要是记诵材料和模仿，然后教师随时纠正错误。

古巴比伦王国衰落之后，代之而起的亚述帝国和新巴比伦王国，先后成为两河流域新的霸主，在教育方面依然沿袭着古巴比伦的传统。

---

① 崔连仲：《世界史（古代史）》，人民出版社 1983 年版，第 110—111 页。

② [美]S. E. 佛罗斯特：《西方教育的历史和哲学基础》，吴元训等译，华夏出版社 1987 年版，第 18 页。

二、古埃及的学校

公元前3000年左右，埃及王朝建立，最高统治者为法老，一切政治和经济的权力都集中于法老手中。古埃及前后经历了早期王国、古王国、中王国、新王国和后王国。其中古王国、中王国是古代埃及的黄金时代。

古埃及在公元前2500年左右，即在古王国末期时产生了学校。这些学校在中王国时期得到发展，当时主要有以下几种类型。

(一) 宫廷学校

宫廷学校设在宫廷里，专供王子或高级官吏子弟就学，以培养奴隶主国家的高级文武官吏为主要任务。这种学校是古埃及最早出现的学校，也是最高一级的学校，一般人家的子弟或中级以下的官吏子弟是不能进入此类学校学习的。

宫廷学校的学生，在学校期间一方面要学习已有的文稿(政策文件)，另一方面还要用大部分时间从事抄写，把各种各样教诲式的档案、铭文抄写在草纸或泥板上，以备学习和保存。所有宫廷学校还要进行奴隶主阶级的道德和政治教育。学生通过铭文、格言等文稿的学习，了解社会所需要的生活习惯、行为规范以及怎样对待上司、如何保护和尊重私有财产，特别是如何维系森严的世袭等级制度等。此外，国家的高级官员还要对他们进行讲话，讲述奴隶主的功绩及种种神奇的传说、故事等等，让学生进一步了解奴隶主国家的社会、政治、道德、法律方面的准则，要求学生遵守国家法律、效法名人言行，能坚定地为奴隶制国家的利益而效力。为了使贵族子弟将来能成为一名英勇善战的武职官吏，习武也是宫廷学校的一门重要课业，主要训练项目有:射箭、投掷标枪、骑马、刀剑等，并经常外出打猎。作为未来的官吏，他们还被要求尽可能善于辞令。辞令被认为比武器还有力。当时流行的一句话是:“巧妙的辞令，胜过贵重的绿宝石。”

有些宫廷学校，还要求贵族子弟能了解一些当时已经整理和总结出来的初步的科学知识，如天文、数学、建筑、医学、地理等，了解这些知识对于将来管理国家也是必要的。

(二) 寺庙学校

寺庙学校是附设在寺庙里的一种学校，寺庙的僧职人员也就是寺庙学校的教师。这些寺庙的僧职人员一般都是身兼三职:既是僧侣，又是政府官员，同时还是学校主管人和教师。他们是僧侣奴隶主。这些人利用特殊地位、身份和权力，保留和垄断着广大劳动者在生产实践和社会生活中创造和总结出来的各种知识和经验,并加以神化和歪曲,再传授给寺庙学校的学生。寺庙学校一方面要教给学生普通的知识,如文字书写、语言、计算、几何、天文等学科的初步知识,同时也要向学生传授如神学、巫术、占星术、法律、医学、建筑、历法、数学等专门学科比较高深的知识。这些知识的传授是和学校的培养目标相联系的。就学校的培养对象来说,它既培养一般官吏、一般僧职人员,也为皇帝培养修建宫殿、陵墓、寺庙及医治疾病的人员。

寺庙学校要收取高昂的学费,僧侣把这作为寺庙经费收入的一部分,从这一点也可知,寺庙学校绝非一般人家的子弟所能上得起的。寺庙学校的教学方法非常简单,一般是限于教师问学生答,文字书写和背诵占据重要地位。在整个教育、教学过程中,特别注意和加强宗教神学精神和巫术思想的灌输。

(三) 文士学校

在古埃及,宫廷学校、寺庙学校的数量是有限的,那些想成为政府官吏或寺庙僧职人员的奴隶主子弟,大多数进入"文士"所设立的学校学习。"文士"是古埃及所特有的一类人,这些人大多是从寺庙学校出来的。有的有官职,有的没有官职,但都有一定的社会地位。这些人的最大特点是长于文墨,并且掌握一定的初步科学知识。文士学校一般设在文士家中,平常也可在露天或大树下进行教学。这种学校一般是比较初级和启蒙性的学校,主要教授一些识字、阅读、书写和基本计算方面的知识。对天赋较高的学生,可加授天文、医学和法律方面的知识,但全部学习内容中都浸透着迷信、巫术、神学精神。文士学校的入学年龄无严格限制,学习年限也长短不一。这种学校靠收取学费维持。文士学校也招收一些自由民子弟,但家境贫寒的即使入了学也很难长久坚持下去。

值得注意的是,上述学校在教学方法方面强调机械背诵和反复练习。学校纪律严酷,体罚被看作正当的教育手段。有一句谚语:"男孩的耳朵是长在背上的。"说明体罚在当时很普遍。

三、古印度的学校

公元前1000年,处于恒河流域的古印度建立了最初的奴隶制国家。古代印度社会的特点,一是宗教在社会生活中占主导地位。宗教一经产生,就同整个社会生活联系紧密。最初的宗教是婆罗门教,其宗旨在于维护、宣传种姓制度。到公元前6世纪,又出现了一种新的宗教——佛教。佛教基本上继承了婆罗门教的教义,只是它反对婆罗门种姓的特权地位而宣扬"众生平等"。二是种姓制度非常严格。按照种姓的高低，古代印度把全社会划分为五个等级：婆罗门、刹帝利、吠舍、首陀罗和贱民。婆罗门是祭司贵族，刹帝利是军事贵族，这两者占有大量的生产资料，属于统治阶级。吠舍是小生产者(农民、手工业者、商人)。首陀罗是一些失去土地的自由民及一些外族人，他们和奴隶一样处于被奴役的地位，只能任贱役。被征服的达罗毗荼人属贱民即奴隶，地位最低。不同种姓之间尊卑极为悬殊，不共同生活，也不互通婚姻。

古印度的教育是与种姓制度和宗教教育密切联系在一起的。

(一) 婆罗门教的教育

1. 家庭教育

古代印度在氏族社会解体之后，原始公社变成农业公社，以公共经济和血缘关系为基础的氏族社会制度变成由掌握特权的少数人奴役多数人的阶级制度。

当时印度以农业生产为主，担任农业生产的达罗毗荼人自然居住在农村，过着农业公社生活，但因为当时城市尚未发达，非达罗毗荼人也同样居住在农村。农业公社是印度的基本组织单位，其经济自给自足。在公社村中，印度人的家庭也分为单独和联合两种，联合家庭的成员聚居一处而共有财产；单独家庭成员分别居处而各私其财产。在两者之中，以联合家庭习见。根据历史的记载，吠陀时期极重家庭教育。在古代印度，特别是在氏族社会残余比较显著的印度河流域，父亲权力极大，他是一家的主宰，当然也拥有对子女的教育权。祭司僧侣为了使后代保持世袭的种姓，一般都在家庭中教子女学习《吠陀经》。公元前2000年的《法典》中记载："学习和理解《吠陀经》，从事虔敬的忏悔，探索有关法律和哲学的神圣知识，尊敬自然的父亲(即生父)和精神的父亲(即僧侣)，乃是首要的职责，尽到这些职责，便可获致无限的幸福。"显然在吠陀时期十分注重家教，而家教的主要任务是借宗教训练培养继起的婆罗门。按照规定，婆罗门须把四种《吠陀经》全部学好，但是由于此事过于耗时费事(全部习完需40年)，实际难以做到，然而最低限度也必须学好一种《吠陀经》才能成为僧侣，即婆罗门。

2. 古儒学校

大约公元前8世纪以后，印度在生产和社会发展的同时，文化学术也得到了极大的发展。不但几何学、天文学、水利学、建筑学、医学等有了发展，而且为了正确诵读和解说《吠陀经》经典，还产生了语法学、发音学、声韵学、逻辑学、哲学等，这些丰富多样的知识使人们具备了从理论上钻研《吠陀经》经义的条件,其结果是《奥义书》问世。从公元前8世纪到公元前4世纪的孔雀王朝,被称为奥义书时期。它是古代印度文化的兴盛时期,也是学校诞生之始。家庭教育仅以背诵《吠陀经》为务,如今进入阐释经义的工作,并非一般家长所能胜任,而且宗教祭祀这时已成为具有专门训练的僧人的职责,不再是一般婆罗门教士所能承担的,这样古儒(Guru)学校便产生了。所谓古儒,是一些对经义粗具研究的人,他们兼具笃信梵天而又能阐述经典的双重品质。最初,他们周游各地,教导青年,被视为神圣的经典传播者,很受社会尊重,此后定居家中,设校课徒,那些不能或不愿亲自教导孩子的家长便把自己的孩子送到此处学习。一般入学年龄为七八岁,入学以前须经过隆重的仪式,成为再生种姓;然后还须经古儒许可后,方被接受为学生。学生须迁居古儒家中,过着有节制、有规律的生活。在学期间,师生共同生活,不啻教师家中的成员。学习年限不一,一般为12年。学习内容除了《吠陀经》外,还有许多学科,如发音学、音韵学、语法学、字源学、天文学和祭祀等"六科"。这六科其实均是学习《吠陀经》经典的基本训练。可见学校已在神学学习中包括了更广泛的知识,这是有利于印度学术发展的。教学方法虽然仍以记诵、讲解为主,但也有了复述、讨论、演示等方法,当然,体罚仍然非常盛行。此外,古儒还常让年长儿童做助手,助手先学习一步,然后再去教其他儿童。

按古代印度的传统,唯有婆罗门教的僧侣才有资格教授《吠陀经》,古儒学校的教师当然也不例外,全为婆罗门种姓的人。法律规定教师应具学养、忠贞、和善,言语清晰、以身作则、信仰坚定,并且安于行乞而乐于以知识启迪后生。古印度把教师推崇为崇高的职业,凡教师堪称古儒者,是极高的荣誉。古儒学校不收学费,原因是传授《吠陀经》圣书是神职,为神效劳是不应索取报偿的,但实际上,学生家长常给古儒以丰厚的赠礼,学生毕业后对教师赠礼也是常事,可见古儒学校也非一般贫寒子弟所能进入的。

(二)佛教的寺院教育

佛教产生后,提倡"无欲、无恶、清静,一切皆空",宣传人要消除一切欲望,要多注意自我修行,多行善事,只有大彻大悟才能到达世界的彼岸。为了"普度众生",实现其济世的理想,佛教乃广设寺院来教育僧徒,这与婆罗门教育以家庭和学校为场所不同。佛教的教育对象也不受种姓制度的限制,凡是愿意为僧者,不论男女均可去僧院或尼庵修行。僧徒在寺院学习的时间多为12年,12年学习期满经考验合格后,成为正式僧侣,被称为"比丘"或"比丘尼"。之后大部分人离寺回家,少数人在寺里继续学习10年,然后担任寺里的僧侣职务。佛教寺院教育内容并无统一规定，一般皆以神学经典为教材，认为经典是一切知识、道德的源泉。此外还要学习逻辑学、天文学、数学等，教授时多以方言讲授，而不使用梵文梵语。同时，寺院在初级阶段的教学，多由教师讲授，学生记诵，到高深阶段，则常采用争辩和讨论的方式，很灵活，并且课堂很有生气。

值得一提的是，佛教虽大力发展寺院和尼庵的教育，对于一般信徒的家庭教育也并不放松。他们鼓励信徒在家修行，这些人被称为"优婆赛"或"优婆意"。这些人须以财物维持寺庵的用度，同时也须在家诵读经书和定期参加寺庵宗教仪式，而寺庵负有指导学习的任务。

第二节 中国奴隶社会时期的学校教育

一、学校的萌芽：文献记载中的夏朝学校

根据历史传说以及大量儒家对远古社会的描绘，我国早在原始社会末期，具体而言是在五帝、尧舜时期便有学校的出现，名称有成均、庠、米廪等。但目前尚缺乏确凿的实证。不过，从其功能看，它们似乎都不是真正意义上的学校，如"成均"，是声教、乐教处，也是氏族部落聚会、娱乐的广场；"庠"原义是饲养家畜的地方，后又成为存储谷物处（即"米廪"），由于它常常由老人负责，故养老成为庠、米廪的功能之一。由此看来，这些机构只能算是带有教育作用的议政、娱乐、养老机构而已。

大约在公元前 21 世纪，我国建立了第一个奴隶制国家——夏朝①。夏朝，国祚约 400 余年，其君位实行父死子继。夏朝国都迁徙较为频繁，最后定都于斟鄩（今河南二里头遗址，便是夏都城所在）。

关于夏朝，由于历史久远、文献稀少，加之夏朝成篇的文字尚未被发现②，人们长期纠缠于传说和信史的困惑中，甚至连夏朝是否存在都成了疑问。不过，1950 年代开始的洛阳偃师二里头文化遗址的考古发掘，不仅证实了夏朝的存在，而且出土的诸多器物也成为反映夏朝物质生产的可靠依据。作为夏朝

---

① "夏商周断代工程"公布的《夏商周年表》拟定的夏年表为公元前 2070—公元前 1600 年。

② 夏朝是否有文字，学术界一直存在不同意见。唐兰在 1930 年代出版的《古文字学导论》一书中便认为夏朝初期就有文字，李学勤等同样认为夏朝可能有文字；徐中舒等则对夏朝出现文字持否认立场，认为二里头遗址出土的陶器上虽有刻画的符号，但这只是记事符号，而不是正式文字。

中晚期都城遗址,二里头遗址内发现有宫殿(宗庙)、居民区、制陶作坊、铸铜作坊、窖穴、墓葬等遗迹。出土有大量石器、陶器、玉器、铜器、骨角器及蚌器等遗物,其中的青铜爵是目前所知中国最早的青铜容器。

虽然夏朝已从族邦进入王国时代,具备早期国家形态,农业文明获得较大发展,从二里头遗址考古发掘情况看,在农业发展基础上,畜牧业、渔猎经济也较发达;出土的种类繁多的青铜器,反映夏朝已跨进青铜时代。① 不过,由于尚未有出土文物印证夏朝学校的存在,故这里只能依据文献描述当时的学校教育情形。

古籍中关于夏朝的记载颇多,教育机构的名称主要有庠、序、学、校四种,如《孟子·滕文公上》:"夏曰校……学则三代共之,皆所以明人伦也。"孟子认为学、校是夏朝学校的名称。又据《礼记·明堂位》:"序,夏后氏之序也。"而《礼记·王制》中更认为夏朝的"序"有东序和西序之分:"夏后氏养国老于东序,养庶老于西序。"《郑玄注〈仪礼〉》:"夏后氏之学在上庠。"

庠也是夏的学校名称之一。孟子说:"庠者,养也;校者,教也;序者,射也。"意思是说,"庠"是进行敬老养老教育、明了人伦之道的地方;"序"是练习射箭的地方,后来成为军事教育的场所;"校"是传授宗教、礼仪等的地方,同时,从字源上看,"校"的原义是"木囚",即用木头围栏围成的养马之所,与"序"相似,军事技能教育也是"校"的重要功能。简而言之,夏朝学校的教育内容主要涉及三个方面:一是军事技能教育,二是宗教、礼仪教育,三是敬老养老等人伦教育。

据史籍记载,夏朝为政尚武,为适应这种政治需要,把本阶级成员及其后代培养成为能征善射的武士便成为当时的教育目的。而在教育内容方面,军事技能训练理所当然地成为最重要的内容,《文献通考·学校考》说:"夏后氏以射造士。"习射成为军事教育的重点。同时,人伦道德也是学校教育的另一个重要内容。此外,还要进行以敬天尊祖为中心的宗教教育。

夏朝依然是个神祇中心时代,但起源于祭祀活动的礼的内容和功能开始发生变化,最突出的是礼的门类增多,不仅有沟通人与神之间关系的祭礼,还有疏通人际交往的嘉礼等,形成了"以祖先崇拜、权力神化、泛灵禁忌为构架的

---

① 李学勤主编、孟世凯副主编、詹子庆:《夏史与夏代文明》,上海科学技术出版社 2007 年版,第 194 页。

祭祀、丧葬、朝觐、聘问、婚姻、盟会、燕享、军礼等一套礼制。”①而这些门类众多的礼仪需要通过教育(广义的或狭义的)进行传播,因而可以推知此时的学校教育的重要内容之一。

虽然我们说夏朝的庠、序、学、校具有教育的意义,但它们毕竟不同于后来的专门教育机构,故我们暂且称之为学校的雏形。

二、学校教育制度的初建:商朝的学校教育

公元前 17 世纪,商汤灭夏,建立了我国第二个奴隶制国家——商朝。由于商朝最后 270 多年间,定都于殷,即今天的河南安阳,故此商朝又名殷商或殷朝。

商朝有国 600 年,王位的继承自第二传以下,一般以兄终弟及为原则。商王垄断着王朝的军权和祭祀权,同时还是族权的控制者,但并非中央集权的独裁者。王畿之外是商王统属的各诸侯的势力范围,诸侯的来源多样,有的是为商王所征服或自愿归附的原部族君长,有的是商王的功臣或亲族,他们的义务是在王朝需要时派兵替王征战,平时则定期向商王进贡。

商朝是我国进入文明社会之后第一个经济发展的高峰时期。② 农业是其主要的生产方法,农作物“五谷”齐备,农业生产中所使用的工具已是金石并用。同时,渔猎和畜牧业也在商朝社会经济中占有重要的地位。手工业发展达到了相当水平,除陶器、瓷器、丝绸、玉石雕刻等外,青铜(铜锡合金)器的铸造工艺更是具有相当高的制作水准,重达 875 公斤的后母戊大方鼎,便是其代表作。

简言之,就政治、经济、文化发展的水平而言,商朝已经完全具有成熟的产生学校的条件。而且从现在出土的地下文物来看,当时商朝文化教育的发展已具有相当的水平。例如,作为教育手段的文字,已发展并达到基本成熟的阶段。从殷墟出土的十余万片刻有文字的龟甲和兽骨来看,多为占卜所用,卜辞记录有 160 多万字,所用的单字达 4 672 个。此外,尚有刻在陶器上的陶文,刻在青铜器上的金文。商朝已出现了多种文化专职人员,如祝、宗、卜、史等,而文字也已广泛应用于记述社会政治、经济、生产、生活等活动,如出土的甲骨文卜辞内容涉及祭祀、天象、疾病、征伐、田猎、农事、王事、出行等,故《尚书·多

---

① 李瑞兰主编:《中国社会通史·先秦卷》,山西教育出版社 1996 年版,第 320 页。

② 宋镇豪:《商代史论纲》,中国社会科学出版社 2011 年版,第 277 页。

士》曰:“惟殷先人,有册有典。”

关于商代的学校教育机构的名称,地下文物也有证实。结合古籍的记载,商代的学校机构主要有庠、序、学、瞽宗四种。

“庠”承袭前代,仍为养老的机构,但教育意义明显增加,逐渐成为实施教化的一种社会教育机构。

“序”仍然继承了前代以习射为主的教育传统,但随着政权统治的巩固,其作用逐渐由“习射”转为“习礼”为主。发展到后来,习射成为一种形式,通过习射达到“明君臣之礼”“明长幼之序”的目的。可见,商朝的“序”较之夏朝的“序”在任务和作用上更加发展。

“学”也是商代重要的教育机构。《礼记·明堂位》:“殷人设右学为大学,左学为小学。”虽然对殷商是否有大、小学之分学术界有不同看法,但“学”在此时已成为对奴隶主贵族子弟进行以礼乐教育为主要内容的教学场所,则得到大量的甲骨文记载的证实。

“瞽宗”是商朝独创的新型教育机构。“瞽”的字义是眼睛盲瞎,由于盲人一般对于音律有较强的感知能力,故常充任乐师,因而“瞽宗”被推定为祭祀乐祖的神庙,同时兼具音乐教育的功能。马端临在《文献通考》中说:“瞽宗,乐师,瞽蒙之所宗也,古者有道德者使教焉,死则以为乐祖,于此祭之。泮之为言班也,于此班政教也。”①。事实上,商人尊神、重祭祀,《礼记·表记》中说:“殷人尊神,率民以事神,先鬼而后礼。”这些礼仪活动又常常与音乐有关,故商人“以乐造士”(《文献通考》卷40《学校考一》),因而音乐教育成为商朝学校的重要教育内容便不难理解。

无论从文献的记载还是从出土文物来看,商朝的学校教育已有固定的校舍,并选拔德高望重的人为师,通过传授军事技能和礼乐等知识技能,以及识字、刻字和阅读等文化知识,以造就奴隶主贵族的接班人为教育的目的,这些都表明学校教育已经出现。

三、学校教育的初步发展:西周的学校教育

(一) 西周社会概况

公元前11世纪,周武王伐纣,经牧野之战,灭商建周朝,并建镐京为新都,是为宗周。不久,武王去世,年幼的成王继位,且由王叔周公旦摄政,由此引发

① [元]马端临撰:《四库家藏 文献通考6》,山东画报出版社2004年版,第1页。

管、蔡二叔不满，联络旧诸侯背叛周室，为此周公率兵东征平息叛乱，并将周人势力进一步东扩。为加强周人对东方的控制力，周公在洛阳一带建立东都，称为成周。从周王朝建立到公元前 770 年周平王迁都洛邑之前，历史上称为西周，西周是周朝发展的高峰时期，也是奴隶制社会发展的鼎盛时期，其主要标志是井田制、分封制、宗法制和礼制的改造及建立。

井田制即土地国有，它是西周的主要经济制度。它的推行，推动了西周社会的支柱产业农业的发展，进而推动了整个社会的进步。

分封制是周人为巩固政权而创立的一种新制度，周天子按等级次第分封诸侯、卿、大夫等，授土授民。分封的结果是造成了严格的尊卑等级，周天子为诸侯之君，天下为周家的天下。《诗经·小雅·北山》有言："溥天之下，莫非王土；率土之滨，莫非王臣。"这表明周代已经完全消除了部落制的残余，向着后世的中央集权国家迈出了一大步。

宗法制是西周的组织制度。西周统治者利用氏族血缘关系把奴隶主贵族联系起来。通过建立嫡长继承制，使等级尊卑制度从政治领域一直深入到家庭内部，宗法制成为按照等级制原则建立起来的血缘组织，从而具有了专制制度的特点，成为西周社会的重要支柱，西周政治也成为宗法政治，即君统和宗统相结合，亲亲与尊尊相统一。

礼制是西周意识形态的集中体现。周代的礼制（简称"周礼"）是以等级制为实质，以父权即君权为基础，以"氏以别贵贱"或"刑不上大夫，礼不下庶人"为精神，在宗法制的基础上形成的。它使以等级制为原则的宗法制进一步理论化、系统化，体现了西周政治制度和血缘制度的原则精神。礼制代替了法律，形成了统治者利用阶级分化而实行专政的制度。文化教育也形成了尊礼的特点，并实行"诗书礼乐以造士"（《文献通考》卷 40《学校考一》）。

（二）西周的学校教育制度

在前代学校发展的基础上，西周的教育制度日臻完备，记载西周学校教育制度的史籍和出土文物异常丰富，这为我们了解、研究西周学校教育制度提供了可靠的资料。西周的学校教育分为国学、乡学两类。

1. 国学

国学即设在王都的学校。据史料记载，西周的国学分为小学、大学两级。

（1）小学。

西周有小学的设置，不仅有古籍的记述，而且有金文的印证。《礼记·王制》说："天子命之教，然后为学。小学在公宫南之左，大学在郊。"其清楚指出了小学和大学的设置地点。康王时的《大盂鼎》有铭文云:“隹(唯)九月,王才(在)宗周,令(命)盂。王若曰:‘盂……女(汝)妹(昧)辰又大服,余隹即朕小学,女勿克余乃辟一人。’”据郭沫若先生考证,此非康王自就小学,而是转述康王之子昭王幼年时之事。可见,这种小学是宫廷的贵胄小学。不仅天子有小学,各诸侯也有自己的小学,如《春秋公羊传》“宣公十五年”注云:“诸侯岁贡小学之秀者于天子,学于大学。”

贵族子弟入小学的年龄,史书记载不一,有8岁、13岁、15岁等多种说法。如《大戴礼记·保傅》:“古者八岁而出就外舍。”《尚书大传》:“十有三年始入小学。”又曰:“馀子年十五始入小学。”造成这种不同说法的原因,主要是因为西周社会历史长达近300年,加之天子与诸侯国之间的关系松散,不可能有一成不变的入学年龄规定。不过,也有学者从阶层等级性推断其入学年龄的差异。

小学的教育内容,主要是关于奴隶主贵族必须掌握的道德行为准则和社会生活知识、技能等,其中尤以道德教育为主。《周礼·地官·师氏》:“师氏掌以媺诏王,以三德教国子。一曰至德,以为道本;二曰敏德,以为行本;三曰孝德,以知逆恶。”又曰:“教三行:一曰孝行,以亲父母;二曰友行,以尊贤良;三曰顺行,以事师长。……凡国之贵游子弟学焉。”

(2)大学。

西周的大学分为天子大学与诸侯大学。

天子大学的名称,史书记载有东胶(或东序)、辟雍、成均、瞽宗、上庠、太学等。金文中亦有辟雍、学宫、大池、射庐等名称。其实,这些大学名称中有许多是同实异名。如太学与辟雍便为同处异名。总而言之,西周的天子大学是以辟雍(太学)为中心,四周环以学习不同内容的东学(东序)、西学(瞽宗)、南学(成均)、北学(上庠)。其中东学为习舞、养老、乞言、论政之地;南学为乐德、乐语、乐舞之地;西学为学习礼乐、祭祀先贤之地;北学为学书之地。中央的太学则为习射练武之处。由此可见,西周的天子大学已有分科教学的意义。诸侯的大学因其三面临水而名为泮宫。

值得注意的是,无论是天子大学还是诸侯大学,除了是贵族子弟学习之地外,它还是贵族成员集体行礼、集会、聚餐、练武的场所,充分体现了奴隶社会教育的政教合一、政教一体的特点。

2. 乡学

设在王都郊外、六乡行政区中的地方学校,总称为乡学。

根据《周礼》记载,西周乡的行政组织下分为州、党、族、闾、比、家。在行政组织的基础上相应地设立了家塾、党庠、州序、乡校等不同名称不同级别的地方学校。不过，从当时的社会发展水平看，这些机构不可能都是以知识教育为主的学校。事实上，有些只是进行道德教化为主的政教合一的场所，例如“校”，只在农闲时举办，选择一些有德行的父老进行孝悌之类的道德教化。

乡学由管理民政的司徒总负责。实行定期的考核制度，学习优异者，可以被推荐至国学学习。

（三）西周学校的教师

“官师合一”是奴隶社会学校教育的共同特点。西周教育的教授者、管理者均由政府官员兼任，如国学即由国家礼官大乐正总负责。礼官属下的某些乐官、军事官员如乐师、师氏、保氏、大胥、小胥、大师、小师等便是学校的教员。不仅国学是官师合一，乡学也是如此：地方教育行政事务由负责地方民政事务的大司徒负责。在乡学供职的教师、父师、少师，均是退休的大夫或士。

造成西周学校“官师合一”，未能使教师成为单独的社会职业的原因，除了社会发展水平的制约外，还与西周社会实行的“惟官有书，惟官有器”的“学术官守”政策不无关联。西周时期由于生产力发展水平低下，书写材料主要是竹简、木牍等，书写工具则是刀笔，因而制作一部书册是非常困难的，只有官府才有财力、人力完成此项任务。官方出于政治管理的需要，把历代典谟制诰、法纪规章以文字的形式记载下来，汇集成书册，藏之秘府，由专门的官员来掌管；此外，诸如用于军事、礼乐等技能训练的器物也只有官府才能完全具备，这种现象称之为“学术官守”。士子们如欲学习将来为官必须掌握的知识技能，只有求之于有司，学之于官学，这称之为“学在官府”。此外，由于宗法社会形成了为官者世世为官、为民者世世为民的世卿世禄制度，造成为官之父兼而为师，传其所学。子入官府，各从父学，习其世业，形成家有世业、族有世业的传统，以致教师由官员兼任，成为一种世袭的职业。

（四）六艺教育

1. 人文教育传统与六艺的起源

“六艺”，即礼、乐、射、御、书、数。它的形成源远流长，同时体现了中国传统教育的人文特征。

“人文”一词最早出现在《周易・贲卦・彖传》中：“刚柔交错，天文也。文明以止，人文也。观乎天文以察时变；观乎人文以化成天下。”唐代孔颖达疏：“言圣人观察人文，则诗书礼乐之谓，当法此教而化成天下也。”北宋理学家程颐《伊川易传》卷二释作：“天文，天之理也；人文，人之道也。天文，谓日月星辰之错列,寒暑阴阳之代变,观其运行,以察四时之速改也。人文,人理之伦序,观人文以教化天下,天下成其礼俗,乃圣人用贲之道也。"简言之,我国古代"人文"一词大多指礼乐教化,意义涵盖人性、理性、道德等。其核心就是"以人为根本,不为神役,不为物役,通过礼乐伦理教化,达到人与自然的和谐,人与社会(人与人)的和谐,以及个人身心的和谐。"①

先秦时期是古代人文精神和人文教育的发端与发展时期,而先秦时期的文化又被许多研究者称为"礼乐文化"或"礼乐文明"。关于礼乐的起源问题,学术界并无一致的观点,有"手势语言"说,有"饮食"说,但大多数学者持"祭祀"说。

图腾崇拜是一种原始宗教,起源于氏族制形成时期。氏族部落人群将某种符号作为自己的保护神,且常常通过举行祭祀活动,表达人们对神的崇拜、感激和祈福,《尚书·尧典》中"余击石拊石,百兽率舞"描写的便是这种活动的场景,而由此亦可知道音乐和舞蹈常与祭祀仪式活动相伴而行,这大概是"礼""乐"的原初意义和功能。随着多神崇拜的出现,祭祀的对象和活动日益增多,仪式和禁忌亦日渐繁复。同时,祭祀活动中供奉神祇的器物、仪式等开始与参与者的身份地位发生关联,即借助器物、音乐、动作、辞令和程序,标明不同的等级身份,个人在仪典中所处的位置就是其在社会结构中的位置。简言之,参与者通过庄重、严肃、虔敬的仪式活动,不仅养成了对神的敬仰虔诚之心,同时也受到宗教仪轨、社会规范、风俗习惯的熏陶与教育。

殷商时期神鬼宗教文化极为兴盛,"国之大事,在祀与戎"(《左传·成公十三年》),祭祀与军事是国家的头等大事。事实上,无论是国家大事(包括军事活动)还是私人生活,均要预先通过占卜询问吉凶,这种神鬼中心的取向,使得以祭祀为目的的礼乐文化较为兴盛、烦琐,并设有专门司职礼乐的神职官员,如巫、卜、史、占、祝等。与此同时,礼乐所应包含的人文精神较为淡化,人文教育较为缺失。

西周是礼乐文明形成和发展时期,亦是人文精神和人文教育初步形成的阶段。《礼记·表记》称:"周人尊礼尚施,事鬼敬神而远之,近人而忠焉。"虽然西周社会依旧崇奉至上神的绝对权威,依然认为礼乐是秉承天道、践履天道,但基于"永言配命,自求多福"(《诗经·大雅·文王》)、"天视自我民视,天听自我民听"(《尚书·泰誓》)这些新的"天人合一"观念的树立,在天命观中却跃动

① 楼宇烈:《发扬人文精神,重视自我修养》,《孔子研究》1999年第4期。

着人的自觉意识的苏醒，成为中国人文精神的初步。① 由周公创制的礼乐制度不仅更加系统化和制度化，而且由过去以宗教仪式为核心的人神之礼，转变为以社会交往仪式与规范为核心的人伦之礼。西周礼乐呈现出制度化、人文化、伦理化、政治化等特点，西周教育的内容主要是以反映世俗生活的礼乐为核心的六艺教育。

2. 西周的六艺教育

虽然“六艺”萌生于西周之前，但它逐渐褪去宗教外衣而显现其政治化、伦理化的人文色彩，则是在西周尤其是周公制礼作乐之后。“六艺”浸润于西周贵族的日常生活之中，故六艺教育亦成为西周学校教育的基本内容。

(1) 礼、乐。

按礼、乐内容的性质，这是属于政治教育的范围。西周重视礼、乐教育是出于进一步巩固政权的需要。西周统治者鉴于夏、商灭亡的教训，对天产生了怀疑，形成了“敬德保民”的思想，重视礼、乐教育便是在此基础上产生的。也因此决定了西周的礼、乐教育逐渐改变了夏、商的礼、乐教育完全依附于宗教的传统，而趋于伦理化和政治化。

在西周时，礼是政治伦理方面的教育内容，它包括了奴隶社会的宗法等级世袭制度、道德规范和各种仪节。因此，礼被视为立国的准绳，国家命运之所系。《礼记·曲礼》中说：“道德仁义，非礼不成；教训正俗，非礼不备；分争辩讼，非礼不决；君臣上下，父子兄弟，非礼不定；宦学事师，非礼不亲；班朝治军，莅官行法，非礼威严不行；祷祠祭祀，供给鬼神，非礼不诚不庄。”一个不懂礼的人，几乎是寸步难行，因而礼的学习也成为六艺的核心。

乐主要包括器乐、诗歌、舞蹈等。由于乐是礼仪中不可缺少的基本项目，所以乐除了发挥艺术教育的功能外，更在于通过美学来进行伦理道德教育。习乐实际上成为习礼的基本训练。《礼记·文王世子》中指出：“乐所以修内也，礼所以修外也。”礼、乐并称便是这个道理。

(2) 射、御。

射与御是军事教育方面的内容。射指射箭技术的训练，御指驾驭战车的技术训练。西周时期，作战以车兵为主力，每辆战车由甲士(包括驭者、弓箭手、长矛手)若干人组成，他们均由贵族子弟充任。车兵进攻的主要武器是弓

① 徐复观：《中国古代人文精神之成长》，《中国人的生命精神》，华东师范大学出版社 2004 年版，第 176—177 页。

箭,所以射与御是贵族子弟必须掌握的最基本的军事技能。值得注意的是,当时在军事训练的过程中,不仅要求学习者必须达到一定的军事技术要求,而且还要将思想品德教育渗透于教育过程中,主要表现为射御时必须尊礼。所谓尊礼,一方面在形式上要合乎礼节的规定,另一方面在思想上要有明确的训练目的和志向。在尊礼思想的指导下,西周创制了"礼射"制度,将是否合礼作为判断射御优劣的标准。

(3) 书、数。

书、数是基础文化课。书,即识字、习字教学。数的教学,包括教儿童数数、学习记日法,以及一般计算能力的培养。书、数的教学,当时主要是在儿童时期进行,因而它们被称为"小艺"。

以礼、乐为中心的六艺教育是奴隶社会制度的产物,在它的发展初期,它是一种在注意实用性的基础之上,文武兼备、知能兼求,德、智、体等方面都得到发展的教育。但是随着奴隶主阶级的日益腐朽,六艺教育也逐渐变质,失去了务实的精神,以射、御教育为例,它改变了实战的性质,蜕变为进行礼乐教育的形式。

第三节　古希腊时期的教育

古希腊位于地中海东部。公元前 8 世纪,古希腊进入奴隶制社会。经过长期的发展,到公元前 5—公元前 4 世纪,古希腊奴隶制进入繁荣时期。从公元前 338 年到公元前 30 年,历史上称为希腊化时期,这个时期奴隶社会已经进入了腐朽、没落的阶段。

古希腊是西方奴隶制的完整而典型的代表,是欧洲文化教育的最早源头。恩格斯说:"没有希腊文化和罗马帝国所奠定的基础,也就没有现代的欧洲。"①在教育方面也是如此。

古希腊是由数以百计的小城邦所构成的,其中最强大而又最有代表性的城邦是斯巴达和雅典。而斯巴达和雅典的教育也是古希腊教育的代表。

---

① [德]恩格斯:《反杜林论》,见《马克思恩格斯选集》(第 3 卷),人民出版社 1972 年版,第 220 页。

一、斯巴达的教育

斯巴达位于伯罗奔尼撒半岛东南部的拉哥尼亚(Laconia)平原。它的地理环境是北有崇山峻岭，南有嶙峋礁石，对外交通不便，但土壤肥沃，适于种植，是当时希腊最大的以农业为主的奴隶制公社国家。从城邦国家的性质看，首先它是一个具有军事性和贵族性的城邦，它的居民由三部分人组成：斯巴达人(外来征服者，正式公民)、希洛人(土著，奴隶)、庇里阿西人(异邦人，平民)，其中居于统治地位的是斯巴达人。由于斯巴达人人数最少，为了对付奴隶和平民的反抗，以及开疆拓土，于是不得不时刻处于军事戒备状态，这也决定了斯巴达注重军事体育的教育特征，甚至远在希腊社会的古风时期(公元前7世纪—公元前6世纪)，就已经形成了这种性质的教育。

古代斯巴达教育具有鲜明的国家主义色彩。教育制度是根据国家需要而建立的，也完全掌握在国家手中。斯巴达人认为：儿童属于国家所有，因而对儿童的教育也是国家的职责。儿童出生即受国家长老的检视，只有被认为体质合乎健壮标准的才准许留下来，交由儿童的父母代国家抚养。由于在斯巴达人看来，儿童7岁之前没有“教育”，只有“抚养”，故孩童7岁之前主要在家庭进行教育。

资料链接

斯巴达文化也绝不仅仅是身体的文化。尽管不以文事见长，斯巴达人对艺术却绝非外行。就像荷马史诗里叙述的一样，精神活动主要是由音乐来体现的，它被置于整个文化的中心，其各个层面各自向四周辐射，连接起不同的领域：通过舞蹈，音乐培育了体操；通过歌唱，音乐又促进了古风时代唯一的文学体裁——诗歌的发展。……作曲家和演奏家们从四面八方聚集到斯巴达，不过是因为他们相信在那里能找到配得上自己才能的公众，有足够的机会崭露头角而已。城邦的新功能的影响力由此显现出来：斯巴达的艺术生活和体育生活总是集体性的仪式，它们是由国家组织的，是伟大的宗教性活动。

——[法]亨利-伊雷内·马鲁：《古典教育史》(希腊卷)

“军事主义”是斯巴达教育的另一个重要特征。斯巴达教育的目的是培养忠于统治阶级的强悍的军人。由于斯巴达教育并不是培养、选拔少数英雄的教育，而是强调把所有人培养成战士，为此所有儿童从小就受到严格的有时甚至是残酷的军事体育训练。7岁至18岁男童进入国家公育机构,过军营生活,接受严格的体育锻炼。军事体育训练的基本项目为“五项竞技”——赛跑、跳跃、角力、掷铁饼、投标枪。此外,骑马、游泳、击剑等也是学习的内容。18岁至20岁进入军事训练团(又称埃菲比,Ephebia)接受正规的军事训练。入团时为了考验其勇敢性和忍耐力,必须接受当众鞭挞,求饶者则被取消入团资格。年满20岁的青年还要被派往边境驻扎,开始10年的军事实战训练。至30岁时通过一定的仪式,才能获得正式公民资格。不过,需要指出的是,早期斯巴达的体育并不局限于军事实用性内容,还包括诸如马术、田径等普通体育项目。有学者统计,在古代奥林匹克运动会上,从公元前720年到公元前576年,81名奥运会冠军中有46人来自斯巴达;在跑步比赛的36名冠军中,有21名为斯巴达人。①

斯巴达人还很重视女子教育,也对她们进行军事训练,其目的在于培养健壮的母亲,在男子出征时,能担负起护卫疆土的职责。

除军事体育外,斯巴达人还重视对儿童进行音乐教育,例如在公元前7世纪和公元前6世纪初期,斯巴达甚至被称为古希腊的音乐之都,国家有音乐学校的设立。古罗马史学家普鲁塔克认为:“斯巴达人在音乐和诗歌培养方面也很认真严肃,可与他们渴求谈吐纯洁所作的努力媲美。他们的歌曲蕴含激情,振奋精神,唤起热诚,备具效能。”②但是,在公元前550年之后,随着寡头政治的建立,音乐教育和一般的体育竞技都被放弃了。

当然,政治思想教育一直是被重视的教育内容,在国家公育机构中,教育者经常给儿童讲述斯巴达人的辉煌历史、政治法律、风俗习惯、行为规范等,并让他们参加一些实际活动。有时还邀请一些来访的社会人士对儿童进行政治谈话,提出一些政治、道德问题让儿童回答,答错了要受到惩罚。需要指出的是,斯巴达的政治道德教育与国家性质、官方意识形态的要求是一致的。由于斯巴达的教育是将年轻一代培养成战士,因此其政治道德教育凸显出鲜明的“极权的伦理”③色彩,在核心理念上具有国家主义价值取向,爱国主义、服从精

---

① [法]亨利-伊雷内·马鲁:《古典教育史》(希腊卷),龚觅、孟玉秋译,华东师范大学出版社2017年版,第50页。

② [古希腊]普鲁塔克:《希腊罗马名人传·来库古传》,陆永庭、吴彭鹏等译,商务印书馆1990年版,第112页。

③ [法]亨利-伊雷内·马鲁:《古典教育史》(希腊卷),龚觅、孟玉秋译,华东师范大学出版社2017年版,第59页。

神、纪律意识、团队意识等是教育的重点。在教育方式方法上奉行"苦行僧主义",不仅粗衣恶食、光头赤脚,而且欣赏通过体罚去激发男子汉气概和攻击性。

斯巴达人对文化知识教育较为漠视,教育方法也较为严厉,动辄加以惩罚。"至于读书写字,他们仅仅学到够用而已。其他一切训练都在于使他们善于服从命令,吃苦耐劳与能征惯战。"①

斯巴达的教育模式对后世西方教育的某些方面如寄宿制学校管理、童子军教育、法西斯主义教育等都具有明显的影响。

二、雅典的教育

雅典地处阿提卡(Attica)半岛,原来也是个农业国家,但因海上交通便利,商业和手工业得到发展。波希战争(公元前 492 年—公元前 449 年)后,雅典成为海上霸主,其商业得到更大发展。政治上也由过去农业奴隶主专政走向商业奴隶主和农业奴隶主共掌国政的民主政治时期。民主政治的实施为雅典文化、科学、艺术的繁荣奠定了基础。

"雅典教育追根溯源毕竟发端自贵族社会,它和自己的起源还保持着紧密的联系,从基本的原则和框架来看,它依旧是贵族式、'乡绅'式的。"②教育是精英阶层们的特权,因为接受教育需要一定的闲暇时间和经济财富为基础。不过,伴随着雅典逐渐变成一个真正民主的社会,价值观成为平民化的模式,教育的民主化特征亦日渐凸显,故全体自由人成为教育的受众。

雅典的教育目的虽然与斯巴达一样是为统治阶级培养人才,但人才的含义却不相同。雅典的教育主要是培养有文化、有修养和多种才能、能言善辩、善于通商交往的政治家和商人。为此他们的教育注重身心的和谐发展,教育内容比较丰富,教育方法也较为灵活。

资料链接

古希腊教育的意义在于它首次提出了发展的概念,明确了生活的规范,因

① [古希腊]普鲁塔克:《希腊罗马名人传·来库古传》,陆永庭、吴彭鹏等译,商务印书馆 1990 年版,第 107 页。

② [法]亨利-伊雷内·马鲁:《古典教育史》(希腊卷),龚觅、孟玉秋译,华东师范大学出版社 2017 年版,第 95 页。

而也就明确了一种教育观。经过一段连续发展的历史时期,这种教育观得到了充实和扩大,它允许变化,并主张为个人发展提供条件。社会规范的形成或变更都是处在既成传统中的个人发生变化的结果,社会之所以进步是因为个人的变化不仅被允许,而且被接受,甚至如果人们认为这种变化确实有利于社会,还被作为永恒的东西保留下来。于是,也是第一次,在古希腊教育中我们没有看到那种个性被有意无意压抑的情况,相反,在这里,一些个性的表现被认为是与社会稳定、幸福不矛盾的,甚至是后者所期望的。

给予个人以独立创造、独立判断的自由,使他在有秩序的社会体制下得到发展;设立一定的组织机构以保障每个人的权利从而维护社会的稳定,以上问题最先在古希腊得到了解决。这是个有关社会生活或者说文明社会的问题,因而也就成了教育的任务。古希腊人没能彻底地解决这些问题,当然更谈不上最终地解决了这些问题,他们仅仅是最先去尝试解决。现代社会在解决同样这些问题时,取得了一定意义上的成功,这就使我们对古希腊人首次将专制主义或社会中心和个人中心作为两个对立极端的看法持一种赞同的态度。

——孟禄:《教育史课本》

雅典儿童7岁前,由家庭负责对他们进行教育。女孩7岁后仍由母亲照顾、教育,男孩则进入文法学校(The Grammatist School)和弦琴学校接受德、智、美的教育。这两类学校都是私立的收费学校,教育对象是奴隶主贵族与平民的子弟。奴隶主的子弟上学时由"教仆"(Pedagogue)陪送。教仆多由有知识的被俘奴隶担任;教师是有政治权利的自由民,也有不少是赎身奴隶,地位低下,并不受人尊重。教学方法注重机械背诵,广泛使用体罚。

在早期,文法学校和弦琴学校是结合在一起的,后来则分设两处。文法学校主要教孩童识字、写字以及讲解荷马史诗、伊索寓言等简单的知识;算术教学并不普遍,教师只对儿童进行一些基本运算的指点,儿童用手指、石子以及类似算盘的东西进行训练。弦琴学校主要对儿童进行器乐、声乐以及朗诵诗歌的知识和技能的教育,其目的主要是陶冶学生性情,以提高道德品质,培养良好的审美情操。

在身心和谐发展的教育内容中,体育训练是一项不可忽视的内容,也是由国家直接监视的唯一部分。雅典教育之所以重视体育,一个重要原因是贵族们崇尚身体康健,体育项目如跑步、掷铁饼、投标枪、跳远、摔跤、拳击等技术较为复杂精妙，需要有专业的教师指导。① 故为了获得这种教育，雅典儿童在文法学校和弦琴学校中除了接受德育、智育、美育外，还要接受一些初步的体育活动训练，如跑、跳、游戏以及举止行动优美的体态训练。12 岁至 14 岁时，开始进入体操学校接受正规的体育锻炼。体操学校一般设在一块空旷的场地，常与弦琴学校毗邻。学习内容主要有赛跑、跳跃、角力、掷铁饼、投标枪（五项竞技），以及游泳、舞蹈等。值得指出的是，雅典人将体育视为和谐发展的一项重要内容，在他们看来，体育训练的目的不仅是锻炼身体，发展学生的体力，更重要的是注重身体的优美，即身体诸部分都得到和谐的发展，进而举止优雅，无论是站、立或是行走，都使人感到赏心悦目，使人觉得恰当、合乎分寸。

青年 18 岁入伍为士官生，接受公民和军事训练。青年在士官团中，以一年的时间学习军事知识与技能，一年期满后国家授予矛和盾，再用一年去边防地区的军队中见习。

总而言之，和谐是雅典教育中的重要概念，也是雅典人所理解的教育的最主要的内容。为了身心的和谐发展，雅典人反对专业化或职业化的训练，因此，专业运动员、专业音乐家、专业演员、专业教师均遭到人们的鄙视。

三、希腊化时代的教育

希腊化时期又称希腊主义时期，该时期是从公元前 338 年马其顿国王腓力二世在客罗尼亚战役中击溃雅典联军后为全希腊统帅起，至公元前 30 年最后一个希腊化城市亚历山大里亚为罗马人所灭为止。

这个时期古希腊奴隶制社会已经进入腐朽、没落的阶段，雅典丧失了独立的政治地位，以它为代表的古希腊文化开始了衰落过程。同时，亚历山大帝国的创始人及其后继者把当时高度发展的古希腊文化乃至古希腊生活方式，带入被征服地区，雅典化的教育制度也被移植到各地。简言之，希腊化时期的教育不再属于某个城邦，而是属于全体古希腊人。

希腊化时期，教育一般划分几个阶段，其中 7 岁之前属于家庭教育，由家中妇女抚育儿童；7 岁到 14 岁属于学龄教育阶段，相当于现代小学教育时期。文字学校或文字教师已经居统治地位，音乐教师与体操教师的地位已经微不足道。教学的主要内容是读、写、算，智育几乎完全挤掉了体育与美育。在中

---

① ［法］亨利-伊雷内·马鲁：《古典教育史》（希腊卷），龚觅、孟玉秋译，华东师范大学出版社 2017 年，第 99—100 页。

等教育方面,文法学校和文法教师取代了体操学校和体育教师的位置,教学的主要内容是文法与修辞,文法包括文学、诗歌,修辞包括作文、朗诵和演讲。此外,也讲些算术、几何。在高等教育方面,以学习军事为主的士官学校日益衰落,代之而起的是哲学和修辞学校的兴盛。

第四节　古罗马时期的学校教育

古罗马文化是古希腊文化的继续。古罗马原来是意大利半岛上的一个小城邦,到公元前1世纪,古罗马人征服了马其顿,从而征服了希腊全境。这次征服在文化上只是加速与加深早已进行了一两百年的罗马本土的希腊化过程。

古罗马的历史一般可分为三个时期:王政时期、共和政体时期、帝国时期。教育的发展则主要是在后两个时期。

一、共和政体时期的学校教育

(一) 小学教育

资料链接

奴仆把书板、文具盒和尺子递给我。"你好,同学,请给我让些地方,请你往边上靠一点儿,这是我的位子。"我开始学习了。我按照范例写字,写好后,就拿给教师看。他纠正错误,然后,他让我朗诵……我记住了讲解……在教师的命令下,来了一群小孩子。一个高年级的学生帮他们学习字母和音节……他们写词,写诗句……

——[法]让-皮埃尔·内罗杜:《古罗马的儿童》

在共和政体时期(公元前6世纪至公元1世纪),古罗马的小学教育一开始就是文字教育,音乐和体育教育在古罗马小学中没有地位。男孩和女孩都在7岁入学,由于天资的差异,他们在小学的学习时间需要4年或5年不等。这个时期贵族阶层普遍反对将孩子托付给教师,他们普遍不信任学校,而且阻碍着学校的发展,因而当时进入小学的学习者可能主要是平民阶层的子女。

教学内容是主要是读、写、算。教学方法简单,主要盛行的是希腊教学法,以读、写为例,要求学生按照顺序或打乱顺序学习字母,然后学习音节和生词;

同时他们学习写字，用锥子在用蜡制作的书板上刻字。习字采取的教学方式主要有二：一是类似中国古代的"把腕"，即由教师把着学生的手写；二是类似于中国古代的"描红"，即学生在刻有字的书板上，按照字的轮廓去熟悉写法。学会写字后，则通过抄写警句、格言、诗等提高自己，并形成共同的文化精神。算术教学主要是借助筹码甚至手指学习基本运算。此外，这个时期的小学生还需要学习十二铜表法。

这时期的学校是私立的、收费的。小学教师在那时被称作 literator，即教授字母的人，其地位跟希腊同行一样低下，通常由一些奴隶或解放奴隶担任。

（二）中学教育

从公元前 1 世纪末期开始出现了教授语法的教师，学习的第二阶段即中学开始产生。小康以上人家的子女在 12—16 岁之间入这种文法学校。由于最初的中等学校是由古希腊人开办的，语法也主要是依赖于古希腊的语言学，因而在最初只有一种中学即古希腊文法学校，到后来出现了拉丁文法学校，与古希腊文法学校并行。教学的主要内容是文法、文学和作文练习。当时学校的全部教育实际上是修辞—演说教育的准备。

女孩通常较少继续上中学，有些已经嫁人，有些则在家中学习未来家庭主妇需要掌握的活计，为出嫁作准备。

（三）高等教育

此时罗马教育的最高目的是培养演说家或雄辩家。因而在高等教育方面，学校主要是模仿伊苏格拉底修辞学校而创办的修辞学校。

伊苏格拉底是希腊化时期一位著名的教育家，他于公元前 392 年在雅典曾开办一所修辞学校，主要是培养雄辩家，以修辞学为主要教学内容，兼授文学、哲学、历史、法律等，总之，重点在于传授有关适应现实生活的准则，并让学生掌握演说技巧，以便在政治、社会生活中取得成功。学习年限 4 年。当时吸引了诸多青年人前来求学。这种学校也成为后来欧洲正规中等—高等学校的原型。

二、帝国时期学校教育制度的变化

随着共和政体结束，古罗马进入帝国时期，并发展为称雄西方的军事帝国。随着古罗马版图的不断扩张，为了加强对各民族各国家的统治，特别需要通过学校培养各级官员。此时，为了顺应政治制度和行政体制的变化，古罗马帝国在学校教育制度方面也发生了一些变化，主要表现在以下几个方面。

第一,一改过去对学校教育不予过问的态度和听任私人办学的现象,明确提出办学要求,加强对学校的监督。

第二,改变教师待遇,把教师从私人收费讲学,改为国家官吏。同时规定由中央或地方支付教师(主要是中等以上学校的教师)薪金。提高其地位,废除其奴隶身份,免除其兵役、赋役等各种徭役。

第三,建立国家教育制度,文法学校和修辞学校尽量由帝国办理,原来私人办理的也改为由国家统一管理。

第四,设立新类型的学校。高等教育方面,除修辞学校外,还设立了法律学校。

此外,在中等教育方面,拉丁文法与罗马文学压倒了希腊文法和希腊文学。

【本章小结】

教育是人类特有的一种社会现象,它起源于生产与生活的需要。当人类社会进入阶级社会后,教育从形式上由非形式化教育转变为形式化教育。在学校教育发展的初期,无论是学校教育目的还是教育内容,均与政治或宗教的需要有着密切的关系。

总体而言,这个时期教育事业的发展与政治制度的架构之间存在着密切的关联。森严的等级制度是这个时期社会政治的普遍特征,因而其学校教育几乎为上层社会的统治者如僧侣、贵族所垄断,教育也主要体现其政治功能。但这个时期各国政治制度的不同,使得学校教育的发展又有所差异,大致而言,在宗教势力主导社会生活的国家如古印度,学校教育呈现鲜明的宗教色彩。相反,在世俗政权主导的社会中如中国、古希腊,其学校教育凸显了世俗化、人文化的特征。而在介于二者之间的国家如古埃及、古巴比伦等,虽然宗教地位显赫,但未完全取代世俗生活,因而学校教育的类型上也呈现宗教教育与世俗教育并存的态势。当然,即使是在世俗政治主导社会的国度,由于具体政治架构的差异,其教育发展也表现出不同的特征,如在中国由于统治者实行集权制的政治体制,并将教育事业视为国家政治的一部分,因而更注重教育的政治适应性,政治社会化几乎是这个时期学校教育的主要任务;而在古希腊尤其是雅典城邦,政治上的相对自由,使古希腊雅典的教育更注重个性的自由发展。

学习指南

1. 重要概念

文士学校　古儒学校　泥板文书　六艺　学在官府　官师合一　政教一体

2. 问题与思考

① 世界早期学校有哪些特征？

② 中国夏商西周时期的教育制度有哪些基本特征？

③ 中国先秦时期人文教育有何特点？

④ 斯巴达与雅典的教育制度有何异同？

⑤ 如何理解古罗马帝国在学校教育制度方面的变化？

3. 推荐阅读

① 瞿葆奎主编：《教育学文集·教育与教学》，人民教育出版社 1993 年版。

② [英]沛西·能：《教育原理》，王承绪、赵端瑛译，人民教育出版社 1992 年版。

③ [美]玛格丽特·米德：《三个原始部落的性别与气质》，宋践等译，浙江人民出版社 1988 年版。

④ [法]亨利-伊雷内·马鲁：《古典教育史》（希腊卷），龚觅、孟玉秋译，华东师范大学出版社 2017 年版。

⑤ [法]让-皮埃尔·内罗杜：《古罗马的儿童》，张鸿、向征译，广西师范大学出版社 2005 年版。

⑥ [美]S. E. 佛罗斯特：《西方教育的历史和哲学基础》"第一、二编"，吴元训等译，华夏出版社 1987 年版。

⑦ 俞启定、施克灿：《中国教育制度通史》（第 1 卷）"第一编"，山东教育出版社 2000 年版。

⑧ 晁福林：《夏商西周的社会变迁》，中国人民大学出版社 2010 年版。

⑨ 杨向奎：《宗周社会与礼乐文明》（修订本），人民出版社 1997 年版。

第二章　古代教育理论的奠基

【学习目标】

1. 领会古代教育理论的奠基意义。
2. 掌握古代中外教育家的主要教育主张。
3. 理解中外教育家的教育观与其政治主张之间的关联。
4. 把握《学记》与《雄辩术原理》在教育发展历史中的价值和地位。
5. 初步认识中外教育家在教育精神上的各自特点。

教育是一种有目的地培养人的活动，为了使这种活动能够顺利地按照教育者的意愿朝着预期的目标前进，我们的先辈们很早便倾力于探索教育的发展规律，设计出种种教育理想模式，这些努力为后代教育理论的发展奠定了基础，也成为世界教育思想发展长河中不可或缺的部分。

卡尔·雅斯贝斯认为："世界史的此轴心似乎约于公元前500年就存在，在公元前800与公元前200年间的精神过程中。彼时有历史最深刻的转折，形成了我们与他生活至今的人。此时代简称为'轴心时代'。"①

第一节　孔子的教育思想

孔子(公元前551年—公元前479年)，名丘，字仲尼，春秋末期鲁国陬邑(今山东曲阜)人，儒家学派的创始人。先世为殷商贵族，后被封于宋，祖上迁鲁。其父曾任陬邑宰，早丧。早年生活于社会下层，努力学习传统知识与经典，博学多能。大约在而立之年开始办学，渐成声势，知名于世。在40岁左右形成自己的学说，创立儒家学派。有志干政，50岁后曾任中都宰，又升任司空、司寇。因与当政者政见不合，遂弃职周游列国。晚年返鲁，专心于教授学生和

① ［德］卡尔·雅斯贝斯：《论历史的起源与目标》，见《卡尔·雅斯贝斯文集》，朱更生译，青海人民出版社2003年版，第133页。

整理古代文献，完成《诗》《书》《礼》《乐》《易》《春秋》的整理和编纂工作，给后人留下十分宝贵的思想文化遗产。《论语》是研究他的教育思想的主要依据。

一、教育的作用与意义

（一）教育对社会发展的作用：从“德教”到“德治”

孔子认为，社会的稳定和发展离不开教育的作用。《论语·子路》曾记载一则故事：有一次，孔子到卫国去，学生冉有替其驾车。马车进入卫国不久，孔子便感叹地说：“好稠密的人口！”冉有便问老师：“人口已经众多了，当政者下一步该怎么办呢？”孔子答道：“（发展经济）使他们富裕起来。”冉有又问：“如果已经富裕了，接下来该怎么办呢？”孔子回答：“教育他们。”由此可见，孔子将人口（庶）、财富（富）、教育（教）看作是立国的三大要素，缺一不可。

教育对社会发展的作用，主要体现在教育的政治功能，具体而言包括两方面。

第一，教育是政治的一种形式，它比单纯的行政手段效果更好。孔子认为：“道之以政，齐之以刑，民免而无耻；道之以德，齐之以礼，有耻且格。”（《论语·为政》）通过教化老百姓，能够使其不仅在行为上而且在思想上自觉地遵循现有的秩序。为此，他主张通过教育去宣扬“礼教”，以达到德治的目的，反对单纯用政令、刑法的手段对待民众，他说：“不教而杀谓之虐。”（《论语·尧曰》）并且认为这种虐民是“四恶”之首。可见孔子对教化的作用是很重视的。“德治”后来成为儒家共同的社会政治理想。

第二，教育还能通过培养统治人才来为政治服务。孔子在政治上是一位社会改良主义者，他一方面主张恢复周礼，即恢复西周社会的政治制度，但同时另一方面又认为西周的任人唯亲的世袭制度不是一种理想的政治制度，主张进行改良，具体说就是在政治权力的分配原则中，要求突破贵族血缘的限制，向平民特别是平民中的上层分子——“士”阶层开放，即通过“举贤才”来充实、改造官僚队伍。贤才无疑是教育的结果。

（二）教育对个体发展的作用：“性相近也，习相远也”

春秋之际，社会处在激烈的阶级斗争旋涡中，否定了奴隶主贵族和平民的天赋差别，肯定了平民也能具有美好的道德。这种新时代、新思想的基因，使孔子对人性的认识有了重大的突破。他第一个提出“性相近也，习相远也”（《论语·阳货》）这个较为科学的命题。“性相近”，表明人的天赋素质并没有悬殊的差异，造成人们后天差别的主要原因是“习染”的结果。所谓“习染”包括两方面:一是环境的影响,二是教育的作用。教育作为一种有目的、有计划、有安排的特殊环境,当然比一般自发的环境作用更大。基于此,孔子特别重视教育,《论语》开宗明义,第一句话便是"学而时习之"。在他看来,知识和道德都需要依靠学习培养出来,他说:"好仁不好学,其蔽也愚;好知不好学,其蔽也荡;好信不好学,其蔽也贼;好直不好学,其蔽也绞;好勇不好学,其蔽也乱;好刚不好学,其蔽也狂。"(《论语·阳货》)一个人如果不努力学习,不接受教育,就不能形成仁、智、信、直、勇、刚等好的品德,即使有了好的品德,也会产生不良的后果。当然,受教育者主体性的发挥也是教育成功的决定因素。

值得指出的是,孔子虽然非常重视教育对个体发展的作用,但同时又受到传统天命论的影响,认为教育的作用只局限于中人之性,他说:"生而知之者,上也;学而知之者,次也;困而学之,又其次也;困而不学,民斯为下矣。"(《论语·季氏》)又说:"唯上智与下愚不移。"(《论语·阳货》)这无疑是错误的。

二、"学而优则仕"的教育目的观

孔子的私学是学术团体,也是政治团体,孔子办教育的目的乃在于推行其政治主张。

孔子在政治上主张举贤才,在教育上就以培养贤才为目的,具体讲是以培养"士"为目的,而"士"的标准就是"君子"或称"君子儒"。"君子"原是指国君之子,或奴隶主贵族出身的人。随着经济、政治、文化的下移,孔子欲通过教育把平民出身的弟子培养成君子。"君子"一词的含义也发展成为一个具有一定道德标准的精神贵族和理想人格。

在孔子的心目中,"士"或"君子"的人格形象,首先是道德完善的人,是一位有道德理想、政治抱负,努力提高精神境界的"仁者"。他说:"君子去仁,恶乎成名?君子无终食之间违仁,造次必于是,颠沛必于是。"(《论语·里仁》)君子抛弃了仁,如何能成就名声?君子时刻都不能违背仁,匆忙时是这样,颠沛时也应如此。其次,君子有着广阔的胸怀,渊博的知识,以及温、良、恭、俭、让等道德涵养。孔子说:作为君子必须具备多种才能,不能只像器具一样,只有一种用途,而应"义以为质,礼以行之,孙以出之,信以成之"(《论语·卫灵公》)。以道义作为做人的根本,按礼仪去实行,用谦逊来表达它,用忠诚去完成它,否则就谈不上君子。由于君子常常能自我反省,故无所忧惧。此外,君子关心的是道德修养,对于物质享受则应无所追求,"士志于道,而耻恶衣恶食者,未足与议也"(《论语·里仁》)。士是以学"道"为志向的,若是以物质享受不如人为耻辱的话，对于这种人就不值得与其谈论“道”了。

孔子认为，德与才都需要学习，学习是为了为官从政所作的准备。那么是否凡是学习的人都能为官呢？也不是。孔子以为只有那些学习优秀、品德兼能的贤才才能做官，他的学生子夏说：“仕而优则学，学而优则仕。”（《论语·子张》）这比较准确地从理论上概括了孔子关于教育目的的主张。

三、“有教无类”的教育对象

在教育对象的问题上，孔子反对门第限制，主张“有教无类”，即不分族类、不论贫富贵贱、不问地位高低，均享有受教育的权利。正如他自己所称：“自行束脩以上，吾未尝无诲焉。”（《论语·述而》）意思是只要主动送上10条干肉作为诚心拜师的见面礼，我没有不教育的。孔子“有教无类”的主张适应了“士”阶层的崛起及文化学术下移的历史潮流，对于扩大教育对象，打破“学在官府”、有教有类的垄断局面是有积极意义的。由于“有教无类”的实质是要求将教育对象从贵族扩大到广大平民，由此也扩大了学校的社会基础和人才来源。考察孔子私学的学生来源，成分很复杂，但总体上是贵族和商人的子弟人数较少，绝大多数为平民子弟，年龄差异也大，可见其主张确非空言。

当然，孔子的“有教无类”也有其局限性。它并不等同于现今的普及教育思想，因为奴隶与妇女是被排斥在受教育的对象之外的。

四、以“仁”“礼”为旨归的教育内容

孔子论述最多的是“仁”和“礼”。所谓“仁”，其含义非常广泛，几乎包含所有的道德准则。《说文解字》曰：“仁，亲也。从人从二。”这里的“二”是就人、己二人而言，即如何处理人我关系。《论语》中孔子自己对“仁”的解释中最简洁的是“爱人”（《论语·颜渊》），而最经典的是“克己复礼为仁”（《论语·颜渊》）。由此我们可以简单地把孔子关于“仁”的论述概括为“克己”和“爱人”。所谓“礼”，主要是指传统的典章制度、风俗习惯，以及人际交往中必须遵守的礼貌仪节和冠、婚、丧、祭等典礼。礼的主要作用在“辨名”“正名”，分别贵贱等级，维持社会秩序。

就“仁”和“礼”两者的关系而言，仁是思想的核心，是内在的情感境界，礼是仁的规范或准则，是仁的外在体现；仁是礼的内容，礼是仁的形式。具体言之：就“克己”的道德而言，即要求以礼制来约束自己，一切行为都应该循礼而行，即所谓“非礼勿视，非礼勿听，非礼勿言，非礼勿动”（《论语·颜渊》）。其中

最根本的要求是在财富的占有上谨守等级名分,克制超越礼制的欲望。由此,他对季氏“八佾舞于庭,是可忍也,孰不可忍也”(《论语·八佾》)。为鼓励人们更多地关心自身的道德修养,他提出了“义利之辨”的道德评价问题,他说:“君子喻于义,小人喻于利。”(《论语·里仁》)认为一位道德修养者,应该努力提高精神境界,而在物质享受方面则不宜要求太多太高。为从动机上防微杜渐,他认为即使是合乎义的利,也不可过多地追求。

就所谓“爱人”的道德修养而言,就是对他人有同情之心、关爱之情,其中最基本的是“孝悌”之心的养成,“孝悌也者,其为仁之本欤”(《论语·学而》)。“孝”属于亲子之爱,反映纵的血缘关系;“悌”属于兄弟之爱,反映横的血缘关系。这一纵一横关系的交织和延伸,不仅构成了极其细密的宗法制度的图谱,而且也成为儒家伦理道德教育最基本的德目,并使孔子的道德教育与周礼中“亲亲尊尊”的思想相贯通。但是,孔子的“爱人”之心并不限于亲亲,而是提出了泛爱众的思想,要求对天下所有的人均应有同情之心。不过另一方面,孔子又提出了“爱有差等”的主张,即“爱”要受到等级名分的约束,超越了等级名分,在道德评价上,就会走向反面,变成侵犯他人利益的僭越行为,所以他说:“夫礼,天子爱天下,诸侯爱境内,大夫爱官职,士爱其家,过其所爱曰侵。”(《韩非子·外储说右上》)从这个意义上,我们可以说他的“仁”是从“礼”中引申出来的。

在孔子的私学中,“仁”和“礼”的教育内容最常见的是通过师生问答的方式进行传递。《论语》一书中记载了颜渊、子贡、子张、原宪、樊迟、林放等诸多弟子问“仁”、问“礼”的教学片段,这一方面说明“仁”“礼”确实是孔子私学教育教学的重要内容,另一方面也说明“仁”“礼”意涵深厚,确非三言两语能够解释清楚。从孔子师生之间关于“仁”“礼”问题的问答可以看出,孔子从未用“定义”的方式来解答“仁”“礼”的意涵,几乎都是根据不同场景、不同学生从“何种属于仁”的句式来回答学生的提问,更多的是让学生自己进行“领悟”。

在孔子的思想体系中,“仁”“礼”不仅属于道德的范畴,同样也属于社会政治治理的范围。依照“述而不作,信而好古”的原则,阅读文献典籍无疑是把握古人治国之道和领悟“仁”“礼”精神的最佳途径。孔子在文献典籍学习方面,最重要的便是“六经”,即《诗》《书》《礼》《乐》《易》《春秋》。

《诗》即流传至今的《诗经》,是孔子上采西周,下撷春秋时期的诗歌编辑成书的,它是中国最早的诗歌总集。根据乐调的不同,分为风、雅、颂三部分,其中“风”属民歌,为十五国的地方音乐;“雅”是宫廷音乐;“颂”是周天子和诸侯祭祀所用的音乐。关于孔子编删《诗》的原则，他自己曾说："《诗》三百，一言以蔽之，曰：'思无邪。'"(《论语·为政》)意思是说，其思想内容都合于周礼的准则。《诗》中包含"仁""礼"精神的教育是不言而喻的。

《书》即《尚书》，是孔子将春秋以前历代官方的政治历史文件汇编而成的。它记载了夏、商、西周时期政治、军事、经济、文化等方面的重要史实，有着较高的历史价值。不过，孔子教授《书》的要旨在于宣扬文武之道，使学生将来能把这种被他视为理想政治楷模的古代制度推行于世，建立一个充满"仁""礼"精神的德治社会。

《礼》即《士礼》或《仪礼》，相传是孔子从周代礼制中选取士必须学习的礼制十七篇亲自编定而成的。孔子重视礼的仪式，即"俎豆之事""弦歌鼓舞"的实际训练，更注重其包含的礼的宗旨和原则，他说："礼云礼云，玉帛云乎哉？乐云乐云，钟鼓云乎哉？"(《论语·阳货》)意思是礼乐的本义不是其外在的仪式，而是其所包含的"敬"与"和"。由礼仪到礼义，是孔子的重要贡献。

《乐》即《乐经》，是有关音乐方面的书。虽然有无《乐经》自古以来就有着很大争论，但有一点是无疑的，即乐在孔子心目中占有很高的地位，经常与礼相提并论。孔子在乐教上既重视它的美学价值，更重视它的政治伦理功能，把乐的使用当作严等级、定名分的标志，视为与礼同等重要的政治手段和道德教育途径。

《易》即《周易》，又称《易经》。它是一部推究阴阳变化，预卜吉凶祸福的筮书。但书中吸收了当时自然科学如古天文学、气象学、数学的成就，并尝试对社会生活中经常接触的复杂现象作出解释和说明。因此，它不仅是一部占卜书，还包含着丰富的哲学思想和历史信息。孔子重视《易》的学习，主要是从伦理学和哲学的角度来研究它，强调人为的作用。

《春秋》是孔子根据鲁国的史记编写的一部编年体的历史书。它记载了鲁国在春秋前中期一些政治、军事、经济、天文、地理、灾异等方面的材料，具有一定的历史价值。但是孔子并不是为史而作，其宗旨在于用周礼规定的等级名分来矫正"礼坏乐崩"的社会现象，故而《春秋》是一部借史喻今、进行"礼教"的政治教科书。

五、"仁"心为本的教育方法

(一)"为仁由己"

孔子在道德教育的方法上，非常重视自我修养的方法。在他看来，修养是一个长期的过程,为此,他提出了具体的修养步骤。

1. 立志、持志

立志就是确立目的与理想,使一个人有明确的努力方向,以充分发挥学习者的主观能动性。他要求学生应"志于学""志于道"。一旦立定志向,就不可轻易改变,所谓"三军可夺帅,匹夫不可夺志也"(《论语·子罕》)。

持志是实现志向的关键。无论是知识教学还是道德教育,并非一日之功,须经历长期的艰苦磨炼方能有成。若"中道而废",则将一无所成。他说:"譬如为山,未成一篑,止,吾止也;譬如平地,虽覆一篑,进,吾往也。"(《论语·子罕》)他形象化地揭示出为学成败的一般规律:功亏一篑抑或大功告成,完全取决于学者有无恒心。

2. 克己、内省

所谓"内省"或称"自省",是指一个人应该"躬自厚而薄责于人"(《论语·卫灵公》),即在与人发生矛盾时,应该严于责己、宽以待人。从"求诸己"入手,找寻自己的不是。孔子甚至认为,即使是与己无关的好事或坏事,也应以此来对照自己,所谓"见贤思齐焉,见不贤而内自省也"(《论语·里仁》)。在他看来,时时进行自我省察,是道德修养不可缺少的功夫,他曾说:"吾日三省吾身:为人谋而不忠乎?与朋友交而不信乎?传不习乎?"(《论语·学而》)在进行自我反省的同时,还应进行克己,即时刻以礼的标准来约束自己的言行,具体讲便是"非礼勿视,非礼勿听,非礼勿言,非礼勿动"(《论语·颜渊》)。

3. 改过迁善

孔子认为,错误是人人难免的,即使是尧、舜一类的圣人也有过错,关键是要能够改过迁善,即自己有了过错,通过自省自察的修养手段认识它,之后还要改正它。在态度上还应"闻过则喜",他的弟子子贡说得好:"君子之过也,如日月之食焉。过也,人皆见之;更也,人皆仰之。"(《论语·子张》)总之,"过则勿惮改"(《论语·学而》),"过而不改,是谓过矣"(《论语·卫灵公》)。正因如此,他非常欣赏颜渊,称赞他从不再犯以前的错误。

(二)因材施教

宋代朱熹在《论语》的注解中指出:"孔子教人,各因其材。"这是"因材施教"一词的来源。

孔子采取因材施教的教学方法有着多方面的原因。首先,适应社会发展的需要。当时社会最需要的人才是士,而士又分为文士和武士。具体到每个人又有着多方的需求。所以各种专才的培养成为社会对教育发出的要求。其次，在孔子的私学里，由于实行“有教无类”，使得孔子的学生成分异常复杂，年龄差异很大，性格和智力也各有千秋，这种教育对象的现状也要求进行因材施教。此外，孔子教学的基本形式是个别教学，教与学的活动是一对一的，这为实施因材施教提供了有利的条件。

了解学生是实行因材施教的前提。孔子在教育活动中为加深对学生透彻、全面的了解，一是“听其言而观其行”(《论语·公冶长》)，由表及里地了解学生思想实际；二是利用师生之间融洽的关系，在自由交谈中了解学生。

在对学生各方面了解的基础上，还应有针对性地进行教育。孔子在教育实际中，非常注意从学生各自的实际出发，对不同学生提出的同一问题，在遵循基本精神的前提下，给出貌似不同的回答。例如，《论语》中记载樊迟、仲弓、颜渊问仁。樊迟问仁，子曰：“爱人。”仲弓问仁，子曰：“己所不欲，勿施于人。”颜渊问仁，子曰：“克己复礼为仁。”这种教学不仅满足了不同知识层次人的需要，而且也使有利于各个学生特长的发挥。

(三) 启发诱导

纵观中外教育史，孔子是启发式教学的首创者。在关于启发诱导的时间、具体方法等方面都有精辟的论述。孔子认为：“不愤不启，不悱不发。”(《论语·述而》)南宋教育家朱熹在《四书集注》中将孔子这句话解释为：“愤者，心求通而未得之意；悱者，口欲言而未能之貌。启，谓开其意；发，谓达其辞。”心求通而未得之意，即学生想弄明白某个道理或有些兴趣，但是却弄不明白；口欲言而未能之貌，是指学生想说，但却说不出来、说不清的情况。孔子主张，教师要在学生对于某一问题正在积极思考，急于解决而不得时，才启发学生思考，帮助学生打开思路。要在学生对某一问题已经有所思考，尚未成熟，处于欲言而又无法表达清楚时，才帮助学生明确认识，弄清概念，用准确的语言表达出来。可见，发动学生独立思考，是启发教学的基本前提。不过，孔子启发诱导的教学实践是灵活的，而不是将“不愤不启，不悱不发”视为僵死的教条，坐等学生“愤”“悱”情形的出现，对于暂时“不愤”“不悱”的学生并非放弃不教，如对于反应较为迟钝的樊迟同样耐心教诲，诲人不倦。当学生一时没有疑问时，则通过主动提问激发其“愤”“悱”而加以诱导，“仲尼燕居，子张、子贡、言游侍，纵言至于礼。子曰：‘居，女三人者，吾语女礼，使女以礼周流无不遍也。’子贡越席而对曰：‘敢问何如？’……”(《礼记·仲尼燕居》)孔子在家闲坐，子张、子贡、言游侍立在旁，轻松谈话中谈论到礼。孔子说：“你们三人都坐下，我来给你们讲一讲什么是礼，以使你们能够用礼来指导你们的一切。”子贡马上离席问道:“请问老师要讲的礼是什么样的?”子贡急不可耐的询问,显然是在孔子的激发下而产生的。孔子的启发诱导的教学方法,不仅要求学生在启发前要积极思考,而且要求学生在启发后能进行积极思维,以求举一反三,他说:“举一隅不以三隅反,则不复也。”(《论语·述而》)这才是孔子启发教学的真谛。

孔子教学实践中对于启发诱导的运用是灵活的,采取的方法多种多样,常见的有:① “叩其两端”,即从事物的两个完全不同方面进行研究、开导,以得出正确结论。子贡曾问:乡人都称赞他,这个人如何?孔子回答:“未可也。”子贡又问:乡人都厌恶他,这个人如何?孔子的回答是:“未可也。不如乡人之善者好之,其不善者恶之。”(《论语·子路》)② “善喻”,运用比喻的方式旁证侧引启发学生。子曰:“人而无信,不知其可也。大车无輗,小车无軏,其何以行之哉?”(《论语·为政》)輗、軏,是指大车(牛车)、小车(马车)车辕前端横木的木销子,车没有輗、軏就不能行,人而无信,也是如此。③ 反诘,即对于学生的问题并不给予正面的回答,而是通过诘问,启发其自己获得正确的答案。子张问:士怎样才能称作“达”?孔子反问:你所说的达是什么意思?子张回答:在邦、在家都很有名声。孔子的回答却是:“是闻也,非达也。……”南宋朱熹特别注解:“子张务外,夫子盖已知其发问之意,故反诘之,将以发其病而药之也。”(《四书集注》)④ 讥讽,指用带有讽刺意味的话语或反话表达自己意见,启发学生思考。季氏僭越礼制想去祭祀泰山,孔子为此对当时在季氏手下做事的冉有说:你不能阻止他吗?答:不能。孔子说:啊!竟可以说泰山之神还不及林放懂得礼之本吗?(《论语·八佾》)

孔子的启发诱导,其方式主要是随情景、随人物、随时机而进行问答,这种问答既有教师问学生答,也有学生问教师答,没有定规。既有正式场景中的问答,同样也有“燕居”时在轻松交谈中的启发,更有随时有感而发,例如当孔子听到小孩唱歌:“沧浪之水清兮,可以濯我缨;沧浪之水浊兮,可以濯我足。”有感而发,启发学生说:学生们听到吗,清水就洗帽缨,浊水就洗双脚。这都是由水本身决定的。(《孟子·离娄上》)意即人不可以有自取侮辱的行为,否则他人也要侮辱你。

当然,孔子秉承“礼闻来学,不闻往教”(《礼记·曲礼上》)的原则,孔子的启发诱导,常常是在学生主动提出问题之后才进行启发,而不会由教师主动提问让学生回答。

（四）学、思、行结合

学、思、行是一个人治学不可缺少的三个阶段。

以学而言，首先，要注意学习的态度，“知之为知之，不知为不知”，对待出现的问题，学习者不可乱加猜测、固执己见、自以为是，而要“不耻下问”。他还提出了“四毋”原则——“毋意、毋必、毋固、毋我”（《论语・子罕》），即勿妄自臆度，勿独断、固执，自以为是。其次，学要博学，即多闻、多见。再次，学习后要注意复习，所谓“温故而知新也”。

在学的基础之上，还必须进行思考，他认为，“学而不思则罔，思而不学则殆”，两者不可偏废。只思不学则是空想，他曾以自己的体会警戒弟子：“吾尝终日不食，终夜不寝，以思，无益，不如学也。”（《论语・卫灵公》）可见，学是思的基础。同样，光学不思，则不能生疑，缺乏独立思考问题、解决问题的能力，这种人也是不堪教育的，他说：“不曰‘如之何，如之何’者，吾末如之何也已矣。”（《论语・卫灵公》）

行是学的目的所在，也是教学过程的第三个阶段。《论语》开篇第一句便是：“学而时习之，不亦乐乎？”这儿的“习”便有习行、实习、练习之意。“行有余力则以学文”更是可见孔子对“行”的重视。其实，孔子强调“行”即是强调学以致用，这也是他的“学而优则仕”的教育目的之所在。他曾举例说：“诵《诗》三百，授之以政，不达；使于四方，不能专对；虽多，亦奚何为？”（《论语・子路》）

六、“仁爱”之师道观

孔子虽然没有构建系统的教师理论，但从《论语》等著作中描述的孔子的教师言行，事实上为我们描绘了孔子对于教师素质的规定。“仁”是孔子教育思想的核心理念之一，其对于教师职业操守的界定，也是以“仁”为本义，一如他的学生子贡所言：“学不厌，知也；教不倦，仁也。”（《孟子・公孙丑上》）

（一）学而不厌

教育者应该是学习者。《论语・述而》说：“默而识之，学而不厌，诲人不倦，何有于我哉！”意思是说：将所见所闻默记在心中，努力学习而不满足、厌弃，教导他人而不倦怠，这些我做到了哪些呢？其实这既是孔子的反躬自问，也是孔子对于一位教育者应该具备的基本素质的看法。孔子虽然承认世上有“生而知之”的圣人存在，但他从来不以此自许。他曾对自己的学生作过自我评价：“若圣与仁，则吾岂敢？抑为之不厌，诲人不倦，则可谓云尔已矣。”（《论语・述而》）当弟子子贡称赞老师是位圣人时，孔子赶忙回答：圣人不敢当，我只不过是“学不厌而教不倦”而已。

首先,学而不厌是指一种“好学”的态度。对待学习要有使命感、紧迫感,孔子说:“君子食无求饱,居无求安,敏于事而慎于言,就有道而正焉,可谓好学也已。”(《论语·学而》)意思是说君子应该安贫力学,当学业有所未觉时,应向有道德者问其是非。又说:“学如不及,犹恐失之。”(《论语·泰伯》)学习起来就像老赶不上一样,还生怕把学到的东西又丢掉了。孔子的这段自白,非常形象地反映了他对待学习的急切性和使命感。求学者还应该谦虚好问,“知之为知之,不知为不知,是知也”(《论语·为政》)。《论语》中多处记载孔子常常“每事问”和“下问”的故事:一次,孔子到太庙参加祭祀活动,因不知一些礼器的用途和寓意,便虚心向他人求教。而孔子的“三人行,必有我师焉”,更是成为“不耻下问”的名言绝句。

其次,学而不厌是指一种“乐学”精神。孔子曾说:对待学问或事业,“知之者不如好之者,好之者不如乐之者”(《论语·雍也》)。他称赞高足弟子颜回能够在身居陋巷,且就着凉水以冷饭充饥的情形之下,犹能专心向学,并将整个身心沉醉其中。孔子自己同样如此,他曾自豪地说:“饭疏食饮水,曲肱而枕之,乐亦在其中。不义而富且贵,于我如浮云。”(《论语·述而》)这种乐学忘忧的精神状态被后世理学家称之为“孔颜乐处”。可见,好学、乐学的最高境界,并不仅仅只是刻苦读书,更主要的是要求能够将读书作为自己的一种生活方式,将学习的收获为快乐,以快乐的心情对待学习。

此外,学而不厌对于教师而言还是指一种更强的学习能力,即孔子所说的:“温故而知新,可以为师矣。”(《论语·为政》)

(二) 诲人不倦

如果说“学而不厌”是指教育者自身的“求智”而言,意味着教育者的知识需要不断地更新,才能最终完成教育的任务,那么“诲人不倦”则是指对于他者(学生)的情感要求,这既是由教育工作的性质所决定的,也是教育者“仁爱”的具体体现。

做到“学而不厌”固然不易,能够“诲人不倦”更属难能可贵。作为一位“诲人不倦”的教师,首先应该在情感和态度上能一视同仁、真正平等地对待所有学生。在教育过程中,孔子不仅秉持“往者不追,来者不拒”(《孟子·尽心下》)的态度,无论贫富贵贱,对于那些诚心向自己求教者,均乐意收其为徒,而且在教育过程中对待所有弟子没有亲疏厚薄之分,即使是自己的孩子也没有特别的关照。《论语·季氏》记载,一次,陈亢问孔子的儿子伯鱼:“你在老师那儿得到了什么与其他弟子不同的传授吗?”答道:“没有。他曾经独自站在堂上,我从那儿经过,他问我:‘学过《诗》没有?’我回答:‘没有。’他说:‘不学《诗》就不懂得怎么说话。’我便退回去学《诗》。又过了几天,他又独自站在堂上,我快步从他前面走过,他问:‘学礼没有?’我回答:‘没有。’他说:‘不学礼就不懂得怎样立身。’我就回去学礼。我就听到过这两件事。”陈亢回去高兴地说:“我提一个问题,得到三方面的收获,听了关于《诗》的道理,听了关于礼的道理,又听了君子不偏爱自己儿子的道理。”

其次,教育者对待学生的提问还应该有足够的仁心和耐心。孔子的学生来源复杂,有聪慧者也有迟钝者。对于学生的提问,孔子都能尽心回答,他曾向自己的弟子表白:“二三子以我为隐乎? 吾无隐乎尔。吾无行而不与二三子者,是丘也。”(《论语・述而》)樊迟在孔门众弟子中略显愚笨且“近利”,可当其向夫子求教问题时,孔子同样予以耐心回答。

(三) 教学相长

“教学相长”一词虽然出自后世《学记》,但春秋时期的孔子以自身的言行已经诠释了这种教育思想所包含的丰富内涵。首先,他从“性相近,习相远”的立场出发,对年轻人的发展潜能充满着信任,“后生可畏,焉知来者之不如今也?”(《论语・子罕》)年长者切不可忽视年轻人的思想长处和发展的前途。

其次,孔子的教学活动并不仅仅只是教师单方面的释疑解惑,还是师生之间相互启发、切磋琢磨的过程。《论语・八佾》记载,一次,弟子子夏问老师《诗经》中的一句话:“‘巧笑倩兮,美目盼兮,素以为绚兮。’这几句诗是什么意思?”孔子回答:“绘事后素。”即先有白色的底子,然后在上面画花卉。子夏立刻由“素”联想到礼,便问:“那么是否也可以说礼的产生是在仁之后呢?”孔子为此由衷地称赞子夏是能够发明师意,且使教师也深受启发的人。

孔子不仅乐意师生互学,而且鼓励学生质疑,他甚至将能对教师进行质疑看作学生的一大优点。颜渊是孔子十分器重的弟子,他曾经将自己政治抱负的实现寄托在其身上。《论语・为政》记载孔子曾评价颜渊:“我整天和颜渊讲学,但他从不提不同意见和疑问,像个蠢人。等他退回去自己研究,却也能发挥,可见颜渊并不愚笨。”颜渊如何姑且不论,但在孔子看来,不能质疑的学生绝不是好学生。他曾明确地表示:“不曰‘如之何,如之何’者,吾末如之何也。”(《论语・卫灵公》)

孔子作为我国古代最伟大的教育家,对中国教育的发展产生了重要的影响。他创立的儒家学派成为封建社会的官方哲学。他提出的“有教无类”的口号,促进了文化教育的下移。他对《诗》《书》《礼》《乐》《易》《春秋》古籍的整理和教学,不仅保存了古代传统文化,而且也使我国古代教育内容远离宗教,呈现鲜明的人文主义特点。他重视教育对社会和人的发展的作用,尤其主张"学而优则仕"的教育目的,虽然一方面使得古代社会对教育功能的认识日益狭隘,但另一方面也使教育的政治伦理功能发展到极致,成为中国古代教育发展的重要动力。此外,他提出的许多行之有效的教育、教学的原则和方法,大多数也为后世所继承。

第二节　孟子的教育思想

孟子(约公元前 372 年—公元前 289 年),名轲,战国中期邹国人(今山东邹县),著名的政治家、思想家和教育家。其成长深受母教影响,《韩诗外传》与《列女传》中曾记载着诸如孟母三迁、断织教子等故事。孟子是继孔子之后儒家第二位代表人物,被后世尊称为"亚圣"。他继承了儒家的德治思想传统,在政治上具有浓厚的民本主义色彩,主张"王道政治",要求统治者对民众实行"仁政"。他从事教育工作也是为实现其政治主张服务的,《孟子》是今人研究他的教育思想的主要依据。

一、性善论与道德内发说

人性问题即人的本质问题,是中国教育思想史上一个重要的理论问题。早在春秋时期就引起了当时思想家们的重视。到战国中期,对人性问题的探讨,更是成为百家争鸣中的焦点之一。当时人性问题最主要的分歧是"性善"抑或"性恶",其中有主张"性无善无不善"的,有主张"性可以为善可以为不善"的,还有主张"有性善有性不善"的。

孟子在批判地总结各派的观点的基础上,提出了性善论。孟子对于人性问题的关注,是与他的政治思想、教育观点等密切联系在一起的,人性说是孟子王道政治观和教育内发说的逻辑起点。

关于人性问题,孟子主要从人禽之别的层面进行探讨。在古汉语中,"生"与"性"二字同源,当时关于人性的"性"的内涵的解说中,较为流行的是"食色,性也",或者"生之谓性"的人性观。孟子认为,人性是人类所特有的本质特性,是人与禽兽等自然生物根本区别之所在。因此,把人性视为天生自然的生理资质，主张“生之谓性”是错误的。它抹杀了人性的本质特征，犹如把犬性等同于牛性，把牛性等同于人性。在孟子看来，人天生所具有的自然属性，并不是人性的主要内涵，人所具有的社会属性也即道德属性才是人与动物根本区别之所在。

孟子进一步认为，道德属性在人类中先天地便存在着，即所谓“性善”。“性善”具体可从“善心”表现出来。他说，人先天就具有四种善的萌芽：恻隐之心、羞恶之心、辞让之心（又称恭敬之心）、是非之心。这四种善端是后天仁、义、礼、智四种道德发展的基础与条件。《孟子·公孙丑上》中说：“恻隐之心，仁之端也；羞恶之心，义之端也；辞让之心，礼之端也；是非之心，智之端也。”后天完善的道德其实就是先天“四端”的展开。

值得一提的是，孟子不仅提出了“四端”说，而且提出了“良知、良能”的观念以推广“四端”说。所谓“良知”，即不经过考虑而生来就具有的知识（主要指道德直觉，也包括其他知识），所谓“良能”，即不经过学习而生来具有的能力（主要指道德本能，也包括其他方面的能力）。有时孟子又把它们统称为“善心”。他认为，“善心”不仅是先天性和非功利性的，而且具有平等性，人人相同。

孟子主张性善论，但并不否认教育在人的发展中的作用。他认为，在人的本性中，虽然有四种先天的善端，但善的萌芽并不等于完善的道德。如果由于外因的不良影响及自身的自暴自弃，人就会陷溺其心，泯灭其善端，乃至可能作恶。简言之，人之所以有善恶之别，并不是各自具有的“四端”有何不同，乃是由于有的人能尽其材，有的人则不能尽其材。他比喻说：含四端的心灵产生含四端的善性，就像大山生长树木一样。长树是山的本性，但假如经常砍伐，山也会变成光秃秃的。同样，人心日日夜夜产生新的东西，但由于某些内外因的肆意摧残，善的萌芽也会失去赖以生长的土壤。故而在“圣我之辨”中，个体自我选择起着决定意义。孟子由此得出结论，人性是善的，一个人道德及其他方面的发展动力来自于内部。

孟子认为，教育的具体作用一方面是将固有的善端保存并扩而充之，使其成为善德，他说：“凡有四端于我者，知皆扩而充之矣，若火之始然，泉之始达。苟能充之，足以保四海；苟不充之，不足以事父母。”（《孟子·公孙丑上》）另一方面教育还担负着把已丧失的良心寻找回来的任务，“学问之道无它，求其放心而已矣”（《孟子·告子上》）。简而言之，教育的作用就在于存心养性，在于求其放心，在于将其心性中固有的善性加以扩充。

孟子把后天才有的道德属性当成了先天就有的东西,并借此论证道德教育的合理性与正义性,但这种论证并非建立在严密的形式逻辑推论基础上,更多地是基于日常经验或前人"故事"。不过,他极力强调道德属性是人与动物不同的本质特征所在,则是对中国传统的人文主义思想的继承和发展。他认为人人皆可以为尧、舜,这种道德平等思想客观上能在精神上给人以鼓励。此外,性善论的道德内发说,尤其强调了道德主体的作用,认为真正的道德行为是自觉的,人们只要选择正确的人生道路,并且按照道德规范的要求去做,追求道德上的真、善、美,任何人都可以成为圣人,关键是人应该对自己的命运、行为负责。

二、"复性式"教育体系的建构

孟子从其"性善论"出发,推演出两个重要的教育结论:第一,人的发展的动力来自于"内心",故教育不是一种外求的活动,而是一个不断反思的过程;第二,存心、养性是"事天"的最好表示,则保养内心的道德完善是教育的终极目标。由此,他建构出一套以"内发说"为出发点、具有鲜明"复性式"色彩的道德教育体系。

(一)"大丈夫"理想人格

"内圣外王"是儒家对理想人格的具体描述,但是在"圣"(伦理道德的完满体现)与"王"(治理天下国家的才能)的关系上却大多呈现重德轻才的价值取向,如在孔子的思想中已出现以仁为核心的主张,孟子更是将其推向极致,将道德的完善视为重要甚至唯一的标准。他说:"圣人,人伦之至也。"(《孟子·离娄上》)有人曾问孟子:"士何事?"孟子答道:"尚志。"那么,"何谓尚志"? 孟子又说:"仁义而已矣。杀一无罪,非仁也。非其有而取之,非义也。居恶在?仁是也;路恶在? 义是也。居仁由义,大人之事备矣。"(《孟子·尽心上》)这是说,要使自己的志向高尚,无非是行仁义而已。杀一位无罪之人,是不仁。不是自己所有却去取过来,是不义。以仁为安身立命之所,以义为行动的标准,则大人之事便齐全了。这里的"大人"便是其理想人格的人,也就是仁者。孟子认为,一个人如果不以"大人"为自己的志向,那便是自暴自弃,"自暴者,不可与有言也;自弃者,不可与有为也"(《孟子·离娄上》)。可见,人生的道路可以由自己选择,自主地选择,这是意志的品质。

理想人格的"大人",孟子有时又称之为"大丈夫"。他对"大丈夫"的描绘是:"富贵不能淫,贫贱不能移,威武不能屈。"(《孟子·滕文公下》)具体来讲,

“大丈夫”应该有着崇高的志向和伟大的精神境界，有着对正义行为的高度自觉性，有着坚定的信念和高尚的气节。

（二）“四德”教育内容

既然孟子认为仁、义、礼、智观念为先天内在善端发展的必然归宿，那么，以仁、义、礼、智四德为道德教育的基本内容是不难理解的。

但是“四德”并不是并重的，而是以仁、义为核心，他说：“仁，人之安宅也；义，人之正路也。”（《孟子·离娄上》）“仁，人心也；义，人路也。”（《孟子·告子上》）仁是发自内心的思想情感和精神状态，是内在的东西；义是仁的外化与推衍，是外在的道德行为。一个人应该“居仁由义”。至于礼，它是行为的准则，智则是辨别是非的智慧，它们都是仁义的形式与判别能力。仁、义、礼、智结合起来，构成了孟子的道德教育的基本内容。

仁、义、礼、智四德在孔子的思想中已有萌芽，但将四者体系化则是从孟子开始的。此外，值得一提的是，孔孟虽然都强调仁德的养成，但孔子的仁是与礼相连，注重道德准则的把握，而孟子则是将仁与义结合，更强调外在行为的训练。故后人概括为：“孔曰成仁，孟曰取义。”仁、义、礼、智是较为抽象的德目，由于其实质乃是在社会伦理关系中的体现，故孟子提出以孝悌忠信为具体的伦理观念。他说：“仁之实，事亲是也。义之实，从兄是也。”（《孟子·离娄上》）其他如事君、交友、敬长、爱幼均是孝、悌两种道德观念的向外推衍而已。总之，孟子主张的道德教育的基本内容是以血缘关系为核心的伦理道德内容，即“父子有亲，君臣有义，夫妇有别，长幼有序，朋友有信”（简称“五伦”），这也是孟子整个教育的目的所在。

（三）“自反”式教育方法

孟子认为道德教育主要应注重启发人们自求自得，向自己的内部下功夫，以恢复固有的道德观念。道德教育的方法，很大程度上就是道德修养的方法。孟子提出的修养方法主要包括以下几种。

1. 存心寡欲

孟子的“性善论”认为，人性天生就具有善的萌芽和天然的道德理性，恶的产生乃是由于人们发乎耳、目、口、腹之中的物质欲望遮蔽了“心之官”的道德理性的结果。从理论上讲，自然属性（欲）和道德属性（义）同为“性”，两者统一。但其价值和意义并不相同，这其中有大小贵贱之分。他认为心是大体，口、耳、鼻、目等器官属于小体。而“从其大体为大人，从其小体为小人”。随其心中的善端发展，用道德理性节制口腹之欲的，就是大人、君子。相反，随其耳、目等感官之所欲,蒙蔽了本性,甚至泯灭了善端,则成为卑鄙的小人。可见,存养和扩充善端的障碍来自耳目之欲。因为耳、目、口、鼻、舌之类的感觉器官没有理性,不能辨别是非,只能追求感官享受,一与外物接触,便被引向迷途。所以孟子主张"养心寡欲",他说:"养心莫善于寡欲。其为人也寡欲,虽有不存焉者,寡矣。其为人也多欲,虽有存者焉,寡矣。"(《孟子·尽心下》)道德修养与物质欲望,虽非时时处于矛盾对立之中,但过多的物质欲望将会妨碍道德修养则是不争的事实。

2. 尚志养气

孟子继承和发展了孔子立志有恒的思想,认为士应立定高远的志向,具体讲士就是能实行仁义的"大丈夫"。

士不仅应该立大志,而且还有能为自己的志向牺牲生命的精神,他说:"生亦我所欲也,义亦我所欲也;二者不可得兼,舍生而取义者也。"(《孟子·告子上》)生与义同是固有的本性,但却有着大体、小体的天壤之别,"舍生取义"不是对生命的否定,而是对生命价值的肯定。孟子的"舍生取义"与孔子的"杀身成仁"一样,激励着历代志士仁人为实现理想而不惜牺牲生命。为使自己的志向更加坚定,孟子还根据当时稷下学宫中黄老学派的"元气说",提出了为修身而养气的主张。孟子所说的气,其实就是一种不同于理智的心理状态,是我们每个人随时随地可以感觉到的所谓"志气""意气"等。志与气的关系,志是统率气的,而气又是充于形体之中的。志至则气至,意志专一了就会一鼓作气。气专一了,也会使意志更加坚定,所以在立志的同时,还要注意"养气"。孟子认为,养气的过程是一个从长期积累到质变的过程。一个人只要不懈地努力,最终便能养成像圣人所具有的"浩然之气"。它是一种以正义培养起来的,一点未受到损害的至大至刚之气,是一种冲天的壮气,是凛然正气,是压倒一切的豪迈之气,是道德修养的最高境界。孟子以自身的所作所为对此作了形象的诠释,近代梁启超称赞孟子是不同于孔子谨小慎微式的道德君子,而是一位"热血磅礴之人",大力提倡一种激越豪放、痛快淋漓的人生境界。

3. 反求诸己

孔子在道德修养方法上,最重自觉,讲究内省,提出以忠恕之道来处理人与人之间的关系,即所谓"君子求诸己","厚于责己",言行中"战战兢兢,如临深渊,如履薄冰"。孟子一方面继承了孔子的内省思想,同时又对其加以发展,使它与"性善论"相结合,并推衍为反求诸己,以此作为协调人与人之间关系的原则。在这里,由于孟子认为人天生就具有判断是非的良知良能,因而他认为判别行为是否合宜是以自己的“良心”为标准的，即更强调对外在的社会规范的再判断；而孔子则主要是指对外在社会规范的一种自觉的体认和顺从。可见，孟子与孔子相比，孟子更崇尚个性独立。

4. 磨炼意志

孟子的性善论虽然认为人天生就具有善的萌芽，恶行的产生均是由于后天的环境作用的结果，但他也知道，人是不可能脱离社会而存在的，为了能够经受起险恶环境和艰苦生活的考验，不使固有的善端丧失，他在道德修养的方法上，还特别注重意志的锻炼。他通过对人处于不同境遇产生的不同心态分析，阐明了磨炼意志的重要意义。他说，许多在德与才方面有成就者多处于各种生活的逆境中，因为他们必须经常为不测的灾患而殚精竭虑，由此也发展了他们的德行和智慧。相反，生活于安逸环境中的人无忧无虑，故往往不明事理。这就是所谓“生于忧患，死于安乐”的道理。故孟子主张一个“大丈夫”应该经历各种艰苦环境的磨炼，他认为，“天将降大任于斯人也，必先苦其心志，劳其筋骨，饿其体肤，空乏其身，行拂乱其所为”（《孟子·告子下》），才能真正做到富贵不能淫，贫贱不能移，威武不能屈。

第三节　荀况的教育思想

荀况（约公元前313年—公元前238年），又名荀卿，战国时期赵国人。因避西汉宣帝刘询讳，故后世又称孙卿，尊称荀子。早年曾游学齐国稷下学宫，并三次担任祭酒，成为当时颇有名望的教师。受楚国春申君之邀担任兰陵令，后终老兰陵。他的思想以儒家为主，但同时吸纳了道家、法家等其他学派的思想，成为先秦思想的集大成者。他学生中颇有造诣者不少，但思想取向较为复杂，其中既有为秦朝建立奠定理论基础的韩非和李斯一类法家，同时又有如浮丘伯、毛亨、张苍等秦汉之际的名儒。

荀子生活的时代，大一统的格局即将形成，他的思想学说主要是为建立大一统专制政权的合法性进行代言，社会政治方面主张王霸统一、礼法兼备。研究关于他教育思想的可靠资料，主要是其撰写的《荀子》一书，今存共32篇。

一、性恶论与外铄说

(一)“性伪分”

论及荀子的人性论,一般均以“性恶论”冠之,其基本依据是由于《荀子》一书中有“性恶”篇。不过,对于荀子的性恶论切不可作“本性恶”的理解。荀子的“性恶”与孟子“性善”的思维方式并不一样,并不认为人性有“恶”的萌芽。荀子的人性论是依照“明于天人之分”的思维理络而架构起来的,在他的思维中,“性”与“伪”的关系,犹如“天”与“人”的关系,明了“性伪之分”是理解他的性恶论的前提。他说:“生之所以然者谓之性。”(《荀子·正名》)“性”是上天赋予的,“不可学,不可事”(《荀子·性恶》),当然“性”中也并不存在人类赋予的善恶,善恶是后天人为(荀子称为“伪”)的结果。

关于“性”的内容或性质,荀子说:“性者,本始材朴也;伪者,文理隆盛也。”(《荀子·礼论》)意思是说,“性”本初是纯真质朴、不加雕饰的,而“伪”则是盛大的礼法文明。不仅如此,荀子还认为,“情”是“性”的实质内容,“性者,天之就也;情者,性之质也”(《荀子·正名》),又说“好恶、喜怒、哀乐,夫是之谓天情”(《荀子·天论》)。可见,“天情”就是人的自然属性,人性的内容亦限定为饥而欲食,寒而欲暖,劳而欲息,好利而恶害,以及目辨白黑,耳辨音声,口辨酸咸等天生的自然属性,它是人人共有,并无小人和君子的分别。这就是说,由情与外界发生交感后而生发的欲望,圣人亦与小人一致,尧舜与桀跖无异。可见,就“性”的本然状态而言,它并不包含道德价值的判断和道德境界的高低。从“性伪分”的观点看,性和情是天生的,人不可干涉,也不应该干涉。

在对待“性”“情”实质内容的问题上,虽然孟子与荀子一样承认“食色,性也”,孟子认为人的自然属性是“性”的内容范围,但孟子同时认为仁义之类社会道德亦属“性”的范畴,且以小人存“小体”(生理属性)、大人存“大体”(社会属性)来划分两种“性”内容的高低差异,而这便是与荀子极大不同之处,因为荀子论“性”只限于自然属性范围,礼法、道德等社会属性均属于后天“伪”的范畴。

荀子既然主张“性”的本质内容是指天生的、人人共有的自然属性,没有道德的成分,那为何他又说“性恶”呢?对此,荀子从“顺”的角度予以阐释。在他看来,虽然人的好利恶害、好逸恶劳的自然属性属于天性,既无不妥之处,亦无道德的成分,但是如果顺着这种“性、情”发展,则有可能危害社会秩序,导致礼义、法度的混乱与崩溃,“今人之性,生而有好利焉,顺是,故争夺生而辞让亡焉。生而有疾恶焉,顺是,故残贼生而忠信亡焉。生而有耳目之欲,有好声色焉,顺是,故淫乱生而礼义文理亡焉。然则从人之性,顺人之情,必出于争夺,合于犯分乱理而归于暴”(《荀子·性恶》)。可见,荀子所谓的“性恶”其实是就性“顺情”之后“趋恶”而言的。

恰是由于顺人性、人情之后存在着“趋恶”的危险性,故有必要通过后天“外铄”的礼义、法度的介入而使人得到约束。由此也得出,统治者通过教育从根本上对人性进行改造,使其接受礼义的约束是完全必要的。掌握善并非可有可无,而是违者必纠。在这儿,与孔孟仅注重道德自觉不同,荀子非常重视外部规范的强制性。

(二)“性伪合”

荀子在人性论上虽然主张明“性伪之分”,但不以为二者毫无关联。在他看来,“性”与“伪”之间存在着材料与加工的关系,对于人的发展而言,缺一不可。他说:“无性则伪之无所加,无伪则性不能自美。性伪合,然后成圣人之名,一天下之功于是就也。”(《荀子·礼论》)意思是说,如果没有天然质朴的人性,“伪”便没有施加作用的对象,如果没有人性中“趋恶”的危险特征,当然也就没有进行礼义、法度加工的必要性。同样,如果没有“伪”的加工,人性自身如同未加工的质朴素材,并不可能自动成为完美之性,因而外铄的作用是不可缺少的。正是由于根据“性”的特质进行“伪”的作用,即所谓“性伪合”,然后才成就了圣人之名,统一天下的功绩亦在于此。

为何有“趋恶”危险性的人性,却有着完成“性伪合”而成为善的可能性呢?荀子的回答是因为人人具备接受、理解仁义礼法之“质”,和实现仁义礼法之“具”,“仁义法正有可知可能之理,然而涂之人也,皆有可以知仁义法正之质,皆有可以能仁义法正之具,然则其可以为禹明矣。”(《荀子·性恶》)意思是说一方面仁义礼法有可以被认识、被实现的道理,另一方面所有人又都具备理解仁义礼法的资质和实现仁义礼法的材具,“可以知”与“能知”二者结合,便使得人人均有成为大禹一样圣人的可能。而荀子这儿所谓的“质”“具”,其实就是指人所特有的“心知”功能,他说:“所以知之在人者,谓之知,知有所合谓之智。”(《荀子·正名》)简言之,“心知”是一种能力,是一种智慧,是人与动物的重要区别,是实现“伪”的前提。荀子正是通过引入“心知”的概念,不仅凸显了人与动物的不同,更是借此论证了人人具有孟子所言“如水之就下”的趋善本质。可见,“在对人本质的认识上荀况与孟轲颇有趋同之处,而使自己与法家区别了开来”①。

① 孙培青、李国钧主编:《中国教育思想史》(第一卷),华东师范大学出版社1995年版,第69页。

(三)“化性起伪”

“化性起伪”是荀子在人性论基础上强调教育、环境作用的一个重要命题，它是针对“顺”性、情发展而沦为“恶”的危险性，主张通过道德教育、道德修养和法律制度等后天举措，化先天之“性”为后天之“伪”。他说：“故圣人化性而起伪，伪起于信而生礼义，礼义生而制法度。”(《荀子·性恶》)

“化性起伪”的基点是承认人性是可变的。荀子既然主张“性”是先天造就，是人“不可学”“不可事”的，为何又认为圣人能“化性而起伪”呢？事实上，荀子在这儿所提的“化性”之“性”并非指人性中的原初状态的质朴之“性”，而是针对“顺”情、性发动后的可能“趋恶”之势而言，而人性的这种“趋势”具有极大的可塑性，犹如告子所言“决之东则东流，决之西则西流”的沟河之水，人之善恶取决于后天的“伪”。可见，荀子与孟子虽然在先天人性善恶的判定上互相对立，但从其价值导向都是为善来说，二者并无差别。不过，需要特别指出的是，荀子认为不论是圣人还是凡愚，其先天本性并无差别，差别只在于后天。圣人能制礼义法度，且能“化性起伪”，并非源自其先天本性中具备礼义法度，而是圣人能够发挥“心知”的作用，“注错习俗之所积耳”(《荀子·荣辱》)。

“化性起伪”的“伪”是指后天人为的意思。“伪”的具体内涵，首先是指后天个体的学习努力。在荀子看来，人的所有知识、道德、礼义、规范均来自于外部，“今人之性，固无礼义，固强学而求有之也。性不知礼义，故思虑而求知之也”(《荀子·性恶》)。学习对所有人都不可缺少，是人们成才、成人的必由之路，是贯穿于人一生的要求，故《荀子》一书极力“劝学”，提出“学不可以已”，又说：“吾尝终日而思矣，不如须臾之所学也。”(《荀子·劝学》)学习是获得知识的唯一途径，君子的本性同常人并没有什么差别，只不过他们“善假于物”，即善于借助外物进行学习罢了。与孟子主张学习、重视教育的程度相比较，荀子似乎更凸显个体自强不息的努力，以及强调求学、求教对个体发展的价值和意义。

其次，“伪”还涵盖一切环境对人潜移默化的影响作用。荀子将环境的影响称为“渐”，有逐渐影响之意。环境因素中最突出的就是居住地与交往者对自己的影响，他举例说：蓬草长在麻地里，不用扶持也能长直；白沙混进了黑土里，同样会变成黑色的了；兰槐的根叫香艾，一旦浸到臭水里，君子、百姓均会避之不及，这不是艾本身不香，而是因为被浸泡臭了。由此，他告诫人们选择居住地和交往的对象是十分重要的：“君子居必择乡，游必就士，所以防邪辟而近中正也。”(《荀子·劝学》)

在荀子看来，要“化性起伪”，除了需要对个人道德教化外，还需要有外在的约束力量。这个外在力量就是礼仪规范和法律制度。因为人性中既然没有道德的成分，且有“趋恶”的可能性，那么从这个性中是无法自然地生长出善来的。要“化性起伪”，就需要顺着这个性，依据性之“好利”“嫉恶”的特性，利用某种社会规制，让增进社会利益的人获得相应的奖励，让违反社会利益的人得到相应的惩罚，而“礼”和“法”就是这样的社会规则，可见，礼法兼备，缺一不可。

综言之，荀子根据“性伪之分”来论证“化性起伪”的必要性，又从“性伪合”的观点出发，更进一步论证了“化性起伪”的可能性。

二、“成性”式教育体系的建构

与孟子注重“内省”，建构一种“复性”式教育体系不同，荀子将所有知识、道德、礼法均归为后天人为的范畴，将教育视为“外取”的过程，故建构的是一种外加、输入型的“成性”式教育体系。

荀子的“成性”式教育体系是基于性恶论和“化性起伪”说而建构起来的。他的“成性”并不局限于道德教育论，更涉及知识论、认识论。

（一）“始乎诵经，终乎读礼”

在教育目的方面，荀子提倡的是造就儒者中具有治才的“贤能之士”。他曾将儒者划分为俗儒、雅儒、大儒三个层次：俗儒的特征是以《诗》、《书》、礼、义为教条，而全然不知其用的书呆子，且人格低下；雅儒的言行基本能合《诗》、《书》、礼、义精神，且懂得“法后王”，但创造精神较弱；大儒不仅博学多才，且具有创造精神，能以已知推及未知，能自如地处理各种新问题，这显然是荀子理想中的人才。

理想的人才不是先天造就的，也是后天学习、教育的结果。在学习（教育）内容上，荀子非常重视读经，他说，“学恶乎始？恶乎终？曰：其数则始乎诵经，终乎读礼”（《荀子·劝学》）。荀子不但强调儒家经典的知识价值，而且对诸经的不同特点也进行了精辟地阐述。他说：《诗》是表现内心的志向与情感的，《书》是记录历史事迹的，《礼》是行为的标准，《乐》是表现情意和谐的，《春秋》是暗示表扬和批评的。总之，天地之间的一切学问尽包含于其中了。

值得注意的是，荀子虽然称颂儒家经典，注重六经的传授，但他并非原封不动地传述，而是有所侧重、有所取舍和改造。这主要包括两个方面：第一，在六经之中，尤以《礼经》为重要，认为学习者应该从《诗经》的学习开始，而以读

《礼经》告终。因为“礼”是“正其经纬”的纲纪，只要抓住了《礼经》，就好比抓住了皮衣的领子，五个指头抖一抖，毛就会自然顺着垂下去。第二，荀子重视六经的传授，但他认为经书中也存在缺点，如《礼经》《乐经》只有纲领性文字而没有详细的说明，使人不易领会和掌握；《诗经》和《尚书》记载的都是过去的事而不切合当前的实际；《春秋》言语隐晦，而不能使人迅速理解。因此，对经书也不能盲目信奉，而必须由教师有选择地讲授。此外，荀子还认为，尽管教育的内容应从这些经书开始，但不能唯经书，而应该结合实际，必须通过现实的教育和良师益友的言传身教，否则，就不能培养出有用的人才，只能成为一个知识浅陋、思想迂腐的书呆子。

(二)“强立而不反”

“成性”式教育体系强调教育是一个“外铄”的过程，但并不意味着这个过程只是外部知识、经验的简单累积、叠加，只是不断接受教师教导的过程。“成性”同时也是个体持续努力，不断积累知识、经验、道德的过程，需要发挥人的主动性，树立自强不息、“强立而不反”的求学意志。

荀子首先肯定人性的发展离不开环境的影响。他认为一个人的成长过程，是与所处的环境有着特殊的关联，处于什么样的环境中就接受何种影响，造成什么样的积习。所以，教者对于学者必须“知谨注错，慎习俗”(《荀子·儒效》)，就是说为人父、为人师者要十分慎重地选择学生学习和生活的环境。他说：“蓬生麻中，不扶而直。白沙在涅，与之俱黑。”(《荀子·劝学》)由于受到的环境影响不同，使人可以为尧、禹，也可以为桀、跖；可以为农、贾，也可以为工匠。因此，他提出“君子居必择乡，游必就士”(《荀子·劝学》)，与良师益友相交往这样才能“防邪僻而近中正”，才会“身日进于仁义而不自知”。当然，荀子择师友的标准是有的，那就是其人的言行必须符合“圣王之道”和封建礼法。先强调积学、博学的重要性，另一方面又认为在学的基础上还要进行思考。因为通过对客观事物的观察接触，由认识事物的现象到认识事物的本质，必须经过“心”的分析和综合。同时，“行”亦不可缺少，“行”既是学习的方法，认识客观事物的途径，也是学习的目的。学、思、行的统一，构成了整个学习的过程，他说：“君子之学也，入乎耳，著乎心，布乎四体，行乎动静。”(《荀子·劝学》)这是他对整个学习过程的概括。

其次，荀子强调知识与道德的获得都是不断积累的过程。环境对人的影响固然很大，但人的发展如何，并不完全取决于客观影响，而决定于主体的选择。荀子认为，仅仅有良好的客观条件还很不够，必须加上主观的努力，在

"积"方面下功夫。所谓"积",又称"积靡",是个人不断地接受外界教育影响的过程。在他看来,"夫尽小者大,积微者著",大凡自然中的一切都是不断积累的结果,他举例说,不一步一步去积累,就无法走完千里的路程,不积累涓涓细流,就不可能汇成浩瀚的江海。同样,无论是学问还是道德,也都是一点一滴、日积月累的结果,"积土成山,风雨兴焉;积水成渊,蛟龙兴焉;积善成德,而神明自得,圣心备焉"(《荀子・劝学》)。要立下伟大的功业,就必须经过不断地积累的功夫,同时还要有锲而不舍的坚韧性,他以雕刻为例,"锲而舍之,朽木不折,锲而不舍,金石可镂"(《荀子・劝学》)。

再次,注重"心"的思维作用在求知、成德过程的决定意义。荀子并不是一个感觉经验论者,与孟子一样,同样关注思维的价值,并提出了"虚壹而静"的主张。

所谓"虚",就是不以已经获得的知识妨碍新知识的接受,荀子认为,人生来有认识事物的能力,并且能把已获得的知识在记忆中积累起来,但是不要让这些记忆中的知识成为一种具有排他性的成见,妨碍对新的知识的接受,这就是要求心中经常保持"虚"的状态,在学习上,即要求人们"虚心",认为虚心才能"不蔽于成积""不蔽于一曲",而获得比较深刻全面的知识,也就是"谦受益,满招损"。可见,他的"虚"不是"去知",而是积极求知。

所谓"壹",就是专一,不分心,荀子认为心有辨别差异,同时兼知各种事物的能力,然而要深刻地认识事物,精通一种知识,就必须专心一致,集中思想,不要因为对那一种事物的认识而妨碍对这一种事物的认识,这就是"壹",所以,这种"壹"与前面的"虚"是相通的,同是一种积极的求知态度,也是一种学习方法。

所谓"静",就是要宁静,不要胡思乱想。荀子说"心"总是处在活动之中,但也有静的一面,"静"不是停止心的思维活动,而是保持心的高度清醒冷静,不要让梦幻和胡思乱想来扰乱正常的思维活动,这就是"静"。荀子把人心比作一盘水来说明"静"在学习中的作用:一盘水如果放着不动,沉渣俱下,清水就能照见人的胡须眉目乃至皮肤上的纹理。然而当微风吹拂,水被搅浑了,那时就连人的形体也难照清了。同理,心如果能保持"清明"状态,就能鉴别是非,判断疑问;反之,就连一点很普通的道理也认识不清了。简而言之,"虚壹而静"就是精神高度集中,专心致志而不旁骛。

(三)"师道尊严"

按照荀子"成性"式教育体系的理路,人的道德、知识、才能不可能通过自我反思而获得,必须依赖教师的教诲。“心”虽然先天具有思维的能力,但是不能保证其认识的正确性,而需要“道”或者“礼”作为准则。而对“道”或者“礼”的体认虽然可以通过书本学习,尤其是儒家经典的学习而获得,但由于书本知识本身与现实之间的差距,且儒家经典著作依然存在诸多不易被理解的地方,所以跟着教师学习才是最便捷的途径。从这个意义上讲,教师不仅决定着国家的兴衰,更是决定人性发展的关键,“有师法,人之大宝也,无师法,人之大殃也”(《荀子·儒效》)。

基于教师在人的发展中发挥着不可替代的重要作用,强调全社会尊师是势所必然。荀子认为,在师生关系中,教师具有绝对的权威,学生应该以师言为准则,应该像服从君王的指令一样无条件地服从教师的教诲,他说:“言而不称师谓之畔(叛),教而不称师谓之倍(背)。”(《荀子·大略》)对这种背叛教师教导的人,君王不用之,士大夫耻与言之。可见,他的尊师不仅是教育原则,也是政治原则。这完全是封建等级的君臣关系在师生关系上的反映,对我国几千年的教育发展产生了消极的影响。

荀子不仅强调尊师,而且也提出了对教师的要求。他认为作为一位教师,除了有一般传习者所需的博学外,还需要具备四条:第一,教师要有尊严,使人敬服;第二,年高德硕,有崇高的威信和丰富的教学经验;第三,需要具备有条理、有系统地传授知识的能力,而且不违法师说;第四,能体会“礼法”中的精微道理,而又能恰当地予以阐发。

总之,荀子对权威型、专制型教师形象的塑造,适应了战国末期新兴地主阶级的封建国家对教师的要求,反映了私学教育向国家教育转变时期教师的地位和作用的重大变化。

综上所述,荀况是先秦教育思想的集大成者,也是封建教育理论的开创者。他对封建教育的实际影响并不逊色于孟轲,如经他传授的儒经,对两千多年的封建社会教育产生了巨大的影响,他的“性恶论”引出了丰富多彩的教育理论,从此在中国古代教育发展史上,出现了孟轲的自内修养的“复性”说和荀子自外形成的“成性”说两大教育体系。此外,他的礼法结合的政治思想在历代封建社会皆发生了实际的功用。

第四节 墨家、法家的教育主张

一、墨家功利主义的教育主张

墨家是先秦时期代表社会下层小生产者、小私有者利益的一个学术派别和政治集团，创始人是春秋战国之际的手工业技师鲁国人墨翟。

关于墨翟的生平，史书记载很少，一般认为他是由一位刚刚摆脱了宗法羁绊的小手工业者而上升到“士”行列的知识分子。研究墨家教育思想的主要著作是《墨子》，它并非某人的一时之作，而是一部墨家学派的全集。

（一）造就“兼士”的教育目的论

墨子的身份使他深知、同情劳动人民的疾苦，他说当时人民有“三患”：“饥者不得食，寒者不得衣，劳者不得息。”（《墨子·非乐上》）造成这种苦难的原因是礼乐、厚葬以及战争，而其根源在于人人自私自利，不相友爱，甚至亏人以自利，他说：“盗爱其室，不爱异室，故窃异室以利其室。……大夫各爱其家，不爱异家，故乱异家以利其家。”（《墨子·兼爱上》）因而，拯救社会的办法不是儒家宣扬的“爱有差等”，在墨家看来，这种理论不过是放大的亏人利己的行为，在道德实践中，不但不能调和矛盾，而且会加剧社会的分裂。为此，他主张应以“兼”易“别”，通过造就具有兼爱之心的“兼士”来“兴天下之利，除天下之害”，建立一种理想的社会。所谓“兼爱”，就是兼相爱，交相利，即互爱互利，是利人与利他的统一。

“兼士”是墨家理想社会贤人政治的领导者，作为一位兼士，他必须具备三个条件。

第一，“厚乎德行”。这是指思想道德方面的要求。墨子自己也说，士子虽然有了学问，但德行是其根本。这一点与儒家重德行的观点是一致的。不过，儒家着重点在于个人的道德完善，并且耻谈功利，似是一种封闭式的道德修养。而墨家所重的德行，恰是能对全社会产生实际利益的行为。作为有德行的“兼士”，他必须能把朋友的事视为自己的事，对整个天下人都能够“兼爱”“相利”，能使国家安定，使国与国之间、家族与家族之间无战事冲突。

第二，必须能“辩乎言谈”。对于一位贤者，他应该具有很强的言语表达能力，能言善辩，不辞劳苦地“上说下教”，广泛宣传自己的政治主张，以改变社会风气，实现自己的政治理想。

第三，应该“博乎道术”。就知识才能而言，一位“兼士”不仅要掌握墨家的中心思想,而且还要懂得实用技术,更应通晓治国安邦的道理和方法。

总之,“兼士”必须是德才兼备者,其最重要的任务是各尽所能,在知识技能方面不求各人一样,只求在同一政治思想指导下工作。

(二) 功利主义的教育内容

教育内容是由教育目的所决定的。墨子为了把“农与工肆之人”培养成能为社会建功立业的“兼士”,提出了一套具有功利主义色彩的教育内容。

墨子的教育内容大致可分为两大部分:一是中国古代文化知识,二是墨家独有的实用知识和技术。

1. 古代文化知识教育

据说墨子青少年时期曾经师从儒家学者,因而通晓诗书和古代历史,后虽创立了新的学派,但他仍然重视古代文化的教育。不过,墨子作为小生产者利益的代表,在评价古代文化的优劣时,却有着自己的标准。他反对儒家“信而好古,述而不作”的保守思想,而以是否有利作为择取的标准,认为只有古代优秀的遗产才能继承,而对那些无益的甚至有害的则应采取批判的态度。从这一原则出发,他对儒家的“六经”也采取了一分为二的态度,如他仍然以儒家的《诗》、《书》和《春秋》为教育内容的一部分,但却从小农思想出发,对礼乐教育大加批判,认为这些繁文缛节是对人、财、物的浪费,于实际毫无功效可言。忽视音乐与美育在陶冶情感方面的作用,显然有矫枉过正之嫌。

2. 科学技术教育

在墨家的私学中,由于师生均未完全脱离生产劳动,经常接触到生产实践中遇到的各种问题。因而自然科学知识和生产技术成为其教学内容的一个重要组成部分,这在当时也大别于其他私学之处。从流传下来的《墨经》一书中,我们可以发现墨子和墨家的科技教育内容异常丰富,涉及几何学、力学、光学、机械制造等诸多方面。由于这些知识均是墨子在实践中对各种知识和技术的积累和总结,时至今日,它们仍然具有一定的科学价值。

墨子不仅重视与生产有关的科学知识和技术的传授,而且还出于政治上提倡“非攻”,反对当时国与国之间进行的无休止的战争的目的,重视军事方面的知识和技术的教育。墨子认为,掌握各种用于防御性的军事知识和技术是非常必要的。他在这方面的教育卓有成就。据史书记载,墨子为了阻止楚国攻宋,曾与著名的工匠鲁班用模型对练攻防,鲁班先后设计了九种攻城武器,而墨子也以九种防御武器相拒,结果鲁班技穷而墨子的防守武器还绰绰有余,并且墨子的 300 名弟子也掌握了同样的技术。

值得注意的是，墨家虽然重视自然科学知识和生产技术的教学，但它并不以培养技术人才为目的，而是要造就既能懂得实用的知识和技术，又能参政议政的政治人才——“兼士”。

3. 逻辑学知识的传授

战国时期是“处士横议”的时代，旧的传统丧失尊严，是非利害各持己见，一切似乎均要重新予以评说。如何在百家争鸣中取胜，成为各家各派十分关心的问题，因而逻辑学（时称“辩学”）也成为当时比较重要的一门学科。墨家当然也不例外，同时还由于墨子是出儒反儒，为了创立自己的学派，建立自己的政治伦理学说，批判儒家的思想，因此墨子不能不十分重视“辩”的方法，同时也将“辩学”作为重要内容传授给学生，以利于他们宣传墨家的政治理想。他曾要求他的弟子们：“能谈辩者谈辩，能说书者说书，能从事者从事。”（《墨子·耕柱》）

墨子的“辩学”包括两方面的内容。第一，确立“辩论”的根据或标准。他认为，判断认识和言谈正确与否，必须从三个方面予以考察：一是“本之于古者圣王之事”，即历史的经验和知识；二是“原察百姓耳目之实”，即依据民众的经验；三是“观其中国家人民百姓之利”，即效果于民众有利。第二，必须掌握辩论的规则和方法。墨子为此提出了“察类明故”的命题，要求懂得运用类推与求故的方法。他经常告诫学生，不仅要知其然，而且要知其所以然。凡事都要有根据，要讲出道理，合乎逻辑，才能说服他人。

（三）主动的教育方法

墨子一生始终以“兴天下之利，除天下之弊”为己任，并以一种近乎宗教的虔诚去宣传他的政治主张，且把教育事业看作救世的事业，所以他特别强调教育者施教时要保持主动、积极的态度，即教师必须起主导作用，强力劝教，努力去解决问题，绝不可懈怠。

墨子在教育方法上主张主动说服，与儒家“礼闻来学，不闻往教”的思想是截然不同的。《墨子》中曾记载了一段儒、墨两家在此问题上的对话。儒家学者公孟子认为：“譬如像钟，叩则鸣，不叩则不鸣。”即教师要在学生主动学习、主动求教的前提下，才能予以启发，予以教授，其目的在于要求学生能够“自求自得”。墨子认为这种做法太消极，积极的应该是：“叩则鸣，不叩也必鸣。”即教师要主动送教上门，出去宣讲，这样的功用也更大。当时曾有人嘲笑墨子：美人深居不出，而人们争着追求她。如果她到处去卖弄自己，便无人理睬她。同样，像你这样到处强力为教，不是吃力不讨好吗？墨子回答道：乱世，求美女多,而求善者少。不主动劝说,就不懂什么是善。主动、积极地“上说下教”也是“有道则勉以教人”的兼士所应尽的职责。

墨子要求教育者发挥主动性和主导作用,采取主动说服的教育方法,显然较儒家信守“礼闻来学,不闻往教”的礼节,采取“拱己以待”的教育方法更具有积极意义。

二、法家“以法为教”的教育思想

法家是战国时期的重要学派之一,因主张法制和变法而得名。一般认为,法家代表着新兴的社会势力,具有较强的变革精神。他们在社会政治实践中颇有成果,但在教育主张方面与儒、墨相比则具有极强的专制色彩。

法家思想渊源可上溯至春秋时期的管仲,其后经魏国的李悝以及卫国商鞅、吴起、申不害、慎到等人的发展和实践,至战国后期的韩非达到法家思想发展的顶峰,韩非也成为集法家思想之大成者。

(一) 绝对“性恶论”与教育的作用

法家主张强制性的“法”,反对道德教育的功效,其思想源于对人性本质的看法。

早在《管子·禁藏》一文中就认为:“夫凡人之情,见利莫能勿就,见害莫能勿避。”指出趋利避害是人的本性。商鞅也认为民众的本性是:“饥而求食,劳而求逸,苦则索乐,辱则求荣。”趋利之性如同水往低处流一般不可阻挡。韩非不仅认为人具有趋利避害之心,而且人与人之间的关系无非利害关系,他说:“父母之于子也,犹用计算之心以相待也,而况无父子之泽乎。”(《韩非子·六反》)既然趋利避害是人不可更改的本性,因而就无法指望人能自觉为善,道德教育也不可能取得教育者所期望的效果,因为实际情况是:“母厚爱处,子多败,推爱也;父薄爱教笞,子多善,用严也。”所以,韩非认为一方面管理必须用严刑厉法,另一方面根据两害相较取其轻、两利相权取其重的“人情”,因势利导。教育作用的发挥应建立在“因人情”的基础之上,他说:“凡治天下,必因人情,人情者有好恶,故赏罚可用;赏罚可用,故禁令可立,而治道具矣。”(《韩非子·八经》)即借助赏罚手段,以更大的“利”诱使人们由私利向公利转化,将私利与公利协调、统一,这便是教育者的责任所在。

(二) “以法为教”“以吏为师”

韩非认为:“故明主之国无书简之文,以法为教;无先王之语,以吏为师。”(《韩非子·五蠹》)这是对法家教育内容和教育方法的基本概括。

先秦儒家主张为政以德，法家则强调以法治国。所谓“法”，是指当时新兴地主阶级统治集团所颁布的有关政治、经济和思想文化等方面的政策、法令。在法家看来，以法治国是符合人性特点的，商鞅便认为只有采用重刑才能使民众不敢为非作歹，从而达到“一国皆善”。德与法的关系是“德生于刑”，如果像儒教重德轻法，只会助长罪恶。可见，“法令者，民之命也，为治之本也”(《商君书・定分》)。韩非进一步认为法是人们行动的依据或准则，而要实施法治，必须将国家的法令、法律公布于众，作为教育的内容，以使人们知法、懂法。百姓知法、守法，则社会就安定；官吏知法、执法，便不会残害百姓。因此，教育全体民众知法、守法、畏法，则国家的强盛便指日可待。

要实施法制教育，首先必须使法具有权威性、严肃性，信赏必罚，以取信于民。韩非说：“法之所加，智者弗能辞，勇者弗敢争。刑过不避大臣，赏善不遗匹夫。”(《韩非子・有度》)强调法的严肃性和权威性，不仅能使民众信法、畏法，而且也可使民众认识到法制教育的意义。其次，要将法推行于民众中，还必须使法通俗易懂。韩非依据当时诸国的现实从反面说明它的重要性：“今为众人法，而以上智之所难知，则民无从识之矣。”(《韩非子・五蠹》)假令法律、法令条文连智慧较高者都不能理解，当然也就谈不上法制教育的普及。

法制是教育的唯一内容，而实施法制教育的手段和制度便是“以吏为师”。商鞅在秦国变法时便认为：“今先圣人为书而传之后世，必师受之，乃知所谓之名；不师受之，而人以其心意议之，至死不能知其名与其意。故圣人必为法令置官也，置吏也，为天下师，所以定名分也。”(《商君书・定分》)要求像设置传授圣人之书的教师一样，挑选一些通晓法令、法律的官吏，作为天下人学习法的教师。韩非继承、发展了商鞅的吏师主张，进一步要求国家的全体官吏都应成为传法的教师。按照韩非的理想，只有使全体百姓都成为法制教育的学生，全体官吏均成为传授法制的教师，才能最终使法制教育普及。可见，法家要求实施的理想教育只是一种社会法制教育。这种教育对于巩固专制政权固然有着重要作用，但以此而排斥其他教育(包括学校教育)则是极端错误的。

第五节　苏格拉底的教育思想

苏格拉底(Socrates，公元前469年—公元前400年)，古希腊著名的哲学家、教育家。他出生于平民家庭，但反对民主制。苏格拉底青年时期受过多方面的教育,从事过多种职业,中年后致力于专门研究学问。他从事教育的方式比较特殊,他不办学校,不收学费,而是在一些人群聚集的场合如市场、店铺、私宅、餐桌等处进行演讲或个别交谈,或进行辩论,宣传其思想。他本人无著作,其思想主要反映在他的学生柏拉图所著《苏格拉底对话集》《苏格拉底回想录》之中。

一、美德由教育而来

苏格拉底在本体上信奉"神创说",认为神是万物的创造者和主宰者,神同时也创造了真理,真理就代表着至上的神。神为人安排了灵魂,并赋予某些人的灵魂以智慧。由于真理就存在于人的心灵中,因而要寻找智慧,发现真理,不在于向外探求,不在于认识自然现象,而必须从自己的内心去探求,研究自己的心灵,在自我认识中探索、寻找永恒真理,以便于接近至善——"万物主宰神"。他认为,对自身智慧发现得越多,就越接近真理,越接近至善。所以,他对智者派的"人是万物的尺度"的说法进行了一些修正,提出"有思考力的人是万物的尺度",将理性思维的价值提高到前所未有的高度。不仅如此,他还认为:美德就是知识,美德是一种智慧。在此,苏格拉底将美德与知识等同起来,认为只有有思考力的人,才是具备勇敢、节制、刚毅等美德的人。那么美德从何而来呢?苏格拉底明确回答:"美德由教育而来。"由此,他确定教育的目的,即在于通过认识自己获得知识,最终成为有智慧、有完善道德的人。

值得指出的是,苏格拉底并不是认为所有的人都具有接受教育的权利。在他看来,只有奴隶主贵族才具有美好的灵魂,才是有思考力的人,才有智慧,才配受教育,才具有优异而超群出众的才能,才能成为哲人,成为国家的高级官吏和最高统治者。

二、"产婆术"与启发式教学

苏格拉底在教学方面的最大贡献是首创了"苏格拉底问答法",又称"产婆术"。此方法的依据是:感觉印象不如概念可靠。在知识的获得上,不能认为知识是可以移植的或者知识可以经由教学过程直接转入学生的心灵。

苏格拉底认为,一个人在学习过程中,主要是靠自己去思考问题,即依靠"自知"。教育者的主要作用不是传授知识,而重在启发学生去求取知识,教育者要启发学生认识到自己的无知,只有让学生认识到了自己的无知以后,才可能调动他求知的欲望,自觉地去追求知识。教育者并不教给学生具体的知识,而只是作为知识的产婆而存在，把存在于学生内心的知识导引出来，变为学生的实际知识与技能。在教学中，苏格拉底先向学生提出问题，如果学生回答错了也不直接指出，而只是提出暗示性的补充问题，使对方不得不承认自己的无知，并从苏格拉底的引导和暗示中，得出苏格拉底认为是正确的答案。“苏格拉底问答法”由讥讽、助产术、归纳和下定义四部分组成。其中所谓“讥讽”，就是谈话中让对方说出自己的观点，然后揭露出对方观点的自相矛盾，使对方承认自己的无知；所谓“助产术”，就是用谈话法帮助对方把知识回忆起来，就像助产婆帮助产妇产出婴儿一样。可见，这种方法实际上是一种师生共同讨论、辩论的方法，它对于发展学生的思维无疑是有积极作用的，但由于它不是建立在阅读大量文献和观察实际现象的基础上进行的讨论，因而这类讨论也很难深入。

第六节　柏拉图的教育思想

柏拉图(Plato，公元前427年—公元前347年)，出生于古代希腊雅典城邦的思想家、教育家，他对西方的文化、思想曾产生长远影响。柏拉图生活的时代是雅典城邦从繁荣走向衰落的时期，当时雅典内争频仍、外患危急，民主政体、贵族专政变化不定，而伴随每一次政局变动的便是逮捕、处死、放逐等。于是在柏拉图的政治理想中，希望建立一个稳定、和谐、正义、完善的理想社会，其代表作《理想国》便是对这种政治理想社会的构筑。

柏拉图早年在苏格拉底门下受教，参加了苏格拉底的哲学集团，政治上拥护贵族政治。苏格拉底死后，柏拉图逃离雅典，到意大利南部等地宣传其政治主张，活动失败后，约在公元前387年回到雅典。不久便创办了一所被称为阿加德米(Academy)的学园，在那里讲授哲学长达40年之久，直到逝世。

一、教育的目的

按照柏拉图的设想，在“理想”的国家里，存在着上帝用不同的材料造出来的三种人：第一种人是金质的人，其天性特点是理性发达，所以应该成为奴隶主国家最高的统治者；第二种人是银质的人，其特点是刚强的意志在灵魂中占主要的成分，他们应构成军人或中下层统治者，成为奴隶主国家社会秩序的维持者和国土的保卫者；第三种人是铜铁质的人，其特点是情感在其灵魂中占有主要的分量，命中注定成为手艺人、农民等劳动者。奴隶被认为是会说话的工具,不属于上述三等人中的任何一等。

柏拉图认为,国家是否健全,是否安宁,首先,取决于国家是否建立在公道(即正义)的原则上。所谓公道就是指三个阶级各守本分,每一个人按其天性从事自己分内的事,不得干预他人的事,也不能任意交换职务。这是一种典型的遗传决定论。其次,还应有智慧、勇敢和节制。智慧的特点是它有好的谋划,使国家成为真正智慧的国家,智慧只有国家的极少数人才会具备,故执政者是理性的化身,是智慧的化身。可见只有哲学家才适于担任国家的最高统治者。勇敢的特点是在于在任何时候都恪守法律,为国家效命。而在军人身上最能体现这种美德。节制就是对各种欲望的控制,由于欲望主要是在小孩、女人、奴隶以及自由民等下层民众中存在,因而农民、手艺人应该习惯于克制欲望、服从长上。

正义、智慧、勇敢、节制是理想国家应有的四项伦理原则,但这些都离不开教育。教育是实现理想国家的重要保证,为此,柏拉图要求国家控制教育,甚至提出了取消家庭教育、实行儿童公育的主张。在这里,我们可以看出斯巴达教育制度对他的教育思想的影响。

柏拉图确定教育的最终目的是要培养卫国者,即培养哲学家或“哲学王”。哲学家应该具备什么品质呢?柏拉图说:哲学家应该热爱知识,不是爱一般的变化无常的东西,而是爱永恒不变的真理,同时他是聪明和智慧的,具有慧眼,能够透过现象世界,从理念世界中窥见抽象、绝对的、永恒的真理。此外,他还具有勇敢、节制、正义等美德。

柏拉图认为,理想国的公民分成三个等级,每个人的灵魂也包括三个部分:理智、激情和欲望。其中理智是主要的,激情是理智的盟友。他又将灵魂中的理智部分称为人性部分,而将欲望部分称为兽性部分。在属于欲望的部分中,有一些是不可避免的,另一些则可以通过幼年的教育和习惯加以戒除。一如社会应由“爱智者”领导,人的灵魂也必须由理智来领导。理智和激情如果受到教育,就会领导欲望,使兽性部分受制于人性部分,按照理性的指示决定行动,才是至善之道,才是正义。如果人的灵魂中的“多头怪兽”有太多自由,人就会离开正义,应受到谴责。他说:“靠理智和正确信念帮助,由人的思考指导着的简单而有分寸的欲望,则只能在少数人中见到,只能在那些天分最好且又受过最好教育的人中间见到。”①大多数人是不能管束自己的,所以对于

① [古希腊]柏拉图:《理想国》,郭斌和、张竹明译,商务印书馆1986年版,第151页。

大多数人，只有强制他们服从。可见，在柏拉图看来，教育的作用是有限的，它只对少数人有效，教育的主要功能不是培养，而是筛选、选拔。这种论点显然是为奴隶主阶级垄断教育权服务的。

二、教育的内容

柏拉图深受斯巴达教育制度的影响，主张教育由奴隶主国家统一办理，使之能够更好地为统治者服务，但在具体的教育组织及教育内容上却有着不同的看法。他根据不同的年龄阶段和它们的主要任务，要求实施相应的教育内容。

（一）学前教育

教育内容主要是学唱摇篮曲、儿歌以及做游戏、讲故事。

（二）7 岁至 18 岁

儿童必须进入国家办理的初等学校如文法学校、弦琴学校、体操学校等学习，主要任务是接受情感教育，形成自身的节制美德，并接受“以体操锻炼身体，以音乐陶冶心灵”的学习内容。音乐教育方面的课程主要有音乐、舞蹈。体操教育方面的课程主要有游戏、体操、骑马、射箭、投掷等项目。

（三）18 岁至 20 岁

这个时期进入青年军事训练团，主要任务是意志教育阶段。学习的主要内容有体育、四艺(算术、几何、天文、音乐理论)。

（四）20 岁至 30 岁

这个时期的主要任务是发展智慧，目的在于思考接近“理念”世界的最高理念“神”。教育内容主要是四艺和辩证法。

30 岁时可出任政府官员，极少数天赋特厚者则继续学习辩证法，5 年后出任国家重要官吏，再经过 15 年学习，则成为“哲学王”，即最高统治者。

第七节　亚里士多德的教育主张

亚里士多德(Aristotle，公元前 384 年—公元前 322 年)，是在欧洲哲学史上产生过重大影响的哲学家，是古希腊哲学家中“最博学的人物”，在政治学、经济学、伦理学、心理学、逻辑学、修辞学、历史学、美学等学科领域中均有相当造诣；此外，他在物理学、生物学等方面也很有研究。

亚里士多德出生于希腊北方色雷斯的一个小城,父亲是马其顿王阿明塔二世的御医,他自幼便失去双亲。公元前 367 年,他离开希腊,来到雅典,并进入了柏拉图创建的学园。在这里,他系统地接受了柏拉图的哲学思想,奠定了他的学术成就的重要基础。41 岁时应马其顿国王的邀请,担任亚历山大的老师,这对亚里士多德而言是一个很重要的经历。公元前 335 年,他重又回到雅典,在郊区吕克昂(Lyceum)创办一所学园,专事教学和研究活动。由于学园附近有一座阿波罗神庙,还有林荫大道,环境十分优美,亚里士多德便经常带着学生在林荫道上散步,同时进行教学活动,形式不拘,自然舒适,故其学派又被称为"逍遥派"。晚年因和马其顿王室的亲密关系,受到雅典的反马其顿党的迫害,流落并最终客死他乡。

亚里士多德著作甚丰,与教育有关的主要是哲学、政治学和伦理学的著作,如《政治学》《形而上学》《论灵魂》《尼各马可伦理学》等。他的哲学、生物学思想以及心理学思想成为他的教育理论的基础。

一、灵魂论与教育阶段说

(一) 教育的年龄阶段划分的理论基础

在"本体论"上,亚里士多德认为,一切有机体都是由质料和形式构成,两者互相对立而又不可分割,人也不外于此。具体地讲,人由身体和灵魂两个部分组成,身体即质料,而灵魂则相当于形式,两者和谐统一。在这里,他已发展了柏拉图的思想,柏拉图认为"肉体是灵魂的监狱",而亚里士多德则修正了这一说法,认为肉体和灵魂可以和睦相处。

在亚里士多德看来,灵魂有理性和非理性之分。同时,按照灵魂的认识能力的不同,可以区分为低、中、高三个不同的等级。"理性灵魂"是灵魂中较高级的部分,主要发挥思维、推理、判断的功能,属于灵魂的理智部分,故又称为"理智灵魂"。非理性灵魂有两重,即存在于一切动物之中的嗜欲部分和在各种生物(包括植物)之中都可以发现的生长部分,前者称作"动物灵魂",或称之为"意志灵魂",它以感觉、情感、欲望、冲动的方式表现出来,是灵魂的中级部分;后者称之为"植物灵魂",又称为"营养灵魂",主要表现在人的身体的成长和发育方面,是灵魂的最低级部分。人的这三部分灵魂所包含的质料和形式是大不相同的,并且出现的次序也不一致。越是早出现的部分,所包含的形式就越少,而质料就越多,这样就越是低级;越是后表现的部分正好相反,因而也就越高级。譬如,儿童总是先有身体的成长和发育,在身体的成长发育过程中，情感不断滋生并发展，最后才有思维、判断能力的发展，不过，这已是很晚的事情了。

亚里士多德的这种对人的理解和认识，尤其是灵魂的三个不同层级的观点构成了他关于教育的年龄阶段划分的理论基础。

（二）教育的年龄分期

三种类型灵魂充分和谐地发展要依靠教育和训练。如何确定训练的次序和内容呢？亚里士多德认为，应当参照灵魂发展的先后次序。"植物灵魂"在先，故首先要对学生进行身体的教育；"动物灵魂"发展在后，故其次应进行情感的教育和道德品质的教育；最后是"理性灵魂"的发展，因此，主要的教育任务是智育。

根据这样的认识，亚里士多德以 7 年为一个自然阶段，将一个人受教育的过程划分为三个阶段。

1. 出生至 7 岁

这一阶段即幼儿教育阶段。由于本阶段以发展儿童身体的灵魂为主，所以这一阶段应以儿童游戏和进行身体锻炼为主，要注意对儿童脆弱生命的保护。例如，在儿童玩耍和游戏中促进其骨骼和身体的发育，教育他们忍受寒冷以培养他们的身体抵抗能力。难能可贵的是，他还提出在这一时期要十分注意儿童的营养，因为这与儿童以后的生长和发育状况有着相当密切的关系。5 岁以后可适当加入课业的学习，但总体上讲不能过重，因为本阶段的中心任务是身体的教育。这一思想在今天看来仍然是相当有价值的。

2. 7 岁至 14 岁

这一阶段已进入学校教育时期，身体的发育仍是重要任务，但更重要的任务是情感和道德的教育，这与"动物灵魂"的发展占据主导地位是相适应的。从情感的熏陶和德性的养成的角度来讲，和谐是首要的，因此，本阶段教育的主要内容便是和谐教育。而和谐教育的核心便是音乐教育，同时辅之以德育、智育、美育等。除此以外，还要进行体育以巩固第一阶段的发展，进行德育以促进非理性灵魂的成长，强调德育的最终目的在于培养学生养成"中庸"、"适度"的"公正"、"节制"和"勇敢"的德行，在这里可以看到柏拉图对他的至深影响。

3. 14 岁至 21 岁

这一阶段是学校教育的高级阶段。这一阶段的教育主要是围绕学生"理智灵魂"的发展进行，因此，这一阶段主要开设纯粹思辨的学科，如哲学、逻辑学、伦理学等,此外还有科学方面的教育。从吕克昂学园的课程来看,上午主要开设哲学、物理学和逻辑学,下午主要开设修辞学、政治学等,前者专为高级班开设,发展学生的理性的灵魂;后者则为中低班开设。

亚里士多德依据人的灵魂发展的三种水平,确立教育发展的三个阶段,每一个阶段的教育内容都与相应的灵魂发展水平相适应。虽然其立论的基础是不科学的,但其所确立的三个年龄阶段大体上又是符合儿童发展的实际的,不仅如此,其确立的每一阶段的教育内容又具有一定的合理性,这可能与他对儿童成长的观察有关。他的思想中蕴含了教育要适应儿童身心发展的自然发展的观点,这为后来教育的自然适应性原则的提出奠定了思想基础。

二、和谐发展的教育观点

亚里士多德根据灵魂论提出了和谐发展的教育观点。他认为"质料"和"形式"是和谐地存在于人身体之中的,在人的身上,质料表现为身体,形式表现为灵魂,因此,身体和灵魂是和谐统一的,这意味着从身体的灵魂到理性的灵魂是处于和谐发展之中的。在第一阶段身体的灵魂充分发展的基础上,非理性灵魂开始了发展,它需要和谐的情感和道德教育与之相适应,具体而言,需要进行阅读和书写的教育,身体方面的锻炼,以及要有音乐的熏陶和品德的养成。

从和谐教育的渊源上看,主要是师承雅典和谐教育的传统。因为,亚里士多德在青年时代曾就学于柏拉图在雅典创建的阿加德米学园,柏拉图所作的努力就是试图对儿童的身心施加影响,"把快乐、友谊、痛苦和憎恨都适当地根植于儿童心灵中",使"心灵的和谐达到完善的境地"①。柏拉图对儿童游戏和体操、骑马、射箭等体育运动项目以及音乐教育的重视无不与他的这一思想相关。亚里士多德秉承这一传统,强调"和谐教育",所不同的是其和谐教育的核心是音乐教育,而在雅典,更为重视体操、体育的训练。

在亚里士多德看来,教育的学科大体可以分为四类:阅读和书写、体育锻炼、音乐,有时还增加绘画。亚里士多德认为,阅读、书写、绘画和体育都是服务于实际生活的,因而是"实利的""有用的"。音乐则具有不同于这些学科的特征,音乐本身是自由的和高贵的,"音乐的功用,便是在闲暇时供理智的享受

---

① [古希腊]柏拉图:《柏拉图论教育》,郑晓沧译,人民教育出版社1958年版,第49页。

了……这是自由民主度其闲暇的一种方式”①。

音乐是和谐发展教育的核心，它不仅对德性有所裨益，而且能陶冶人的心灵，“有助于闲暇时间的享受和精神的修养”。亚里士多德说：“节奏和旋律可以作出对愤怒和和蔼的模仿，对勇敢和克制的模仿。”因此，我们在倾听曲调时，“我们的灵魂就为之潜移默化了”②。这里他不仅正确地阐发了音乐的德育功能（即“形成性格的力量”），而且还对音乐对于人的德性的养成的机理做了精辟的阐述。从亚里士多德这段精辟的阐述中，我们不难看出，他之所以视音乐教育为和谐教育之核心，是因为音乐本身包含有开启智慧、表达情感、培养德性、陶冶心灵的诸种功能，最终，只有音乐教育才能更好地实现教育的目的——发展理智灵魂。

概括地讲，亚里士多德的“和谐教育”，是一种以音乐教育为核心，以智育、美育和德育为主要内容的教育，其最终目的在于在和谐的基础上实现理性灵魂的发展。毫不夸张地说，亚里士多德是古希腊时期最重视音乐教育并对之进行系统论证的第一人，其和谐教育思想既秉承雅典的传统，更有个人的创新。

三、“百科全书式”的课程设置

亚里士多德为学校所设置的课程可谓“百科全书式”，这同他关注人的和谐发展与他本身广博的学识是分不开的。

在亚里士多德看来，学校的学科设置无非包含两大类别，一类学科是“实用的”，或者是“实利的”，诸如物理学等学科，这些学科知识的学习能够为日后的生活做好准备；另一类学科是“文雅的”，或者是“高尚的”“闲暇的”，这类学科设置的目的不在于为日后的生活做准备，而在于陶冶人的性情，供闲暇时享受之用。理所当然，服务于不同的目的，应当有不同的学科设置。

亚里士多德的“百科全书式”课程设置主要依据他的灵魂论的心理学思想。当然在不同的年龄阶段所开设的课程也应当有较大的区别，这种区别在关于“年龄阶段的划分”的阐述中已经粗略提及。他的课程设置的另外一个支点就是他对于学科性质的认识，即将学科分成“实利的”和“文雅的”。“实利

① 华东师范大学教育系、杭州大学教育系编：《西方古代教育论著选》，人民教育出版社 1985 年版，第 109 页。

② 华东师范大学教育系、杭州大学教育系编：《西方古代教育论著选》，人民教育出版社 1985 年版，第 114 页。

的"学科如物理学等,"文雅的"学科如音乐等。不同性质的学科,对应于灵魂发展的不同阶段。幼儿教育阶段主要是体育以及游戏,真正的知识的学习在这一阶段还没有开始。

学校教育的初级阶段是实施和谐发展教育的最好时机,因此,学校开设的课程除音乐外,主要还有"四艺",即文法、文学、修辞和诗歌,中心是发展学生的情感意境。在学校教育的高级阶段,学校则应发展学生的理智,因此应当开设哲学、逻辑学、物理学、伦理学等。

从亚里士多德的教育思想中,我们可以清晰地看出他深受老师柏拉图的影响,并且对柏拉图的教育思想作了进一步的发展。对儿童教育的年龄分期反映出他对儿童成长的细致的观察,试图将教育建立在儿童自然发展的基础上又反映了他作为伟大的思想家和教育家的智慧和远见卓识。他的和谐教育思想,诚如前文所述,对我国现今基础教育之改革与发展均有着很强的借鉴价值。曹孚先生在其主编的《外国教育史》中精辟地指出:"亚里士多德的和谐发展的思想,教育学和心理学联系的要求,以及其他许多教育见解,曾给予文艺复兴时代的教育学以极大的影响。"①

第八节 《学记》与《雄辩术原理》

一、《学记》中的教育思想

《学记》是《礼记》中一篇专门论述教育的作品。关于这篇作品的作者、写作年代自东汉以来便有争议。目前学术界一般认为,《学记》是战国后期思孟学派的作品,作者可能是孟轲的弟子乐正克。由此看来,《学记》是世界文化教育史上最早的一部专门论述教育问题的经典著作。

《学记》全篇虽仅 1 200 余字,但在总结我国先秦时期学校教育实践的基础上,尤其是在总结先秦儒家教育思想和教育经验的基础上,对教育教学中诸如教育作用、目的、学制、教师、教学原则、教学方法等一些主要问题在理论上作了较为系统的论述,堪称教育学的鼻祖。

(一) 论教育的作用、目的及地位

关于教育的作用,《学记》首先认为教育具有重要的政治功能:第一,教育

---

① 曹孚编:《外国教育史》,人民教育出版社 1979 年版,第 31 页。

是“化民成俗”的手段，通过教育教化人民，能使人民自觉地遵守现行的社会秩序，形成道德风尚和良好的习俗；第二，教育还发挥着“建国君民”的作用，通过教育，一些人学会建设国家、统治人民的“治国之术”。《学记》对教育政治功能的阐发，其实是继承了孔子在这方面的思想。《论语・阳货》中说：“君子学道则爱人，小人学道则易使也。”即教育不仅有利于政治的稳定，而且在个性的发展中也具有重要的作用。《学记》从思孟学派的性善论出发，强调后天学习、教育的作用，如它以玉为喻加以说明：“玉不琢，不成器；人不学，不知道。”不仅如此，人不学习，也无资格评判“道”的好坏，就如同不亲自品尝佳肴，就无从知其鲜美，“虽有佳肴，弗食不知其旨也；虽有至道，弗学不知其善也”。简言之，《学记》从教育与社会稳定、个性发展的角度，论证了人受教育的必要性，又从性善论观点出发，论证了人受教育的可能性。

关于教育的目的，《学记》提出一是要培养具有“建国君民”才能的政治人才，二是通过教育达到培养安分守己的“顺民”的目的。为了实现这一教育目的，就要使人通过教育而“知道”。“道”即教育内容，也就是儒家的诗、礼、乐等教学的主要科目。

教育作用、目的的决定因素，使得教育的地位大受重视，《学记》视教育为国家的第一要务，以为应将它置于“为先”“必由”的地位。

（二）论学校教育制度和教育管理

1. 学制与学年设想

《学记》按儒家托古改制的思想，拟定了一个与行政区划相配合的四级学校制度，“家有塾，党有庠，术（遂）有序，国有学”。这个制度虽无甚新意，只是祖述古代的传说，但却成为后代政府进行重大教育改革规划的蓝图。

《学记》是专论大学教育的。它把大学教育年限定为初级（小成）和高级（大成）两个阶段，共九年。其中初级中又分为四段，学习年限七年，高级学习年限为两年。在此期间，为督促学生学习，每隔一年进行一次考查。不同年级的学生，考查的标准、要求也各不相同，但在考查的范围上，不仅检查学生的学业，也检查学生的思想；此外，还重视学习能力的考查。这些考查标志着教学从随意的松散的状态，转而为更有计划更有目的地进行的状态，体现教学规律已逐渐被掌握。

2. 大学的学校管理

《学记》提出，大学在管理方面应该做好五项工作。

第一，开学典礼。大学要在开学时，天子亲率百官莅临学宫，参加对先圣先师举行的隆重的祭祀仪式，以表示尊师重道。同时通过隆重的仪式，引起学生对于学习的重视。

第二,进行目的教育。在开学时,就让学生诵习《诗·小雅》中的《鹿鸣》《四牡》《皇皇者华》三篇,使学生自求学始便懂得学习的目的,以树立牢固的专业思想。

第三,制定严格的上课规则。学生在上课时,听到鼓声才被允许打开书箧开始学习,并备有"夏楚二物"作为威慑和训诫。这不仅是一种学习纪律教育,而且还有使学生恭而敬之对待自己学业的作用。

第四,实行定期的视学制度。大学每隔一年,定期由政府派人到学校考查学生的成绩,以体现国家对大学教育的重视。

第五,注意学习能力的培养。《学记》要求教育者应经常观察学生的学习活动,但不要随便干预而说这说那,以便培养学生独立思考的能力。考虑到一些年幼的学生的接受能力,规定他们只许旁听,不许提问,以求循序渐进。

以上诸项工作措施,《学记》称之为"教之大伦",它概括了先秦时期新兴地主阶级对大学在德育、智育方面的施教要求,为后代封建学校教育所继承,影响所及两千余年。

(三) 教学原则和教学方法

《学记》在总结了先秦时期教育经验的基础上,揭示了教与学的辩证关系,并从教的角度提出了一系列教学原则与方法,这也是《学记》的精华所在。

《学记》提出的教学原则主要有以下几条。

1. 教学相长

《学记》说:"学然后知不足,教然后知困。知不足,然后能自反也;知困,然后能自强也。故曰:教学相长也。"意思是说,教师一方面通过主动学习才知道自己的不足,知道不足才能回头鞭策自己,从而提高自己;另一方面教师在教育学生过程中遇到困惑,反过来又会促进自己学习,最终有助于自己的提高。因此,从这个意义上讲,教与学是一件事情的两个方面,两者是相互促进的。

2. 预时孙摩

所谓"预",即未发先预之意。《学记》说:"禁于未发之谓预。"要求教育者在教育过程中应具有超前性,针对学生可能出现的问题采取预防措施,否则,"发然后禁,则扞格而不胜"。不良倾向已经出现或不良积习一旦养成,再要通过教育使其改正便倍感困难。

所谓"时",即及时施教。《学记》说:"当其可之谓时……时过而后学,则勤苦而难成。"学习和教育应抓住最佳时机,适时而进行,如果错过这个关键时期，则将事倍而功半。这已涉及教育教学中学生的年龄特征、心理准备和教学内容的安排等问题。

所谓“孙”，即按照学生的心理顺序和教育内容的逻辑顺序，循序渐进地安排教学。

所谓“摩”，即要求学习中要相互观摩，相互学习，取长补短，否则，“独学而无友，则孤陋而寡闻”。

3. 长善救失

孔子曾经提出“改过迁善”，强调在道德教育中应善于学习他人长处，克服自己的缺点。《学记》继承了这种思想，并把它发展为教育教学过程中的普遍原则。《学记》认为：“人之学也，或失则多，或失则寡，或失则易，或失则止。此四者，心之莫同也。知其心，然后能救其失也。”指出学习过程中常见的错误或贪多务得，或片面专精，或浮躁轻心，或畏难不前，这些均是心理差异造成的。作为教育者，首先应了解学生的不同心性，然后才能有针对性地施教。其次，教育者一定要全面地看问题，要懂得事情总有两方面，如多则知识渊博，寡则精深专一；易则充满信心，止则认真对待。这都是可贵的长处。教育者应注意培养积极因素，克服消极因素，将缺点转化为优点，即所谓长其善而救其失。

4. 启发诱导

孔子关于启发式教学曾有过精彩的论述：“不愤不启，不悱不发。”《学记》继承和发展了孔子的启发教学思想，并从三个方面对启发式教学提出了要求：第一，“道(导)而弗牵”，教师积极引导学生，而不是硬牵着学生走，这样师生关系才会融洽；第二，“强而弗抑”，教师策勉学生前进，而不要推着他走，这样学习起来才会安易；第三，“开而弗达”，教师应启发学生思维，而不要代替学生作出结论，那么学生才能独立思考。

5. 藏息相辅

《学记》认为：“大学之教也，时教必有正业，退息必有居学。不学操缦，不能安弦；不学博依，不能安诗；不学杂服，不能安礼。不兴其艺，不能乐学。故君子之于学也，藏焉修焉，息焉游焉。”意思是说，课内学习与课外自学、练习应相互兼顾，互相促进，课外学习是课内学习的继续和补充，它不仅有助于巩固、深化课内学习内容，而且还能提高学习的兴趣。但课外学习(练习)也应张弛有度，劳逸结合。如此，才能使学生乐学而亲师。

关于教学方法，《学记》主要提出了问答、讲解等方法。

1. 问答法

在问答法的运用时,教师应注意把握如何提问和如何答问两个关键环节。《学记》认为,善于提问者是从易到难,循序渐进,如同砍伐坚硬的木材,先从容易砍的地方下手,随后才砍木材的关节,久而久之,关节处随手就可以砍开了。对待学生提出的问题,教师的答问应该注意深浅适宜,详略得当。如果学生提出的问题小而浅,则教育者不可故作高深,小题大做。如果学生提出的问题大而深,教师也不可偷懒藏拙,敷衍了事。善于答问者,对待学生的发问,如同撞钟一般,撞得轻就响得小,撞得重就响得大。

2. 讲解法

讲解法与问答法一样,都是教学过程中常用的方法。讲解法并不是不顾学生实际一味灌输,为此,《学记》对教师提出了三个要求:第一,教师的讲解应"约而达",即讲解应论点清楚,简明扼要;第二,"微而臧",既要扼要,又要精辟,重点突出;第三,"罕譬而喻",即语言应通俗易懂,并注意采用具体的例证来说明抽象的道理。由此可见,"记问之学,不足以为人师",仅仅依靠机械记忆得来知识却不能融会贯通,是没有资格做教师的。只有能够根据学生提出的问题有针对性地进行讲解,才是一位好教师。

二、《雄辩术原理》中的教育思想

昆体良是古代罗马最有成就、最有影响的教育家之一。他于公元 35 年出生于西班牙,在罗马受过雄辩术教育,后来又在罗马从事过多年的教育工作。当时罗马很盛行演说雄辩,把培养雄辩家当作教育的主要任务,昆体良便针对罗马的这种教育实际情况,写出了《雄辩术原理》一书。

《雄辩术原理》论述的是对雄辩家的培养方法和要求等,实际上它也是一部系统的教育著作。这本书系统地总结了古代罗马的教育观和教育经验,同时吸取了古希腊人在教育思想上的有益成果,当然也概括了昆体良本人的教育经验,可以说《雄辩术原理》集希腊和罗马教育思想与经验之大成,是欧洲古代教育理论发展的最高成就。

在《雄辩术原理》这本书中,昆体良论述了以下两方面的内容。

(一) 教育的目的

昆体良提出,教育的最终目的是要培养演说家、雄辩家。他说:"我所有培养的人是,具有最高的天赋才能,满腹蕴藏着最有价值的这类知识,是上帝派遣下来为世界争光的人,是前无古人的人,各方面超群出众的人,言语优美的演说家。”昆体良非常重视教育对人的发展的作用，在他看来，通过教育，每一个人都是有前途的，都有成为优秀演说家、雄辩家的希望。他认为，生而迟钝、难以教育的人是很少的，人都可以经教育培养成才。昆体良并不否认天赋的作用，但他认为一个优异的雄辩家更多地要依靠学习，而不是天赋。

（二）培养演说家的方法

昆体良认为，每个演说家应当具备几方面的条件。首先，他要具备良好的道德品质，只有道德高尚的人才能成为一个好的演说家。其次，他应该是人文科学和自然科学的老师，他的学问完备，演说具有权威性和说服力。再次，他必须善于运用自己的声调、手势、表情、姿态等等。

根据演说家的素质要求，昆体良提出了对未来演说家们进行教育的一些具体问题。

1. 及早施教

他认为教育最好从摇篮里开始。在婴儿期间，就应注意儿童语言和行为的纯洁性。他还主张儿童应该提早入学，因为与家庭教育相比，学校教育有许多优越性。比如，儿童在学校里可以找到许多学习和游戏的伴侣，还可以和同伴展开竞争。而且，教师教大群学生比教一两个学生更有精神，工作也会更出色。昆体良是西方教育史上第一个教授法学者，他最早提出了分班教学的初步设想，后来被捷克教育家夸美纽斯继承和发展。

2. 内容广泛的课程

昆体良还为未来演说家的教育规定了比较广泛的学科课程体系，包括读、写、文法、修辞学、音乐、几何、辩证法、伦理学、物理学（又称自然哲学）等。这个学科体系，后来也是欧洲中世纪教会学校的主要教学内容。

3. 因材施教

昆体良认为，教师应该是一个“公认的有学问的人”，是道德的典范。一位德才兼备的教师才会在学生中取得威信。他还认为，教师的教学应当明白易懂，一个好教师既应熟悉所教学科的内容，也要能熟练地运用教学方法。同时，他还应该因人而异地发挥自己的教学艺术。教师应当研究每一个学生，了解他们的能力、性格、兴趣、缺点和长处，在这个基础上安排课程和决定教学方法。只有因材施教，学生才能够得到发展。昆体良要求教师对待学生应该和蔼而不放纵，严峻而不冷酷，以父母般的感情对待学生，严禁对学生施以体罚。

《雄辩术原理》可以说是古代西方第一部系统的教学法论著。昆体良关于儿童、课程、教师、教学方法的意见，是他自己长期教学工作的经验总结，有许多有价值的东西,对以后教育理论的发展有相当大的影响。

【本章小结】

"轴心时代"是教育家辈出的光辉时代。无论是中国的先秦诸子,还是欧洲古希腊、古罗马时期的哲学"三杰",他们面对社会变革的大势,从教育与政治关联的视角,阐释自己对教育本义、教育理想、教育内容甚至教育方法的理解。这些理论不仅影响着当时的教育发展,更成为整个古代教育理论发展的基石。同时,不同的社会背景和文化传统,又促成了两种完全不同的教育理论体系的生成。

中国先秦诸子传承着夏、商、周以来"政教一体"的教育传统,教育观与政治观密切相关。由于政治主张呈现百家争鸣的态势,故其教育理论也各显异彩。儒家致力于建构有秩序、有道德的"德治"社会,故教育的理论体系凸显"以德为本"的伦理主义特色;墨家对于"兼爱""互利"的社会理想情有独钟,其教育理论则体现出"功利主义"的特征;法家青睐于法制社会模式的构建,因此在教育价值观上便形成了"以法为教"的法治主义取向;而道家极力崇尚"小国寡民"的乌托邦社会,因而其教育主张也体现出"行不言之教"的自然主义特点。尽管如此,中国的先秦诸子们又基于原始人性平等的共同信念,普遍信守早期的教育平等思想,认为任何人均有接受教育的可能性和必要性,简而言之,中国古典教育理论家的教育观倡言教育平等,而罕有等级教育的言论。

古希腊哲学家对于教育问题的讨论也与其对政治体制的设计相关。由于其对理性主义的极度崇尚和对于不平等人性的假设,故无论是苏格拉底、柏拉图,还是亚里士多德,均对共和制持反对态度,其理想的政治架构是崇尚少数"哲人"统治,整个社会制度的设计更具等级特质,同时其对于教育理论的看法不仅对少数贵族垄断教育提供合法性,而且也具"理性主义"特征,对于人性及人的发展的探讨具有浓郁的形而上色彩。

如果说中国先秦教育者们更多地是从社会本位的立场设计理想的教育王国,教育观更注重从社会规约人的视角去看待人的发展的话,古希腊的教育家们虽然其教育观并未脱离其政治理想王国的设计,但其视角似乎更从人自身的发展去看待教育对政治的改造作用,或曰前者是从社会立场去看待个体及其教育的发展,而后者则是从个体去看社会及教育的发展。两种不同的教育源流,共同构成了世界古典教育理论的发展基础。

学习指南

1. 重要概念

有教无类　四端　虚壹而静　苏格拉底法　藏息相辅　《雄辩术原理》

2. 问题与思考

① 孔子对我国古代教育的发展有何贡献?

② 孟轲与荀况的教育思想有何异同?

③ 柏拉图对于教育问题的主张有何价值?

④ 评述亚里士多德和谐教育思想的意义。

⑤《学记》与《雄辩术原理》教育思想的比较与启示。

3. 推荐阅读

① 杨伯峻:《论语译注》,中华书局 2006 年版。

② 杨伯峻:《孟子译注》,中华书局 2008 年版。

③ 梁启雄:《荀子简释》,中华书局 1983 年版。

④ [清]孙诒让:《墨子间诂》,上海书店出版 1986 年版。

⑤ 陈奇猷:《韩非子集释》,上海人民出版社 1974 年版。

⑥ 柏拉图:《理想国》,郭斌和、张竹明译,商务印书馆 1986 年版。

⑦ 亚里士多德:《政治学》,高书文译,九州出版社 2007 年版。

⑧ 潜苗金:《礼记译注》,浙江古籍出版社 2007 年版。

⑨ [古罗马]昆体良:《昆体良教育论著选》,任钟印选译,人民教育出版社 2001 年版。

⑩ 张瑞璠主编:《中国教育史研究·先秦分卷》,华东师范大学出版社 2009 年版。

第三章　古代学校教育制度的发展

【学习目标】

1. 了解中外古代教育制度发展的基本史实和脉络。

2. 理解科举制度对中国古代教育制度发展的影响。

3. 认识宗教与西方教育制度发展的关系。

4. 初步认识中外古代教育制度发展的特点。

当人类社会进入封建社会之后，古代学校教育制度在原有的基础之上又进一步向前发展：学校发展的规模和速度较以前有了很大提升，学校教育日趋专业化、规范化、制度化，学校类型日趋多样化等。然而在其发展中又日渐暴露出学校教育日益脱离社会的生产和生活实际，教育制度等级化、形式化等弊端。

第一节　中国封建社会官学教育制度的演变

一、封建官学制度发展的揭幕——稷下学宫的兴衰

当春秋战国时期私学蜂拥而起之时，传统的官学制度遭到致命打击，并最终完结于社会巨变的大潮中。“学在官府”制度的没落并不意味着中国教育的终结，而是引发了新的学校类型——私学的兴起。私学的兴盛无疑有助于多元思想碰撞与百家学术争鸣。但从教育制度发展的角度来看，仅有私学而无官学终究是个遗憾，因为官学和私学就像一辆马车的两轮，缺一不可。

虽然新的官学制度构建完成于汉代，但其揭幕则始于战国时期的稷下学宫，换言之，稷下学宫是从春秋战国时期的私学独兴向汉代官学、私学并兴转变的重要一环。

1. 稷下学宫的兴衰历程

战国时期，齐国在国都临淄（今山东淄博市东南）稷门外设置学宫，招聘天

下士人来此讲学，于是，“谈说之士期会于稷下”，“不治而议论”，故称为“稷下学宫”。学宫创于何时已难确考，据东汉徐干《中论·亡国》载：“齐桓公立稷下之官（宫），设大夫之号，招致贤人而尊宠之。”齐桓公田午在位时为公元前374年至公元前357年，那么学宫的创设大约在公元前4世纪60年代左右。学宫创设后，历经桓公、威王、宣王、湣王、襄王、王建六代，最后终止于齐国灭亡，历时150年左右。

稷下学宫是时代的产物，其兴衰与齐国的社会经济、政治、学术思想发展息息相关。

学宫是在用士养士的基础上发展起来的。齐国历来有养士的习惯，早在春秋姜齐时代，齐桓公小白就曾接受管仲建议广纳贤士。进入战国后，士已成为一股强有力的社会力量活跃在政治舞台上，“得士则昌，失士则亡”成为诸多公室和私门的共识。

2. 稷下学宫的性质与特点

稷下学宫虽然是在用士养士基础上发展起来的，但它又有别于传统的用士养士制度，它是有教师有学生的学校，是官家操办、私家主持且集教学、研究、咨政为一体的特殊性质的教育机构。一方面学宫的主办者是齐国的君主，办学的目的是为齐国培养人才；另一方面学校的基本细胞由各家私学所构成，具体的教学和学术活动由各家各派自主，官方不予干涉。

稷下学宫的特点，首先体现在兼容并包、学术自由的办学指导思想方面。稷下学宫打破门户之见，不分学派、地域招徕有识之士，当时诸如儒家、道家、法家、阴阳家、名家、黄老学派等尽管有着不同的政治主张或相反的学说，但都来稷下讲学。齐国君主不仅不施以任何政治压力和限制，反而鼓励稷下师生进行理论探讨，并且尊崇学术平等，听任诸子百家自由辩论。通过辩论，解决了一些理论上的问题，促进了学术繁荣。

其次，在管理上采取“门户开放”政策，欢迎各方学者来学宫游学。当时的游学，容许学与教两方面的自由，学生可以自由寻师求学，教师可以自由招生讲学，这是从私学出现以来所产生的一种教育方式。稷下学宫也充分利用这种方式来开展教育活动。游学有个别游学，也有集团游学。学习没有期限，允许学生在学期间学无常师，并给各家各派以来去自由的权利。这种灵活的游学制度，打破了原来帮派性私学的局限，促进了思想的发展，有助于人才的成长。

再次，礼贤下士，通过提供优厚的政治和物质待遇，吸引各方人才。齐国君主对于来稷下学宫游学的学者,实行“不治而议论”,既不让学者们有政事的烦劳,又能免除与齐君结成君臣关系,使他们能够自由发表见解。同时,根据学者的学术水平,给予他们祭酒、博士、先生等学术职衔,并以卿、上大夫、大夫等官爵授予学者,学者们按官爵食禄,并赐“高门大屋尊宠之”。

二、汉代官学制度的建立

秦始皇统一天下之后,出于政治需要,不仅采取专制措施禁止各种私学的存在,而且事实上也终结了以传授文化知识为目的的学校机构存在的合理性,代之而起的是在“以法为教,以吏为师”的文教政策的指导下,以社会教育为唯一形式的法制教育模式。汉取代秦后,虽然在社会政治管理的策略方面改弦更张,但在许多制度架构方面依然沿袭旧制。同样,旧教育模式和教育制度虽有些许调整,但以社会教育为主体的原教育格局并无多大改变。总体而言,在汉代初期学校教育制度的建设方面,是有“破”而少“立”。

(一) 汉代文教政策的沿革

1. 汉初的文教政策

汉王朝建立初期,统治者的当务之急是恢复和发展社会经济,使社会秩序安定下来。为此,汉初统治者在经济上采取了较为宽松的“与民休息”政策。顺应这种需要,先秦时期并不出名的黄老之学深受当权者的赏识,并被采纳为治国的指导思想。

汉初的黄老之学,又名黄老刑名之学或新道学。它尊奉黄帝、本于老子,在先秦道法合流的基础上,兼综其他诸子思想,并注入了汉初的时代精神。黄老学说虽是道家的一个学派,且主张“无为而治”,但它摈弃了道家消极遁世的内容,将“循理而举事”视为“无为”。它的政治思想的精髓是“治道贵清静而民自定”。这种主张不仅否定了导致秦朝灭亡的严刑苛法和横征暴敛政策,而且也迎合了汉初统治者“休养生息”的政策,使它得以在汉初六七十年间大行其道,在文化、教育领域占据着优势。

值得指出的是,汉初统治者并未效仿秦朝依靠文化专制主义政策来推行黄老学说。事实上,汉初统治者实行的是在崇尚黄老之学的同时,也允许其他诸子思想存在与发展的文教政策。例如,儒家思想在汉初虽不为统治者重视,但在叔孙通、陆贾、贾谊等人的努力下,其地位也逐渐提高,《尚书》《论语》《孝经》《孟子》《诗》《春秋》《尔雅》都设置了博士,其学说也渐渐浸透于统治思想中。

黄老学说“无为而治”的思想，对当时节用民力、恢复生产是有利的，但是这种思想并不能从秦王朝灭亡之中总结出积极的经验和教训，因为按封建统治者的本质，“无为”只能是暂时的，随着“无为”条件的过去，“有为”必然要代替“无为”。

2. “独尊儒术”文教政策的确立

公元前 140 年，时年 16 岁的汉武帝刘彻即位。此时封建地主经济与政治都有很大的发展，但也有伴随而来的弊端和混乱：一方面是广大农民生活日益贫困甚至破产，而少数地主大量兼并土地，结果导致农民和地主矛盾日益尖锐；另一方面是地方诸侯尾大不掉，其势力虽经汉景帝用武力镇压而大为削弱，但他们觊觎皇权的欲望并未消失，不少王国甚至厉兵秣马伺机而起。为此，最高统治者深感急需寻找一种既能软化人民反抗，又能钳制诸侯国势力，加强中央集权制的政治理论。于是，汉武帝在即位不久，采取了选举考试的方式选拔“贤良方正”之士，并亲自策问贤良，要求他们讲述政治的根本。当时《公羊春秋》博士董仲舒也参加了这次考试，在三次策问中，他在维护大一统的思想原则下，融合阴阳五行等学说，为汉武帝提供了一套加强中央集权制的思想政治理论，并提出了三大主张：罢黜百家，独尊儒术；重选举，广取士；置明师，兴太学。

董仲舒的这些主张深得汉武帝赏识，成为后来汉代文教政策的理论基础。重视儒术的丞相卫绾乘机上奏，要求罢去所举贤良中治申、商、韩非、苏秦、张仪之说者，得到批准，这是“罢黜百家”的重要表现。不久又设置了五经博士，这是独尊儒术的具体措施。建元六年（公元前 135 年），汉武帝诏令“罢黜百家，表彰六经”，标志着“独尊儒术”文教政策的正式确立。

“独尊儒术”、排斥诸子的文教政策，是封建专制社会制度在文化教育领域的必然反映，这种文化专制主义的政策，结束了“百家争鸣”的局面，完成了教育政治伦理化。但同时也提高了教育的地位，使人们更加关注文化知识教育，促进了学校教育、家庭教育的发展，当时有谚语：“遗子黄金满籯，不如一经。”（《汉书·韦贤传》）

（二）汉代的官学教育制度

1. 中央官学

（1）太学。

① 太学的创办与发展。

公元前 124 年，汉武帝根据董仲舒的建议，在旧博士官以经授徒的基础上,下令在都城长安设立太学。学生由官府指定,可以免除徭役和赋税。太学的设立,标志着我国封建官立大学制度的确立。从此,地主阶级有了培养统治人才的正式官立大学。

汉武帝创办太学之初,规模很小,只有50位学生,但到西汉末年,学生已达数千人,史书称当时太学区内"有市有狱",其规模可见一斑。东汉时期,迁都洛阳,光武帝爱好经术,于公元29年设太学于洛阳城南。后来的继任者对太学又多有发展,到东汉末年,学生人数已达3万人。但在人数急剧增加的同时,由于管理制度并未健全,也因为供需严重失调,加之社会政治的日趋黑暗,教育质量反而下降,"章句渐疏,而多以浮华相尚"(《后汉书·儒林列传》),甚至出现博士"倚席不讲"。

② 太学的管理。

汉代中央掌管文教事务的官员为太常。太常的主要职责是主管宗庙礼仪、统辖博士、陵县、太史等,太学设立后,沿袭旧制也由其职掌。这种教育行政体制,明显地保留着"政教合一"的性质。

朝廷对太学的管理除委任太常一总其责外,皇帝每隔一段时间还亲自到太学进行视察,称为视学。在视学过程中,皇帝常召集博士们讲论经义,或考查学生学业成绩,对办学勤苦的教师和学业优异的学生,亲自颁发奖赏以资鼓励。

太学在生活管理方面也不作严格的规定,可以住校内,也可以全家住校外。

在教学管理方面,实行松散性管理,教师上课的时间不多,主要是学生自己自由研究和学习,因而在考勤方面并不太在意。为了弥补在管理方面的缺陷,采取定期考试的办法来督促和检查学生学习。太学考试的方法是"设科射策"。所谓设科,就是根据考题的难易程度分为甲、乙两科,以区别学生程度与授官职位的高低。所谓射策,即如今的抽签考试,内容侧重于对经义的解释、阐发。汉初太学是每年考一次,东汉时是两年一试,及格者即授予官职。可见,太学既是一个最高学府,又是一个国家考试机关。

③ 太学的教师与学生。

两汉太学的学官称为"博士",博士原为秦朝的一种主管经、史以备咨询的官职。汉承秦制,也置博士一职,但在设立太学后,其含义已经不同,其主要职责是担任太学的教学。当然,有时也从事诸如政治顾问、巡查地方政教(奉使钦差)之类的工作。博士中的领袖西汉时称为仆射,东汉时称作祭酒。他们由太常从五经博士中选取,成为后来大学校长的前身。汉代素有严于择师的传统,西汉时的太学博士多由名流担当,采用征拜或举荐的方式选拔,标准是必须德才兼备,“明于古今,温故知新,通达国体”。东汉时期,对博士的选拔更加严格、具体,不仅要求博士具有高尚的道德、渊博的学问、学有专长、学有师承,而且还要有足够的教学经验、健康的身体,甚至对年龄还有要求(50 岁以上)。这一切对保证太学的教学质量起到了很好的作用。

在太学接受教育的学生称作“博士弟子”,或简称“弟子”,到东汉时常称为“太学生”或“诸生”。太学生的来源主要有二:一是由太常亲自于京师地方挑选,这些称为正式生,享有俸禄;二是由地方郡国县邑选举,是为特别生,费用自理。由于汉代太学处于大学的发展初期,其管理制度尚未完善,因此学生的入学年龄并不一致,学习年限也无明确规定。

④ 太学教学的特点。

第一,专经教学。太学的教授由博士担任,而博士所研究的便是五经,因此,太学生在太学所学习的内容自然以五经为限。但是并不要求学生学习五经的全部。相反,当时除了《论语》《孝经》外,太学生一般只是向某位专经博士学习某一经或某一经中的某一学派的学说。

第二,经学教育重师法、家法。由于当时在教学方法方面主要采取口耳相传的办法,为了避免错误,使所授学问有所凭依,汉代在经学教育中特别强调经书传递中的师承关系,不能混乱,这被称为守师法、家法。所谓师法,是指在经书、经说的解释方面,具有清晰、渊源久远的师承关系,他们对经书的解说得到朝廷的尊信并被立为博士,则他们的经说便可成为师法。再传下去,他们的弟子在此体系内又可以发展成为小的派别,这就是“家法”。师法是源,家法是流。当时太学经师传经需严守师法、家法,这是对他们的基本要求。重师法、家法的学风,一方面为经学的准确无误的传授起到一定的作用,同时也密切了师生关系,体现了严谨的治学态度,但另一方面也带来了很大弊端,束缚了学生的思想和才智,使学生重背诵,缺乏创见,甚至形成门户之见,阻碍了学术的发展。

第三,教学内容为今文经学所垄断。今文经学与古文经学之争,是汉代经学界的一大学术争论,两者的区别不仅表现在文字上(前者用汉代流行的隶书书写,后者则用战国时期的古文字书写)的差异,更表现在经籍的篇目、经文、经说及治经思想等方面的不同。如今文经学家一般视五经为孔子托古改制政治思想的产物,因此,对经书的研究偏重阐述其中的大义微言;古文经学家则将孔子定位为一位史学家,主张遵循孔子“信而好古,述而不作”的原则研究经书,即偏重于经文的训诂和典章制度的考证。一方面由于今文经学立博士于西汉初期，而古文经学至西汉末年经刘歆鼓吹才开始流传，另一方面也因今文经学更能迎合统治者的思想，因而直到东汉末年今文经学都牢牢控制着太学的主导权。

第四，注重自学。由于汉代太学还处于发展的初期，太学生的学习和教学似乎并无严格的制度，平时教师讲课的时间并不多，授课时也多采用一种称为“大都授”的集体上课形式，主讲博士称为“都讲”。大部分时间是学生自由研究，加上教师少学生多，教学中采取了博士的高足弟子转相教授其他弟子的办法，这客观上有利于扩大学生的知识范围，培养学生讨论问题、研究问题的能力。

(2) 宫邸学校。

这是一种设于宫廷中的学校。这种学校在汉代主要有两类：一类是朝廷专门为外戚贵族及功臣子弟们设立的贵族学校。此类学校创办于东汉明帝永平九年(66 年)，当时系为外戚樊氏、郭氏、阴氏、马氏的子弟们所办，故称为“四姓小侯学”。学校中的教学内容以《孝经》为首，兼及《尚书》等儒家经典。由于聘请名师执教，设备也较完善，故教学质量比较高。这类学校的设立，一方面反映了东汉外戚势力的强大，在教育上享有特权，另一方面也体现了当时加强皇权的需要，企冀通过儒学教化，使他们树立正统观念，循规蹈矩。安帝元初六年(119 年)邓太后临政时期，深感贵族子弟不学无术的危害，又为和帝弟济北、河间王的子弟中年龄 5 岁以上的 40 余人，及邓氏近亲子孙 30 余人开设了一所学校，并亲自监试，要求儿童“上述祖考休烈，下念诏书本意”(《后汉书·皇后纪》)。

宫廷学校中的另一类是为宫人设立的学校。宫人教育早已有之，如邓太后入宫后曾受业曹大家学习经书兼及天文、算学。临朝后，主张宫中成年女子也应与男子一样读书，于是“诏中官近臣于东观受读经传，以教授宫人，左右习诵，朝夕济济”(《后汉书·皇后纪》)。

(3) 鸿都门学。

这是一种研究文学和艺术的专门学校。它创建于东汉末年灵帝光和元年(178 年)，因校址在京城洛阳的鸿都门附近而得名。它的创建虽然有满足皇帝爱好尺牍、书法、绘画的需要，但其深层次原因乃是政治斗争的产物。

东汉末年，统治阶级内部的宦官集团和士大夫官僚集团的斗争异常激烈，最终酿成了党锢之祸，士大夫集团受到挫折，一批士大夫或被杀戮或被下狱。但是，宦官集团虽然在政治上得手，可由于其低贱的出身及低下的社会地位，遭到许多接受儒家传统文化教育的知识分子的鄙视，致使他们深感培养自己的知识分子的重要。为了与官僚集团及他们的后备军训练所太学相抗衡，宦官们便借助皇帝的名义和爱好，创办了鸿都门学，招生对象多为出身低下者，学习内容为辞赋、小说、尺牍、字画等，学生毕业后远优于太学生，“或出为刺史、太守，入为尚书、侍中，甚至封侯赐爵”(《后汉书·蔡邕传》)。此举显然与中国传统视技艺为“雕虫小技”的价值观念相抵触，因而遭到了士大夫的强烈反对，认为其“违明王之典，使天下嗟叹”。

鸿都门学虽是政治斗争的产物，但客观上打破了汉代以儒经一统天下的局面，首创了专科性质的学校，对于中国教育的发展具有一定的进步意义。

2. 地方学校

汉代地方行政分为郡(国)、县、乡、亭若干级，其中只有郡(国)这一级才设立学校，故汉代地方学校常以郡国学校名之。

汉代地方学校的设立要早于中央官学，开始于景帝时期。当时儒者文翁出为蜀郡太守，他欲以中原文化开发文化落后的蜀地，于是选拔郡县小吏优秀之士 10 余人送往京师博士处学习，或学经业，或学律令。学成归蜀后，即委以重任以示鼓励。后来又在成都市中设立学舍，招收四郊各县子弟入学。由于文翁的大力提倡，蜀郡文教事业发展很快，成为天下闻名的模范郡。到汉武帝时期，下诏书令天下郡国均应设立学校。平帝时，朝廷公布了地方官学制度，这一系列的举措促使汉代地方学校有了极大发展，史称“学校如林，庠序盈门”(班固:《两都赋》)。

三、魏晋六朝时期官学的兴废

公元 184 年，爆发了全国性的黄巾起义。虽然起义军被镇压，但东汉王朝的政治权力被彻底削弱，随之而来的军阀混战导致百姓流离失所，甚至出现“千里无烟爨之气，华夏无冠带之人”(《晋书·虞预传》卷 82)的凄惨景象。自公元 220 年曹丕代汉称帝，到公元 589 年隋灭陈，史称魏晋南北朝的 370 年间，先后出现过 33 个王朝，王朝更迭之频繁实属罕见。政治上，世家大族把持仕进之路，实行“九品中正制”①，造成“高门华阀，有世及之荣；庶姓寒人，无寸

① 又称“九品官人法”。公元 220 年，魏文帝曹丕采纳吏部尚书陈群建议而建立的取士制度，即郡设小中正，州设大中正，依据管内人物的品状(即个人才能与家世)，定为上上、上中、上下、中上、中中、中下、下上、下中、下下九品。具体程序是由小中正品第人才后上报给大中正，大中正核实后上报司徒，司徒再核，然后付尚书选用。由于中正官均由士族把持，且品第的标准中家世起着决定的作用，结果导致“上品无寒门，下品无势族”。

进之路”(赵翼:《廿二史札记》)的局面;经济上,他们借助武力肆意扩大领地,建立起庞大的庄园经济,且拥有私人武装,俨如一独立王国;生活上,贵游子弟纵欲享乐,极尽奢靡。简言之,门阀士族政治的形成,导致了士庶之间、贫富之间,以及世族与皇室之间的矛盾空前尖锐。

由于政局动荡,客观上导致魏晋南北朝时期统治者权力控制的松弛,这为各种异质思想文化的活跃带来了有利的条件。玄学、佛学的兴盛,以及它们对传统儒学的冲击、批判、融合等,成为这个时期思想文化发展的重要特点。

(一) 魏晋的官学教育

魏晋时期,儒学虽然失去了汉时独尊的辉煌,但它依然是这个时期各王朝的主要意识形态,因而儒学性质的学校也仍然是这个时期官学教育机构的主体。

曹魏统治者重视儒学,黄初五年(224 年),魏文帝便在洛阳立太学,设置五经博士,并下诏令各州郡选送愿学者入太学读书,使太学得到初步恢复。同时,加强教学管理,实行“五经课试法”,将太学通经考试与官员选拔相结合,以通经多少决定官员升迁。文帝之后的明帝、齐王芳等仍然奉行崇儒兴学政策,如明帝确认“尊儒贵学,王教之本也”(《三国志·明帝纪》),齐王芳令人刻石经立于太学门外。此时的太学教学内容依然以儒家经典为主,但与汉代不同,古文经学占据优势,大多数太学博士传授的是郑(玄)学、王(肃)学的经说。

曹魏统治的 60 年间,太学在形式上一直处于兴办状态,人数一度增至 3 000 人。然而,表面的兴盛,难以掩盖其实质的衰颓之态。魏正始年中,卫尉刘靖就指出:自黄初兴学以来 20 余年,“寡有成者”,太学备员而已。

值得一提的是,曹魏政权除设立了太学外,还设立了律学,置律博士,以教授各官吏法律诉讼之学。

为发展地方教育事业,曹魏政权在地方政府中设立了专门的教育官员,州设文学从事,郡设文学掾,县设校官掾,以主持地方学校。不过,这个时期地方官学的发展状况,更多地取决于地方官员个体对于兴办学校的热情,热心者如荆州刺史王基仍然兴学,不热心者,则学官和学校均是虚设,有名无实。

蜀国、吴国虽然国祚短暂,但依然将兴办学校作为一项重要的工作。如蜀国刘备登帝位后,便立太学,置博士,州设州学,以劝学从事为学官;吴主孙权即位后不久,便诏立国学,设都讲祭酒以教学诸子。

司马炎取代曹魏建立西晋王朝后,一方面高举“以孝治天下”的大旗,以崇儒重学为文教政策，沿袭汉、魏太学旧制，另一方面为了满足士族阶级享有教育特权、严格士庶之别的愿望，在咸宁二年（276 年）下令设立国子学。国子学的入学资格方面，只有官品五品以上的官员子弟方能入学。国子学的设置，虽然丰富了中央官学的形式，但学校教育的等级化更加凸显。

西晋末年的八王之争与永嘉之乱导致西晋王朝灭亡，太学与国子学也随之名实俱亡。司马睿偏安江左，建立了东晋王朝。号称中兴之主的司马睿，在谋士们的推动下，对立学颇为热心，先后在都城建康设立了太学和国子学。

两晋时期地方学校的开办主要得力于某些热心的地方官员，如西晋虞溥为鄱阳内史时，开办了鄱阳郡学，学生达 700 余人。东晋庾亮在镇守武昌时，在武昌设置学官，起立讲舍，令文武官员子弟入学。范宁在任余杭县令时，兴办县学，后出为豫章太守时，又大设庠序，生员远近至者千余人。不过，这些地方学校由于没有朝廷的统一规划和固定的经费来源，"人存政举，人亡政息"，一旦热心的官员调离或去世，这些盛极一时的学校就难逃衰废的厄运。

与东晋隔江对峙的北方十六国，虽然多为少数民族政权，仍从各自目的出发重视学校建设。例如前赵刘曜不仅设立了太学，而且设立了小学，选百姓子弟 13 至 25 岁"神志可教者"1 500 人入学，聘请名师教之，这是我国古代封建社会面向大众百姓设立官办小学的开始；后赵石勒在登位之前，在京城设立了 10 余所小学，并置小学博士，选文武官员及豪强子弟入学，称王后又命郡国设立学官，开办地方学校；前燕慕容皝立东庠于旧宫，亲自讲授，学生达千余人。十六国教育事业的发展，不仅为后来的北魏教育的发展奠定了基础，也推进了各民族的封建化过程，加速了各少数民族提高文化水平的步伐，在促进各民族的大融合中起到积极的作用。

（二）南朝的官学教育

南朝的 170 年间，学校教育仍处于时兴时废的状态。宋、梁统治时间较长，学校教育也较为兴盛。南齐学制多袭刘宋，而陈则多因梁制。南朝前期，学校教育受玄学影响较大，而后期则除玄学外，受佛学影响更深。

南朝宋文帝当政时期（424—453 年）史称"元嘉之治"，在社会稳定、经济发展的背景下，学校教育也出现了短暂的繁荣。这个时期学校教育方面最重要的一项举措，是在京城分别设立了儒学馆、玄学馆、史学馆和文学馆。四馆并列，各就其专业招生进行教学。研究老庄学说的玄学、研究古今历史的史学、研究辞章的文学与研究经术的儒学并列，这是我国古代学制上的一大改革，也反映当时思想文化领域的实际变化。到了泰始六年（470 年），宋明帝诏立总明观(又称东观),置祭酒,设儒、道、文、史四科。总明观是集藏书、研究、教学为一体的机构。值得注意的是总明观的四科,虽与元嘉时期的四馆分科相同,但它在四科之上以机构较完备的总明观作为总的领导机构,使原来四个单科性质的大学发展为在多科性大学中实行分科教学。

南齐沿宋旧制,也有国学建立,教育教学制度受玄学影响较大,曾以善清谈的太常卿张绪兼领国子祭酒,以王弼注《周易》为国学教学内容之一。

公元502年,梁武帝萧衍灭南齐建立梁朝。作为一位较有作为的统治者,梁武帝在思想上实行"调和"政策,缓和士庶之间、三教(儒、佛、玄)之间的矛盾。在学校建设方面,除在中央设置国子学,招收贵胄子弟入学外,还开始设"五馆",设置五经博士各一人,聘请名师大儒五人各主一馆。五馆之间允许学生自由听讲,这就引进了竞争机制,像建平严植之讲说有条不紊、析理分明,吸引了五馆学生,听者达千余人。此外,还采取措施发展地方教育事业,曾派遣博士祭酒分赴州郡立学。不过,由于梁武帝晚年佞佛,一度兴盛的学校教育不久便又归于沉寂。

陈朝在学校建设方面建树不多,虽因袭梁制设立了国子学,但教学内容受玄学影响较梁朝更大,在国子学中不仅大讲《周易》,而且教授《老子》《庄子》,史书称:"世祖以降,稍置学官,虽博延生徒,成业盖寡。"(《陈书·儒林传序》)

(三)北朝的官学教育

在中国北方,继十六国之后而起的北魏(后分为东魏、西魏)、北齐、北周王朝,虽都为少数民族建立的政权,但他们均重视学校教育建设,注意学习先进的汉文化,加速本民族封建化过程。

在整个北朝,北魏的历史最长,达136年,其教育成效也最大。北魏在学校建设方面的新举措主要包括:明元帝时设置中书学(由国子学改名而来)和太学,令贵胄子弟入学;孝文帝即位后,为加强皇族子弟教育,建起皇宗学,此为北魏首创,又设立了四门小学,后世四门学之称便始于此时;在地方官学方面,建立起州郡立学制度。献文帝时期,规定大郡立博士2人,助教4人,学生100人;次郡立博士2人,助教2人,学生80人;中郡立博士1人,助教2人,学生60人;下郡立博士1人,助教1人,学生40人。此外,对学官和学生的资格也作了明确规定。这个制度的成效如何值得怀疑,但在形式上开启了唐代之后实行的按州郡大小、人口数量多少而规定地方官学规模大小制度的先河。

北齐政权在制度规定中虽有国子学、太学和四门学三所学校的设立,但实际上仅有国子一学,学生数十人而已。北齐在教育制度方面的贡献主要有二:

一是设置国子寺，作为负责管理师生的机构，这一行政机构后来为隋唐因袭；二是在郡学中设立孔庙，学官博士以下每月一朝，开启了我国古代庙学制度的先河。

北周政权立国时间不长，但经学颇为兴盛，学制有所创新，学校教育甚为发达。北周在教育制度方面的变化，其一是设立了进行文学教育的麟趾学，学徒颇盛；其二是设立了小学性质的露门学（又称虎门学），教学内容不以经学为限，还进行文学教育；其三是建立学校的礼制，规定入学只行束脩礼于师，释典为学成之祭。

北朝设置的官学中，除儒学性质的学校外，也与南朝一样设有专门学校，例如北魏、北齐、北周都置律博士；北魏、北周还设有书学，以教授书法等；北周还设立了算学，学生称算法生。专门性质学校的设立，为后世此类性质学校的大发展奠定了基础。

纵观魏晋南北朝教育事业的兴衰，可以得到一些历史经验：第一，社会安定是学校教育事业发展的前提，每个时期学校的兴废，很大程度与社会动荡有着密切的关系；第二，教育必须适应社会发展的需求，律学、书学、算学、文学、医学等实用学科学校的设立，不仅适应了社会发展的需求，也拓展了教育的职能；第三，教育必须实行“开放”政策，允许办学形式多样化，允许不同学术思想之间的争鸣。

四、唐宋时期官学体系的完善

唐、宋是我国古代社会发展的兴盛时期，其学校教育发展也处于鼎盛时期。唐宋时期官学体系和教育模式的建立和完善，标志着我国古代官学制度的架构基本完成。

（一）唐宋时期的文教政策

唐朝是中国封建社会佛教发展的鼎盛时期。唐朝的大多数皇帝对佛教的传播和发展显示出极大的热情。唐高祖李渊舍宅修庙，写经造佛像。唐太宗李世民不仅广修寺刹，而且亲撰《圣教序》。武则天借助佛教舆论登基称帝，更是对佛教偏宠有加。宪宗崇佛达于痴狂，曾派人将藏于法门寺中的一块“佛骨”迎入宫中供奉，然后又令各寺庙轮流供养。这一切使佛教得到空前发展，整个社会都处于宗教的氛围之中。

道教是中国土生土长的宗教，起源于中国古代的巫术，形成于东汉末年张道陵创立的五斗米道，经过北魏时期寇谦之的改造，在当时有了一定的发展。

隋朝建立后,曾对道教予以一定的重视,但地位上远不及佛教。唐朝建立之后,统治者出于为自己的统治披上"君权神授"的神圣外衣的目的,自称是道教传说中的鼻祖李耳(老子)的后裔,大力提倡尊崇道教。唐高祖于武德三年(620年)立老子庙,并亲自前往拜谒。武德八年又正式宣布道教为三教(儒、佛、道)之首,确立了唐朝尊奉道教的路线。唐太宗把道教定为皇教。唐高宗封太上老君为玄元皇帝,命各州设置道观。唐玄宗亲注《老子》,颁行天下,要求每家必备一本。又在京师设立了专门讲习道教的崇玄学。在唐朝统治者的极力提倡下,道教终于兴盛起来。无论是在崇尚儒学之时,还是在弘扬佛教抑或尊奉道教之际,三教中的任何一教都未能居于独尊的地位。"儒学打底,佛老镶边"便是隋唐文教政策的形象描述。事实上,隋唐统治者非常注意维护三教的平衡,公元624年,唐高祖召集儒生、僧徒和道士同堂辩论,他认为:"三教虽异,善归一揆。"(《册府元龟》第50卷)不论是儒学,还是佛、道,就其特点而言,都有助于其统治:儒学作为一种政治本位、伦理本位的入世学说自不待言;佛教以因果报应、转世轮回为依据,以升西天为诱饵,要求人们积德行善,忍受现世的苦难,追求来世的幸福;道教以长生不老、羽化成仙为目的,要求人们乐善好施。这些思想对人们有着极大的诱惑力,任何人均能从中寻找到自己所需要的内容。

从思想发展来说,隋唐时期儒、佛、道三教已成融合之势。一方面,佛、道在理论上不断向儒学靠拢,而趋于儒学化。禅宗主张"一悟即至佛地",认为成佛只需向自己内心求"悟",而不必借助烦琐的修行方式。慧能说:"依此修行,西方只在目前。"(《坛经·般若品》)把俗世与天国统一起来,禅宗也成为中国化的佛教。另一方面,儒家也不断从佛道那里汲取有用的资料,以补充和丰富儒家哲学和伦理思想。他们肯定佛教的天堂地狱说,认为沙门主性善、倡仁慈,同封建纲常也有契合处。隋朝的王通在维护儒家的正统地位的同时,从理论上做了援佛道入儒的工作。唐朝李翱在其《复性书》一文中,更是汲取了"佛性说"和"成佛论"的某些思想。

简而言之,出于维护统治的目的,隋唐统治者实行着"三教并用"的文教政策,但在客观上也顺应了思想发展的趋势,有益于学术的繁荣。

宋代从赵匡胤开始便实施"重文轻武"的政策,如在北宋初年实行开科取士,大量吸收文人充实官僚机构。这些从科举制度选拔出来的知识分子不仅担任着州县等地方行政长官,而且还成为军队的统帅者。而宋真宗所写《劝学诗》更是成为古代劝人读书的"箴言":"富家不用买良田,书中自有千钟粟;安居不用架高堂，书中自有黄金屋；娶妻莫恨无良媒，书中自有颜如玉；出门莫恨无人随，书中车马多如簇；男儿欲遂平生志，六经勤向窗前读。”然而，宋代最高统治者对“文”的热情仅仅局限于科举取士，而对设立学校以育士则较为漠视。对此，当时一些有识之士已经看出个中的弊端，提出了改革科举、振兴学校教育以及重视学校道德教育工作的主张。

（二）唐宋时期官学教育制度

1. 唐朝的官学教育制度

唐朝是封建社会中学校教育较为完整的一段时期。从其整个学校教育制度来看，既有中央官学，又有地方官学；既有儒学性质的学校，更有各种专科性质的学校；既有隶属于专门教育行政部门的学校，还有在其他行政机构中设立的学校。

（1）中央官学。

① 儒学性质的学校。

在中央官学中，属于儒学性质的学校主要有国子学、太学、四门学、弘文馆、崇文馆等。

国子学，初建于高祖武德元年（618 年），教师有博士、助教、五经博士、直讲等若干人。学生主要来源于文武三品以上子孙、从二品以上曾孙，以及勋官二品、县公、京官四品带三品勋封之子，人数 300 人。

太学，建于武德元年，教官有博士、助教。招生对象为文武五品以上子孙，职事官五品期亲，三品曾孙，勋官三品以上有封子，学生数额 500 人。

四门学，建于武德元年，教师有博士、助教、直讲。学生主要为勋官三品以上无封、四品有封及文武七品以上子，计 500 人，另有庶人中的俊异者 800 人。

以上三学隶属于国子监。

弘文馆，原名修文馆，建于武德四年（621 年），隶属于门下省。教师有学士若干人，学生 30 人。招生对象主要为皇亲缌麻以上亲，皇太后、皇后大功以上亲，京官职事正三品等皇亲国戚及朝廷高级官员的子弟。

崇文馆，初名崇贤馆，隶属于东宫，教师有学士 2 人（后不定），学生 20 人。学生来源与弘文馆相同。

儒学性质学校的学习内容主要有经史、书法等。具体来讲，分《周礼》《仪礼》《礼记》《毛诗》《春秋左氏传》五个专业，兼习《周易》《尚书》《春秋公羊传》《春秋谷梁传》。《孝经》《论语》为公共必修课，皆须兼通。此外，闲暇时学习隶书，读《国语》《说文》《字林》《三苍》《尔雅》，间习时务策。

② 各类专科学校。

律学,初建于武德年间,目的在于培养掌握律令的官吏。入学资格限定为八品以下子及庶人之通其学者。学生 50 人。由于研究法律需要一定的社会经验,故该学还特别规定要 18 岁至 25 岁方可入学。学习内容主要以律令为专业,格式法例亦当兼习。

书学,设于贞观初年,目的在于为政府机关训练通晓文字并精于书法的官员。招生对象同律学,学生 30 人。年龄一般在 14 岁至 19 岁。学习内容主要以《石经》《说文解字》《字林》为专业,其余字书也兼习之。

算学,设于贞观初年,目的在于为政府机关训练天文历法、财政管理和土木工程方面的计算人才。学官有博士、助教、典学。学生来源与律学、书学相同,共 30 人,分两组进行教学,一组以古典数学为主,主要学习《九章》《海岛》《孙子》《五曹》《张丘建》《夏侯阳》《周髀》;一组以应用数学为主,主要学习《缀术》《缉古》。《三等数》《数学记遗》是两组的公共学习内容。

以上三所学校隶属于国子监。

医学,隶属于太医署。主要培养医、药方面的人才。医学分医、药两部,其中医部下设医科、针科、按摩科、咒禁科,各科设有博士、助教领其教职,学生人数均有定额。医科在学习《本草纲目》《脉经》后,分为体疗(相当于内科)、疮肿(相当于外科)、少小(儿科)、耳目口齿(相当于五官科)、角法(拔火罐)五个专业修习,各有专攻;针科除学习《素问》《黄帝内经》《明堂》《脉诀》等理论知识外,还要学习各种针灸技术;按摩科相当于现在的骨伤科,主要学习"消息导引之法",及治疗跌打损伤的方法;咒禁科学习道教、佛教的治病方法,达到"以咒禁祓除邪魅"的医疗效果。药部设药园师 2 人,选择平民子弟若干人充药园生,学习中药的栽培、炮制与配伍处方,业成补药园师。

除太医署中设了医学之外,太仆寺中设有兽医学校、太乐署设有学习音乐舞蹈的艺术学校、太卜署设有卜筮学校、司天台设有天文学校等。

(2) 地方学校。

唐代的地方行政区划基本上承袭隋制,实行州、县两级管理,并在边远要冲地区设置都督府,在京兆等地设置京兆府。

唐朝的地方学校制度适应中央集权和科举的需要,按行政区划和各地管辖范围大小及人户的多少,设立了京都府学、大中小都督府学、上中下州学、京县学和上中下县学,各种学校博士、助教及学生额均有定制。地方学校的类型主要有三:经学、医学、崇玄学。经学由地方教育长官长史负责,医学则由太医署领导。唐朝统治者尊崇道教，不仅在中央设立了崇玄学，而且在各州也设立了一所崇玄学校，设玄学博士一人，讲授《道德经》《庄子》《列子》《文子》等道家经典著作，学生毕业后可参加道举考试。

地方学校对学生资格的要求不如中央官学那么严格，除从事“贱业杂类”者之外的所有的地方官吏、庶民子弟均可入学。在地方学校中，学生除学习规定的课程外，习礼是一项重要的任务。州县学校的学习无一定年限，年龄也参差不齐，只要考试合格便可毕业，或参加科举，或升入中央四门学。

(3) 教育管理制度的建立。

唐朝统治者非常重视学校规章制度的建立，唐朝的学校管理较汉代规范得多，从而也保证了学校教育的发展。

① 入学条件的规定。

唐朝学校种类很多，与其说是以程度划分，不如说是以社会地位区分高下。以法令的形式明确规定不同身份的人，只能进入与其身份相符的学校。同时，对入学年龄也作了明确的规定，一般以 14—19 岁为限，律学则为 18—25 岁。

② 入学仪式。

入学之时，学生须拜谒师长，行束脩礼，以示尊师重道。根据学校类别的层次，师生初次见面，学生须送给教师数量不等的绢、酒、肉等礼品。

③ 教学内容及学习年限。

各类学校有各自特定的教学内容及教材，一般来说，在这些教学内容中，既有专业课，也有公共必修课，还有专业选修课。学校性质各异，学习年限也不尽相同，儒学性质的学校一般为九年，律学为六年。

④ 考试规定。

唐代的官学把经常性的定期考试作为一种督促学生学习、检查学习成绩的主要手段。考试分为旬考(后改为月考)、岁考两种，其中旬考由负责该课教学的博士主持。岁考则在祭酒、司业的领导下举行。受科举制度的影响，官学考试完全仿照科举考试的方法，它的教学实际上也成为典型的应试教育。岁考的成绩作为决定学生升退的依据。

⑤ 假期制度。

唐朝官学的假期分旬假、田假和授衣假三种。其中旬假为每十天休息一天，而田假和授衣假的假期较长，计半个月，允许学生回家探亲，路途遥远者可酌情延长假期。

⑥ 升进和罢退的规定。

凡学生课业学习已经完成,能通两经以上要求出仕者,博士、助教需要上报国子监,然后由祭酒和司业主持毕业考试,成绩合格者便可参加科举考试或升入高一等级学校。

凡学生学业成绩太差,连续3年岁考在下等,在学时间已超过9年(儒学性质的学校)者,或品行恶劣、不遵循学官的教导者,以及旷课太多、严重超假者均将被罢退,并不容许再入官学。

⑦ 学官的考核。

中央官学的学官主要有博士、助教、直讲等,各校均有规定的名额。博士分经教授学生,助教佐博士分经教授,直讲佐博士、助教专以经术讲授。国子祭酒负责监督和考核学官。每年年终按官吏的标准和方法评定一次,并将结果上报吏部考功,作为今后升黜的依据。

唐朝时国家强盛,其学校教育也处于兴盛时期。纵观这个时期的教育发展,主要体现出以下特点:封建教育的等级性异常突出,儒学仍然成为学校教育体系的主体,非儒学性质的学校尤其是一些学习科学知识方面的学校(如医学)在学校教育系统中居于重要的地位。学校设置形式多样化,教育管理制度日趋完备,地方学校异常发达。学校成为科举的附庸。

2. 宋代的官学教育制度

宋代的学校教育制度基本模仿唐代,官学教育包括中央官学和地方官学,各项教育制度都是在庆历、熙宁-元丰、崇宁三次兴学①过程中逐步建立和完善起来的。

(1) 中央官学。

宋代的中央官学在唐代的基础上更加完善,既有大学,又有小学;既有专门进行儒学教学的机构,也有专科学校的设立;有独立的中央官学,也有附于各行政机关的学校。具体言之,属于国子监管辖的有国子学、太学、四门学、广文馆、武学、律学、小学等;属于中央政府直接管辖的有宗学、内小学、诸王宫

① 庆历兴学,事在庆历四年(1044年),由范仲淹主持,主要举措是:废帖经、墨义,改革科举考试;创建太学取代曾任苏州、湖州州学教授的胡瑗所创立的"苏湖教法"(又称"分斋教学制度")以为太学法;普遍设立地方学校,并规定士子须入学校学习一定时间方能应举。熙宁-元丰兴学,由王安石主持,主要改革举措:改革科举考试制度,以《三经新义》为科考的标准教材;改革太学,创立"三舍法";恢复和发展地方州县地方学校;恢复和创设武学、律学和医学。崇宁兴学,由蔡京主持,主要是恢复和发展王安石兴学时的某些措施,但举措更激进,如要求废除科举,完全由学校担负培养和选拔人才的职责。

学、资善堂等；属于中央各机关管辖的有医学、算学、书学、画学等。

国子监，亦称国子学，既是教学机构，又是管理学校的机构。北宋初设立。建隆三年(962 年)开始招生讲学。学生来源是七品以上官员的子弟，较之唐代品级限制有所放宽。设判监事 2 人总管监事，直讲 8 人负责经术讲授，此外还有丞簿和专管刻书之责的书库和监官各 1 人。元丰以后，改设祭酒 1 人总管国子监事，统辖所属各校，其下设司业、参丞、主簿各 1 人，分掌各项事务。

太学，学生资格限于八品官员以下的子弟和庶民的俊秀者，是中央官学的核心。创设于庆历四年(1044 年)，初招生 200 人，极盛时达 3 800 人。教官设祭酒总管政令，司业协助祭酒管理学校事务，博士掌分经讲授，考校程文，以德行道艺训导学生，学正、学录负责对违反学规的学生进行处罚，学谕掌以所授经传教谕学生，直学掌学生簿籍，以及稽察出入。此外，每斋设斋长、学谕各一人，管理斋务及考核学生行艺等。学正、学录、学谕等以上舍生任之。课程内容基本以《五经》为教材，熙宁兴学时，曾以王安石《三经新义》取代《五经》。南宋后期，逐渐增入程朱语录及《四书》。

辟雍是太学的分校，设于崇宁兴学时，主要为安置各地州学选送的新生而设。南宋时期取消。

四门学和广文馆，这是两所为士子参加科举考试而设立的预备学校。四门学设立于仁宗时，学生为八品以下官员子弟及庶民子弟，设立后不久即停办。广文馆设于哲宗元七年(1092 年)，目的在于“以待四方游士试京师者”，两年后停办。

小学，设于神宗元丰年间，学生的资格是八品官以下及庶人的子弟，年龄为 8 至 12 岁。这是为普通民众设立的第一所官办小学。

武学，是宋朝最早设立的专科性质的学校。庆历二年(1042 年)置武学教授，翌年正式设立武学，后废置无常。宋朝重视武学，乃由于当时外患侵逼，需要国防人才所使然。这是中国封建社会军事教育的开始。

律学，开国初，即于国子学中置博士，教授法律。熙宁六年(1073 年)单独设置，隶属国子监，设断案和律令两个专业，学习古代刑书和新颁条令等。学生为命官和举人。

算学，崇宁三年(1104 年)，隶属于太史局，学生来源于命官和庶人，学习《九章》、《周髀》、《海岛》、《孙子》、《五曹》、《张丘建》、《夏侯阳》、算法及天文等，还须兼习一小经或大经。

书学,创立于崇宁三年,隶属于书艺局。主要学习篆、隶、草三体,同时还需学习《说文解字》《字说》《尔雅》《博雅》《方言》等,并兼通《论语》《孟子》等儒家大经。

画学,崇宁三年设立,隶属于图画局。开设佛道、人物、山水、鸟兽、花竹、屋木等专业课程,同时还须学习《说文解字》《尔雅》《方言》《释名》等理论课程。学生分士流和杂流,分斋而居,士流另兼习一大经或一小经,杂流则诵小经或读律。

医学,宋初即设立,初属太常寺,神宗时隶属于提举判局,崇宁时改属国子监,后又改隶太医局。分设方脉科、针科和疡科,学习内容各有侧重。

资善堂、宗学、诸王宫学和内小学系为宗室子孙而设的贵胄学校。资善堂为皇太子就学之所,创设于大中祥符九年(1016 年),宗学设于宋初,后兴废无常。诸王宫学在两宋时期均有设立。宗学和诸王宫学都是大学、小学混合设置。内小学初设于理宗淳二年(1242 年),招收宗子入学就读。

宋代实行的中央官学制度与唐朝相比,有以下几个特点:第一,在教育对象上,身份品级的限制明显放宽;第二,创办了一些新类型的学校,如武学、小学等;第三,宋代国子监的职能与唐朝国子监不同,唐朝的国子监是一个单纯的教育行政机关,而宋代则具有了教学与管理的双重职能;第四,施行了"三舍法"①的考试制度;第五,实行"学田制"。宋代通过拨给学校土地或无人管理的庙产充作学田,使教育经费有了一定保障。

(2) 地方官学。

宋代早期的地方教育,极少有官方兴办的学校。这种情形的出现,其实是 9 世纪初唐中央政权旁落后,地方官学长期被忽略现象的延续。到北宋初年,这种形势依然没有太大改变。宋真宗继位之后曾多次下诏地方设立学校,一些地方官员开始关注地方教育发展,但由于经济支持力度不够,兴学效果似乎有限。仁宗之后,尤其经过三次兴学之后,地方教育有了较大发展,地方学校数量、入学人数等亦迅速增多。史载:"自明道、景祐间,累诏州郡立学,赐田给书,学校相继而兴……庆历诏诸路州府军监各令立学,学者二百人以上,许更置县学,于是州郡不置学者鲜矣。"(《宋会要辑稿·崇儒二·郡县学》"宝元元

① 所谓"三舍法",是王安石主持兴学时实行的一项改革措施。它将太学划分为外舍、内舍、上舍,这相当于三个年级。各舍人数不等,均有定额,其中外舍人数最多,内舍次之,上舍最少。进入各舍都要通过考试。上舍生考试成绩又分为上、中、下三等,据此可分别全免或部分免除科考而被授予官职。

年”条）又如在蔡京执掌朝政的崇宁年间，全国学生总数多达 20 万人，成为地方教育发展的巅峰时期①。

宋代地方行政组织分为路、州（府、军、监）、县三级。其中路只有教育行政管理机构设置，而地方官学则仅在州、县两级兴办。

宋代地方官学较有自己特色，并对后代产生了一定的影响，主要有以下几点。

第一，主管地方教育行政机构的设置。在宋代以前，地方教育行政都是委托各地方行政官员兼管。北宋崇宁二年（1103 年），开始在各路设置提举学事司，作为专门负责各路所辖州、县学的教育行政机构。

第二，实行三舍法。崇宁年间推广三舍法于地方官学，还规定县学生必须通过考试升入州学，州学生每三年贡入太学，考试在上等者入太学上舍，中下等的充内舍学生，余为外舍学生，从而将地方官学和中央官学衔接起来。

第三，教育经费来源多途。实行以学田为主，政府资助、社会献田、捐款集资、学校刻书创收等多种途径相结合的方法筹措教育经费，为地方教育的发展提供了物质保障。

五、元明清官学制度的僵化

（一）元代官学教育制度

1271 年，忽必烈建立了游牧封建制的“大元”帝国，不久又灭了南宋，统一了整个中国。在文教政策方面，元朝统治者采取了推行汉法、重教兴学、勉励儒学、崇尚理学的政策，并设置集贤院作为管理全国教育事务的最高机构，学校教育由此得到一定发展，元人郑元祐描述道，“至国家大一统，兴学劝士，累诏郡国，六七十年之间，所在学校，诵声相闻”（郑元祐：《重修平江路儒学记》，《侨吴集》卷 9）。

1. 中央官学

元朝的中央官学设置较为简单，主要由蒙古国子学、回回国子学和国子学组成。

（1）蒙古国子学。

1271 年在京师设立，专门招收随朝的蒙汉官员的子弟，以培养朝廷的高级官吏为目的。在 1315 年时，定额 150 人，其中蒙古族 70 名，色目人 20 名，汉

---

① 李弘祺：《宋代官学教育与科举》，（台湾）联经出版事业股份有限公司 2004 年，第 120 页。

人60名,后来又招收部分庶民子弟。蒙古国子学将生员划分为"正额生"和"陪堂生"两类,其中前者多属贵胄子弟,每月有廪膳发放,而后者多为庶民子弟,每月仅略给纸笔。教学以蒙古语、蒙古文为主,教材系用蒙古文字译写的《通鉴节要》等,学有余力者可再学算学。毕业考试优等者可以授予一定的官职。

(2) 回回国子学。

始创于至元二十六年(1289年)。元帝国跨越欧亚两大洲,为了"交通"各地,便于"边防取会"和培养翻译人才的需要,元世祖于1289年在京城设立了回回国子学。这是一所以西域地区较为通行的波斯文("亦斯替非文")进行教学的外国语学校。学生名额50人,以公卿大夫及富家子弟为限。回回国子学学生经考试合格者充任衙门的翻译人才。

(3) 国子学。

始创于至元六年(1269年),以汉语和汉文进行教学,学生不分种族,凡随朝百官及蒙汉子弟均可入学。国子学教学制度中最值得注意的是它的升斋等第法和积分法。所谓升斋等第法是指:将国子学分为六斋三个等级,东西相向,左"游艺"、右"依仁"为下等,左"据德"、右"志道"为中等,左"时习"、右"日新"为上等。六斋程度不同,学习内容也不相同,其中下两斋程度相当于蒙学阶段,主要教授《孝经》《小学》等,中两斋学习《四书》和作诗律,上两斋学习《五经》。学生按程度分别进入各个斋舍学习,依据升斋考试成绩和品德行为,可依次递升。可见,这种制度其实是对北宋三舍法的继承。积分法与升斋等第法相联系。汉族生员升入上两斋,蒙古、色目生员升入中两斋后,坐斋满两年,并未曾犯过者,可参加每月一试的私试,实行积分法。每次考试上等者得1分,中等得半分,全年累计积分达8分者可充高等生员,以40名为额,其中蒙古生员、色目生员各10名,汉人生员20名。这种注重平时考试的评价方式对于督促学生的平时学习有一定的积极作用。

值得注意的是,元朝三所中央官学之间并不存在隶属关系,它们分别由蒙古国子监、回回国子监、国子监负责管理。

2. 地方官学

元朝按路、府、州、县的行政区划,在地方上建立了路学、州学、县学以及诸路小学、社学①，这些均属儒学系统。此外，还设立了蒙古字学、医学、阴阳学等专门学校。

路学创设于元世祖中统二年(1261年)，学官设教授、学正、学录。州学设教授、学正。县学设教谕。诸路皆设有儒学提举学校官(简称提学官)管理地方儒学教育。各级地方官学的学习内容与国子学相同。学生学成后，经守令举荐，台宪考核，或用为学官，或取为吏属。

社学是元朝在学校类型上的创新。元代初年，北方因连年战乱、土地荒芜，一些农民便自发地组织了互相帮耕的"锄社"。元统治者认识到这一民间组织便于管理和监视农民，于是在1286年颁布了劝农立社的诏令和《社规》，规定每50家成为一村社，以年高通晓农事者为社长，专以教劝农桑为务。同时要求每一社设一所社学，"择通晓经书者为学师，农隙使子弟入学。如学文有成者，申复官司照验"(《新元史·食货志》)。可见，社学是设在农村地区、利用农闲时间进行教学的一种蒙学性质的学校。社学的设立对于发展农村地区的学校教育事业是有帮助的。在管理体制上，社学由大司农及其所辖各地政府官员负责。

蒙古字学是地方设立的学习蒙古文字的学校，创建于至元六年(1269年)，目的在于普及蒙古文字、培养懂得蒙古文的人才。招收路府州官员子弟及民间子弟入学，学成经考试合格者，可充任学官、译史等职。在体制上，蒙古字学属地方上的蒙古提举学校官管理。

此外，地方上还设有医学和阴阳学，其中阴阳学主要学习天文、术数等，学有成就者任事于司天台。

(二)明朝官学制度

明初统治者对学校教育颇为重视，强调学校教育对培养人才的作用，为此大力加强学校教育制度的建设。从层次上看，明朝的官学仍然可分为中央官学和地方官学两类。

1. 中央官学

明朝中央官学的主干是国子监，旁支是宗学与武学。

---

① 社学属官学还是私学，学术界历来存在争议。持官学论者认为，社学系遵朝廷诏令而设，教育宗旨、课程等均受政府控制，并接受官方督察；持私学论者认为，社学经费均自筹，教师也非学官。笔者认为，不同时期、不同社学的性质存在差异，不可一概而论。大致言之，元朝社学属私学性质的居多，明清时社学则偏向官学性质者居多。另外，有的社学接受官方经费资助，受地方政府控制较多，其官学的痕迹也就重些。反之，私学的性质较为明显。为此，在官学和私学两部分均对社学作了介绍。

(1) 国子监。

早在明王朝建立之前,朱元璋便将应天府学改为国子学,定都南京后,又将其更名为国子监。明成祖迁都北京,又在北京建京师国子监,把原来国子监改为南京国子监,遂有北监、南监之分。

国子监的管理人员的设置较为齐备,设有祭酒、司业、监丞、博士、助教、学正、学录、典簿、典籍、掌馔等。其中祭酒、司业"掌国学诸生训导之政令";监丞参领监务,掌绳愆厅,主要负责约束师生的思想;博士掌分经讲授;助教、学正、学录共同负责对学生进行经义文字讲说;典簿负责文书及经费;典籍管理书籍;掌馔负责伙食。

国子监的学生统称为监生,按其来源又可分为四类:一为"举监",会试下第入监肄业者;二为"贡监",系地方学校生员中被选贡到国子监学习者;三为"荫监",是三品官员以上子弟或勋戚子弟;四为"例监",庶民援生员之例,通过纳粟纳马等捐资于官府者,其子弟可入监读书。由此可见,明代国子监的入学身份大大放松,这反映了当时社会经济的发展变化,这种变化适应了中小地主和富裕的工商业者接受教育的要求。

国子监的学生来源虽然不同,但均享受优厚的待遇,如国子监生的膳食、衣帽、被褥等全由国家提供,每逢节假日还有赏钱,此外,国家还负责供养诸生之妻子等。但在给予学生物质上优厚待遇的同时,对学生的思想也进行着前所未有的控制。当时国子监中设有绳愆厅,由监丞负责。每位学生还设一集愆簿,专门记载学生的违纪行为,积犯四次便要受到严惩。

国子监教学组织分为六堂:正义、崇志、广业三堂为初级;修道、诚心二堂为中级;率性一堂为高级。凡仅通《四书》而未通经者,居初级三堂学习。学习一年半以上,文理条畅者升入中级二堂学习。再学习一年半以上,经史兼通,文理全优者升入率性堂学习。进入率性堂后便行积分法,"其法:孟月试本经义一道,仲月试论一道,诏诰表内科一道,季月试经史策一道,判语二条。每试,文理俱优者,与一分;理优文劣者,与半分;纰缪者,无分。岁内积八分者为及格,与出身;不及格者仍坐堂肄业"(《明史·选举志》)。这是对元朝国子学积分法的继承和发展。这种国子监直接授官的制度,有利于官学的发展与繁荣。

国子监的学习内容以《四书》《五经》为主,同时读《性理大全》《说苑》《御制大诰》《大明律令》等。此外,还有习字、习射等。将习射作为学习内容,是明朝不同于以往历朝的一个创新。

为培养国子监学生干练政事的实际才能,明朝国子监还实行"监生历事制”(又称“监生拨历法”)。国子监生学习到一定年限,分拨到中央政府各部门或地方州、县机关实习。历事时间长短不一,短的只三个月,长的达一年,甚至更长。监生历事期满经考核,分为上、中、下三等,上等者送吏部铨选授官,中、下等者仍历一年再考,上等者依上等者用,中等者不拘品级,随才任用,下等者回监读书。监生历事制度对于学生广泛接触实际、获得从政的实际经验不无裨益。

(2) 宗学、武学。

宗学是专为皇亲国戚等贵族子弟而设立的贵胄学校。学生限于世子、长子、众子、未及冠的将军和中尉,以及年 10 岁以上宗室子弟,统称“宗生”。宗学的教师从王府长史、纪善、伴读、教授中挑选学行优长者担任,另在宗室中推举 1 人为宗正,负责学校行政,后增设宗副 2 人。学习内容以《皇明祖训》《孝顺事实》《为善阴骘》诸书为主,同时还兼读《四书》《五经》《资治通鉴》《性理》等。宗生在学期间每年由提学官组织考试,后改为参加科举考试。

武学是一种军事学校。它设立于英宗正统年间,学生是都司、卫所应袭子弟年满 10 岁以上者,由提学官选送入学。设教授、训导各 1 人,担任教育事宜。课程主要有《武经七书》《百将传》《四书》《五经》等。崇祯十年(1637 年)令天下府、州、县学皆设武学生员,武学又成为地方官学的一种。

2. 地方官学

明代的地方官学亦因对学校教育的重视而较为发达。主要有儒学和社学两类。

(1) 儒学。

明代地方设立的儒学包括按地方行政区划设立的府学、州学、县学,按军队编制设立的都司儒学、行都司儒学、卫儒学,在少数民族聚居区设立的宣慰司儒学和安抚司儒学等。

明初沿袭元制,在行省一级设置儒学提举司,负责管理所辖各级地方儒学。后来又建立了提督学校官(亦称提举学校官或提学官)制度,在两京(北京、南京)和各行省设置提学官,负责监督各级儒学教育情况。

地方官学教职方面,府学设教授、州学设学正、县学设教谕各 1 人,各学皆设训导若干人。教授、学正、教谕执掌教事,训导起辅助作用。学生分为廪膳生员、增广生员和附学生员三类。在学期间享有廪膳者名“廪膳生员”,因为要求入学者增多,于廪膳生员原额外增广人数,名之为“增广生员”,后又于额外再增取生员入学,附于诸生之末,谓之“附学生员”。廪膳生员、增广生员名额有定制,附学生员则无定额。一般初入学者为附学生员,经过考试,成绩优秀者可以依次递补为增广生员、廪膳生员。而廪膳生员则有机会通过考试升入国子监学习。可见,在明代,地方官学与中央官学之间存在衔接。

课程内容,洪武初年定为专习一经,以礼、乐、射、御、书、数设科分教,后又重新规定,分礼、射、书、数四科,颁经史礼仪等书,要学生熟读精通。朔望又须学射于射圃,每日习字五百,数学须通《九章》之法。但实际上,由于受科举的影响,学校早已成为科举的附庸,因此,官学只教习八股范文而已。

明代地方官学中还通过考试的方法实行内部流通。考试分为月考、岁考和科考。月考由教官每月举行一次。岁考和科考则由提学官主持,其在任三年内,两试诸生,第一次为岁考,成绩分为六等,凡附学生考至一等前列可补廪膳生,其次补增广生。四等以下则分别给予惩责、降级、除名等处分。第二次为科考,提取岁考时一、二等生员,加以复试,上等者可获应乡试资格。

(2) 社学。

明朝社学是设在城镇和乡村地区,以民间子弟儿童为教育对象的一种地方官学。它招收 8 岁以上、15 岁以下儿童入学,并带有某种强制性。洪武初年,朱元璋诏令天下设立社学,于是全国各地纷纷设立社学,正统元年(1436年)又诏"有俊秀向学者,许补儒学生员",把社学与府、州、县儒学衔接起来,更是促进了社学发展。

社学的教师称社师,一般挑选地方上有学行的长者为之。学习内容一是识字、写字,所用教材主要是《三字经》《百家姓》《千字文》等;二是学习经、史、历、算等知识,同时还要兼读《御制大诰》《大明律令》,此外须讲习冠、婚、丧、祭礼等。

明朝的地方官学除上述类型的学校外,还设有医学、阴阳学、武学等专门学校。

(三) 清代的官学教育

清代的官学教育体系基本上沿袭明制,也分为中央官学和地方官学两个系统。

1. 中央官学

清代中央官学以国子监为主干,以宗学、觉罗学、八旗官学、算学、俄罗斯文馆等为旁支。

(1) 国子监。

国子监是全国学校的最高教育行政机关,又是中央大学,所以它又称为国学和太学。

国子监设于清朝立国之初，监内设有彝伦堂，系皇帝来监时的讲学之所，又另分率性、修道、诚心、正义、崇志、广业六堂教学诸生。

国子监的教职主要有：祭酒、司业、监丞、博士、助教、学正、学录、典籍、典簿等，其中祭酒、司业为国子监的正、副首脑，“职在总理监务，严立规矩，表率属员，模范后进”；监丞“职在绳愆，凡教官怠于师训，监生有戾规矩，并课业不精，悉从纠举惩治”；博士、助教、学正、学录负责国子监的教学工作；典籍“职在收掌，一应经史文板”；典簿“职在明立文案，并支销钱粮，季报文册”(《清朝文献通考·学校考三》)。

国子监学生按其资格可分为两类：监生和贡生。监生包括恩监、荫监、优监和例监。恩监为八旗汉文官学生、算学满汉学生考取国子监者，以及圣贤后裔入监者；荫监又分为恩荫和难荫，其中恩荫是文官京四品、外任官三品以上及武官二品以上荫子一人入学，难荫是任职满三年死于职守的文武官员荫子一人入监；优监是优秀附生入监；例监是通过捐资纳财入学者。贡生包括岁贡、恩贡、拔贡、优贡、副贡和例贡。岁贡系常贡，由地方官学每年据定额送选者；恩贡是在国家吉事典庆时特发恩旨，将本年岁贡作为恩贡；拔贡是在常贡之外，另“遴选文行兼优者”入监；优贡是每三年(或五年)“遴选文行兼优者”入监；副贡是选取乡试中列名副榜者入监；例贡为生员捐纳资财入监者。此外，国子监还有来自琉球、俄罗斯等国的留学生。

国子监的教学内容主要是《四书》《五经》《性理大会》《资治通鉴》等，兼习十三经、《二十一史》等，此外，还要学习清朝有关的诏、诰、表、策论、判，每日临摹晋、唐名帖等，当然诵习八股时文也是不可缺少的课业。

清朝国子监的教学制度中有两条应加以注意：一是继续沿用明制，实行监生历事制和积分法；二是仿照北宋胡瑗的苏湖教法，实行分斋教学制度。“明经者，或治一经，或兼他经，务取《御纂折中》、《传说》诸书，探其本原，讲明人伦日用之理。治事者，如历代典礼、赋役、律令、边防、水利、天官、河渠、算法之类。或专治一事，或兼治数事，务穷究其源流利弊。”(《清史稿·选举志一》)

(2) 算学馆和俄罗斯文馆。

早在康熙九年(1670 年)即在八旗官学中挑选学生学习算学。康熙五十二年(1713 年)正式设算学馆于畅春园，选八旗子弟入学学习算法。乾隆四年(1739 年)因算学馆隶属国子监名国子监算学，学生 12 名。

俄罗斯文馆是清政府为培养俄语人才而设立的一所俄文学校，创办于乾隆二十二年(1757 年),初聘请驻京俄人教授八旗子弟,后由考得职品的留校者充任教师。学生学习五年期满后经考试,列一等者授八品官,二等者授九品官,三等者不授官,留馆继续学习。

(3) 宗学、觉罗学、八旗官学。

宗学、觉罗学、八旗官学这些学校是为皇亲宗室、八旗子弟专门设立的贵族学校。

宗学是专为清宗室子弟设立的学校。始设于顺治年间,当时规定凡尚未受封的宗室子弟,年满 10 岁以上者,均须入学,由满洲生员充任教官,学习满书、骑射等。雍正年间,又使宗学教育制度进一步完善。

觉罗学是专为清觉罗氏子弟设立的学校,始设于雍正七年(1729 年)。其性质与宗学相同,只是其学生的来源比宗学更广,扩展到整个觉罗氏。

八旗官学是专为八旗子弟设立的学校,始设于顺治元年(1644 年),隶属于国子监。

2. 地方官学

清朝的地方官学主要有依行政区划设立的府学、州学、县学,统称儒学,以及在乡间设置的社学,此外还有在地方上设立的卫学(军队驻地设立的学校)、义学(为孤寒生童及苗、黎、瑶等族子弟秀异者所设)、井学(设在云南边疆地区)等。这些学校均属于儒学性质。

清代立国初期便在明代的基础上,普遍建立起府、州、县学。统理地方教育的行政官员为提督学政。府学设教授,州学设学正,县学设教谕各一员,他们的职责是“掌训迪学校生徒,课艺业勤惰,评品行优劣,以听于学政”。此外,还设训导协助教授、学正、教谕教导学生。府、州、县学的学生通称生员,俗称“秀才”,明制也分为廪膳、增广、附学三种。学校内部的管理方面,在明代“六等试诸生法”的基础上,建立起更加细密的“六等黜陟法”,其基本特点是生员等级不再固定,根据学业成绩的优劣(成绩分六等)或升或降,实行动态管理。这无疑有助于调动学生学习的积极性。

儒学的教学内容主要包括《四书》《五经》《性理大全》《资治通鉴纲目》《大学衍义》《历代名臣奏议》《文章正宗》《圣谕十六条》《卧碑文》《圣谕广训》《大清律》等。不过受科举制度的影响,学校完全成为科举的附庸,生员在学并非以课业为主,主要任务在于参加考试以取得乡试的资格。

社学是设在乡镇地区最基层的官学。康熙九年(1670 年)下令各府、州、县每乡设置社学一所,“选择文艺通晓,行谊谨厚者,考充社师”(《清朝文献通考·学校·考七》),学生姓名也须造册申报。社学与府、州、县学在学制上相互联系,凡在社学中学业成绩优异者,经考试可升入府、州、县学为生员;成绩不佳则被遣回社学。

第二节　中国封建社会私学的发展轨迹

所谓私学,是指不由政府主持、不纳入国家学校教育制度之内,由个人或社会集团主持、经营、管理的教育活动。它既包括没有固定场所的游历四方的私人讲学,也包括以一位学术大师为核心的私学集团,当然还包括有着固定场所的正式的私学类型。

一、先秦时期政治性的私学

(一) 私学兴起的原因

一定的办学形式,决定于一定的社会经济结构。在社会发展的不同阶段,由于生产资料的占有、分配、交换等方式的不同,使得一定社会的办学形式呈现出其独特的性质。中国私学的兴起,有着多方面的社会原因,首先则是由于"经济下移"。

在西周奴隶制度下,不仅生产力水平较低,而且"普天之下,莫非王土;率土之滨,莫非王臣"(《诗经·小雅·北山》),生产资料属于国有(即周天子所有),因而在办学形式上,则只存在官学,而无私学。春秋时期,铁制农具和牛耕技术逐渐广泛应用于农业生产,使得生产力获得了迅猛发展。有些奴隶主因使用新工具,便尽可能更多地榨取奴隶的剩余劳动,在公田之外,再大量地开垦私田;自由民也可以开荒,扩大其耕地,其结果是私田大量出现,甚至超过了公田,以致产生了"私肥于公"的经济下移现象。奴隶主贵族土地国有制逐渐被地主阶级土地私有制所代替,封建生产关系逐渐孕育。

经济下移必然引起"政治下移",随着经济上所有制的变化,政治上新旧势力的斗争也非常激烈,其结果是周天子大权旁落,有名无实。春秋中期以后,"礼乐征伐"已不能自天子出,而是自诸侯出、自大夫出,甚至"陪臣执国命"。经济上、政治上的大变化,要求教育也随之变化,以适应新的政治经济制度的要求。因此,到了春秋中后期,在奴隶制解体的过程中,为旧经济、旧政治服务的受贵族垄断的"学在官府"的教育制度也全面崩溃,适应新经济、新政治需要的新教育组织形式开始出现。

私学兴起的直接原因,是文化学术下移与士阶层的崛起。

西周时期学术为官府所垄断,民间无学,当时的周王室是全国文化学术的中心,此外还有宋国(微子启的封邑)与鲁国(周公旦的封邑)。但进入春秋时期不久,即发生了几次王室内讧,例如公元前519年,周景王死后,王子朝起兵争夺王位,五年后兵败率领部分奴隶主贵族与百工携带着王室所藏典籍逃奔楚国,使东周文化发生了一次最大的迁移。这次学术下移,不仅使王室失去控制学术的牛耳,而且学术下移于诸侯公室,由一个中心变为多个中心。此外,由于春秋末期战乱频仍,许多文化职官流落各地,如世代掌管周史的司马氏流落到晋国,以后又分散到卫、赵、秦诸国。同时,还有宫廷中的一些掌管文化的官吏和百工,带着原来秘藏于宫廷中的文化典籍、礼乐器物逃亡到民间,这更促进了文化学术的下移。这就是《左传》中说的"天子失官,学在四夷"。

"士"在西周时期本是贵族中的最低阶层,在封建制度兴起时转化为平民阶级的上层。在奴隶制时期,无论是文士还是武士,他们均接受过一定的贵族教育,通晓六艺,能文善武,战争时期履行执干戈、卫社稷的义务,平时则从事农业或充当高级贵族政治上的助手。"士"有食田,职位也是世袭的。但是春秋时期随着奴隶制度的没落,他们失去了原来的地位和职守,从贵族中分离出来,而成为四民之首,同时别的阶级也有一部分人上升为士。"士"们虽然不工不商,不狩不猎,四体不勤,五谷不分,但当时的各诸侯国君为了各自的利益,广揽人才,竞养谋士,不仅诸侯公室养士,到后期私门也养士,"士"成为一种热门的职业,"士"的队伍也不断壮大,士阶层成为一支不可忽视的力量,甚至出现了"得士则昌,失士则亡"的社会现象。

恰是由于当时出现公室私门竞相养士、人们竞相为士的现象,那些逃亡各地的文化官吏和身通六艺降为自由民的贵族,为适应社会和生活的需求,把扩散的书籍重新整理改造,或者著书立说,并以自己所知所能私相教授,于是私学也即出现。

私学的兴起是历史的必然,适应了新兴地主阶级的政治需要,打破了"学在官府"的传统,使教育传播于民间,同时也使教育完成了它的独立化过程。

(二)先秦私学的特点

中国私学开始出现于春秋中期,到战国时期发展到鼎盛。这个时期的私学的特点主要如下。

第一,私学在当时既是教育团体,也是政治和学术的派别。私学与学派不分，一家私学就是一个学派。先秦时期办私学的士的成分非常复杂，他们代表各自阶层的利益，提出各种各样的“治国方案”。他们办私学的目的就在于宣传其政治主张，私学的派别也就是政治的派别。例如，儒家在政治上主张改良，在教育目标上追求培养能够克己复礼的君子，在教育内容方面以伦理为中心，兼顾政治和审美；墨家代表农与工肆的利益，主张建立一个兼相爱、交相利的平等社会，因此在教育目标方面也追求培养兼士，在教育内容方面主张进行科技教育。

第二，私学教育尚未形成正规的制度。先秦时期的私学处于发展的初期，没有固定的教育场所，教师到处游说、到处游学，学生也跟着到处受教，例如，孔子周游列国时期，他的学生也跟着到处漫游；墨子教学也是四处奔走，他的学生也是如此。当时没有严格的教育管理制度，招收的学生年龄相差很大，基本上没有年龄和身份的限制，只要对教学内容有兴趣，均可入学。例如，在孔子的私学中，既有商人的子弟，也有广大自由民的子弟；既有白发苍苍的老人，也有十几岁的孩童。此外，教学具有较大的随意性，没有严格的计划，教学内容也不统一，各有偏重，并由此形成了不同私学学派的独特风格。

第三，每一家私学均有自己的特点。先秦时期的私学均有自己的独特之处，这些特点也是私学之间相互区别的标志。这既是私学大师们政治主张不同使然，也是他们独树一帜的用意所在。因此，教师在招生对象和教学内容上，彼此间都有很大差异。

第四，关注教育的政治功能。各位主持私学的大师们，为了使自己的政治主张为当权者所接受，从而建立他们的理想王国，均将培养统治人才作为教育的最高目的。例如，孔门私学提出“学而优则仕”，法家、墨家也积极主张学生入仕。事实上这也在一定程度上提高了学生的学习积极性。

二、汉代私学的恢复和发展

（一）汉代私学的种类

私学经过秦朝严厉禁止的打击，到了汉代，又开始恢复并有了一定的发展。这个时期私学按其程度可以分为书馆、经馆两种。

书馆又称书舍，属于蒙学性质的教育。教师称书师，学生一般是八岁入学。当时书馆的前期主要从事识字和书写教育，学生识字主要采取集中识字的办法，教材主要有《仓颉》《凡将》《急就》《元尚》等篇。在字书中流传最广，并且一直保留下来的是《急就》篇。所谓“急就”，有速成和急用备查的意思。该书为西汉元帝时黄门令史游所作，全书 2 144 字，形式上虽然采取集中识字的编排，但全篇却是由表达一定意思的三、四、七字一句的韵语连缀而成，实乃融集中识字与分散识字各优势为一炉。正由于它字数适中，文字押韵，意思浅近，比较适合儿童的心理特点，且好教、易记、适用，故一直使用到唐代才被新的字书取代。它的编写方式也为后代儿童字书的编写提供了宝贵的经验。

书馆教育的第二个阶段虽然继续关注读写的训练，但其重心已经转为儒家基础教育，教材主要使用《孝经》《论语》，有的书馆还进行《尔雅》《尚书》等儒家典籍的教育。

经馆，又称精舍、精庐，是汉代私学的专经学习阶段，程度相当于太学。汉代经馆的开设者多为当时的名师大儒，如董仲舒、王充、马融、郑玄等都是两汉时期著名的私学大师。

由于统治阶级对儒学大力提倡，官学招生人数非常有限，加之一批学有造诣的学者加盟，导致汉代官学教育发展的同时，私学也日益炽盛。随着经馆私学的发展，其规模越来越大，有的甚至拥有成千弟子，于是出现了“及门弟子”和“著录弟子”。

(二) 汉代私学教育发展的特点

这个时期私学教育的发展主要体现出以下几方面的特点。

第一，汉代统治者积极鼓励私学的发展，私学的规模和招生范围空前扩大，据《后汉书・儒林传论》记载：“自光武中年以后，干戈稍戢，专事经学，自是其风世笃焉。其服儒衣，称先王，游庠序，聚横塾者，盖布之于邦域矣。若乃经生所处，不远万里之路，精庐暂建，赢粮动有千百，其耆名高义开门授徒者，编牒不下万人，皆专相传祖，莫或讹杂。”

第二，在汉代统治者“独尊儒术”文教政策的影响下，儒学成为私学的主要教育内容，但与此同时，传授非儒家学说如黄老之学、法律、天文、图纬、医学等类型的私学，也在汉代较为宽容的政策之下得到发展，如严君平“闭肆下帘而授《老子》”(《汉书・王吉传序》)，钟皓“以诗律教授门徒千余人”(《后汉书・钟皓传》)，董扶“学图谶，还家教授，弟子自远而至”(《后汉书・方术列传》)。

第三，汉代私学有了较为固定的场所，并有较明显的程度划分，即面向儿童的蒙养阶段的教育、面向青年和成人的专经阶段的教育。

第四，由于某些私学人数众多，在教学中还出现了以高足弟子转相教授其他弟子这种类似于近代的“导生制”的教学方式。

三、魏晋南北朝时期私学的扩张

(一) 魏晋时期的私学教育

受社会政局不稳的影响,魏晋时期官学教育的发展极不正常,私学成为占主导的教育形式。据史书记载,当时在职官员或退职失意官员以及隐居不仕的学者们开办私学的热情似乎并未减退,这既是对私学教育传统的延续,同时也不排除诸多士人欲以此作为避祸的手段。

三国时期东吴的步骘为相,“犹诲育门生,手不释卷,被服居处有如儒生”(《三国志》卷52《步骘传》),这是在职官员开办私学者。魏国乐祥正始年间“以年老罢归于舍,本国宗族归之,门徒数千人”(《三国志》卷16《杜畿传》注);蜀国向朗被免官后,潜心典籍,同时“开门接宾,诱纳后进”(《三国志》卷41《向朗传》);吴国的虞翻虽被贬官,仍在流放处讲学不倦,门徒常数百人(《三国志》卷57《虞翻传》),这些均为失意或退职官员兴办私学的事例。避地山林、聚徒讲学的学者更是不胜枚举,如当时为战乱所迫,中原一批贤良高士避居辽东,管宁、邴原、王烈号称“辽东三杰”,他们都于襄平城北“因山为庐、凿坯为室”,设馆授课,从事文化教育。“(邴)原在辽东,一年中,往归原居者数百家,游学之士,教授之声不绝”(《三国志・魏志・邴原传》);管宁到辽东,“因山为庐,凿坯为室。越海避难者,皆来就之而居,旬月而成邑。遂讲《诗》《书》,陈俎豆,饰威仪,明礼让,非学者无见也”(《傅子》)。

司马炎当政后不久,出于稳定政权的需要,曾颁布律令,“禁星气谶纬之学”(《晋书・世祖武帝纪》)。不过,由于两晋统治者控制政局时间短暂、力量有限,对于此时私学发展的影响并无大碍。《晋书・儒林传》《晋书・隐逸传》中记载了诸多潜心学术的学者创办私学、教授生徒的史实,如杜夷“少而恬泊,操尚贞素,居甚贫窘,不营产业,博览经籍百家之书,算历图纬靡不毕究。寓居汝颍之间,十载足不出门。年四十余,始还乡里,闭门教授,生徒千人”(《晋书・儒林传》);又如霍原,“隐居求志,笃古好学,学不为利,行不要名,绝迹穷山,韫䪡道艺……搢绅慕之,委质受业者千里而应,有孙孟之风,严郑之操”(《晋书・隐逸列传》)。

总体而言,魏晋时期私学一方面继承了汉代私学的传统,但另一方面也呈现出时代特色。

第一,魏晋时期的私学设置范围不再局限于经学发达的中原,而延伸至酒泉、敦煌等西部边陲。这些私学的开办,推动了当地文化教育事业的发展。

第二,授业内容不再局限于儒学五经,教学追求博洽,百家之言、文史之学皆在教授之列。即使是经学教育,也突破了空疏的两汉章句之学的藩篱,而注重儒学义理的探讨。

第三,就当时开办的私学性质而言,除儒学外,道家、天文、占卜等性质的私学均有开办。

总之,魏晋时期私学处于相对发展阶段,虽然没有两汉时那样体系完备,但是它在教学内容的广博、设置地域的广袤以及性质多元化方面均为两汉所不及。

(二)南朝的私学教育

南朝时期许多统治者对学校教育极为重视,同样对私学也持支持态度,这为私学的发展提供了一个较为宽松的环境。南朝时期私学的发展主要呈现出以下特点。

第一,私学开办者成分较为复杂,既有绝意仕途的隐逸之士,也有贵戚富豪子弟。如顾欢"隐遁不仕,于剡天台山开馆聚徒,受业者常近百人"(《南齐书·高逸传》);何胤"虽贵显,常怀止足。建武初,已筑室郊外,号曰小山,恒与学徒游处其内"(《梁书·处士传》)。这些人开办的私学,多远离尘嚣,筑室于山野郊外,学生多为真正的求学者。

第二,教学内容多元化。这既表现在儒学教育中的变化,也体现在非儒学教育的盛行。就儒学教育而言,儒学经典虽然是当时许多私学的主要教学内容,但教学不再拘泥于一经一说,而是博通五经,如司马筠师事刘瓛,博通经术,尤明"三礼"。而有的学者在经学教育中,甚至以玄学、佛学解经,如吴苞"儒学,善三礼及《老》《庄》。宋泰始中,过江聚徒教学"(《南齐书·高逸传》)。张讥性恬静,不求荣利,"讲《周易》《老》《庄》而教授焉。吴郡陆大朗、朱孟博,一乘寺沙门法才,法云寺沙门慧休,至真观道士姚绥,皆传其业"(《陈书·儒林传》)。玄学化与佛学化的儒学教育彰显了南朝在经学教育方面的特色。此外,以传授史学、文学、道家学说为主的私学也不在少数。

第三,特殊性质的私学——家学得到较大发展。自门阀制度形成和社会激烈动荡以来,家学便日益受到人们的关注。魏晋时期家学便得到较大发展,标志之一便是家诫类家庭教育文献的大量出现,如诸葛亮的《诫子书》、嵇康的《诫子书》、王祥的《训子孙遗令》、陶潜的《命子十章》等均是古代家训的名篇。南朝时期,家学继续得到发展,主要体现在两个方面:一是家训、家诫之类家庭教育读物的撰写极为盛行,王僧虔有《诫子书》,孙谦有《诫外孙书》,魏收有《枕中篇》,而颜之推的《颜氏家训》更是这个时期家庭教育的代表作;二是家庭

(族)教育不仅重视道德训诫、家法维护,更注意家风培养和家族学术的传承,如颜之推在讲述他家的家风培养时说道:“吾家风教,素为整密;昔在龆龀,便蒙诱诲。”(《颜氏家训·序致》)家学的兴盛,其实在一定程度上体现了门阀世族对门第前途的期望与忧虑。

值得一提的是,童蒙教育也属于私学的一部分。这个时期编写的童蒙读物《千字文》流传后世一千余年,对古代儿童教材的编写作出了重要贡献。该书系由梁时周兴嗣编撰,全书由 1 000 个单字组合而成,4 字一句,共 250 句,句句押韵,表达了包括天文、历史、地理、修身、读书、饮食、居住、农艺、园林、祭祀等方面的内容。

(三) 北朝的私学教育

北朝时期私学教育曾一度遭受挫折。公元 444 年,北魏太武帝曾下诏禁绝私学,表面意图是为发展官学教育去除障碍,其实际目的乃在于通过强制手段控制思想。不过,这种严厉的禁绝措施其现实效果极为有限,至少到公元 477 年左右,其都城由平城迁到洛阳后,私学更加昌盛,史称“时天下承平,学业大盛。故燕齐赵魏之间,横经著录,不可胜数。大者千余人,小者犹数百”(《魏书·儒林传》)。北齐时期由于官学衰败,更给私学发展以更大空间,“故横经受业之侣,遍于乡邑;负笈从宦之徒,不远千里”(《北史·儒林传上序》)。北周时期私学依然得到较大发展,史称:“衣儒者之服,挟先王之道,开黉舍,延学徒者,比肩;励从师之志,守专门之业,辞亲戚,甘勤苦者,成市。”(《北史·儒林传上序》)

总体而言,北朝私学仍然处于大发展时期,并形成了与南朝私学不同的一些特点。

第一,北朝私学在学校规模和数量以及设置地域方面胜过南朝。

第二,私学的教学内容进一步拓展。除儒学、天文学等教育内容外,还有医学的传授。

第三,北朝儒学教育主要受汉儒影响,较少受玄学影响,对于经典的好尚也与南朝不同,《北史·儒林上》载:“大抵南北所为章句,好尚互有不同。江左(南朝):《周易》则王辅嗣,《尚书》则孔安国,《左传》则杜元凯;河洛(北朝):《左传》则服子慎,《尚书》、《周易》则郑康成,《诗》则并主于毛公,《礼》则同遵于郑氏。”这种特点势必影响到北朝私学开办者的教学。

四、唐宋时期私学的兴盛

唐宋时期是我国古代私学从初步发展走向兴盛的时期。

(一) 唐宋时期私学概况

唐朝私学的发展受政局和社会文化风尚等影响较大。唐初天下初定,官学教育体系尚未完全建立,社会沿袭魏晋以来的风气,“家学一时犹为教育中心,私家讲学、寺观教育亦盛”①。一些名师大儒开门授业,生徒达数百人规模的不在少数,如《旧唐书·王恭传》云:“王恭者,滑州白马人也,少笃学,博涉《六经》。每于乡间教授弟子,自远方至数百人。”但贞观之治后,官学处于发展的兴盛时期,名师大儒多寄身于官学体系之中,故相对而言,唐代私学发展的成就有限。玄宗时期,由于科举重诗赋而轻经学,私学教育内容也由此受到影响,时人杨绾说:“幼能就学,皆诵当代之诗;长而博文,不越诸家之集,递相党与,用致虚声,六经则未尝开卷,三史则皆同挂壁。”(《旧唐书》卷119本传)重文的风尚不仅影响着中唐以后私学教育的内容,如《昭明文选》最为当时学子所重,当然也成为私学的教育内容,而且还制约着私学发展的规模,因为“文学尚性灵,重个性发展,不重师承。时风所煽,人不相师”②。故这个时期,私学的规模一般不过数十人。少则三五成群,多则数十人成行,或寄寓寺观读书,或结庐山林习业,蔚为一时风尚。唐末五代,社会动荡,官学不兴,此时教育发展主要依赖私学教育,家学、私家讲学等有一定发展,如“唐咸通中,荆州书生,号‘唐五经’者,学识精博……聚徒五百辈,以束脩自给。优游卒岁,有西河、济南之风”(孙光宪:《北梦琐言》卷3)。

因为官学主要集中于“大学”阶段,故蒙学则基本由私学承担。所谓蒙学,就是以未成年孩童为教育对象的启蒙教育,犹如今日的“小学”。

自唐宋以后,我国古代蒙学教育开始进入发展的兴盛时期。当时统治者重视蒙学教育,曾多次下令在中央和地方设立小学,全国城乡设立了不少蒙学教育机构。这个时期的蒙学就其性质而言,既有官方设立的,也有民间开办的。

在宋代由政府办理的蒙学可以分为两种:一种是设在京城宫廷内的贵胄小学,另一种是设在地方上的庶民小学。例如,在北宋崇宁兴学时期,曾令县设小学。这类由官府开办的小学在管理上较为正规,有的甚至还定有学规,对

---

① 高明士:《中国中古的教育与学礼》,(台湾)台湾大学出版中心2005年版,第421页。

② 严耕望:《唐人习业山林寺院之风尚》,《严耕望史学论文选集》(上),中华书局2006年版,第266页。

学生的入学手续、注意事项、教师职责等均有详细规定，如流传下来的《京兆府小学规》不仅规定了教师每日教授的内容，而且将学生分为三等，根据其程度，规定每日的功课。

由民间开办的属于私学性质的蒙学，有“小学”“冬学”“乡校”“家塾”“私塾”“蒙馆”等各种不同的名称。官方设立的小学数量有限，为此类性质的蒙学教育发展提供了有利的条件，事实上，它们的数量远远超过官办小学。这类蒙学中，有的也有一定的组织性和计划性，甚至制订了学则等。

（二）唐宋时期蒙学教育的内容和方法

宋代学者吕大临说：“小学之教，艺也，行也。……礼、乐、射、御、书、数，艺也；孝、友、睦、姻、任、恤，行也。”朱熹同样认为：“古者初年入小学，只是教之以事，如礼、乐、射、御、书、数及孝、悌、忠、信之事。”总而言之，蒙学教育的基本内容，包括初步的道德行为训练和基本的文化知识技能学习两个方面。蒙童每日的功课主要是识字、习字、读书、背书、对课与作文，此外，还接受教师的道德训诫，并注重自己道德行为习惯的养成。

这个时期的蒙学具有以下特点。

第一，重视蒙学教育在人的一生中的基础作用，强调时时、处处严格要求自己。如在生活礼节方面，要求儿童居处必恭，步立必正，视听必端，言语必谨，容貌必庄，衣冠必正，堂室必洁等。在学习方面，要求儿童读书必须字字响亮，且能熟读成诵。写字必须一笔一画，工工整整，不可潦草。这些规定虽然有过于呆板之嫌，但它对于养成儿童良好的学习习惯和行为习惯是有益的。

第二，重视用《学规》《学则》之类的形式培养儿童的行为习惯。最著名的莫过于朱熹所做的《童蒙须知》，它使儿童教育有章可循、有规可依。

第三，注意根据儿童的心理特点，因势利导，激发他们学习的积极性。如朱熹便主张用历史故事、道德诗歌来教育儿童，并开展“咏歌舞蹈”等文娱活动，以引起他们的乐趣，增加他们学习的自觉性和积极性。

（三）唐宋时期的蒙学教材

唐宋时期是蒙学教材的逐步繁荣时期。这个时期蒙学所用教材除了部分沿用前人编写的教材如《千字文》（南朝人所编）等之外，还继承和发展了前人教材编写的经验，编写了大量的蒙童课本。例如，唐朝人所编的《太公家教》《蒙求》《小学》、宋人所编的《三字经》《百家姓》《童蒙训》《少仪外传》等均是当时蒙学较多采用的教材。值得一提的是，在唐宋人编写的教材中，除了综合性的教材外，还开始出现了分类按专题编写的教材，到了元明清时期，这种编写方式几乎成为蒙童教材编写类型的主流。

在宋代最为流行的教材是《三字经》《百家姓》《千字文》。《三字经》相传为宋代学者王应麟所作,一说为区适子所编。全书三字一句,共356句。虽是单字连缀,但由于组合巧妙,却能表达一定的思想含义,而且句句成韵,通俗易懂,易于成诵。内容涉及教育意义、道德规范、历史知识、名物常识、典型范例等。《百家姓》相传为宋初人所做。全书把各种姓氏编为每句四个字的韵语,共400多字。《千字文》为南朝周兴嗣所编,句句为四字韵语,共250句,内容涉及自然、社会、历史、道德等方面。

五、元明清时期私学的兴盛

元明清时期的私学在国家政策的鼓励和科举制度的影响下,在前期私学发展的基础之上得到了进一步的发展。开办形式多样、种类较为齐全、设置区域广泛,是这个时期私学性质的蒙学教育发展的一个重要特点。

元明清时期的蒙学教育机构主要有私塾、社学、族学和义学等四类,其中尤以社学和义学最能体现这个时期私学发展的特色。

社学是一种得到国家政策鼓励,由民间利用冬闲时期多设于乡村的特殊类型的私学。社学起源于元朝而盛于明、清。明朝曾令各府州县建立社学,延聘师儒以教民间子弟。清初仍沿用明制,以乡为单位设置,社学的数量当不在少。

义学又称义塾,它是由官方或社会个人捐献而设立的一种免费的蒙学教育机构。义学早在宋代就已出现,但元明清时期民办的义学在政府的鼓励下有了更大的发展。清朝康熙、雍正年间,政府多次下令在贵州、云南、广西、四川等边省地区设立义学,到乾隆年间,义学已遍布全国。据研究者统计,当时在河南省内,设义学1至5所的有38县,6至10所的有13县,11至20所的有11县,超过20所的有7县。最多的宜阳县设有42所。①

这个时期蒙学教材的编写进入了黄金时期,突出表现在种类多、数量大方面。这个时期的蒙学教材分类编写更为普遍,同时还出现了专供蒙童使用的工具书,如《字汇》(明朝梅膺祚编)、《初学检韵》(清朝姚文登编)、《家塾蒙求》(清朝康基渊编)等。此外,一些辅助教材也大量出现。

---

① 转引自周德昌主编:《中国教育史研究》(明清分卷),华东师范大学出版社1995年版,第192页。

第三节　科举制度及其对教育发展的影响

一、科举制度的沿革

科举制度，是指主要以文字考试成绩为参照、分科举行的选官制度。在此之前从社会和一般平民中甄选贤能之士的方法有察举制、九品中正制等，虽然也被统称为“选官”，但严格地说只是“荐选”，且“荐”的成分多于“选”，“荐选”的权力主要操控于少数门阀豪强的手中。

（一）隋唐时期科举制度的初步确立

隋朝建立之初，曾一度沿用九品中正法，但由于这种选官制度不利于中央集权统治，不久便将其废除。隋大业二年(606 年)，隋炀帝设立进士科，标志着科举制度的正式确立。不过，由于科举制在隋朝仅处于初创阶段，制度建设并不成熟，加之王朝国祚短促，该制度对社会的影响并不大。

唐王朝建立初期，为了笼络各地豪强势力，也曾实行九品中正法，但是封建统治者很快便意识到，这种选官制度分散了中央权力，助长豪门分裂势力。因此，不久便将其废止，仍行科举制度，并将其进一步完善。

唐朝科举取士的科目，基本因袭隋朝，可以分为两类：一为常科，即按时、按固定制度举行的考试科目，包括秀才、明经、进士、明法、明字、明算等；一为制科，根据需要不定期举行的考试科目，主要有贤良方正、直言极谏等。常科之中，明字、明法、明算属专业性考试科目，受“德上艺下”传统教育观念的影响，此类科目不为人所重。而秀才科目由于应选太难，到贞观年间便被废除。因此，常科中常设者仅为明经、进士两科，其中进士科更具威望、更为社会所重。

唐朝参加科举考试的考生来源有二：一是由地方或中央官学培养出来的学生，称为生徒；二是社会上普通的读书人，称为乡贡。依唐朝科举制度的规定，每年仲冬(11 月份左右)，中央和地方的官学都可以通过校内考试，挑选学业有成者送到尚书省；乡贡则带着申请表到州县报名，参加州县举行的选拔考试，考试合格后，便由地方举行一种非常隆重的欢送仪式，跟随上计吏进京到尚书省报到。次年春天三四月间乡贡与生徒一起参加由礼部主持的考试(即省试)。如果负责科考的官员有亲戚参加省试，为了避免舞弊嫌疑，须送至礼部考功司考试。被省试录取者称“及第”，如进士及第、明经及第等。及第后只是具有了候补官员的资格，只有最终通过吏部的考试方能正式被授予官职。

在唐代,科举考试的内容主要是儒家经典,具体而言是经学大师孔颖达奉太宗之命而撰述的《五经正义》,但偶尔也考《老子》《孝经》及其他经典。考试方法主要有帖经、墨义、策问、诗赋。不过,需要指出的是,在玄宗天宝十三年(754 年)之前,进士科并不试诗赋。

1. 帖经

经书任揭一页,将其左右两边蒙着,中间只开一行,再用纸帖盖三字,令应试者填出。这种考试方法原本很简单,考生只需把经书文注熟读即可应付,后由于考生越来越多,而录取名额有限,为淘汰计,考官便常常从孤章绝句、幽隐疑难处出些偏题、怪题。此种考试难以考出真才实学。

2. 墨义

这是一种简单的笔试问答,一般根据儒家经典出题,考生只需依照经典原文作答,而不需要运用思想。

3. 策问

从西汉射策沿袭而来,它实际是一种政治论文性问答,要求应试者对现实中诸如政治、吏治、教化、经济等问题提出建议。它比帖经、墨义要求高,对于考察政治才能的确曾是一种较好的方法。但是,这种考试方法行之既久,一般士子竟束书不观,只拿缀辑的旧策读之,以应付考试。可见,策问最后也难以考出真正人才。

4. 诗赋

科考时要求应试者须作诗、赋(时称杂文)各一篇。诗赋考试开始于唐高宗时期(681 年),但当时仅是加试而已。到唐玄宗时期,诗赋在科考中的地位日益增强。诗赋虽然较帖经、墨义、策问更能考察其思想,并能反映一个人的文化修养和文学功底,但到后期流于追求浮华辞藻。

唐朝科举考试中的各科考试内容和方法大致相同,仅侧重不同而已。以明经、进士两科为例:进士重诗赋,明经则重帖经、墨义。

值得注意的是,唐朝的科举取士不仅要看考试成绩,而且还要有知名人士的推荐。因此,考生们纷纷奔走于权贵公卿之门,向他们投献自己的代表作,称为“投卷”。向礼部投献的称为“公卷”或“省卷”;向达官贵人投献的称为“行卷”。这种投献自己代表作的规定,虽然有将考试与推荐相结合之意,但同时也为营私舞弊大开方便之门,可见它是利少弊多。

进士及第不仅能获得为官的资格,而且还可通过皇帝“御赐”的诸如黄榜报喜、曲江盛宴、雁塔题名等一系列恩宠有加的活动,使自己风光、家族荣耀。

唐朝的最高统治者便是以此类利禄相诱，使天下士人埋首科考，唐人赵嘏《残句》中云："太宗皇帝真长策，赚得英雄尽白头。"

(二) 两宋时期科举制度的完善

宋朝是科举制度趋于完善的阶段。宋王朝建立之后，采取重文轻武的政策，并对科举制度进一步加以改进，使其真正成为朝廷选官的重要手段之一。①

宋朝科举制度在科目设置方面，与唐朝相比略有变化，在宋神宗罢诸科之前，除进士科，还有九经、五经、开宝礼、三史、三礼、三传、学究、明经、明法诸科。在常选之外，又有制科和童子举。此外，武举也真正始于宋朝。

两宋沿袭了唐朝重进士科的传统。凡进士，需要试诗、赋、论各一首，策 5 道，另出自《论语》的帖经 10 帖，对《春秋》或《礼记》的墨义 10 条。

与唐朝相比，宋朝科举制度改进之处多围绕"公正"而设计，一如欧阳修所云："无情如造化，至公如权衡。"(欧阳修：《论逐路取人劄子治平元年》)主要改善之处有如下。

1. 增加殿试，将两级考试改为三级：解试(州试)、省试和殿试

所谓殿试是指由皇帝亲自主持的对省试合格者的考试。殿试最早实行于唐朝武则天时期，但作为一种制度则始于宋太祖开宝六年(973 年)，其目的在于掌控取士大权，亦为保证选举更具公正性。② 殿试起初具有淘汰职能，但后来只关乎名次的顺序。

2. 将科举考试的期限从每年一试改为三年一试，称为"三年大比"

宋朝英宗之前，科举考试开科时间并无明确规定，多数时间沿袭唐制，但有时相隔二三年，甚至相隔四五年开科。治平三年(1066 年)，英宗下诏三年一贡举，并成为定制。恰当开科时间的确定，不仅有利于考生备考，同时减轻了由于每次录取名额增加所带来的任官压力。

3. 废除"行卷"制度

唐朝科举考试中实行"行卷"的公荐制度，其本意在于将真正有才学者选拔出来，但实际操作中不仅给权贵请托留有可乘之机，损害科举的公正性和客观性，而且存在分散皇权的危险，为贡举官培植私人势力提供便利。乾德元年(963 年)，宋太祖下诏："礼部贡举人，自今朝臣不得更发公荐，违者重置

---

① 有学者认为，唐时大约只有 15%的政府官员是用由科举而入仕者补充的。见李弘祺：《宋代官学教育与科举》，(台湾)联经出版事业股份有限公司 2004 年版，第 156 页。

② 李弘祺：《宋代官学教育与科举》，(台湾)联经出版事业股份有限公司 2004 年版，第 162 页。

其罪。”①

4. 建立锁院制度和糊名、誊录制度

所谓锁院制度,是指在考选期间,主考官必须与外界(包括家人)隔离,有时时间长达五十天。糊名又称封弥或弥封,它是指将考卷上能反映考生身份的信息密封起来。糊名最早出现于唐朝的吏部试,宋时则将其用于科举的每一级考试。为了防止考官借助考生考卷上的字迹而徇私情,便雇人将所有考生的考卷重抄一遍,这便是誊录制度。

5. 实行解额制

所谓解额,就是士人通过某种发解试(如国子监试、州郡试、别头试等)后,获得解送礼部参加省试的名额。各地各类解额数是事先确定的,由朝廷分配。由于各种原因,朝廷分配给各地区、各类型解试的发解数额是很不平均的。为解决科举及第者在地域上的不平等,朝廷特意增加边境地区和经济落后地区的解额,这种方法在仁宗庆历五年(1045年)成为“定制”。解额制的实行,为西北等经济不发达地区的举子参加省试提供了更多的机会。据英宗治平年初(1064年)时任参知政事的欧阳修在奏折中所言,当时东南地区解试的竞争非常激烈,录取率仅为1%,而西北地区的发解名额则相对较多,达10%(欧阳修:《论逐路取人劄子治平元年》)。

6. 增加录取名额

唐宋两朝科举考试科目虽多,但均以进士科最受重视。唐朝科举考试每年举行,但每年进士科录取的不过一二十人。宋时每年的录取名额则均在百人以上。这一方面是出于充实统治人才的需要,另一方面也是欲最大限度地防止一些不得志的知识分子铤而走险。

7. 取消吏部试,通过殿试者可立即授予官职

唐朝时,科举及第只是取得了入仕资格,还不能直接为官,要为官还需要通过吏部试,一般要数年后才能授予正式官职。宋朝举子及第后,便可由吏部释褐为官。

此外,宋朝除进士科外,还有特殊的武举、童子举等。

(三)元明清时期科举制度的逐渐僵化

元朝的科举制度与唐宋相比较是处于中落期,其变化主要表现在两个方面:一是实行民族歧视政策,如蒙古人、色目人只考两场,而汉人、南人则需考

① 李焘:《续资治通鉴长编》卷四“乾德元年四月”条。

三场。题目方面也是前者的考题容易，后者则较难。二是放松了对参考人员的身份限制。如唐朝规定凡曾经触犯法律者、工商子弟以及州县衙门的小吏不得参加考试。宋代规定凡不孝不悌、僧道归俗之徒均不得参加科考，而元朝仅规定凡娼优之家及患有废疾、犯有“十恶奸盗之人”不得参加考试。

明代统治者对于科举取士非常重视，他们一方面总结历代科举制度的经验教训，使制度较以前更加严密、烦琐，另一方面其文化专制更加残暴。明朝的科举考试制度与以前相比，主要有以下几点变化。

第一，将三级考试改为四级，即童生试、乡试、会试、殿试。其中童生试包括院试（由负责一省地方教育和考选事务的“学院”主持，考中者为“秀才”）、岁试和科试。只有在科试中考入前三等者方有资格参加后面的乡试。乡试在北京、南京或各省省城举行，三年一考，因考期定在秋季举行，故又称“秋闱”。乡试的录取名额由朝廷规定，考中者称“举人”，第一名称“解元”。会试和殿试是最高一级考试，其中会试是带有决定性的考试。会试定于乡试的第二年在京城由礼部主持，因考期在春季，故又称“春闱”。会试被录取者称“贡士”，第一名称“会元”。会试取中后不久即参加殿试，不过殿试仅为名次排序，而无黜落。名次分为三甲：一甲为赐进士及第，只有三名，即状元、榜眼、探花；二甲为赐进士出身；三甲为赐同进士出身。一甲、二甲、三甲统称“进士”。

第二，科目简单，只有进士一科。

第三，考试方式简单，主要有经书义和策论。所谓经书义，是指以经书中文句为题，应试者作文阐明其中义理的一种考试方法。为使考卷的评审有一客观标准，答题有程式规定，即将八股文（又称时文、制艺）定为考试规定文体。这种文体注重格式、讲究对偶排比，而且要求“代圣人立言”，题目主要限于《四书》内。所论内容也要根据朱熹的《四书集注》，不许自由发挥，字数也有规定。可见，它不仅形式呆板，而且内容空洞贫乏。这实际上是文化专制主义在科举考试中的反映。所谓策论，是指提出有关经义或政事等问题，令应试者对答，格式较为灵活。

第四，考试规则更加严格。考生报名须填写家庭状况，包括本人姓名、年龄、籍贯、三代亲人、户主、父母年龄、现任官职等情况。

清朝承袭明朝科举制度，无甚大变化，只是在科考中增加小楷一门。科举的机械、空疏无用、腐败已是暴露无遗。1905 年，在许多有识之士的同声谴责下，实行了近 1 300 余年的科举制度终被废除。

二、科举制度对教育发展的影响

科举作为一种程式化、标准化的选士制度，它使封建社会统治人才有了较为固定的来源。同时，也由于它标榜"公正""客观"，与学校教育相比较少了门第、身份的限制，因而扩大了统治基础，有助于社会平民阶层中的精英分子向上流动。如据美国学者柯睿格对南宋绍兴十八年(1148 年)和宝祐四年(1256 年)两次进士题名录的统计，先辈中没有人做过官的中榜进士的比例分别达 56%、58%。[①] 其他如何炳棣《明清社会史论》一书对科举制度在影响社会阶层向上流动方面有着类似的结论。

由于科举是以文取人，它不仅有利于中国古代文官政治的推行，而且极大地提高了文化知识(尤其是儒家经典文化)的地位，促进了教育的发展，"万般皆下品，唯有读书高"成为整个社会的价值取向。

但是，由于统治者常常重取士而轻育士，科举制度又成为学校教育发展的障碍，学校几乎失去其育才的功能，而成为科举的附庸。

由于科举是一种选官制度，有文才者未必有管理的才能，事实上精于诗文却弱于政事者不在少数。依靠科举的方式不仅很难选拔出真正的政治人才，而且还形成重视书本知识、轻视实践活动的导向。

科举制度也是一种以利禄劝诱人读书的制度，它使得知识分子读书具有了强烈的功利色彩。仅仅依凭考试成绩决定取黜的选拔方式，削弱了道德教育的地位，也使得知识分子放松了自己的道德修养。

科举考试的内容局限于儒家经典以及华丽的诗赋，考试的方法重死记硬背，八股盛行，要求考生"代圣人立言"，极大地束缚了士子的思想、败坏了学风，科举制度的弊端暴露无遗。

第四节　中国书院制度的沿革

书院又称书舍、精舍等，是我国封建社会中后期特有的一种集藏书、刻书、研究、教学、祭祀为一体的教育组织，是古代教育制度的重要组成部分。最初，书院以私人创办和主持为主，其程度高于一般私学，相当于古代的大学教育。

---

① 柯睿格:《中国科举制中的地区、家庭与个人》,《中国的思想与制度》,费正清编,世界知识出版社 2008 年版,第 280 页。

一、书院兴起的原因

“书院”一词，学术界一般认为最早见于唐朝，唐玄宗开元年间（713—741年）在中央机关设置了丽正修书院（后更名为集贤殿书院），但其任务仅为收藏书籍和校刊书籍，因此实为皇家图书馆。这与后来从事教学活动的书院迥然不同。

随着雕版印书业的发展，除了官方藏书之外，私人藏书也逐渐增多，陆续出现了不少民间藏书的书堂、书院、书屋等。起初这些书院、书堂等都只是私人的读书处，但随着时间的推移，私人读书处的书院已开始逐渐发展成为聚书建屋、学者讲学的教育机构。此类书院大约出现于唐朝后期（8世纪左右）。

以教学活动为主的书院在五代时期得到了进一步的发展。虽然唐末、五代的书院已有教学活动，但还不普遍，尚未形成制度。书院的兴盛发展是在宋代。

以讲学为主的书院的出现，其原因是多方面的。

第一，官学的衰废为书院的产生提供了外部条件。唐代自安史之乱后，社会久处动荡。唐末及五代更是战乱频仍，都市显然已不是安全地带，因此，一方面许多知识分子逃往山区，设立精舍、精庐讲学，另一方面许多求学的知识分子为了继续学习也趋步而至。书院的建立，使得封建教育继续发展。北宋承五代之丧乱，统治者谋求长治久安，采取了重文政策，但其重点却用在运用科举获取现有人才这方面，加之国库空乏，故开国后八十年地方官学几乎为空白。这就为书院的发展提供了有利的外部环境。

第二，书院的产生与社会经济基础新格局的形成有着密切的关系。唐朝中期以后，按等级的授田制度受到破坏，庶族地主经济势力大为强盛，但他们大多在野，不能直接参与政权。他们不是当权派，但为了维护自身的利益，积极争取参加统治集团，要求发表自己的主张。为此，他们要求有自己的教育组织。书院正是在这种社会政治的要求之下出现的。实际上，书院也成为这些在野的反对派批评现实、议论朝政的场所。

第三，禅林制度的影响。所谓禅林，又称丛林，即僧徒聚集的寺院。自魏晋以后，佛教信徒多依山林名胜之处建立丛林，勤修禅道。而书院初兴之时，无论是在院址的选择，还是在组织机构、管理制度、讲经方式等方面，均参照了寺院的模式。

此外，印刷业的发达、书籍的增多，也为书院的产生提供了物质条件。

二、历代书院的沿革

(一) 宋代书院的蓬勃发展

北宋初年,由于政府无暇顾及兴学设校,故唐末五代以来出现的私人开办的书院教学便兴盛起来,这不仅满足了人们求学的要求,同时也解决了社会问题。为此得到了官方的大力支持和资助。

北宋时期最著名的书院有白鹿洞书院、应天府书院、岳麓书院、石鼓书院、嵩阳书院、茅山书院。

白鹿洞书院位于今江西九江庐山五老峰下。它是由五代南唐时期的白鹿洞国学改建而成,为北宋最早设立的书院之一。北宋太宗太平兴国二年(977年),应当时江州知州周述之请,获得了皇上恩赐的国子监九经刻本。宋真宗、宋仁宗时又曾先后加以修缮。

岳麓书院位于今湖南长沙的岳麓山下,在宋开宝九年(976年)由潭州太守朱洞所创建。在宋真宗时先后获得朝廷赐给的国子监所印的经史书籍及真宗手书的"岳麓书院"匾额,后来书院主持者山长还被任命为国子监主簿。

应天府书院又名睢阳书院,位于今河南商丘市,建于五代时期,原为宋初名儒戚同文的讲学处。宋真宗时期(1009年),应天府平民曹诚捐资在原址上扩建,并聘戚舜宾(戚同文之孙)主院,自为助教。宋真宗于1010年亲书匾额。仁宗时期曾将书院改为应天府学。

嵩阳书院,地处河南登封县嵩山脚下,初建于五代后周时,宋太宗末年(997年)赐名"太室书院",并赐九经若干。宋仁宗时改名嵩山书院。

石鼓书院,位于湖南衡阳县的石鼓山下,旧为寻真观。宋太宗时(997年)在唐代李宽读书处的旧址上兴建书院。宋仁宗时,赐书院匾额和学田若干。

茅山书院,在江苏江宁府的三茅山后,为处士侯遗在宋仁宗时期所建。后应当时江宁府知府王随的请求,朝廷赐学田若干。

从宋初六大书院的发展我们不难发现,北宋初年的统治者十分注意借民力发展教育事业,并通过题写匾额、赠送书籍及赐予学田等褒奖手段将学校置于官府的控制之下。

南宋时期是书院发展的鼎盛阶段。据统计,整个宋代建立的书院为173所,其中北宋时期建立的仅37所,南宋建立的达136所。南宋书院的发达,不仅表现在数量上,而且其活动内容也更加丰富和充实,组织制度亦日益健全,故其社会影响日隆,甚至出现在官学中学习成绩优异者仍竞相进入书院继续学习的情形。

促成南宋书院发达的原因是多方面的。第一，南宋官学的衰落是书院发达的直接原因。北宋时期兴学带来的太学生干预朝政，使南宋统治者心有余悸，感到与其投入巨额资金发展官学，还不如支持“提倡在深山寂林中静心修养、闭门讲学”的书院更为有利。第二，科举制度的腐败，也是南宋书院发达的重要原因。由于科举制度日趋腐败，学校日益成为科举的附庸，失去了为统治阶级培养人才的作用。因此，一些关心“治国平天下”的知识分子，便另立书院进行讲学。第三，理学的发展也是书院发达的重要原因。北宋时期发展起来的理学，在南宋时期得到广为传播。然而在宋宁宗之前，理学被视为“伪学”而遭禁，理学家们便利用书院这种新的教学机构进行思想的传播工作。第四，名师大儒在书院讲学，为书院树立了威信，扩大了影响，促进了书院的发达。北宋时期的著名学者多在官学任教（如胡瑗任教于苏、湖地区的官学），而南宋时期的著名学者则逐步从官学移向了书院，如南宋时期的四大书院岳麓书院、白鹿洞书院、丽泽书院、象山书院便分别由当时的理学大家张栻、朱熹、吕祖谦、陆九渊主持。第五，南宋印刷业的发展为书院的发达提供了有利条件。南宋时期，得益于雕版印刷业的发展，书院不仅藏书，而且自己还刊印书籍，书院刻本不仅数量多，而且质量上乘，这无疑使书院教学和藏书合二为一的功能得到淋漓尽致的发挥。此外，南宋书院的发达，与统治集团内部不同派系的斗争也有着密切的关联，书院往往成为这种思想斗争的策源地和活动中心。

（二）元代书院的官学化

元代统治者对教育异常重视，他们在振兴学校教育的同时，对书院也采取积极支持的态度。早在尚未统一全国之前，便在当时的京师（燕京）设立了太极书院，延聘名儒赵复讲授，这也是元代设立的第一所书院。

元朝统一江南后，南宋儒学名流中的不少人对元统治者采取了不合作的态度，他们退居山林村野，建立书院，自行讲学。对此，元统治者采取一种因势利导的宽容政策，元世祖在 1291 年曾明文规定，先儒讲学之地及其他愿出私钱捐助教育者，都可设立书院。这不仅缓和了南宋遗民中知识分子的反抗情绪，而且也可争取他们为元朝服务，利用他们的文化知识发展元朝的教育事业。同时也使书院在数量上得到很大发展。据统计，元时全国有书院 400 余所，其中 193 所是新建、再建的。

但是，元朝统治者对书院的发展并非放任自流、不加过问，而是在积极提倡的同时，逐步加强对书院的控制。其主要措施是由政府来掌握书院的领导权。元代的书院分为官立和私立两种。官立书院的山长自然由官府委派，私立书院的山长也须由官府委派或在官府备案,并被授予官衔,领取官俸。书院中教师的任命、提升也都由政府批准。不过,元代的大部分书院建在江南,仍由汉族的儒家学者主持和讲授,政府虽加以控制,但实际上对教学活动并未加以干涉和过问。元朝统治者通过书院争取和团结了一批知识分子,这是其政策的成功之处。

不论是官办书院,还是私立书院,都可以比较自由地讲学,很少受到约束,所以那些淡于名利、志在讲求修身治人之法的儒家学者,都愿意到书院来讲授,这样便缓和了他们的反抗情绪,起到化消极因素为积极因素的作用。元时在书院学习的学有成就者,可以由地方官员推荐,再经朝廷根据一定标准考核后,被任命为政府官员。可见,元朝统治者已将书院视为官学的一部分。在教学内容方面,顺应统治阶级以理学为官方哲学的需要,理学思想几乎成为书院的唯一教学内容。

(三) 明代书院的兴衰

明代的书院发展极不正常。明代初期,由于统治者对学校教育极为重视,并采取措施强化学校的育才和选才功能,书院几乎处于沉寂状态。明代书院的发展始于宪宗成化年间(1465—1487年),到世宗嘉靖年间(1522—1566年)达到鼎盛。据统计,明代书院有1 200余所,而建于嘉靖年间者最多,占总数的37%。

对明代书院由衰转盛发生重大影响的是王守仁、湛若水等理学大师的讲学活动,特别是王守仁,他既是朝廷的重要命官,又是知名学者。由于他热心提倡书院,所到之处均设立书院进行讲学,殁后,其弟子又建书院于各处以祀其师。此外,明中叶以后,由于科举腐败,学校教育空疏,"国学之制渐隳",于是一批士大夫便纷纷兴复或创建书院,倡导讲学之风。不过,明代书院的发展并不顺利,在嘉靖、万历、天启年间,曾先后发生了多起禁毁书院的事件。这一切无疑阻碍了书院的发展。

(四) 清代书院的多元化发展

清初统治者由于害怕书院传播反清思想,在立国初期,除保存修复几所像白鹿洞书院、岳麓书院、石鼓书院等历史悠久的书院外,严令不许别创书院,对书院发展采取了抑制政策,因此,在清初的九十年间书院一直处于沉寂状态。但是,书院制度已历经宋、元、明三代,在士大夫阶层的一部分知识分子中间有着很深的影响。清政府虽加限制,但民间立书院者仍在日益增多,清统治者在明朝遗民相继去世后,便逐步改变了对书院的政策,由消极抑制转变为积极兴办，并加强对其控制。这种政策的转变始于雍正王朝，其方法是：① 各省省城设立书院，相当于省立大学。② 书院经费由政府拨给。③ 书院的主持者及教师由各省的教育长官"学政"聘请。④ 学生须经过地方官员的考核后，择其秀异者入学。⑤ 地方政府或私人创办的书院须经官厅查核，教育内容必须信守程朱理学。在清政府这种书院政策的钳制下，书院已经完全失去其早期的生气而演变为官学。

当然，清代并非所有书院都一无是处，事实上在书院普遍科举化、理学化、官学化之时，依然有注重"经世致用"的"实学"式书院的存在，其中尤以乾嘉时期曾任封疆大吏的阮元①创办的诂经精舍和学海堂最为知名。诂经精舍为阮元在浙江巡抚任上时于 1801 年在杭州设立。这所书院既不同于当时大多数官学、书院专注八股时文的做法，也不在乎所谓明心见性的理学空谈，关注的则是研求经义的"汉学"，故诂经精舍祠祀的是东汉的许慎、郑玄，而非程朱理学家。与传统书院一样，诂经精舍教学方式以学生自学研讨为主、教师讲解指导为辅。为激励学生学习，对于学业突出、考课优秀的学生，不仅给予奖励，还将其诗文佳作结集成《诂经精舍文集》镌刻出版。此外，在学习内容方面，除以经史为主外，还旁及天文、地理、算法、词章等。学海堂书院是阮元为两广总督时，鉴于许多书院专心时文八股训练而于 1824 年在广州设立的一所"实学"书院。学海堂以经史、策问、词章课士，注重考据、训诂、勘校等。与其他书院不同，学海堂书院不设院长，而行"八人学长"制，即选择积学之士八人担任学长，共同担负命制试题、考核学生成绩的职责。考课内容涉及经史、词章、理学，令学子按所习者为文，一月后交卷，由学长评定甲、乙名次，分别给以奖金。学海堂通过扎实严格的教学活动以及不同时俗的教学内容，培养出了如陈澧等诸多知名学者，使其成为"清代中期学术的标杆"②。

三、书院的组织管理和教育教学活动

(一) 书院的组织管理

早期书院在组织管理机构的设置上非常简单，专职管理人员少，通常由书

---

① 阮元(1764—1849 年)，字伯元，号芸台，晚号怡性老人，江苏仪征人。26 岁时考中进士，先后任礼部、兵部、户部、工部侍郎，山东、浙江学政，浙江、江西、河南巡抚及漕运总督、湖广总督、两广总督、云贵总督等职。他在经史、数学、天算、舆地、金石、校勘等方面都颇有造诣。

② 王学深：《回顾与演进：阮元与学海堂研究的范式》，《汕头大学学报》(人文社会科学版)2018 年第 8 期。

院负责人兼职组织管理和日常教学,不再设其他人员和机构。书院的主持者称山长、堂长、院长、洞主(或称主洞、洞正)、教授等,其中山长一名使用较早也较普遍。概因书院多建在山林僻静处,而在书院讲学者多为年高德硕者,尊为山中长老,故曰山长。洞主一名则源于白鹿洞书院,后世书院较少使用此名。教授本为官学学官名,因为有的书院的主持者由地方官学的学官兼任,故仍以官职称之。

随着书院的发展,组织机构也渐次扩大,在一些规模较大的书院中更是如此。据清康熙年间所修《白鹿洞书院志》记载,书院管理人员有 11 类:

主洞,"聘海内名儒,崇正学,黜异端,道高德厚、明体达用者主之",全面负责书院工作;副讲,"聘本省通五经、笃行义者为之",其职责为"主批阅文字,辨析疑义";堂长,由主洞、副讲从学生中选择优秀者为之,其职责在于检查督促学生学习,考核学生勤惰以及调和、诱掖学生等事务;管干一人、副管干二人,择洞中"有才而诚实者为之",其职责是专管洞内一切收支、出纳、修整等后勤事务;典谒二人,选择学生中"言貌娴雅者"为之,专司接待事务;经长五人,经义斋五经各设一位经长;学长七人,治事斋七事(礼、乐、射、书、数、历、律)各设学长一位;引赞二人,从学生中选择"声音洪亮、进退疾徐中节者"为之,其职责为祭祀等典礼活动中的引导。此外,还有伙夫、樵夫、巡值等勤杂人员。

从白鹿洞书院的机构设置和人员配置可以看出,其分工较细,职责明确,专职管理人员较少,并让学生中的优秀者参与管理。这也成为书院管理中的一大特色。

(二) 书院的教学活动

早期书院继承了我国私学的传统,采取"对外开放"的办学方针。它与官学截然不同,没有出身和年龄的严格限制,不分地域籍贯,举凡一切愿学的四方之士均可投奔书院,不需报名考试,只要提出申请,书院的主持者便虚怀若谷,来者不拒。

早期书院努力奉行独立性和研究性的办学精神。所谓独立性主要表现在教育目标和教学内容方面,既不媚俗,也较少受官方干预。在官学化之前的书院中,主持者们多以砥砺德行、养成治国平天下的人才为己任。如南宋理学家张栻于乾道二年(1166 年)所写的《潭州重修岳麓书院记》中说,书院的重修并不是为了科举之业,也非为了工习诗赋词章,而在于造就传道济民的人才为教育目标。朱熹于淳熙七年写的《白鹿洞书院揭示》中也提出,以"讲明义理,以修其身"为培养目标。基于这种不同于世俗和官学的培养目标,在教学内容方面，他们多信守伦理本位的传统观念，重视儒家经典的学习。当然，由于书院主持者的学术观点不同，他们对经典的诠释也不相同，这由此开创了自家学派的特色。研究性是指书院不仅是教学机构，同时也是学术研究机构。学术研究是书院教育和教学的基础，而书院的教育和教学又是学术研究成果传播和发展的必要条件。历史上有名的书院大多数既是当时地方教育活动的中心，又是著名学者探讨学术问题的场所。书院的创建者多为一方著名学者，他们的讲学内容就是他们的研究成果。讲学活动同学术研究是密切结合在一起的。

注重学生自修研究和质疑问难是书院教学的一大特点，也是它与官学的不同之处。由于雕版印刷业的发达，许多书院不仅藏书，而且自己刻书，并普遍建立了藏书楼，所有这些为书院的研修提供了条件。此外，一些书院程度多为大学水平，教师的讲学并非像官学那样按部就班、逐章逐句地详加讲授，而是提纲挈领地引导学生自行体会，或只就某点详加阐发。朱熹便认为，教师除集中讲授外，其主要职责就是指导学生自修读书，他的角色只是“作得个引路的人，作得个证明的人，有疑问，共商量而已”①。

书院的讲学活动主要有“升堂讲说”“会讲”和“讲会”等形式。

“升堂讲说”，或称“升堂讲释”，通常由书院主持者一人主讲，学生可以“质疑”“问难”，这是书院的主要教学形式之一。这种教学形式早在南唐庐山国学时便被采用，如《南唐书・朱弼传》载：国学主持人朱弼每“升堂讲释，生徒环立，各执疑难，问辩蜂起，弼应声解说，莫不造理”。朱熹主持白鹿洞书院后，依然采用了这种教学形式，《中庸首章》《大学或问》《白鹿洞书堂策问》等都是朱熹在白鹿洞书院升堂讲说的讲义。

“会讲”，是指书院主持人邀请院外学者来书院参与学术聚会、学术讨论或讲学等活动，形式上主讲者可以不限于1人。如南宋乾道三年（1167年），理学大家张栻主持岳麓书院时，朱熹来访，受邀讲学于岳麓及城南书院，朱熹、张栻二先生在岳麓书院会讲的主题是《中庸》中的“中和”问题。“与张栻会讲，当是书院会讲的先河。”②淳熙二年（1175年），受吕祖谦撮合，朱熹、陆九渊等初次相会于信州（今上饶）鹅湖寺，开展学术讨论。淳熙八年（1181年）朱熹主持白鹿洞书院时，曾邀请与自己学术观点相左的陆九渊到书院演讲，其讲题为“君

① ［清］张伯行辑订：朱子语类辑略，商务印务馆，1936年版。

② 高明士：《中国教育制度史论》，（台湾）联经出版事业公司1999年版，第72页。

子小人喻义利章发论”,后将其说刻于石,此即著名的《白鹿洞书堂讲义》。这些都是会讲的形式。

“讲会”,是指学术(或学习)团体和组织开展的会讲活动。与“会讲”相比,“讲会”制度更具规范性,如有一定的主题,有读书、问难、规劝等环节,更有时间、地点、主持人等会务规约等的制定。如朱熹修复白鹿洞书院之时,即设有讲会。明中叶后,讲会制度流行于大江南北,万历年间的东林书院的讲会制度规定较为细密,如顾宪成不仅撰定了《东林会约》阐述办学主旨,而且厘定了《会约仪式》,规定:“每年一大会,或春或秋,临期酌定,先半月遣帖启知。每月一小会,除正月、六月、七月、十二月、祁寒、盛暑不举外,二月、八月以仲丁之日为始,余月以十四日为始,会各三日。愿赴者至,不必遍启。”“每会推一人为主,说《四书》一章,此外有问则问,有商量则商量。凡在会中,各虚怀以听,即有所见,须俟两下讲论已毕,更端呈请,不必搀乱。”①

简言之,会讲或讲会活动是一种继承了先秦时期百家争鸣精神、最能体现书院特点的教学形式。

(三)书院的德育工作

书院非常重视学生的思想教育,制定了相关措施。第一项措施,订立学规以对学生的言行进行规范。吕祖谦是一位对学规的作用、制定极为关注的学者,在他看来,为使道德教育落在实处,制定一些规章制度是十分必要的,学规应成为学校德育工作的重要组成部分,他说:“学者必以规矩,大抵小而技艺,大而学问,须有一个准的、规模。射匠皆然,未有无准的、规模而成就者。”(《东莱集》卷18)因此,他一生中制定了许多学规,如《乾道四年九月规约》《乾道五年规约》《乾道五年十月关诸州在籍人》《乾道六年规约》《乾道九年直日须知》等,其内容既有关于学习方面的要求,更有道德思想方面的规定,尤其是涉及后者的条目又多又细,大到做人的根本,小到如何坐,如何行,如何称呼,哪些是该做的,哪些是不该做的,违反学规如何惩罚等。当然,在书院的学规中,对后世影响最大的学规当属朱熹制定的《白鹿洞书院揭示》(又称《白鹿洞书院学规》)。随着理学日受推崇,《白鹿洞书院揭示》逐渐被其他书院所普遍采用,事实上,在封建社会后期,它已成为全国学校、书院统一的教育纲领。

第二项措施,通过祭祀活动对学生进行潜移默化的思想教育。书院作为培养人才的机构,它有三项基本任务:讲学、藏书和供祀。早在北宋初期,书院

① 陈谷嘉、邓洪波主编:《中国书院史资料》(上册),浙江教育出版社1998年版,681页。

便仿制官学，出现了“庙学”化特点，即空间布局上除有讲堂、书楼、斋舍外，还有文庙的设置，供祀先圣先师孔子等。如宋真宗时期潭州太守李守则修复、扩建岳麓书院时，不仅“外敞门屋，中开讲堂，揭以书楼”，而且“塑先师十哲之像，画七十二贤”。[①] 南宋以后，书院的供祀规制有了进一步发展，孔子独享祭坛的局面被打破。这个时期许多书院除供祀孔、孟等先圣先师外，特别重视祭祀关心书院发展的地方乡贤、地方官、知名山长、本学派学术大师等。如白鹿洞书院除建有礼圣殿（即孔子堂）外，还陆续增建了宗儒祠、先贤祠、崇德祠、忠节祠、紫阳祠等。书院设祭的主要目的，一是为了标举学术源流、强化学派认同；二是进行榜样教育，为生徒们提供亲切、可学的榜样与典型；三是倡导尊师重道。

第三项措施是展礼教育。所谓展礼，是指向书院诸生展示儒家礼仪的活动。展礼最初源于寺院讲经时的礼佛仪式。书院的展礼教育，除重大的祭祀先圣先贤等活动需要展示礼仪外，师生间、生徒间、迎宾送客、升堂讲学等亦都需要“展礼”。在理学家朱熹等人看来，观礼、行礼的过程，便是受教育和探寻天理的过程，“如应接事物而审处其当否，则是理存于应接事物”（《朱子语类》卷 18）。这是书院德育过程中不可缺少的教学方法，亦是形象而生动的教育形式。

书院作为一种教育机构，在我国存在了近千年，到 1901 年新政时期书院制被废除，而代之以形式一律的近代学堂。后人感叹：“书院之废，实在是吾中国一大不幸事。一千年来学者自动的研究精神，将不复现于今日了。”[②]事实上，书院特有的一些管理和教育教学方面的制度，至今仍具有借鉴意义。

第五节　西欧中世纪时期的教育

世界各地进入封建社会的时间差异较大。在西欧社会发展史上，一般把公元 5 世纪（476 年）西罗马帝国的灭亡起至 17 世纪（1640 年）英国爆发资产阶级革命为止的一千余年间划归为封建社会。其中，从 5 世纪末到 14 世纪上

---

① 王禹偁：《潭州岳麓山书院记》，见《中国书院史资料》（上册），陈谷嘉、邓洪波主编，浙江教育出版社 1998 年版，52 页。

② 胡适：《书院制史略》，见《书院与文化传承》，卞孝萱、徐雁平编，中华书局 2009 年版，第 1 页。

半叶为封建社会的形成和发展时期,又被称为中世纪;14 世纪下半叶以后则进入资本主义开始萌芽、封建社会逐步瓦解时期,历史上称为文艺复兴时期。

中世纪是基督教统治的时代,教育同样也被宗教所控制,关于这一点恩格斯在《德国农民战争》中曾作过精辟的论述:"中世纪是从粗野的原始状态发展而来的。它是把古代文明、古代哲学、政治和法律一扫而光,以便一切都从头做起。它从没落了的古代世界承袭下来的唯一事物就是基督教和一些残破不全而且失掉文明的城市。其结果正如一切原始发展阶段中的情形一样,僧侣们获得了知识教育的垄断地位,因而教育本身也渗透了神学的性质。"①

浓厚的宗教性成为西欧中世纪教育的重要特征之一。

一、基督教对学校教育的控制

(一) 基督教概述

作为西欧封建社会中世纪精神支柱的基督教,是由犹太教演变而来的。

犹太教是世界各地犹太人的宗教,它产生于公元前 5—6 世纪的迦南地区(今巴勒斯坦)。在历史上,犹太人曾先后遭受埃及、亚述、巴比伦、希腊、罗马人的侵略,多次成为亡国奴,处于绝望中的犹太人盼望着一位救世主来拯救他们。在一些先知们的宣传下,耶和华便被认为是拯救犹太人脱离苦海的唯一的上帝神。到公元前 2 世纪,在对前人的传说、文献搜集的基础上,编成了一本古代最庞大的文献集《圣经》,即《旧约》,它被犹太人视为上帝通过摩西与犹太人订立的契约(后来的《新约》则被认为是通过耶稣基督与信徒订立的新契约)。

公元 1 世纪,罗马人征服了地中海沿岸地区。被征服地区各族人民,同样把希望寄托在救世主的身上。最初,在罗马统治下的东方地区出现了传道者,说上帝之子耶稣在巴勒斯坦传道,教人忍受苦难,死后可以升入天堂。不久,这种教义迅速传到埃及、希腊、罗马等欧洲和北非地区。这种从犹太教脱胎而来的新的宗教便是没有民族界限的基督教。

基督教是在公元一、二世纪开始流行的,约到 4 世纪,罗马帝国的统治者感到这种劝人逆来顺受的宗教有利于其统治,于是便一改其最初的镇压态度,把它立为国教,将其视为奴役民众精神的有力工具。

西欧中世纪基督教的发展经过了三个时期:公元 5 世纪—10 世纪末,基督

① [德]马克思、恩格斯:《马克思恩格斯全集》第 7 卷,人民出版社 1959 年版,第 400 页。

教在封建统治阶级的支持下的大发展时期;公元 11 世纪—13 世纪末,基督教进入全盛时期;14 世纪—15 世纪,基督教会和封建制度同时开始衰落。

基督教在教义上宣传“上帝创世说”“君权神授说”,同时主张人人平等,认为人人都是上帝的子民,上帝对子民的爱是相同的,人人也都具有平等的尊严和价值。在对待人生的看法上,基督教主张人性本恶的“原罪说”,认为人生来负有原罪,因此必须实行禁欲主义,人的一生就是行善赎恶的过程,只有在尘世间不断地赎罪,死后灵魂才能升入极乐世界的天堂。教育就是帮助人们行善赎罪,因此基督教很重视教育。

(二) 基督教控制下的学校教育

西欧中世纪,在基督教教会控制下的学校主要有僧院学校、大教堂学校和教区学校三种。

僧院学校(又称隐修院学校)是基督教修道主义的产物。隐修院原来是基督教徒修行的场所,属于宗教机构。后来,隐修院内设立专门的教会学校,逐步发展成为西欧中世纪基督教会的主要教育机构。僧院学校大体可以分为两类:一类是培养基督教神职人员的“内学”,另一类是学成之后还俗的“外学”。儿童一般 10 岁入学,学习年限为 8 到 10 年左右。僧院学校由于深受基督教修行主义的影响,从教育目的上来说,主要培养学生“服从”(obedience)、“贞洁”(chastity)、“贫穷”(poverty)这三种品质。在教育内容上,宗教占据中心地位,通行的教材就是《教义问答》,这是一本宗教教材,其内容主要包括下列部分:一是宗教信条,如“三位一体”“基督降世”“救赎”“末日审判”等等;二是“十戒”,即十条清规戒律,如不准虔敬其他的偶像,不杀人,不奸淫,不偷盗等等;三是圣事;四是祷告。此外,出于抄写经文和计算宗教节日的需要,僧院学校也教一些简单的读、写、算知识。古希腊“智者派”的“七艺”教育内容也为僧院学校所吸收,但与古希腊“智者派”的初衷不同,僧院学校教授“七艺”完全是出于宗教的需要,因而“七艺”教学中充满了宗教色彩及用神学的思想加以牵强附会的解释。譬如,数字符号充满了神学意义,1 代表唯一的上帝,2 代表耶稣的神性和人性的双重特征,3 代表圣父、圣子、圣灵的三位一体,4 代表四个福音使者,等等。僧院学校的教师多由宗教神职人员担任,教学形式也较为陈旧、刻板,主要采用口耳相传的方式,学生要完全根据老师的讲解进行记诵,学生不能有自己的理解。教学语言主要是拉丁语。在教学过程中盛行严酷的体罚,如禁食、监禁、鞭打等,对学生的身体进行种种残酷的折磨,学校不开设体育课。

大教堂学校(又称主教学校)设置在主教所在地,学业程度类同于僧院学校,教学内容繁杂,其性质同样为基督教会举办的学校,因此宗教性仍然是其主要的特征,在教学方法上与前者也没有截然的区别。

教区学校主要设置在村落中,由牧师充任教师。显然,同前两类学校相比,教区学校在教学设备和设施上更简陋,学校的规模也较小。学校一般只教学生一些最简单的读、写、算知识,以及基督教的基本常识,另外还教学生学习唱赞美诗。这类学校通常收取一定的费用。虽然同前两类学校相比,世俗色彩稍重一些,但是从根本的意义上说,它仍然是一种宗教学校,它所实施的仍旧是一种宗教教育。

二、封建领主的骑士教育

封建主统治着庄园内的劳动人民,一般每个庄园大约有一百户左右。国王是整个封建国家的最高首领,是全体封建主的最高封主。骑士则是封建贵族当中的最下层,通常有一个极小的庄园,统治着十户或更多的农民。骑士对农民进行残酷的剥削和压迫,又由于土地上的依赖关系,常常替封主征战。这种经济、政治上的特点决定了骑士教育享有极其重要的地位,即必须培养骑士骁勇悍猛、虔敬上帝、忠君爱国、宠媚贵妇的品质。

骑士教育从根本上说是一种特殊形式的家庭教育,因而并没有专设的教育机构,也没有专职的教育人员,对骑士的教育主要在生活和社交活动中进行。骑士教育大体可分为三个阶段。

1. 出生至七八岁

这一时期,儿童通常由其母亲在家庭中对其进行教育,主要内容是初步的宗教教育、道德教育和身体的养护。就道德教育而言,主要培养儿童尊敬长上的品德,为接受整个等级社会的道德规范奠定基础;而对身体的养护则是为日后进行武士教育做好准备。

2. 七八岁至十四五岁,这一时期称为礼文教育阶段

儿童按自己出身的等级依次到高一级封建主的城堡中充当领主的家庭侍童。这一时期学习的主要内容为侍奉主人和主妇,学习上流社会的各种礼节,有时也学习识字、读书、吟诗、弈棋、操琴、吹箫、唱歌等,还有令侍童学习赛跑、角力、斗拳,并进行“比武”(Tournament)的训练,有时在比武场上真刀实枪地练习,有时用一模拟假人为靶,练习厮杀。从教育方法上,侍童要追随在领主夫人左右,按主人、主妇的指导与吩咐,在日常生活的交往应酬中学习上流社会的礼节、规范和待人处世之术。

3. 十四五岁至二十一岁,这一时期称为侍从(Squire)教育阶段

从教育的内容上讲,重点是学习"骑士七技",即骑马、游泳、投枪、击剑、打猎、弈棋和吟诗。同时,侍从也要侍奉领主和主妇,为领主牧马,陪伴打猎与散步,在战时学习实际的作战本领。侍从教育阶段在 21 岁时结束,通过举行隆重的受职典礼,授予骑士称号。

综观骑士教育的全部内容,都在于灌输服从与效忠封建统治阶级的思想,训练勇猛作战的本领,非常轻视文化知识的学习,以致骑士往往目不识丁,甚至连自己的姓名都不会写。这与当时社会生产落后、生活水平低下以及封建制的阶级关系密切相关。

三、中世纪大学的建立和发展

中世纪"大学"一词的含义是指"公共讲习所"(studium generale),它与古希腊、古罗马、拜占庭等古代社会的学校之间没有任何的延续关系,基本上属于欧洲社会本土的产物。① 公元 10 至 11 世纪,欧洲封建制度进入巩固和发展时期,同时社会生产力有了较大的发展,这一发展的结果导致了城市的兴起和新兴市民阶层的发展,而中世纪大学的产生和发展便是建立在这一基础之上。

最早的大学建立于 12 世纪的意大利、法国和英国,13 世纪后欧洲各国又增加了一些。在中世纪大学中具有代表性且影响较大的有萨莱诺大学(1137 年)、博洛尼亚大学(1158 年)和巴黎大学(1150 年),英国也出现了牛津大学(1168 年),等等。

萨莱诺大学地处意大利南部那不勒斯,通常被称为欧洲最早的大学之一。萨莱诺(Salerno)由于其独特的地域环境,在当时是地中海沿岸著名的疗养胜地,这里曾经建有一所医学专门学校,以编译古希腊和阿拉伯的医学著作、进行医学研究而著称。许多著名的医学家曾来此讲学。1137 年发展成为专授医学的萨莱诺大学,1231 年得到政府的正式承认。不过,虽然萨莱诺大学的医学学科享有很高的声誉,但除此之外并没有提供其他高级学科的教学,而且大学的学位授予权一直受到限制,直到 1359 年。故严格意义上讲,萨莱诺大学虽然拥有某些大学的特征,但只能属"大学的原型"。②

---

① [英]艾伦·B. 科班:《中世纪大学:发展与组织》,周常明、王晓宇译,山东教育出版社 2013 年版,第 24 页。

② [英]艾伦·B. 科班:《中世纪大学:发展与组织》,周常明、王晓宇译,山东教育出版社 2013 年版,第 43 页。

博洛尼亚大学位于意大利北部的商业枢纽之处，为欧洲最早的大学之一，属于“学生大学”的典型。由于当地商业纠纷时有发生，诉讼案件较多，对法学人才的需求较为迫切，为满足学习罗马法和维持生计需求，由平民创建了博洛尼亚大学。博洛尼亚大学以法学研究而著称，学校教授罗马法，十分重视主权和产权的问题，符合新兴市民阶级摆脱教会控制、解决财务纠纷的需要。

巴黎大学成立于1150年，其前身即教堂学校。12世纪初由实在论者威廉主持校务。后来，经院哲学家、早期唯名论者的代表人物阿伯拉尔(Abailardus)曾同唯实论者进行长期论战吸引了很多青年和学者，学校声望大增。1180年，巴黎大学得到法国国王的承认。根据1200年批准的巴黎大学法规，学校设置神学、医学、法律和文学四门学科，成为当时科目最齐的一所大学。

此后，西欧许多国家又纷纷成立了一些大学，如牛津大学、剑桥大学等等。

这一时期的大学最初带有行会的性质，管理上实行自治，由学生或教师组成行会，管理大学的内部事务。博洛尼亚大学主要实行学生自治、管理学校的制度，而巴黎大学则以教师组成团体管理学校。大学享有很多特权，如内部自治、免除赋税和兵役、参政权、罢课权等。

最初的学位授予制度也产生于这一时期。学生十三四岁进入大学，先学习拉丁语和“七艺”。修完“三艺”和“四艺”后，经考试合格分别取得“学士”和“硕士”学位。取得学位后，才能继续选学一个专门的学科。若专业学科学习结束，获得博士学位，就可进入大学任教授，或办学校，自由讲学。博士学位的授予仪式极其隆重。

西欧中世纪大学的产生在教育史上具有划时代的意义，它研究和重视医学、法律等，对传统基督教神学教育独霸讲坛形成了有力的冲击，确立了部分世俗性学科在大学中的地位。除此而外，它还为当时学术的发展创造了有利的条件，在某种程度上，也为文艺复兴和宗教改革做了思想上的准备。当然，它最终没有摆脱神学的控制，带有相当的神学性和烦琐性。

四、市民阶层的教育

城市的出现，产生了一个新兴的阶层——市民阶层。由于市民阶层的特殊性，尤其需要对经营工商业有用的实际知识和技能，因而，他们迫切需要掌握初等文化知识。这样，几乎与中世纪大学同期的城市学校便应运而生了。城市学校不同于教会学校，是世俗性的。从教育的内容上看，除了含有少量的宗教课程外，非常注重对学生进行读、写、算的基本训练，以满足市民实际生活的需要，教学上采用本族语。由此，世俗性在宗教性的重重烟雾中凸现出来。市民学校在学校的管理上，也摆脱了教会的控制，由市民上层代表组成市政机关进行管理。

此外，手工业与商业方面的专门教育主要是采用师傅带徒弟的形式在店铺或作坊中进行，这种教学形式一般被称为“艺徒制”。

城市学校兴起的意义不仅在于它打破了教会对教育的垄断，适应并推动了当时社会的发展，还在于它奠定了后来的初等学校的基础。

【本章小结】

封建社会是世界古代教育发展的高峰时期。这个时期的教育制度在早期学校教育发展的基础上，更加系统和规范；学校教育受政治、宗教的影响极大，而继续与生产、生活实际相脱离，导致教育功能较为狭窄；受社会等级性影响，教育的等级性长期存在，但总体而言，接受教育的群体较古代早期更加广泛，下层民众在理论上或多或少也有受教育的机会或可能；接受教育作为一种权利，象征性意义大于实质性价值；教育内容较为稳定，主要局限于统治阶级认可的人文道德、思想政治或宗教信仰等方面；教育方法相对较为单一，主要强调知识的记诵。当然，由于中外文化与教育传统的差异，在具体发展路向、发展特点等方面都存在某些不同。

就中国而言，在学校体系方面，从原来单一的官学类型的制度，发展演变为系统严密的官学与私学并存、中央官学与地方官学并举、儒学性质的学校与专科性质的学校并兴的学校教育制度；无论官学还是私学，学校教育内容总体受主流意识形态影响较大，以四书五经等儒家经典的书本学习为主；如何处理科举与学校之间的矛盾和冲突，成为这个时期统治阶级在文教政策的制定中始终面临的问题；书院制度的建立，开创了中国新的教育组织形式，其自由讲学、重视研讨、融教学研究为一体的特点，成为中国教育教学的优秀传统。

就西方而言，这个时期主要处于教会独大的中世纪，教会不仅控制着政治权和经济权，也长期控制着教育权，而世俗政权也视教育为一项慈善事业，对教育发展采取漠视的态度。这个时期世俗性质的学校教育极少，颇具中世纪特色的骑士教育也不过是一种特殊性质的贵族家庭教育而已。各类教会办理的主教学校、教区学校对民众实施的最低限度教育，主要是宗教教义的宣传和基本的读、写、算的训练,其目的是培养虔诚的教徒。由于教会对大学采取保护政策,使得中世纪大学的发展获得相对的自主和自由,中世纪大学成为近代大学的前身。

学习指南

1. 重要概念

稷下学宫　大都授　熹平石经　设科射策　及门弟子与著录弟子　总明观　察举制　九品中正制　苏湖教法　三舍法　社学　监生历事制　诂经精舍　学海堂　会讲　讲会制度　先生大学与学生大学　骑士七技　主教学校　教区学校　《白鹿洞书院学规》

2. 问题与思考

① 中国封建社会的文教政策基本上均持“崇儒”的价值取向,原因何在?

② 中国古代私学发展有何特点? 其发展有何价值?

③ 中国书院的办学精神是什么?

④ 西欧骑士教育的基本特征是什么?

⑤ 基督教教会对中世纪大学产生与发展有何影响?

3. 推荐阅读

① 孟宪承等:《中国古代教育史资料》,人民教育出版社 1961 年版。

② 刘泽华:《先秦士人与社会》,天津人民出版社 2004 年版。

③ 白溪:《稷下学研究:中国古代的思想自由与百家争鸣》,生活·读书·新知三联书店 1998 年版。

④ 吴霓:《中国古代私学发展诸问题研究》,中国社会科学出版社 1996 年版。

⑤ 陈谷嘉、邓洪波:《中国书院制度研究》,浙江教育出版社 1997 年版。

⑥ 倪世光:《中世纪骑士制度探究》,商务印书馆 2007 年版。

⑦ [法]雅克·韦尔热:《中世纪大学》,王晓辉译,上海人民出版社 2007 年版。

⑧ [美]格莱夫斯:《中世教育史》,吴康译,华东师范大学出版社 2005 年版。

第四章　古代教育理论发展的高峰

【学习目标】

1. 理解理学教育思想在中国古代教育理论发展中的地位。
2. 掌握朱熹、王守仁、颜元的教育思想。
3. 掌握文艺复兴时期人文主义教育家的主要观点。
4. 理解宗教改革与教育普及之间的关联。
5. 掌握夸美纽斯的教育理论。

“粗放型”的古典教育理论经过改造，到封建社会中期已具有较强的思辨色彩，并日益成为极具权威的官方学说。可是在其被作为官方哲学而得到尊崇的同时，又日渐堕落为一种僵化的理论，并且迷失了教育对人自身发展所应具有的作用。有鉴于此，中西方的教育家、思想家们不约而同地从各自的元典中找寻依据，批判传统的官方学说，提出了具有人文主义色彩的教育主张，中国明、清之际的启蒙教育思潮和西方的文艺复兴的教育思潮更是成为古代教育理论发展到高峰的标志。

第一节　理学教育理论

理学，又称道学、宋学、新儒学、性理之学等，它是一种以儒家思想为主体，同时吸纳佛教、道教两家思想而形成的新的哲学理论体系。理学兴起于北宋，兴盛于南宋，自南宋末年开始被封建统治者尊为官方哲学，对封建社会后期文化教育的发展产生了重要的影响。

一、理学教育理论的兴起和发展

（一）理学教育理论兴起的社会原因

1. 生产关系内部的变化是理学思想形成的直接动因

唐、宋之际是中国封建社会发展进程中的一个重要转折时期，这个转折主要表现在,自南北朝以来长期享有政治、经济世袭特权的门阀士族最终退出历史舞台,代之而起的是以租佃制对农民进行剥削的“官户”和“乡户”地主。同样,农民的身份也由原来没有人身自由的世家大族的“徒户”、部曲、佃客,变为具有相对人身自由的佃户或客户。这种变化使地主对农民直接的人身控制相对削弱,农民对地主的人身依附也相对减弱了。农民已由“私属”变为具有一定人身自由的封建国家的“编户齐民”。这种变化促进了战后经济的恢复与发展。为了适应这一经济形势的变化,封建国家有必要对农民的统治策略重新予以调整,于是在进一步强化国家机器,从政治上加强对农民的统治外,还迫切需要建立一套新的能融天道自然、哲学思辨、政治伦理为一体的教育思想体系,以对农民进行思想灌输。以“穷理尽性”为核心的理学教育思想便应运而生。

2. 赵宋王朝重振纲常的政治需要又为理学的形成提供契机

宋朝的建立,结束了中国自安史之乱后二百余年的动荡、割据,经过几十年的休养生息,农业生产得到恢复和发展,社会经济日趋繁荣。但是,在繁荣的背后却一直存在着危机,“内忧外患”时时威胁着王权的稳固。

唐末五代长期分裂和混乱,造成了伦常破坏和道德败坏,当时“以仁义忠信为学,享人之禄、任人之国者,不顾其存亡,皆恬然以苟生为得,非徒不知愧,而反以其得为荣”(《新五代史·死事传序》)的士大夫不在少数。这种被破坏了的伦理道德秩序,并没有随着社会形势的稳定而恢复,相反,却作为一种人生哲学在许多士大夫心中扎下了根,一遇合适的时机便会表露出来。这种思想意识严重威胁着宋王朝的中央集权制统治。为此,统治者在通过不断旌表忠孝节义之士来达到恢复道德秩序的目的的同时,迫切需要创造一种新的思想理论来强化人们的思想观念,论证中央集权制的合理性,从根本上泯灭人们“犯上作乱”的念头。

与此同时,由于宋王朝实行“不抑兼并”的政策,并给大官僚、大地主以种种特权,于是大官僚、大地主乘机大肆进行土地兼并,到了宋英宗时,全国百分之七十以上的土地被享有免税、免役等特权的大官僚、大地主所占有,形成了“富者有弥望之田,贫者无卓锥之地”(《续资治通鉴长编》第27卷)的状况。土地兼并的直接后果,不仅使国家可征税的土地日益减少,财政来源日趋枯竭,而且更激化了社会内部各阶级、各阶层之间的矛盾。此外,北方的少数民族政权也对宋王朝构成了长期的威胁。为了维系人心,平和各方面的矛盾,挽救王朝的颓势,宋朝统治者一方面厉行集权,加强朝廷的统治力量,另一方面迫切需要新的思想理论,以重新恢复道德秩序,并从根本上消除人们的不满情绪,以及抵御北方民族的威胁。顺应这种需要，理学思想便产生了。

（二）理学教育理论的思想渊源与学术背景

1. 儒、佛、道三教相互融合是理学教育理论直接的思想渊源

自魏晋以来，名教伦理日趋式微，佛、道两教却大行其道，以致出现三教并驾齐驱的现象，这无疑给原先处于独尊地位的儒学以极大的冲击。

众所周知，先秦儒家的先哲们，并不精于抽象思辨和逻辑分析，他们所讲的主要是修齐治平之道和礼乐刑政之术，他们的教育理论主要是建立在直觉式的、经验式的人性学说的基础上，而缺乏更深层次的哲学思考。汉代董仲舒曾试图从宇宙论的高度对儒家的名教伦理理论予以论证，但他只是将阴阳五行学说与儒家的天人感应思想进行糅合，在形式上也嫌粗糙，缺乏精致的哲学建构。相反，佛教、道教两家却十分重视对宇宙本原和抽象本体的考察，他们的教育理论也是建立在本体论基础之上，哲学思辨的色彩更加鲜明。

恰是由于两者在理论思维层次上的差异，仅仅依凭原始儒学“平实”“入世”“外倾”的思想主张确实难以抵御佛教、道教两家的冲击，也难以满足士大夫追求内心宁静、平远的“出世”一面的需要，对它们的批判也只能停留在表面，不可能从根本上予以打击。鉴于此，自中唐以来，诸如李翱、柳宗元等人开始对传统儒家思想进行改造，援佛、道入儒，以提高儒家思想理论的思辨水平。与此同时，佛教、道教为了适应社会生活和宗教生活，减少传播过程中的阻力，也在力求向人们习以为常的道德准则靠拢，因而在与中国传统思想的冲突与融合中，它们的思想也在不断地发生变异，不断地进行调整、完善，或援儒入佛，或援儒入道，简言之，三教合流成为中唐以后中国思想文化发展的一种趋势。而赵宋王朝建立之初又在政策上予以鼓励，顺应并促进了这种趋势。正是在这种历史大潮流中，宋朝的许多儒家学者公开泛滥诸家、出入佛老，企图从中借鉴某些思维方式，甚至概念术语等，为创建自己的理论体系作准备，如理学家的开山之祖周敦颐就曾与高僧、道人交往甚频，他的《爱莲说》显然与佛教莲花自性清静的说教有关；程颢、程颐也深受佛、道影响，其中程颢曾出入佛、道几十年。他们关于“理”的思想，无论是在思维方式上，还是在提法及所用的范畴上，均深受华严宗的“理事说”影响，而他们强调无心、无情、内外两忘、物来顺应的思想，则与老子的思想十分相像。

2. 经学笺注衰微，疑古惑经风气的盛行，为理学思想的出现提供了有利的学术环境

汉儒治经，无论今文、古文，都是笃守师说家法，不敢逾雷池一步。中唐以

后,“舍传求经”的新学风开始酝酿,至北宋时期又有了新的发展,人们为了发挥自己的观点,全凭己意解经,甚至疑经、改经,如王安石撰《三经新义》,完全以己意解释经说。经学笺注的式微,疑古惑经之风的盛行,开创了儒学研究的新局面,人们得以从前人的阴影中走出来,按照自己的观点解释经典,阐发义理,自创一说,思想文化的发展出现了少有的繁荣,正是在这种有利的学术环境下,援佛、道入儒的理学得以形成。

二、理学教育思想的主要特征

(一) 以本体论为教育思想构建的基础

人性学说在儒家思想体系中占有十分重要的地位,是儒家借以连接天道和人道的中心环节。宋明理学家对人性学说的发展,主要表现在将人性与宇宙本体联系起来,认为人性来源于宇宙本体,二者在内容上是一致的。

周敦颐是理学家中最早从宇宙本体论的高度探讨人道的学者。他吸取了道教的思想,在他的《太极图说》中构筑了一个纳自然、社会、人生为统一体系的图式。二程则明确主张“性即理也”。不过,较成功地架起天道和人道之间联系的当推张载。张载在其著名的《西铭》中构筑了一个充满温情的宇宙大家族,他以天地比作父母,因而事亲亦即事天;又以君主比作家中长子,大臣是管事的仆人,君臣、君民关系犹如兄长与幼弟的关系。在张载看来,天人合一、天下一家,封建道德规范具有天经地义的合理性。不仅如此,张载还从气本体论出发,认为人与天地同出一源,均是由气凝聚而成,因此,气之本性就是天地万物的本性,亦即人的本性。这种本然之性也就是“天地之性”,它是纯然至善、抽象普遍、永恒存在的。但是,由于万物与人所禀受的气有通塞开蔽之别,又由于人性也有所蔽,并有厚薄之分,这便导致个体之间的人性差异。据此,张载将人形体形成后由人的特殊本性决定的生理本能、生存本能以及各个体先天气质偏差决定的具体本性统一的现实人性称为“气质之性”。“气质之性”包含有某种恶的因素,它常常障蔽“天地之性”的正常表现和顺利发展,故道德教育的功能就在于变化气质,使之回复到本然的“天地之性”。南宋时期的朱熹在继承二程和张载等人思想的基础上,最终完成了以本体论为基础的理学体系化构建。与程朱理学不同的陆王心学派,虽然在某些观点上不同,但他们同样认为理是宇宙的本体,并以此论证封建道德规范的永恒性和普遍性。

(二) 以道德修养为教育的唯一目的

理学思想自其产生开始便是以重振儒家纲常为目标,他们构建本体论的目的也是在于论证封建道德原理的先天性、普遍性和永恒性。为此，理学家们将“存天理，灭人欲”、明人伦为教育的唯一目的，如张载认为“德薄者终学不成也”，视道德为整个学业的根基；朱熹也认为“学本是修德，有德然后有言”；王守仁更是认为明人伦之外均是异端邪说。据此，他们大都既反对追求功名利禄的科举考试，又反对专注诗赋词章的学风，完全以道德为价值取向。在理想人格的设计方面，理学家们将伦理主体通过潜心修养而与宇宙合为一体所具有的“圣贤气象”为最高境界。这种最高境界又被周敦颐称为“孔颜乐处”，其实它就是伦理道德修养的最高要求。周敦颐在《通书》中说：“夫富贵，人所爱也，颜子不爱不求，而乐于贫者，独何心哉？天地间有至贵至富可爱可求而异于彼者，见其大而忘其小者焉尔。见其大则心泰，心泰则无不足。”（《通书·颜子第二十三》）在颜渊看来，富贵是常人的共同追求的对象，但以富贵为人生的终极目标，则是俗人的生活态度。颜渊之所以乐于贫者，并不是因为贫贱本身有什么可乐，而是由于他看到世上还有比富贵更珍贵、更有价值的“大”，这种“大”也就是精神修养的最高境界。

理学教育思想的特征除了上述两点外，还有诸如以振兴道统为己任，注重儿童教育等。

三、朱熹的教育思想

朱熹（1130—1200 年），是我国南宋时期著名的思想家、教育家，是宋代程朱理学的集大成者，由于他生于福建尤溪，去世于福建的建阳，故后人称其学派为闽学。

朱熹

朱熹 19 岁中进士，次年被授同安县主簿，在此后 50 年的生活中，先后为官仅 10 余年，大部分时间是从事私人讲学，即使是从政期间，每到一处，也都积极提倡设学立校，亲自参与讲学。如他任同安县主簿时，开办了县学；在为南康知军时，重修白鹿洞书院；改任潭州知州后，又大力倡导州学、县学，并修复了岳麓书院。

朱熹的理学思想主要是继承和发展了北宋时期的理学家程颐的思想，故后世把程颐、朱熹的理学思想体系并称为程朱理学。南宋以后，程朱理学成为封建社会后期的官方哲学。

(一) 论人性及教育作用与教育目的

理学家们对于人性的理解不再像前人那样简单、粗浅地说成是“性善”或“性恶”,而是从宇宙本体论的角度予以论说。

朱熹认为,任何具体事物的生成,既要有理,又要有气。但理是事物生成的根据或本源,是看不见的宇宙本体,是永久不变、永生不灭的形而上之道。气是由一物构成的具体材料,是形而下之器。就具体事物而言,理和气都不可缺少,并无先后之分,但若究根寻源,则有理才有气,即理是第一性的,而气是第二性的。没有天地万物之前,就已有了万物之理,天地万物之所以生成、变化,都是由于理的作用。

从总体上讲,万事万物之中,理只有一个,但这个理落实到每一具体事物上则体现不同,如为子须孝,为父须慈。此乃一理与众理的关系,即所谓“理一分殊”。值得注意的是,一理与众理的关系并非是全体和部分的关系,也不是一般和个别的关系。因为理是统一的,没有差别。造成万物不一的原因是“理一气殊”的结果。

朱熹进一步认为,理表现在人身上称为性,性与理是一个东西,即所谓“性即理”。性或理的内涵是仁、义、礼、智。可见,从本质上讲,朱熹是以性为善的。

既然人性即是天理,那何以人性却有着种种不同呢?朱熹认为这是由于人是“理与气合”的产物,因此人性分为“天命之性”与“气质之性”。所谓“天命之性”是专指理本身而言,但理表现在每一个具体的人身上,则与气不能相离。与气相杂的理,就成为气质之性了。可见,不论是天地之性还是气质之性,都是人人所具有的。照朱熹的讲法,理是至善的,所以天命之性也是浑然至善的,人人相同的。但由于每人所禀受的气有清浊昏明之别,故气质之性有善有恶。简而言之,照理能做到,而事实上有所不能,这就是天命之性与气质之性的实际差距。

朱熹对“天命之性”与“气质之性”的划分,运用到教育上,就是说人性本善,只因为它常为具体的嗜欲、私情所蒙蔽,从而难以显现出来,既是如此,修养与教育的作用就在于“变化气质”,即发挥“气质之性”中先验的“善性”,恢复至善的天理,即所谓“明明德”。这种被朱熹称为“复性”的工夫便是修养或教育的过程。它的功能与作用就如同把掉到污泥浊水中的宝珠揩拭干净。只有不断这样,才能逐渐达到“明天理,灭人欲”的目的。总而言之,朱熹认为,教育的作用是明明德、变化气质,逐步达到“明天理,灭人欲”。

关于教育目的，朱熹从理学家的唯道德主义价值观出发，激烈抨击当时官学教育以科举为唯一任务，家庭中父训子、兄勉弟也以此为唯一内容的做法。他认为这是一种教人追逐利禄，“忘本逐末”的教育，它将导致社会风俗的败坏和人才的匮乏。他并不反对读经入仕，而是认为国家设立学校的最终目的在于造就贤才，改革吏治，教育应该以培养既能修养自身，又能引导他人“遏人欲而存天理”的“圣人”或“醇儒”一样的人才以待朝廷之用。

朱熹对教育界和整个社会弥漫着只知诵读章句和为应举的词章之学的学风的批评，在当时具有积极的作用。但是朱熹所谓的“务本”思想也同时排斥了实用的学问和农业技术进入各级学校，可见，朱熹的教育目的论，仍然囿于“德上艺下”的传统思想。

（二）论“小学”与“大学”两个阶段的教育

朱熹根据人的年龄和心理状况，把人的一生划分为小学教育（8—15 岁）和大学教育（15 岁以后）两个阶段。两个阶段的教育目的虽然都是明人伦，但其具体的教育任务和学习内容并不相同。

根据孔子“行有余力则以学文”的原则，以及儿童“智识未开”的思维特点，朱熹认为小学教育的任务在于使儿童养成良好的行为习惯。因此，小学教育内容不是进行科举内容的教育，也不是进行单纯的文字训练，而是“学其事”。具体来讲，教育内容是学习“洒扫、应对、进退之节”和“礼、乐、射、御、书、数之文”，通过眼前事的学习体会伦理纲常名教。总而言之，小学教育阶段是“学事”阶段，教育者只需告诉学生如何“事君、事父、事兄、处友”之类封建道德规范，并按它去行动，而不要空讲许多道理。

为了实施小学教育，朱熹还非常重视教材建设。他先后为小学编写了《童蒙须知》《小学》等。《童蒙须知》又称《训斋学规》，是朱熹以理学思想为指导，结合儒家思想，并根据当时实际的士大夫生活状况而制定的。在这本书中，朱熹依据童蒙学习的顺序，就日常生活中儿童容易认识和办到的事情，列举了“衣服冠履”“语言步趋”“洒扫涓洁”“读书写字”以及“杂细事宜”等五个部分，对于每件事的规矩都详细标明，严格规定，并教导儿童如何练习践行，这些内容不免有过于机械与琐碎的缺陷，而且要求过于严格，不一定都能为儿童所接受。但其中也有一部分内容有助于端正学生的学习态度，养成他们良好的习惯，如规定儿童应该注意清洁卫生，儿童读书应该做到心到、眼到、口到。此外，朱熹以叙述正面要求为主的编写方法，也是符合思想品德教育的规律。《小学》一书主要集录了古今圣贤的所谓嘉言懿行。全书分为内、外两篇，其中内篇有立教、明伦、敬身、稽古四章,外篇有嘉言、善行两章。各章之前均有一小序,以提纲挈领形式叙述本章宗旨,如《立教》是“俾为师者知所以教,而弟子知所以学”;各章之下又分为若干节。作为理学的入门教材,《小学》在编纂体例方面具有一些特点,如遵循“多说那恭敬处,少说那防禁处”(《学规类编》)即正面教育为主的原则,引用叙述大量的古今圣贤的嘉言懿行,以资学生模仿;在嘉言懿行的选择上,注意古今结合;此外,不仅有名言,而且还有形象生动的善行事例。

大学阶段是受大人之学,即青年和成人教育的阶段。大学教育的基本任务是穷其理,即明了小学所学事之理,具体来讲,教育内容是学习“穷理、正心、修己、治人之道”对于明理的大学教育,他也进行了教材建设,他为大学编写的教材主要有《四书集注》《近思录》和《白鹿洞书院学规》。《四书集注》是朱熹根据理学思想,对《论语》《孟子》《大学》《中庸》所做的新的注释,被作为学习六经的先行教材。自朱熹开始,《四书集注》上升到与六经同等的地位,成为学者必读的儒学经典。七八百年来,封建学校的教学和朝廷的科举取士,无一不以《四书集注》为标准范本。《近思录》是朱熹与吕祖谦一起辑录北宋理学家周敦颐、程颢、程颐、张载的语录而成,被后世作为理学的入门书。《白鹿洞书院学规》亦称《白鹿洞书院揭示》,是朱熹在任南康知军修复白鹿洞书院后为书院所拟的学规。在这个学规中,朱熹首先确定了教育的目标是明五伦,并能推己及人;其次,他提出了学习的顺序,即《中庸》中所说的:博学之、审问之、慎思之、明辨之、笃行之。其中学、问、思、辨在于穷理,笃行在于体事;再次,他以封建的伦理道德为准则,指出了笃行在修身、处事、接物方面的要点。另外,朱熹还提出了为学的目的在于讲明义理,而这些义理俱存于圣贤的经书中,故为学的内容是读儒家经典。

小学、大学虽然是两个不同的阶段,它们的具体任务也不相同,但两者又是相互联系、相互衔接的。其中,小学阶段是基础,是为培养圣贤打“坯璞”的阶段,它奠定了人生发展的基础,必须抓紧抓好,否则“自小失了,要填补实是难”。大学阶段是“培光”的阶段,是小学教育的扩充和深究。朱熹认为“小学”和“大学”虽然在具体任务方面不同,但它们的最终目标是一致的,小学是学事,大学则是学小学所学之事的所以然之理。从小养成了道德习惯,大学阶段再向理性认识提高,只有知其所以然,才能形成坚定的道德信念。

重视儿童道德行为的训练,并将其作为小学教育的主要任务有其合理性,但将知和行截然分割,则不啻失于片面和机械,而且也是对儿童认识能力的小视。

(三) 论读书法

朱熹从他的客观唯心主义的理学思想出发,认为凡天下之物莫不有理,人们认识事物的方法和目的就在于格物穷理。所谓格物穷理即指以世上的万事万物(包括一草一木)为对象去领悟、穷尽其中所含的先验的天理,只有穷尽天下事物所含的理之后,才会豁然贯通、心灵通明。但朱熹又认为,若是说穷天下万物之理,以一草一木为主要对象,就像散兵游勇一样,到处乱跑,既难穷尽天下之理,也找不到真正的归宿。朱熹认为,穷理的捷径在于读书,因为天理的精蕴全在圣贤的书中,因此,读圣贤之书是达到穷理的必须途径,换言之,读书是穷理的重要方法,而穷理是读书的目的所在。

朱熹不仅强调读书穷理的重要,而且还就具体的读书方法作过详细的阐发,形成了一套所谓的朱子读书法。其中大部分是他一生读书的心理体会和长期以来人们读书的经验的总结。他的学生把他有关读书方法的论述归结为循序渐进、熟读精思、虚心涵泳、切己体察、著紧用力、居敬持志六条。

1. 循序渐进

所谓循序,就是必须遵循所读之书内容的客观顺序和读者的主观能力条件,并按此而规定读书的程度和进度。所谓渐进,就是不求速、逐步渐进的意思。

朱熹认为,读书首先必须按照先后顺序来读,以读两本书而言,应该先读完一本之后,再读第二本;以读一本书而言,也要按这本书的篇章文句、首尾次第的顺序逐字逐句地诵读、理解。其次,读书还要注意先易后难,从"浅近平易处入手",以四书为例,他主张先读《大学》,次读《论语》,再读《孟子》,最后读《中庸》。此外,读书者还要量力而行,"得寸则守寸,得尺则守尺",切忌贪多务广。

2. 熟读精思

熟读精思是说读书要读熟、读透,读的遍数越多越好。继而还要精细思索,不能一知半解就停止。

朱熹非常赞赏一些教育者在教学过程中让学生背诵的方法,认为这也是读书的捷径,所以他主张读书应该规定遍数,应该强调背诵,"心下若存若亡"说不出来,就是因为没有读到通透烂熟的程度。但是,背诵也并不等于死记硬背,他认为在熟读之后,还要对所读的书仔细玩味,使书中的微言大义一如出自己所想方才有益。此外,在思考之时,还必须从无疑到有疑,再通过解疑达到无疑。

读与思是读书学习的过程中非常重要的两个不可分割的阶段,只读不思必是死读,即使背诵了也终不能了解其中的意味。光思不读纯系空想,纵使知晓,也不能肯定。这个思想是对孔子“学而不思则罔,思而不学则殆”思想的继承。

3. 虚心涵泳

虚心涵泳是说读书要有所得,必须客观地研究、琢磨书中的本意,不可武断地以己之意穿凿附会。

朱熹认为读书务必要客观虚心,不先带框框,不先下结论,不可固执己见,要尊重原著,探明原意,应顺着书中的思想脉络钻研,如此方能彻底理解书中的本义,反之只是主观揣测。

当读书遇着不同观点、不同论述时,朱熹认为切不可先入为主,不可先带偏见、旧见,而要持公正态度,冷静思考,全面归纳、综合比较,得出客观的结论,并由此而得出,不因庸人而废言,不因圣贤而盲从。此外,在读书时,要接受简明平正的道理,不可故意标新立异而穿凿附会。

4. 切己体察

切己体察是说在读书时,要使书中的道理与自己的思想实际、生活经验等结合起来,并以书中道理去指导自己的实践。

在朱熹看来,读书不可只专就纸上求理义,而必须反过来就自家身上推究、体验,把自己和所穷之理贴近起来,同时这种体验应是经常性的,应该是学一句体验一句。此外,还应以所读书的道理来指导自己的实践,或使之在实践中受到检验。

5. 着紧用力

着紧用力是说读书时要振奋精神,抓紧时间,用大力气,坚持到底。

朱熹认为,读书在时间的安排上要“宽著期限,紧著课程”,利用一切可以利用的时间,须知“用一日之功,便有一日之效”。读书时要下大力气,要以勇猛顽强、刚毅果敢的精神去读书。一如“一棒一条痕,一掴一掌血”。要像打仗一样,当战鼓敲响后,无论前面有什么艰险,都必须勇往直前。此外,读书要坚持不懈、持之以恒,他说读书如同救火、治病和逆水行舟,必须抖擞精神一刻不可放松。浅尝辄止、优哉游哉,终将功亏一篑,不能探明义理。

6. 居敬持志

所谓居敬,是指思想精神高度集中,专心致志。他说:“读书须收敛此心,这便是敬。”(《朱子语类辑略》)所谓持志,就是要树立远大目标,明确读书的目的。朱熹将它视为学习的首要问题。他说:“立志不定,如何读书?”

朱熹在总结前人经验和自己读书体会的基础上提出的六条读书法,比较集中地反映了我国古代在读书方法研究方面的一些重要见解,其中不乏合理的内容,如,循序渐进反映了量力性原则,熟读精思体现了学思结合的思想等。

四、王守仁的教育思想

王守仁(1472—1528 年),浙江余姚人,明代中叶重要的思想家、教育家,因他曾在绍兴城外的阳明洞读书、讲学,自号阳明子,所以世称阳明先生。

青年时期,王守仁曾钻研程朱理学,因做“格物穷理”的工夫而不得其理,转而研习诗赋词章、养生之道、佛理禅机和兵法等。28 岁时考中进士后步入仕途。34 岁时在一次统治集团内部的政治斗争中,其政治生涯发生重大转折,被贬谪至人迹罕至的贵州龙场驿为驿丞。从一位一路青云的官宦子弟变成荒野地带的流放者,其心情的苦闷是可想而知的。此情此景使他突然“顿悟”:天下本无物可格,一切的知和理均在心中。龙场悟道,使王守仁最终确定了他的主观唯心主义的世界观。他的思想其实是对南宋时期的理学家陆九渊“心外无事,心外无物”的心学思想的继承和发展,后世称为陆王学派。

几年后,王守仁的政治地位逐渐上升,尤其是随着他镇压农民起义和少数民族的暴动以及扫平朝廷内部的叛乱后,更是成为朝廷炙手可热的人物,这为他的心学思想的传播提供了有利的条件。

王守仁从 34 岁时开始讲学授徒,前后大约 25 年之久。他每到一处,都要修建书院、创办社学,利用从政之余进行讲学。即使他被贬到贵州龙场驿时期,还创办了龙冈书院。在镇压农民起义后,他设立社学进行教化,退职回乡后,他还设立了阳明书院。简而言之,他一生的活动是“破山中贼”和“破心中贼”。记录王守仁思想的著作是《王阳明全集》。

(一) 致良知与教育的作用

王守仁与程朱理学一样,都认为“理”是存在的,它是宇宙的本体,并视理为封建等级制度和封建教育的依据。但王守仁又不同意朱熹的“理在心外”“性即理”说,认为“理在心中”“心即理”。

所谓“心即理”,是说理就是心,心就是理,它包括两层含义:第一层意义是说心是天地万物的来源,是天地万物的主宰,事物的产生是由于人心所发生的意念的活动,没有人的意念,就没有客观事物,即客观真理和事物的存在都依赖于吾心的存在;第二层意义是说,心就是世界,它是无所不包的,即客观的真理和事物都存在于心中。可见,王守仁的“心即理”说否认客观存在的真实性,抹杀事物规律的客观性,完全陷入一种极端的唯我论中。

从“心即理”出发,他进一步认为“心外无物,心外无事,心外无理,心外无义,心外无善”(《王阳明全集·与王纯甫癸酉》)。教育的作用就在于启发受教育者在他自己的内心去寻找、体认天理。换言之,心是认识的主体,也是认识的客体,这种认识过程的完成并不需要外界的中间桥梁。

王守仁又把人心中的天理称为“良知”。良知是心的本质,即是非之心。它是不学而能、心中固有的“灵明法宝”。有了良知便能先验地判明是非善恶,知道天地一切事物的道理,觉得什么事该做,什么事不该做。而且这种良知是“廓然大公”,毫不偏袒,“是的还他是,非的还他非”。有了这种良知,人“见父自然知孝,见兄自然知悌,见孺子入井,自然知恻隐”(《传习录上》)。王守仁进一步认为,这种良知是人人都有的,不论古人、今人、圣人、愚人都有良知。从这个意义上说,一切人在道德人格上都是平等的,人人都有受教育的可能,人人都可能成为圣贤,按照王守仁的意思,“满街人都是圣人”也不为怪。

王守仁认为,人的良知在人的整个生命过程中始终存在着,既不会减少,也不会丢失,但是却可能受到习俗和私欲的影响而被蒙蔽,为此,人们就有受教育的必要。他认为,教育的作用就在于去掉后天与外物接触所生的各种“昏蔽”,以恢复良知,达到良知的极致,也就是“致良知”。致良知的重要方法便是“格物”。所谓“格物”并不是像朱熹所说的进行向外用工,而是“正心”,即只在自己心上下功夫,通过格物去掉人欲、复归良知,以唤起人们内在的天理良知,自觉地遵守封建社会的统治秩序和伦理纲常,从而达到“存天理,去人欲”的目的。

总而言之,教育的作用便是致良知,致良知的过程也就是教育的过程。

(二)“明人伦之外无学”

王守仁的心学与朱熹的理学思想一样,均恪守中国传统的伦理本位精神,并将其推向极致。他认为,教育的根本目的和任务是“明人伦”,即教导人们认识和恪守五伦,“明人伦之外无学”,与此相悖的均为异端邪说。

王守仁从唯道德主义的价值观出发,推衍出他对教材价值的看法。作为封建时代的理学家,王守仁当然也与前人一样是把儒家元典视为最有价值的教材。但是,他与前人不同的是,他认为六经之所以重要,并不是因为它是圣人所作,而是因为六经都是关于“心学”或“致良知”之学的标准典籍。他说,在每一部经典中，均蕴藏着“心”或“良知”的某种精神构造和相应的陶冶价值，它是人心、良知的纪实：“六经者，吾心之记籍也，而六经之实，则具于吾心，犹之产业库藏之实积，种种色色，具存于其家。其记籍者，特名状数目而已。”（《王阳明全集·稽山书院尊经阁记》）由此，他反对汉唐以来知识分子专在书本上钻研，专门进行章句训诂和名物考据，也反对程朱学派的所谓圣贤书中进行穷理的方法。他认为，人们生来就已具备了“良知”，人们读书只不过是从中得到启发来印证心中的良知而已。

不仅如此，在对经书解释方面，他还极力鼓励人们打破权威意识，主张按“吾心”“良知”的要求来理解和运用经典，他认为：道，是天下之公道；学，也是天下之公学。因此，学问不能成为孔子、朱熹的私学。他甚至认为，古人圣贤行事也无经典可考，只是“随时随事，只在心上学”。

六经对于人们修养道德固然有着无可比拟的作用，但教育内容不能囿于六经。事实上，按照王守仁的看法，人们只要能注意教材中关于“尽心”或“致良知”的陶冶价值，则一切教材都是有价值的。例如，写字、弹琴、习射、学农圃、参加科考等，均可能作为有陶冶价值的教材。由此也可看出，王守仁在教育内容上，他并不注重对知识内容本身的学习，注重的是人们能否发挥主观能动性进行“致良知”的工夫。王守仁这种对教材价值的认识，在中国古代教育史是较为少见的。

以道德修养为教育的唯一目的，这当然是错误的，但他要求人们发挥主观能动性向内求诸心，对于反对当时人们迷信书本，专在书本上进行钻研的学风，提倡思想解放，活跃学术空气，推动教育事业发展有着积极的作用。

（三）“知行合一”的道德教育观

在道德教育中，知行脱节、言行不一是普遍存在的问题。针对道德教育中的这种弊端，王守仁认为其主要原因乃是理论上将两者分裂。为此，他在认识论上提出了“知行合一”观。所谓知行合一，并不是一般意义上所说的认识和实践的关系，它包括两个方面的含义。

第一，知与行是齐头并进的，是相互渗透的。知中有行，行中有知。真知必能行，不能行即非真知，知行原是一个工夫，是一个过程的两个方面。知行两者统一于心中，不能分离。这其实是抹杀了知行两者之间的差别，否定了知行的对立统一关系。这在理论上是错误的。因为知与行毕竟属于两个不同的范畴。正因为这样，王守仁常常把属于思想意识范畴的知当作行，如他曾经说：“一念发动处，便即是行了。”（《传习录下》）。把一种意念动机都当作行了，在道德教育中,其实便是否认了动机与效果的差别。当然,这种知中有行,行中有知的思想,对于强调道德意识和道德践履的直接关系无疑是有意义的。他说,称某人知孝,必是某人曾行孝。一个人的道德修养,不能只是懂得一些道德规范,还要身体力行。

第二,知行的推移是循环的,有时知在行先,有时知在行后。他说:“知是行的主意,行是知的功夫;知是行之始,行是知之成。”(《传习录上》)似乎是承认知在行先。但是他又说:“食味之美恶必待入口而后知。”(《传习录中·答顾东桥书》)又是主张行在知先,知在行后了。他曾以一个人的走路为比喻形象地说明了知行两者的关系:“如人走路一般,走得一段,方认得一段;走到歧路处,有疑便问,问了又走,方渐能到得欲到之处。”(《传习录上》)可见,知行是互相推移、循环无端的。

王守仁根据其致良知与知行合一的观点,提出了具有心学思想特点的道德修养方法的主张。

第一,立“为圣人之志”。要培养道德纯善的圣人,必然要立志。立志是为学之心,为学是立志之事。“夫学莫先于立志,志之不立,犹不种其根而徒事培壅灌溉,劳苦无成矣。”(《王阳明全集·示第立志说乙亥》)志已立,还要持志不移,工夫专一,不能因循苟且,要勇猛直前。在道德教育过程中强调立志,实质上是培养修养的高度自觉性。

第二,省察克治。根据心即理与致良知的学说,人人心中都有良知,故修养主要是向内“反求诸心”,做“内省”的工夫,这其实与儒家传统的内省、自讼的主张是一致的。在王守仁看来,省察就是要扫除意识中的好色、好名、好货等利欲之心,使良知得以恢复。而且根据他的“知行合一”学说,人在一念萌动时便已是行了,所以,省察克治必须做得干净利索,一丝一毫利欲也不存在,要像猫捕老鼠,一眼看着,一耳听着,才有一念萌动,即与克去,他说:“吾辈用功,只求日减,不求日增。减得一分人欲,便是复得一分天理,何等轻快脱洒,何等简易。”(《传习录上》)

第三,事上磨炼。在王守仁看来,做致良知的工夫,不能悬空进行的,而必须在事中进行,即通过日常事务去体认良知。所以,当一位为官的学生抱怨公务繁忙,不能做学问时,他便对他说:“我何尝教尔等离了簿书讼狱,悬空去讲学?尔既有官司之事,便从官司的事上为学,才是真格物。簿书讼狱之间无非实学,若离了事物为学,却是着空。”所谓事上磨炼,亦即是在行动中学习。按照王守仁知行合一的思想,知行是并进的。真知必能行,不能行便非真知。所以，一切学习都是在行动中进行的，如学孝者必须在服劳奉养的行动中学习；学射者也必须在张弓挟矢的行动中学习。否则，空谈理论是不能获得真知识的，就像空谈饮酒不会醉一样。

（四）论儿童教育

王守仁关于儿童教育的论述，是他整个教育理论中最富有精华的部分，他在儿童教育的论述中，有着许多独到的见解，特别是体现了一种“自然教育”的思想。他关于儿童教育的理论，集中体现在他所写的《训蒙大意示教读刘伯颂等》和《教约》中，这两篇又合称《社学教条》，它是王守仁在为南赣巡抚时，为“破心中贼”为各县社学教师颁发的教条。

王守仁认为，儿童教育应以明人伦为教育目标，以培养儿童孝悌忠信、礼义廉耻为唯一任务。

他揭露、批判了宋明以来压抑儿童、摧残儿童的教育现象，认为这种教育是非常有害的。当时，学校教育中束缚儿童身心发展的现象是十分严重的，教学内容单调，教师每日只是督促儿童读章句、写字、作诗文，或者只是一味责备儿童的行为举止，而不知道对儿童用礼来引导，并晓之以理；仅仅想使儿童聪明，但却不知道应在道德礼仪上养成儿童的善行。传统教育不仅在教学内容方面是狭窄和错误的，而且在教育方法、手段方式等方面也是简单、粗暴的。教师常常滥用残酷无情的体罚惩治儿童、鞭挞儿童，甚至用绳索来捆缚儿童，一如狱卒对待囚犯。其结果适得其反，学生视学校为监狱，以老师为仇人而不愿相见。经常逃学，并捣蛋撒谎，只顾游玩而不思学习。

针对当时学校中存在的上述问题，王守仁提出，教育儿童应该顺应儿童的性情，鼓舞儿童的兴趣，以遂其自然发展。他认为，儿童的心理特征是喜欢嬉游而怕拘束和禁锢，就像草木刚刚萌芽，顺应之便会发展，摧残它将会枯萎。所以，他主张对儿童的教育必须依据儿童的这个特点进行。如此才能使儿童的学习日有长进，就好像时雨春风被及草木花卉一样，生机盎然，而不是冰霜剥落，生意萧索。

王守仁主张给儿童以诗歌、习礼、读书三方面的教育，并说明了它们在陶冶儿童的思想和性情方面的价值。

王守仁认为“诱之以歌诗”，不仅可以激发儿童的志向，而且还可以通过歌诗消除儿童的顽皮，使儿童的多余精力有发泄的机会，并通过它来引导儿童把奔跑嚎叫的行为变为悠扬的歌咏。此外，歌诗还能解除儿童内心的愁闷和烦恼，使儿童活泼起来。

王守仁认为"导之以习礼",也具有两种价值:一是可以使儿童学习礼仪规矩,养成一定的礼仪习惯;二是还有锻炼身体、健壮体魄的作用,即通过"周旋揖让""拜起屈伸"来舒筋活血。

王守仁认为读书有着三方面的价值,即可以开发儿童的智慧、存养其心性、宣泄其情感。

此外,王守仁认为除上述三方面内容外,还应有考德一课。

关于教学方法,王守仁提出,应该根据儿童的特点实施。如歌诗,可以采取相互观摩和集体竞赛的方法,这对于提高儿童的歌诗兴趣和技能、欣赏力是有益的。习礼同样可以采取这种方法。关于读书的教学方法,他认为教师每次教授不宜贪多,但贵精熟。教授的分量要顾及儿童的接受能力,要使儿童精神力量有余、有愉快自得之感,而无厌苦之患。王守仁在这儿是在提倡一种"愉快教学"。

王守仁作为封建时代的一位哲学家、教育家,他的主观唯心主义观点是错误的,他的以"明人伦""致良知"为核心的教育思想仍是囿于传统的伦理本位的价值体系。

第二节　明清之际启蒙教育思潮

明朝后期资本主义生产的萌芽,瓦解着古老的封建社会的经济基础;从西方传入的科学技术知识,在社会上进一步传播;"天崩地解"的社会大变动,更是引起了政治、经济、文化、教育的大变动,从而也引起了人们的大思考;此外,王守仁的心学思想,也在客观上为思想解放提供了理论依据。

一、启蒙思想家的主要教育主张

(一) 培养经世致用的实用人才

传统儒家在人才标准上主张内圣外王、德才兼备。然而理学家们却将理与欲、义与利完全对立,提出"存天理,去人欲"的口号,一味侈谈心性,空论学为道德纯善的"圣人",却将济世救民置于脑后。启蒙思想家们针锋相对,认为理欲、义利、德才、文武等是统一的,王夫之说:"有欲斯有理。"(《周易外传》卷2)陈确说:"天理正从人欲中见,人欲恰好处,即天理也。向无人欲,则亦并无天理之可言矣。"(《与陈乾初论学书》)主张培养经世致用的人才,黄宗羲认为教育所要培养的应是“仁义与事功合一”“气节与事功合一”的人才，他说：“君子之为学也，非利己而已也，有明道淑人之心，有拨乱反正之事，知天下之势之何以流极而至于此，则思起而有以救之。”(《与潘次耕札》)。

(二) 提倡“实学”

教育内容与教育目的有着密切的关系。为了培养经世致用的人才，积极提倡“实学”，反对理学家的义理之学。颜元说：“实学不明，言虽精，书虽备，于世何功？于道何补?”(《存学编》卷 3)。顾炎武也认为，“以明心见性之空言，代修己治人之实学，股肱惰而万事荒，爪牙亡而四国乱，神州荡复，宗社丘墟”(《日知录》下卷)。

启蒙思想家们虽然均倡导“实学”，但其具体内容并不完全一致，有的重历史，有的重考据；有的重自然科技，有的重文艺。

(三) 注重“践行”的教育方法

与理学家们提倡静坐的方式不同，启蒙思想家们则强调“行”。王夫之说：“知之尽，则实践之而已。”(《张子正蒙注》卷 5)主张践行、践迹的教育方法，反对理学家内省静坐的教育方法。颜元更是主张以“习动”“习行”的教育方法去代替理学家的主敬、主静的教育方法。

二、颜元的教育思想

颜元(1635—1704 年)，字易直，又字浑然，自号习斋，明末清初直隶省保定府博野县北杨村人，著名的启蒙思想家、教育家。

颜元出身贫寒，早年崇尚豪杰之士，治道家之言，后又先后信仰陆王心学和程朱理学。35 岁后其思想发生剧烈变化，逐渐脱离宋明理学阵营，著《存性编》，依孟子的性善学说，驳斥宋儒的气质不善论。认为气质之性即义理之性，它就每个人而言，虽然有着清浊、厚薄之分，但总归为善。恶的产生乃是由于后天的引蔽、习染所为。他说：“祸始引蔽，成于习染。”(《存性编》卷 2)即为外界财色所诱而引之左或右，以致蔽其善心，久而久之，习渐久而染渐深，最终染成各种禀性。又著《存学编》，明确提出礼、乐、兵、农等实用知识才是孔子的“正学”，而这些“正学”不能只在书中讲授，否则便是空疏无用的浮学。57 岁时，颜元带领弟子南游中州寻师、访友、论学，这次经历一方面使他更加坚定自己的学说的正确性，并扩大了自己学说的影响，另一方面他以其见闻，怀着一种“圣道不明，苍生无命”的忧患意识，更以抨击程朱理学为要务，他说：“必破一分程朱，始入一分孔孟。”62 岁时，他受聘主持肥乡漳南书院，根据其教育理想,全面设计、推行全新的教育制度、教育内容、教育方法等。颜元的著名弟子有李塨等人,后世称为颜李学派。他在教育方面的著作主要有《四存编》(存人、存治、存学、存性)、《习斋记余》等,辑入《颜元集》中。

(一)教育目标论——培养经世致用的人才

古代传统的教育思想都是以培养德才兼备的政治人才——圣贤或君子为教育的最高目标,但是在德与才之间,奉行"德成于上,艺成于下"的价值观,偏重于道德的修养,汉代大儒董仲舒提出"正其谊不谋其利,明其道不计其功",把义与利对立。宋明时期,理学家们更是将两者的对立推向极端,鼓吹"存天理,灭人欲",一味奢谈空虚无用的性命之学,其结果"上不见一扶危济难之功,下不见一可将可相之材"(《存学编》卷2),在国家危亡之际一筹莫展,颜元嘲笑理学家中的"上品"人才也不过是"无事袖手谈心性,临危一死报君王"(《存学编》卷1)。

思想界崇奉理学,学校中又以培养应科举的人才为目标,对于这种专事空谈或困于纸笔的学风,颜元深恶痛绝。与此相对立,他提出学校应以培养圣贤为目标。而所谓圣贤,并不是如理学家所说的只是一位道德君子,同时应该能够"斡旋乾坤,利济苍生"。在他看来,这种圣贤并非高不可攀,他们是能够立志用功的普通人,他说:"圣人是肯做工夫庸人,庸人是不肯做工夫圣人。"(《颜习斋先生言行录》卷上)将圣贤从高不可攀的理想化身,转变成人人均能达到的目标,对于激励人们奋发向上无疑是有益的。

值得注意的是,颜元改变了传统意义上无所不能的圣贤形象,给圣贤以重新定义。他说,圣贤可以划分为"全体之圣贤"(即全才)和"偏至之圣贤"(即专才)。无论是哪种圣贤,都是治国安邦所需要的。从理论上来说,上下精粗都尽力求全以企成为全才,固然是圣学之极至,但是在实际中,这种人才难以培养。教育更重要、更现实的是以培养专才为目标。他认为,社会本有着不同的分工,社会要发展,仅仅依靠某些全智全能的圣贤也是无能为力的,一如大禹治水,单凭大禹一人不可能治理天下的水患,而必定聚合普天之下长于水学的人士分工治理,而由大禹总其成而已。此外,人的资质、禀赋各有差异,教育应当就其特性,依其志愿和才分而进行,则易收成效。

颜元主张以培养经世致用的圣人为教育目标,具体言之包括两类人才:一是政治人才或称治术人才("君相""百官");二是指专业人才或称百职人才。

就培养政治人才而言,颜元认为教育与政治有着非常密切的关系,依他的看法,教育是政治的基础,他说,"以前人们说治国的根本在朝廷,我则认为治国的根本在教育，因为政治人才的造就主要依赖学校，无人才则无政事。假若当今天下学校所培养的都是有实才实德的人才，则他日居庙堂之高者也皆为'经济臣'，如此则国家可治、天下可平"。可见，通过学校培养经世致用的人才，对于改良政治，造就才德兼备的各级官吏有着直接的作用。在这儿，颜元表达了他改革学校教育、强化学校的育才和选才职能的强烈愿望。

就培养专业人才而言，在颜元看来，治国经邦业务至繁，需要各种专业人才去管理，所以教育目标不仅要培养治术人才，而且还要造就各种专业人才。专业人才中尤其是那些有关国计民生的技术人才更应注意培养。颜元认为，教育与经济的关系非常密切，一方面"养教并重，养先于教"，经济的发展为教育的发展提供了条件，也提出了要求，即所谓"养以行教"；另一方面教育可以通过培养人才直接为国家的富强服务，即所谓"教以济养"(《存治编・井田》)。颜元对教育与经济关系的论述，突破了对教育价值的认识的传统观念，这在轻视劳动生产的理学教育统治时代更是难能可贵。

颜元虽然注重实际才能的养成，但他毕竟是一位儒家学派的教育家。他并未摆脱政治本位、伦理本位的儒家传统精神，在他看来，无论是全体之圣贤还是偏至之圣贤，均应以保持和恢复仁义礼智等封建道德为首务，在这一点上，他并无甚新意。

(二) 倡导实学、实用的教育内容

一定的教育内容服务于一定的教育目标。颜元的教育目的是为国家、为社会造就有实才实德的政治人才与百职人才，而要造就这种经世致用的人才，就必须批判、革除空虚无用的传统教材。颜元认为，自孔子殁后，教育内容就局限于书本、空谈、修养等"虚""伪"的内容，尤其是自汉、宋以来，朝野充斥迂腐文弱的训诂家、道学家、帖括家，学校内读书的尽为无才略、乏英气的白面书生，以致"旷代不见一帝臣王佐之才，千里不见一礼乐和好之家，数乡不见一孝悌忠信之人"。为此，他采取"托古改制"的方法提出了一套与当时学风迥然有别的实学、实用教育内容。

颜元认为，唐虞、周、孔时期，学术、教育、政治是合而为一，教师所教、学生所学的即为以后百官所执掌的"能为天地造实绩"的实文、实行、实体、实用等实学内容，具体讲便是三事(正德、利用、厚生)、三物(六德、六行、六艺)、六府(金、木、水、火、土、谷)等。这种实用的教育内容，不仅于国有益，而且也于家、于己有益，他说："今世之儒，非兼农圃，则必风鉴、医、卜，否则无以为生。盖由汉、宋儒误人于章句，复苦于帖括取士，而吾儒之道、之业、之术尽亡矣。若古之谋道者,自有礼、乐、射、御、书、数等业可以了生,观孔子委吏、《简兮》硕人、王良掌乘可见。后儒既无其业,而有大言道德,鄙小道不为,其如僧、道之不务生理者矣。”(《颜习斋先生言行录》卷下)

颜元的实学教育思想曾在他晚年主持的漳南书院得到实践。在书院中他设有六斋:经史斋、艺能斋、文事斋、武备斋、理学斋、帖括斋。分斋教学,各斋学习内容如下(《漳南书院记》)。

第一,文事斋:学习礼、乐、书、数、天文、地理等科。

第二,武备斋:学习黄帝、太公以及孙、吴、五子兵法,并攻守、营阵、陆水诸法,射御、技击等科。

第三,经史斋:学习《十三经》、历代史、诰制、章奏、诗文等科。

第四,艺能斋:学习水学、火学、工学、象数等科。

第五,理学斋:学习静坐、编著、程、朱、陆、王之学。

第六,帖括斋:学习八股举业。

虽然漳南书院仍然设置了“理学斋”和“帖括斋”,但颜元表示这只是“应时制”,一旦时机成熟便将关闭它们。

颜元的实学教育内容,不仅同理学教育有着本质的区别,而且对传统教育是一次极大的冲击。在他的“百科全书”式的教育内容中,不仅有人文学科,而且还有实用课程;不仅传授传统文化遗产,而且容纳了西洋科学知识;既重视心性修养,又注重身体的锻炼,并且实行分科教学。这在当时确实是别开生面的,并将中国古代关于教育内容的理论推进到一个崭新的阶段。

(三)“习动”“习行”的教育方法

颜元关于教育方法的主张,是颜元教育思想中最具创见、最有进步意义的部分。他的教育方法理论是在对汉代以来传统教育方法(尤其是理学家的修养方法)的批判基础之上提出来的。有人说,颜元学说思想的精髓是“动”“习”“实”“用”,动、习即是指教育方法而言。

理学家非常重视个人道德的修养,而且把“主静”“主敬”当作方法的核心。在程朱理学家看来,居敬乃穷理之本,只有静坐、主敬,才能正心诚意、收敛身心,恢复其本原之善。因此,要求人们在平时无事便静坐,有事即应酬。颜元则认为,依靠“主静”“主敬”来达到恢复善性之说是荒谬的,首先,世界上的万事万物都是处于运动、变化、发展中,心也不例外。可见,“主静”是不可能存在的。其次,如泥塑木雕般静坐还有害身心健康,他说,终日静坐书房之中,便会使人精神萎靡不振,身体筋骨疲软,天长日久便会厌弃实事,不愿动脑,结果遇事则茫然不知所措。与此相反，“习动”的方法，即在实际活动和劳动中学习的方法，却具有健康的价值。就生理方面而言，它能使人身体健壮，筋骨强固，他说：“常动则筋骨竦，气脉舒。”就心理方面而言，它能增进精神的健康。他认为，习动是振奋精神的最佳办法。同时，习动的方法还具有道德涵养的价值。颜元认为：“人心动物也，习于事则有寄，而不妄动。”(《颜习斋先生言行录》卷上)反之，“人不做事则暇，暇则逸，逸则惰，惰则疲。暇、逸、惰、疲，私欲乘之起矣”。此外，习动的方法还具有经世致用的价值，它使人在下为民时能谋生自给，在上为官时能辅世济民，为此他提出，“一身动则一身强，一家动则一家强，一国动则一国强，天下动则天下强”(《颜习斋先生言行录》卷下)。

针对书本教育方法，颜元提出了“习行”的教育方法。他认为，真正有用的知识必须通过自己的亲身“习行”去获得，书本知识的正确与否也要通过“习行”来检验。他说，对于一个人来说，是否真正掌握知识、技能，需要经过习行来考核，他说：“读得书来，口会说，笔会作，都不济事，须是身上行出，方算学问。”(《习斋记余》卷4《答齐笃公秀才赠号书癸卯》)“习行”还是学习的目的和学习过程的最终完成。他说，书本知识的学习只是学习过程的第一个阶段，而亲身实践获取知识才能，是学习过程的第二个阶段，也是学习的目的所在。他曾以弹琴为喻，指出学习琴谱是必要的，但不能以熟读琴谱为学琴的完成。所以他说，“读书无它道，只须在行字上着力”“心中醒，口中说，纸上作，不在身上习过，皆无用”(《存学编》卷2)。“习行”还是道德教育的重要方法。它不仅有助于形成学者的道德观念和养成道德行为习惯，而且是检验道德动机纯正与否的标准。他说：“德性以用而见其醇正，口笔醇正者不足恃。”此外，它与习动的方法一样，也具有体育锻炼的价值。

颜元提出的“习动”“习行”的教育方法，与中国传统教育方法有着极大的区别，它是中国古代教学法史上一次师生手足解放运动，是对中国古代教育史上教育方法理论和实践的重大革新。

第三节　文艺复兴时期人文主义教育思潮

14—16世纪是欧洲的文艺复兴时期。这一时期，新的财产形式、新的阶级、新的社会关系带来了社会生活的改变；与此同时，新的意识形态也逐渐产生，而新的意识形态的核心就是否定和批判中世纪精神权威和旧的价值观念，以此建构新时代反映人的价值的思想文化。这样一场浩浩荡荡、荡涤尘埃的思想解放运动,在其起始之时,不能没有新的权威的支持,而人们在古典文化当中找到了这样的权威。古典文化对当时的影响是如此之深,以致整个时代都被冠以"文艺复兴"。文艺复兴在本质上不是面向过去而是面向未来,处于这一时期的文学、艺术、教育就不能不打上这一时代的深深的印迹。

一、人文主义文化内容与特征

文艺复兴时期新的思想文化运动的一个显著特征,是与一种发掘和研究古希腊、罗马文化遗产的热潮紧密相关的。研究古典文化的学者,主要是一些人文主义者,其所以有人文主义者的称号,是因为他们对某些古典学问特别推崇,譬如语法、修辞、历史、诗学、伦理学等等,这些学问被认为有关人情世道,故被称为"人文学"。

对人文学的重视,实际上反映了文艺复兴时期一种人格意识的觉醒。这一时期,人们冲破了中世纪基督教观念的重重迷雾,开始用世俗的眼光看待人和人生。人文主义者的组成成分相当复杂,可谓形形色色,因而,他们之间甚至在他们自己身上,常常会出现不同的思想倾向,但在他们的意识和行动中,却或多或少、程度不同地体现了一些进步的思想和价值观,这种价值观的核心在于对人自身的关注,而不再是对神的关注。如对人生意义的积极肯定,对人的智慧、能力及其潜力的信念,对人的活动的赞赏以及对自我的强调。正是这样一种新的时代精神,被后人概括为"人文主义"。

人文主义者在文化活动中,致力于粉碎神的权威,破除对神的虔敬和空玄的精神寄托,而立足现实,热情讴歌人性。实际上其所宣扬的是以"人性"的解放为中心的"人性论",颂扬肯定"人"的一切,反对对神权的盲目膜拜,实际上是为了提高资产阶级的地位、贬抑封建专制的权威。

例如,但丁在《神曲》中,描述了自己游历地狱、炼狱、天堂三界的虚构故事。诗中所包含的许多观念仍然是典型中世纪的,结构和形式充满了神学意义和宗教象征,但诗中显露了他对古典文化的日益浓厚的兴趣。但丁在诗中所表达的强烈的个人感情则表明了他对自己丰富内心生活的肯定。他在诗中写道:"我是一个人,当爱情鼓舞我的时候,我依照它从我内心发出的命令写下来。"这在实际上已成为新时代的文艺创作原则。

文学上除了但丁之外,还有彼德拉克和薄伽丘,这三个人被誉为意大利文艺复兴的"前三杰"。

文艺复兴时期，意大利的造型艺术领域也取得了辉煌的成就。一方面，人成为艺术当中最崇高的主题；另一方面，推动了艺术家们追随自然，发展出一套写实的技巧。这一时期的艺术创作尚未摆脱宗教的题材，“宗教的旧瓶中盛满了世俗生活的新酒”，艺术从宗教的奴婢地位中解放出来，并被赋予独立的价值，为现实生活服务，主题更接近生活，手法更充满个性，不拘一格，人物形象恢复了人性，作品也显得生机勃勃。这一时期的艺术家们探索出了透视法则、光影变化，并将它们运用到现实题材的创作中，使作品的立体感、空间感凸显出来。著名的雕塑艺术家多那太罗则在进行人体解剖的基础上创作出了中世纪结束后的第一座裸体人像，以展现人体的美。

就意大利而言，15 世纪末至 16 世纪初，艺术创作达到了巅峰时期，出现了文艺复兴的“后三杰”（达・芬奇、米开朗基罗、拉斐尔），他们的作品虽风格各异，但都注重以现实生活为题材，注重发掘与表现人物内心的丰富世界，充满了人文主义精神。拉斐尔的创作中有不少圣母像，画中的圣母尽现了人间女性的温存柔顺、甜美与幸福，展现了人的性灵当中自然的质朴纯洁。拉斐尔为了创作好圣母的形象，先后观察了许多美丽的妇女，选择最美的作为模特儿。

文艺复兴的中心是在意大利，但人文主义思想却传播区域甚广。英国的伦敦、法国的里昂、德国的纽伦堡、西班牙的赛维尔等都是当时资本主义工商业活动的中心。城市的繁荣、财富的增长、市民阶层的勃兴呼唤着对现实生活的关注，为人文主义思想的传播和兴盛准备了肥沃的土壤。

总体来看，人文主义文化运动的一个很鲜明的主题便是对人的价值和现实生活充分的肯定，宣扬人人生而平等的价值观，赞美人性，斥贬神性，关注现世，不望来生。可以说，人类第一次真正找到了属于自己的精神家园。对古典著作的浓厚兴趣只不过是人们回归自己精神家园的一条路径而已。如此，人文主义文化非但不再是“神学的婢女”，而且还成为摧毁神学及神性文化的斗士。人们不再屈服于封建教会的专制统治，不再甘心于经院主义对人头脑的禁锢。相反，人们却十分关心新知识的普及，科学也达到了前所未有的繁荣，这样，置身于人文主义文化中的教育便不能不受到、不能不反映这一影响。教育在经历中世纪的扭曲之后第一次将它的根基从天堂搬回到了人间。

资料链接

小孩子看起来并不愚蠢，他处在这种状态，自乐其中，因为它一无所知。

如果一个孩子拥有成人的智慧,那么,有谁不把他视为不可思议的怪物呢?……但我发现哲学家反对这一观点。他们说,一个人愚昧——犯错误和一无所知是一件可悲的事。但只有这样,人才为其人。为什么他们认为这样很可悲,我找不出原因,我们就是这样来到世间,就是这样被抚养成人,就是这样接受教育的。这就是我们大家共同的生活现状。伴随着这一切所出现的,没有什么可以称为可悲的,除非你认为人不能像鸟一样地飞翔,不能像动物那样四条腿走路,也不能像牛一样长角是可悲的。

——伊拉斯莫斯:《愚人颂》

人文主义教育思想的主要代表人物有意大利的维多利诺(Vittorino da Feltve,1378—1466 年)、法国文学家拉伯雷(Francois Rabelais,1494—1553 年)和蒙田(Michel Eyquemade Montaigne,亦译作蒙旦,1533—1592 年),尼德兰人文主义思想家伊拉斯莫斯(Disiderius Erasmus,1469—1536 年),英国的空想社会主义者莫尔(Thomas More,1487—1535 年),意大利的空想社会主义者康帕内拉(Tommaso Campanella,1568—1639 年),等等。

二、人文主义教育的主要观点

置于文艺复兴这样一场伟大的人类思想解放运动背景下的教育,必然要深受其影响而表现出若干新的、带有进步意义的特征。

(一) 注重儿童身心的和谐发展

人文主义思想的一个最基本的价值取向就是坚定对人的能力的信念,相信只有人才是主宰自己的"上帝",因而每个人都有享受美好生活的权利;未来的美好世界与幸福生活不是也不可能是由神来创造,只能由人自己的力量来创造。而对人的智慧、能力、创造力的培养都离不开对儿童的教育。人文主义教育不同于中世纪的教育的一个重要之处是将人放在了中心地位。从教育目的上看,它所要培养的已不再是具有宿命思想、毫无作为的僧侣和神职人员,而是培养能经营现世生活的社会政治、文化、工商业的实际活动家。在教育方法上,摒弃了那种经院教条式的强记硬灌、不求甚解、惩戒体罚、戕害身心的无视甚至是违背人性的做法,主张遵循人的身心发展特点来施教,尤其重视儿童的和谐发展。

譬如,维多利诺创建孟都亚宫廷学校(维多利诺称之为"快乐之家")实践自己的人文主义教育理想,倡导自由教育,他被人们誉为"仁爱之父"。学校设在公园之中，环境幽雅，宫殿宏伟，绿树环绕，游廊曲回，校舍四周绿茵如毯，这样的环境令人心旷神怡。这同色调单一、阴冷骨寒、令人窒息、毫无生机的隐修院学校建筑大异其趣。用今天的话说，它非常注重环境课程（隐性课程），环境课程的设计本身便表明：人文主义教育者非常注重儿童身心的和谐发展。

此外，与"肉体是灵魂的监狱""灵魂的拯救只能通过对肉体的禁抑"这一观念不同，人文主义者主张学校要进行体育的锻炼。维多利诺在孟都亚学校中倡导体育与德育并重的方针，认为体育运动如跳舞、游泳、赛跑、游戏等项目非但不会损害而且还有助于促进学生精神的发展，从而充分认识到健康的精神寓于健康的体魄。基于这样的认识，维多利诺与其他的人文主义者都强调尊重儿童的天性和个别差异，"我们并不希望每个儿童要表现同样的天才嗜好；无论怎样，儿童总可以有他自己的所好；我们承认我们必须跟随儿童的自然本性前进"。这一认识在今天看来是多么朴素，结论甚至是有点简单和不言而喻，可在当时，尤其是在基督教神学思想垄断学校教育的情形之下是何等不易。况且，即便在今天我们已"充分"认识这一规律的情况下，我们的学校教育又在多大程度上自觉地实践了这一思想呢？这颇发人深思。

（二）重视人文学科的教学

教育的发展总是置于更广阔的背景——社会的发展之中，社会发展的需要从根本上制约着教育的内容。文艺复兴时期教育的发展亦然。这一时期的社会需要人的多方面能力的发展，因此，教育必须要以广泛的内容顺应这一社会需要，当时的文化、科学、艺术本身所取得的新成就又使这一教育变革成为可能。因此，人文主义教育从学科上来说已相当广泛，课程的范围大大拓宽。古代与中古的学校课程，大多重视神学、拉丁语、希腊语等，最多发展到"七艺"和"武士七技"等。经过文艺复兴，学科已不断分化，反映人类知识成果的新兴学科不断涌现，大体已发展到20个学科。尤其是自然科学方面有了很多的新进展，尽管它在教学内容中还不占主要地位，但它毕竟显露了一种趋势，并且这种趋势本身又会催化和加速自然科学的新进展。

除了学科上的广泛性之外，人文主义教育还非常重视人文学科的教学。他们非常重视希腊和罗马的古典作品，将人性和人际关系的学问作为主要研究对象，从而打破神学在教育上的垄断地位。在智育方面，将希腊、罗马的古典作品视作主要内容，甚至于言必称希腊、罗马，醉心于古典文化成就，"七艺"也从神学的婢女的地位转而成为人文之学的学科，并增加了历史和道德哲学的内容。宗教虽然未能完全被排除出学校教育的内容，但已不再处于绝对中心地位了。从这里可以看出,文艺复兴运动从本质上讲,主要是在思想领域和政治上与封建地主阶级相抗衡,而对人文学科的重视则是这种抗衡的有力手段之一,因为它宣扬资产阶级的人性学说,因而更能直接地为资产阶级的利益服务。

(三) 尊重儿童人格,重视儿童个性及学习兴趣

关于这一点,我们在"注重儿童身心的和谐发展"这一部分中已有阐述,这里想补充说明的是这一时期在具体的教育教学方法上出现了一些新的倾向。譬如:基于对儿童天性的认识而倡导运用直观教具、实物教学,向大自然学习;主张取消或减少体罚;倡导游戏教学,对学生启发诱导,反对注入和灌输,强调要发展儿童的兴趣;等等。无疑这是人文主义教育的新的进步。

(四) 注重教学中思想情感的陶冶

人文主义者非常重视在教学中对学生思想情感的陶冶。首先就课程设置而言,主张大量开设人文学科课程,如古典文学、音乐、历史等课程,这些学科的开设符合他们培养个性自由、解放的全人教育目标。在道德教育上,也偏重于世俗道德品质的养成,如乐观、热爱自由、追求平等以及人道主义精神。培养的方法不是无视学习者主体特征的死记硬背,而是主张思想情感的熏陶,注重发掘诸种人文学科的情感陶冶价值。

再者,非常重视环境的美化,注重环境的美育功能,这是人文主义教育家所普遍强调的,对现代学校教育来说仍不失其应用价值。

(五) 重视教师的作用

文艺复兴时期是欧洲发展史上一个非常重要的时期,恩格斯认为,这是一次人类从来没有经历过的最伟大的、进步的变革,是一个需要巨人而且产生了巨人——在思维能力、热情和性格方面,在多才多艺和学识渊博方面的巨人的时代①。这一时期最重要的变化莫过于冲破了中世纪神学教条的种种禁锢,重新确立了人的价值、尊严,与此同时,科学勃兴并取得了重要的进展。显然,这一时代的教育对教师的要求更为严格。在学问、道德、身体、智慧等方面首先应当得到充分发展,这成了教师成功的决定性因素,若欲实现资产阶级的教育目的,培养社会、文化、商业等方面的活动家和具有开拓进取精神的开创性人才,教师首先必须具备这种开创性精神。许多人文主义者便是这方面的楷模。譬如,维多利诺、伊拉斯莫斯等人文主义教育家本身便具有渊博的知识和卓越

① [德]马克思、恩格斯:《马克思恩格斯选集》第3卷,人民出版社1972年版,第445页。

的才能。维多利诺在其所建学校中不但亲自任教，而且还延聘名师教学。伊拉斯莫斯更是被德国教育史家弗·鲍尔生誉为“具有世界眼光的驰名的教育代表人物”。

文艺复兴时期的教育发展史如文艺复兴本身那样头绪纷繁，但从总体上来说，是人文主义思想在教育内部的一种深刻体现。人文主义思想给处于萌芽和正在发展中的资本主义教育注入了新鲜的活力，对封建社会经院主义思想控制下的学校教育不啻是一场革命。而人文主义教育的历史进步意义自不待言，它所确立的教育价值取向和教育教学思想、原则、方法都有着相当的合理因素，因而，毫不夸张地说，它为资本主义教育制度的确立，以及为17世纪以后教育学科走向独立形态奠定了坚实的基础。

当然，对文艺复兴时期教育的认识也应当从历史的视角和阶级的视角出发，在看到伟大的变革和进步意义的同时，还要充分认识到其所必然带有的历史局限性和阶级局限性。譬如，完全宣扬和传输资产阶级的人性学说，形成和传递资产阶级的意识形态，反映新兴资产阶级的利益和需要等等；对劳动人民而言又具有相当的欺骗性，不过是将人民从封建精神枷锁中解放出来，套上资本主义的精神锁链而已。

第四节　基督教新教的教育思想

一、宗教改革运动的兴起及影响

随着欧洲文艺复兴运动轰轰烈烈地展开，教会的内部也兴起了一场声势浩大的改革运动，这是历史的必然。一者，文艺复兴运动为宗教改革作了充分的思想准备，绝大多数宗教改革的领袖深受人文主义思潮的影响，尤其是人文主义者通过对古典文化的研究、发掘和传播，将早期基督教会的图景展现在世人面前，人们也可以通过古典作品直接领略此番风景，天主教会所勾画的图景其欺骗性暴露殆尽，人人都可以阅读《圣经》而直接聆听上帝的福音，不必假借于教会，也不必取道于神父，这就为取消中世纪的教会，使教会恢复到原初质朴、正统的阶段提供了重要的理论依据。如果说人文主义者最初的动机在于试图以古代世界的图景为蓝图改造中世纪的社会，那么，宗教改革也可以理解为深受人文主义思潮影响的宗教改革者试图以古代教会为摹本对中世纪的教会进行改造，去除天主教会及神职人员的骄奢淫逸、腐败堕落、奸诈虚伪，恢复教会原本的质朴。再者,天主教会发展到十五六世纪,已达到了腐败的顶峰,教阶等级制度日益僵化,天主教会的势力日益强大,在思想上加紧了对人民的钳制,设立宗教裁判所,对新教徒残酷镇压,消灭"异端",甚至用火刑烧死异己者。在意识形态上大肆鼓吹天主教会的权力凌驾于世俗政权之上,强调各民族国家必须屈服于自己的统治,教会可以根据自己的需要恣意干涉内政;在经济上也日益走向腐朽,大肆聚敛财富,到十五六世纪时,欧洲天主教会已掌握天主教全部地产的三分之一,成为当时欧洲最大的封建主和最残酷的经济剥削者。

人文主义思想的先导,天主教会自身的日益腐朽,资本主义生产关系的日益生长,终于导致了这场声势浩大的宗教改革运动,在德国甚至演变为波澜壮阔的农民战争。然而宗教改革运动深入发展不仅冲击了天主教会,也触动了新兴资产阶级的利益,因为宗教改革的参与者和支持者,除城市资产阶级低级贵族外,主体部分由广大农民和城市手工业者组成,有着广泛的群众基础,而文艺复兴的健将则多为开明的封建王侯、资产阶级新贵族,从根本上就鄙视人民群众的力量,这样人文主义者"几乎没有例外地反对宗教改革"。这就形成了一种怪诞的局面:一方面人文主义思潮的兴起和发展为宗教改革提供了思想武器和理论准备;另一方面,秉执这一思想的人文主义者却又反对、排斥宗教改革运动,马丁·路德同伊拉斯莫斯的一段绝妙的对话形象地概括出这种关系。马丁·路德说:"宗教改革的鸡蛋是由伊拉斯莫斯生下来的。"而伊拉斯莫斯却说:"所生下的是母鸡蛋,但给马丁·路德孵出来的却是好斗的公鸡。"

宗教改革的"导火索"是天主教会向其控制下的人民出卖"赎罪券"。所谓"赎罪券",实则是天主教会欺世敛财的一纸空文,基督、圣母、圣徒的"善功"除补赎自己的罪过之外,余者累积计入功库,罪人在完成一定任务后便可从功库中获得相应的功德以充抵自己的罪债,即所谓的"将功赎罪"。不管怎么说,它毕竟给了"罪人"一丝希望:只要行善积德,就可将功赎罪。可随着罗马教廷的日益腐朽,英国、法国、西班牙等国相继摆脱其控制而使其经济危机日显,罗马教廷决定出售赎罪券以维持教皇的穷奢极欲的糜烂生活。教会公然宣称,只要购买赎罪券的钱敲响钱柜,罪人的灵魂立刻就可以从炼狱升入天堂,此举无疑将穷人永远地关在天堂之外,招来许多虔信宗教的人的反对。首先是马丁·路德(Martin Luther,1483—1546 年)撰写了《九十五条论纲》(*Ninety Five Theses of Luther*)并公之于维滕贝格大教堂的正门之上,率先对教会的这一荒诞举措进行发难,这一行为在德国乃至整个欧洲引起了强烈的反响,瑞士、英国等积极响应,宗教改革运动在西欧全面展开。经过一个多世纪的激烈斗争,一统欧洲的罗马教廷土崩瓦解了。从本质上讲,马丁·路德最初撰写《九十五条论纲》本意并不在于彻底否决教会,取缔宗教,而只是想同俯首教廷的神学家进行学术论辩,主张改良宗教。宗教改革也只不过是想用新的教义取代旧的教义,用新的教会取代旧的教会而已。然而,占据统治地位的教廷拒绝这一改良,双方斗争的结果,便是使欧洲的基督教分裂成两大阵营,即新教教会和旧教教会,前者即基督教,力主宗教改革;后者即天主教,则激烈反对宗教改革。新教教会内部又分成若干教派,如路德教派、加尔文教派、英国的国教派等。

不论是新教教派还是旧教教派,出于宣传本教派的观点,以及扩大斗争力量的需要,都大量兴办学校,试图以教育领域为主要阵地,扩大公众影响,以期在斗争中处于优势。不论其动机如何,在客观上都对当时学校教育的发展起到了不可低估的促进作用。

二、新教的教育主张与实施

(一) 重视面向广大民众的初等教育

新教的一个重要特征是以上帝和《圣经》为最高准则,否定在人与上帝之间需要以教父为中介的旧教观点,主张人人可以通过阅读《圣经》而直接倾听上帝的福音。这样,教给人们读、写、算等基本知识和技能的教育便不可或缺,否则,新教教派的主张便成为空中楼阁。同时,新教教派的领袖深刻地认识到,若欲摧毁旧教教会,巩固自身地位,必须同旧教会和其他新教教派争夺信徒,这样,对年轻一代施以教育的意义便凸显出来。如路德便提出了普及初等教育的主张,这一主张较之夸美纽斯的普及教育论早近一百年,当然,夸美纽斯的主张完全从人人都是上帝的子民、上帝对其子民的爱完全是平等的角度阐述普及教育。路德的普及教育论虽含有这种成分,但更为主要、更为现实的却是借重于普及教育而使人人得以研读《圣经》,直接凭借圣言而非借助教士同上帝交流感情。出于这样的考虑,路德便提出不分男女贫富,所有的儿童一律要入学接受教育。与此同时,路德还看到了教育事业与国家利益紧密相关。譬如,他曾指出:“即便没有灵魂,没有天国和地狱,只有世俗的事务需要考虑,也必须设立良好的完备的学校。”

资料链接

所以,市长们和市议会有责任给予孩子们以最大的关心。既然城市的幸福、荣誉和生存都掌握在他们的手中,若他们不能日日夜夜尽其力量去关注和改善儿童们的福利,他们就是对上帝和人世的不忠。……

既然城市必须拥有受到良好训练的人才,而最遗憾的是这些最需要的人才又无法找到,我们就不能只等候他们自己形成。他们既无法由石头琢磨而成,也无法由木头雕刻而成。上帝不会创造奇迹,只有人通过他们力所能及的方法才能达到其目的。所以,我们必须自己负责此事,不怕麻烦,不怕花钱地去教育造就他们,如今许多城市缺乏有熟练技巧的人,这不是其统治者的过失又是谁的过失呢?这些统治者根本不关心年轻人培养和教育,放任他们像森林里的树木一样去生长。其结果是杂乱无章,这样的森林不能提供建筑用材,而是无用的灌木丛,只能用来当劈柴。

——《路德论德国学校——代表教会学校致德国各市长和高级市政府官员的信》

梅兰希顿(Philip Melanchton, 1497—1560 年)则更进一步,在对 50 多个城市的学校进行全面考察的基础上,制定了《萨克逊拉丁文法学校计划》,将中等学校按程度由低到高分成三个层次。加尔文教派也主张对儿童实施普及义务的初等教育,强调儿童不论贫富,均应平等地享有受教育的机会。加尔文本人同马瑟林·科迪就共同编写了《日内瓦初级学校计划书》,力倡普及教育。

总之,笃信宗教,倡导改革,极言教育是这一时期各教派尤其是新教教派的主要特征。这是欧洲普及教育的开始,但真正地倡导"强迫教育"(以立法的形式加以保障教育)则是在资本主义的发展进入兴盛阶段的时候,尽管如此,宗教改革兴办学校的历史功绩却是值得人们记诵的。毕竟,它是欧洲国家近现代普及义务教育的先声。

(二) 重视"4R"以及人文学科的学习

宗教改革运动的领导者更多地是站在教派斗争的立场上提倡普及教育的,因此,从教育的内容上看,宗教仍旧是最重要的组成部分。如马丁·路德首先用德语翻译了《圣经》,使学校的教学大为便利,学生从小学开始就要学习《圣经》《伊索寓言》,从路德编写的《教义问答》,唱圣诗,可以看出宗教课程的分量。此外也学习一些世俗的实用性课程,如历史、音乐、数学、体操等。总体来说,小学的课程主要就是"4R",即读(Reading)、写(Writing)、算(Arithmetic)和宗教(Religion)。路德所倡导的中高等阶段的教育意在将统治阶级的子弟培养成为教会的牧师、国家的官吏以及学校的教师,接受过这一阶段教育的人在思想上更虔信新教,在行动上宣传和扩散新教思想,维护新教的利益。

英国于公元 1534 年通过“至尊法案”(The Act of Supremacy),英王成为英国教会的最高首领,建立了英国新教“圣公会”(也称国教会),16 世纪中叶后受加尔文教派的影响,国教教会内部又分化成两个派别,即清教派和国教派。从教育内容上看,各新教派别的主张也呈现出一些共同的特征,譬如,在学校课程设置中宗教内容占据主要地位。英国的这一传统保持得很久远,直至 1870 年颁行初等教育法(Elementary Education Act)时才明确提出普及教育与宗教分离,即便如此,宗教仍列入正式课程,只不过明确规定不得强迫学生上特定的宗教教义课程。当然,由于科学技术的迅猛发展,一些实用课程也逐渐列入学校课程,如航海、贸易、数学、天文、几何等,这无疑与资本主义生产方式的进一步发展紧密相关。

加尔文的影响也相当广泛,它最初由加尔文在瑞士创建,后扩及尼德兰、英格兰等地。从教育主张上看,加尔文也主张教授“4R”课程,并且主张用国语进行教学。

以人文主义思想为先导的宗教改革,在宗教发展史上无疑是一种进步,各派都力主兴办教育作为振兴教派的重要手段,同时,它又必须兼顾人们世俗生活方面的种种要求,因而人文主义课程也为各新教教派所强调,诸如拉丁语、希腊语、希伯来语、修辞学、逻辑学、历史学、音乐及体育等,即便出于对抗宗教改革的目的而创建的耶稣会,也主张开设大量的人文学科和自然科学课程,以吸引学生入学。

从各新教教派的教育内容中,我们不难看出,开设 4R 课程的主旨在于更好地服从和服务于宗教改革的需要,而世俗性的人文课程设置则代表了一种进步的趋势,这种势头是如此之强劲,以致即便是改良宗教为宗旨的学校教育也不得不兼顾世俗生活,“历史的发展是不以人的意志为转移的”这一规律在这里得到了生动、深刻的体现。我们还可以看出,宗教改革的目的不在于否定、清除宗教,而在于改良、革新宗教,天主教会在经历中世纪的黑暗之后行将没落,就在这同一过程之中,也培植了“异己”的力量,经过对抗、分化、消解,天主教会的实力大大受挫,新教的精神传播日益广泛,宗教又以一种新的姿态表现着,生长着。

(三) 以儿童自然发展为根基变革教学方法

宗教改革兴起于文艺复兴中后期,人文主义思潮的泛起和兴盛,激励和引导人们重新审视教育的价值,尤其是人文主义学者对古典文学的重视和对现世生活中人的能力、价值的信任,更是给人以鼓舞。宗教改革者们常常也是教育反思的主体,反思的成果之一便是倡导以儿童的自然发展为根基的教学方法。

与中世纪经院主义哲学家热衷于文字游戏式的概念推理而无视客观事实、无视儿童发展的教条、迂腐、烦琐的学风不同,宗教改革者大多已经意识到儿童与成人之间的区别。按一般的理解,儿童常常被人们称为“小大人”,因此,人们总会或多或少或有意或无意地以成人的标准约束、规范儿童的言行,宗教改革者对这种一般的观念进行了发难。路德指出,“稚气”为儿童之本性,教师欲教育好儿童,非但不能弃绝而且还必须具备这种“稚气”,言行举止均应顺应儿童的特点,天主教会因为不懂得这一点,成了“杀害儿童的凶手”。因此,路德一改经院主义教育的那种只重诵记、忽视理解的做法,着力培养儿童的兴趣,增进儿童的理解力,主张用实例和实物来进行教学。

路德派的另一位教育家斯图谟(Johann Strum,1507—1589 年)将三所旧有的拉丁语法学校合并组建成德国古典文科中学。在这所中学,他实践了自己的一个非常重要的思想,即基于学生的能力而将学生分成若干班级,按固定的课程表和教科书施教,这大概要算是欧洲教育史上班级授课制的最早雏形了。1556 年,加尔文(Jean Calvin,1509—1564 年)前往德国的斯特拉斯堡考察了斯图谟的古典文科中学,在 1559 年为瑞士起草《日内瓦法律学校》条例时,仿照了斯图谟的方法,依据学生的能力将学生分成循序渐进的班级,班内每 10 人组成一小组,是否升入高一年级由学生在前一阶段所表现的能力决定。此后,沿袭这一方法的教育家很多,但直到 1632 年捷克教育家夸美纽斯在《大教学论》中才对之作系统阐述。

如同天主教会自始至终都竭力反对和阻挠宗教改革一样,宗教改革时期旧的教育教学思想、方法不会自动退出历史舞台。作为对抗宗教改革的旧教组织,耶稣会在其《教育章程》中明确规定,学生要“像一具尸体或者一根老人的手杖”任人摆弄,并告诫人们“坚守罗马教会的立场,它告诉我们白为黑,我们也应以白为黑”。在这一教条的训诫下,学生在学习过程中不能质疑问难,教师亦不能自由讲学。学生的学习要完全凭记忆,崇尚“复习是学习之母”,甚至要求学生对每天所学习的拉丁语名句要诵记得滚瓜烂熟。可见,这是一种专制主义的反自然的教学。

最后需要指出的是，不论是新教还是旧教，都对教师的重要作用有着深刻的体会认识，主张对教师实行严格的培训、选拔和监控制度。譬如，耶稣会强调教师不仅要服从教规，还要受过良好的耶稣会教育，必须具备渊博的知识，在神学和哲学方面要有精深的造诣。英国国教派更是规定，不尊奉国教者不能担任教师，教师一旦抵触教规，就会被解除教师职务或课以重罚。这从一个侧面反映出宗教改革时期不同教派之间争斗之激烈。

总体来说，宗教改革者虽对举办教育另有图谋，但在客观上却促进了学校教育的发展，如提出了普及教育的主张，班级授课制的萌芽，教学内容与方法的变革，新的形式的学校的出现，以及对世俗教育内容的兼顾等等，为后世的科学与文化的大发展奠定了坚实的教育基础，其中也有很多可贵之处，如对人文精神之重视，或可为各国现今教育之发展提供有益的借鉴。

【本章小结】

封建社会中后期是世界古代教育理论发展的高峰时期，这个时期教育思想家们在前人研究的基础上，将教育理论的思维水平推到了一个新的高度。但由于中外教育家面对的教育现实问题不同，教育理论论述的核心也不一致。

重视道德教育是中国传统教育的核心精神，也是中国古代教育家探讨的恒久话题。宋代之后的教育家既赓续着这种传统，但同时也在两个方面发展了这种传统思想：就道德教育理论的思维水平而言，宋代之前的教育思想家以人性学说为道德教育的理论基础，但对于人性善恶的论述则缺乏严密的逻辑论证，多通过比喻或现象例证等方法来臆测人性的善恶。宋代之后的教育家们（主要指理学教育家）则在吸收道教和佛教理论的基础上，从天人一体的整体观出发，在论证先天地存在的“天理”的同时，也论证了封建道德存在的永恒性和道德教育的合理性。当然由于程朱理学和陆王心学具体哲学观的不同，在道德教育的途径、方法等方面主张各不相同，前者可称为先“尊德性”而后“道学问”的“读书穷理”路径和方法，后者则可称为先“尊德性”而后“道学问”的“发明本心”法；就道德修养与合理欲望之间的关系，自汉儒董仲舒提出势不两立的“义利之辨”后，到宋明理学家更是推向了极端，倡导“存天理，灭人欲”泛道德主义。明末清初的启蒙教育家们，激烈抨击理学家将天理与人欲完全对立的禁欲主义道德教育观，强调追求恰当欲望和功利的合理性。此外，他们提倡的实学、实用和主动、习行的教育观更是对传统教育的有力批判。

西方古代教育理论长时间受到天主教会的束缚,尽管经院哲学对教育理论的思维水平提升并非一无是处,但在此种思想下形成的"无人"教育观终究背离了人类教育的本意。14世纪兴起的文艺复兴,预示着西方古代教育理论发展的高峰。这个时期的人文主义教育家们追求人的和谐发展,要求尊重儿童和发展儿童个性与兴趣,重视情感陶冶和人文学科教学,强调按照儿童的自然发展规律开展教育,这不仅是对古希腊人文主义和理性主义教育传统的"复兴",也是对中世纪禁欲主义教育观的深刻批判,并为近代资产阶级教育理论的诞生和发展提供了丰富的思想源泉。

学习指南

1. 重要概念:

性即理　居敬持志　虚心涵泳　心即理　致良知　知行合一　《童蒙须知》《白鹿洞书院学规》《训蒙大意示教读刘伯颂等》《漳南书院记》《九十五条论纲》　快乐之家　"4R课程"

2. 问题与思考

① 理学教育思想与先秦儒家教育思想有何不同?

② 朱熹、王守仁教育思想有何异同?

③ 文艺复兴时期人文主义教育的"人文性"体现在哪些方面?

④ 宗教改革时期的教育主张对欧洲初等教育的发展有何影响?

3. 推荐阅读

① [宋]黎靖德编:《朱子语类》,岳麓书社1997年版。

② [明]王守仁:《王阳明全集》,吴光等编校,上海古籍出版社1992年版。

③ [清]颜元:《颜元集》,中华书局1987年版。

④ 高全喜:《理心之间:朱熹和陆九渊的理学》,北京:三联书店2008年版。

⑤ 杨国荣:《心学之思——王阳明哲学的阐释》,北京:三联书店1997年版。

⑥ 蒙田:《蒙田随笔全集》,潘丽珍等译,译林出版社1996年版。

⑦ 伊拉斯谟:《愚人颂》,刘曙光译,北京图书馆出版社2000年版。

⑧ 吴元训编:《中世纪教育文选》,人民教育出版社2006年版。

⑨ [英]阿利斯特·麦格拉思:《宗教改革运动思潮》,蔡锦图、陈佐人译,中国社会科学出版社2009年版。

第五章 从形式化教育向制度化教育的转变

【学习目标】

1. 掌握欧美诸国推进教育国家化的主要举措。
2. 明了欧洲民族国家的建立与国民教育制度的建立这两者之关联。
3. 理解日本明治维新对日本教育近代化的意义。
4. 明晰中国近代学制建立和发展的脉络。

伴随着近代社会的到来，制度化成为这一时期教育发展的典型特征。制度化主要体现在：各国政府面对教育的经济功能日益凸显的趋势，加大了对教育的投入，不约而同地设置了专门的、规范化的教育行政管理机构，以加强对学校教育的监管；建立了上下衔接、系统连贯、类型多样的学校教育制度，与生产力发展有关的实科学校的大量设立，更成为这个时期学校发展的新亮点；此外，学校在内部管理方面也更加制度化、科学化。

第一节 资产阶级革命、工业革命与教育的发展

在世界历史的发展中，英国是最早进行资产阶级革命的国家，1640—1688年的英国资产阶级革命对世界历史发展的进程产生了巨大的影响，它标志着资本主义制度取代封建专制的开始，也标志着世界近代史的开端。在以后的230余年内，世界上许多国家（尤其是许多欧洲国家）相继进行了资产阶级革命与改革：1789年的法国大革命，1776年的美国独立战争和19世纪中期的南北战争，19世纪60年代的俄国农奴制改革，以及日本的明治维新运动等。所有这一切，使资本主义制度确立和巩固下来。资产阶级民主制度的建立，为工业革命准备了条件。

工业革命开始于18世纪60年代的英国，到19世纪上半叶，法国、美国、德国等也先后进入工业革命时代。工业革命促进了资本主义手工工场向大机

器工业生产过渡，城市人口数量扶摇直上，生产力得到空前发展。工业革命在引起技术革新、生产力迅速发展的同时，也必然引起教育的发展和变化，主要表现在：

第一，国家加强了对教育的重视和干预。在此之前，教育多为教会所垄断，此时期国家加强了对教育的监督和管理，并建立了公共教育系统。

第二，普遍实施初等义务教育。为满足工业发展的新需要和解决经济发展中出现的新的社会问题，各国普遍重视对普通劳动者子女的教育问题，并通过立法提出了普及初等义务教育的要求。

第三，重视科学技术教育。此时期，在各国都出现了中等性质的实科学校。

第四，高等教育学校在数量上有所增加，部分学校在教学内容方面也有所改变，重视自然科学的教学和研究。

第二节　欧洲近代教育制度的建立和发展

一、英国的教育制度

(一) 英国教育领导体制的发展

封建时代的英国教育全由教会领导与管理，政府不管理教育，认为教育是一种纯慈善事业。因而，教育既无统一标准，也无划一要求。到资产阶级革命后一段时期，这种情形仍未改变。

产业革命引起了英国资本主义经济的发展和政治与阶级关系的复杂化。工业技术的变革迫切需要广大劳动者及其子女接受一定的教育训练，以成为合格的劳动力。这一实际需求促使英国政府于 19 世纪初开始施行国家直接开办和管理教育的措施。这些措施包括：

第一，国家拨款补助教育活动。1833 年，当时的英国财政部长阿尔索普(Lord Althorp)提出教育补助金法案，获得国会通过。这是英国政府直接把握教育领导权的开始。此后，英国政府通过不断增加补助金额来扩大对学校教育权的控制。

第二，设立专门的教育管理机构，直接统筹、调查、处理教育事务。1839 年，英国政府设置“枢密院教育委员会”，该委员会一方面直接掌管补助金的发放，另一方面派出视学官对受补助的学校进行监察。1856 年，“枢密院教育委员会"改组为枢密院教育局(Education Department of Privy Council),成为政府领导全国初等教育的机构。1899 年,又改教育局为由议会直接管理的教育署(Board of Education),集中管理初等和中等教育事务,初步完成了英国教育领导体制的国家化。1902 年,英国政府颁布了由首相巴尔福主持制定的教育法案,规定了地方教育领导权问题,即郡或直辖市的教育委员会为第二级教育领导机构,镇和乡教育委员会为第三级教育领导机构。委员会委员或由地方官派充,或产生于民选,或依当地政党力量而按比例分配。值得注意的是,中央教育署和地方教育机构只是伙伴关系,不是长官与僚属的关系,由此形成了英国国家统一领导和地方分权同时并存的教育领导体制。

第三,通过制定一系列法令、法案,直接干预教育事业。注重教育立法,是近代教育发展的一个重要特征。英国同样在资产阶级革命尤其是工业革命之后,通过颁布教育法令来促进教育的发展。其中最著名的是 1870 年颁布的《初等教育法》。《初等教育法》又称福斯特法案,该法案规定:继续拨款补助教育,国家在缺少学校的地区设立公立学校;全国划分若干学区,由学区学务委员会(School Board)负责本学区的教育工作;各学区有权实施 5—12 岁儿童的强迫教育;承认教会以前所办或管理的学校为国家教育机构……学校里的普通教学与宗教分离。该法令的颁布,表明教育国家化的制度终于形成。此外,在中等教育方面,颁布了《公学法》(1868 年)、《巴尔福教育法》(1902 年),高等教育方面则有《牛津大学法》(1854 年)、《剑桥大学法》(1856 年)等。

(二) 英国初等教育的发展

在英国资产阶级革命之前,初等教育主要是由教区教会(原为天主教会,后为国教会)掌管的教区学校来推进,这是英国初等学校的最初形式。资产阶级革命后,教会和一些慈善团体或私人开办了各种"慈善学校"(如乞儿学校、劳动学校、贫民日校等),这类学校设备简陋,师资水平较低,教学内容以宗教教义为主,同时也进行一些初步的读、写、算知识教育。工业革命后,这些学校继续存在,同时出现了一些新的初等教育机构,主要有星期日学校、导生制学校、幼儿学校等。

星期日学校,也称主日学校。1781 年,传教士罗伯特·雷克斯(Robert Raikes)利用周末假日,为当地针厂童工办理学校,学生主要学习宗教条文,兼带学些粗浅的读写知识,此类学校由于既能宣传教义,又可减少社会犯罪,因此,很快便到处设立,1803 年正式建立了"星期日学校协会"。19 世纪后期,随着正规初等学校的大量设立,此类学校才日益减少。

导生制学校，又称贝尔—兰卡斯特制学校。1789年，英国非国教传教士兰卡斯特(Joseph Lancaster)在伦敦创办了一所招收贫苦儿童入学的学校，由于经费紧张，于是采取了一种新的教学制度，即教师先从学生中选择一些年龄较大、学习成绩较好者充任导生(Monitor)，导生经教师训练后，再代替教师的职责，转教其他的学生。同一时期，国教派教士贝尔(Andrew Bell)在当时英殖民地印度也办起了类似的学校。1796年回国后，贝尔大力宣传这种办学方法，认为只要一位教师便能办起一所学校。两人的教学方式大致相同，被人称为贝尔—兰卡斯特制(导生制)，应用此法办的学校通称为贝尔—兰卡斯特制学校。因为这种制度能节省开支，减少学校费用，很适应当时对平民及童工进行初等教育的要求，因而，一时间英国各地学校广泛采用此种方法。这种制度在英国盛行达30年之久，后来又传到法国、美国、意大利、瑞士等国。

幼儿学校。基本上由工业资本家中的慈善人士开办，不受教会控制。第一所幼儿学校是由空想社会主义者欧文(Robert Owen)于1800年在他所经营的新拉纳克(New Lanark)纺织厂内创办。这所学校当时包括托儿所、幼儿园、小学三个部分。欧文的实验获得了很高的声誉，被许多慈善家、工厂主所仿效，一时形成了“幼儿学校运动”。

(三) 英国中等教育的演进

英国产业革命之前，中等学校基本上仍是从封建社会流传下来的文法学校(Grammar School)和公学(Public School)。

文法学校早在罗马时代即已存在，这种学校强调古典语言和文法的教学，使用拉丁语教学。此类学校主要由天主教教会及传教士建立。从文法学校毕业出来的学生一般进入牛津大学与剑桥大学，或者成为一般的官吏、医师、法官和教师等。资产阶级革命后，文法学校也得到发展，教育对象由贵族、僧侣子弟扩大到资本家、大商人、乡绅子弟。

公学事实上也是一种文法学校。所谓“公学”的名称，最初是因为学校由公众团体集资兴办，所定教学目的又在于要提高公共教育水平和培养一般公职人员。但事实上，它乃是一种私立学校，并只限于社会上层子弟才能入学，教育目的主要是培养统治阶层人物，教学内容主要为古典文科知识，由于与教会关系密切，因而也重视宗教教育。学校设备先进，实行寄宿制，学费昂贵。

产业革命后，英国中等教育因形势所迫也有显著变化，具体变化主要表现在两方面。

第一，公学和文法学校进行改革。资产阶级革命后，这两类学校数量大增，但内容依然保守，与社会实际需要脱节。例如，在19世纪初，有文法学校提出增授数学、书法和现代语的申请，竟被斥为非法。1840年国会通过法案，规定受补助的学校只能传授古典语文。但在产业革命的影响下，一些学校在教学和管理方面也开始进行革新，如改革宗教教学，削减古典科目，增加实科课程，改善寄宿制，允许高年级学生自治等。像沙斯伯里公学校长巴特勒(Samuel Butter)从1798年开始，在学校里废止古典语文，改授历史、地理等有用知识，并提倡学生自由阅读，注意养成学生自治精神。后来学校还把法语和数学列入课程。但是总体上，这些改革仍难适应形势发展对中等教育的要求。1861年，国家组织了对公学进行调查的委员会。1864年，委员会撰写的调查报告中指出，古典主义依然严重，建议依照德国文科中学进行改革，扩大课程范围，增设数学、近代外语、自然科学、绘画、音乐等。1868年，根据调查报告制定并颁布了《公学法》，成为后来公学发展的法律基础。

第二，创设新型的中等学校。贵族型的古典中学不切实用，因而新型中学在工业革命之前即已开端。到18世纪后期，教授商业和军事的实科型学校益加盛行，它们和传统的文法学校相抗衡，而且受到欢迎。有的学校公然在广告上指出，学习古典语文是浪费时间。这类学校学习的科目日增，如富伦在巴席实科学校规划的计划中，将学科分为三类：第一类，阐释人与自然的关系，即数学、物理学、化学、天文学、博物学、应用科学；第二类，阐释人和人类自己的关系，即拉丁文、法文、意大利文、文法、逻辑、修辞学、诗、绘画、音乐、体育等；第三类，阐释人和人的关系，即古代和近代史、政治学、经济学、名人传等。19世纪50年代后，技术学校有了较大发展，枢密院教育局成立了科学技术司。

二、法国的教育制度

(一) 近代教育领导体制的发展

资产阶级革命之前，法国学校由教会控制。拿破仑时期，从19世纪之初，建立了中央集权的政府，相应地在教育上实行高度中央集权的领导体制。

1806年帝国大学成立，作为掌管全国教育行政的最高权力机构，首脑称总监，大学附设评议会作为审议机构，并设若干名总督学。在帝国大学之下，全国被划分为27个大学区，各区分管几个省，大学区设总长和学区评议会，并按省分设大学区督学。各行政官员和大学教师由总监任命，体现了中央集权的特点。

(二) 初等教育的发展

资产阶级革命之前,初等教育主要是一些由教会办理的,以进行宗教教育为主的学校。1789 年革命胜利之后,先后执政的资产阶级各党派均重视国民教育问题,拟定了许多教育方案,最著名的有康多塞、雷佩尔提的计划。但这些计划在当时都难以实现。

从 19 世纪 30 年代开始,随着工业革命的发展,初等教育有了较大发展。当时的教育部长基佐主持制定了有关初等教育方面的法案,于 1833 年颁布施行。之后,学校数量有了较大发展,同时教学科目也比以前丰富。80 年代初期,教育部长费里主持制定了 1881 年、1882 年的教育法令。这些法令确定了国民教育的义务、免费、世俗性三条原则,在课程方面也有了很大变化。

(三) 中等教育的演进

法国资产阶级革命之前,中等教育学校主要是耶稣会中学和文科中学,其教学内容为拉丁语和七艺,学校中充满着经院主义的气息。大革命时期,创办了中央学校。19 世纪初,在拿破仑统治时期,重视中等教育的发展,设立了由中央政府开办的国立中学(Lycee)和地方办理的市立中学(College)。国立中学的一切开支都由国家负担,校长和教师的人选要经过严格的挑选。学制 6 年,实行寄宿制,学生在其中过着军事化的生活。学校主要目标是准备学生升入大学,开设的课程包括法语、文学、拉丁语和希腊语、修辞学、道德、数学、理化、天文、史地等,即在注重实用学科的同时,也给古典学科以一定的地位。市立中学由地方政府设立,教学内容主要有古典语言基础知识、历史及其他科目的基本原理。此外,还有私立中学的设立,其程度相当于市立中学。

在注重普通中学发展的同时,这个时期的法国还非常重视专科学校的发展,曾先后办有医药学校、法律学校、军事学校等。

三、德国的教育制度

17 世纪到 19 世纪,是德国资本主义缓慢发展的时期。在这一时期内,德国经历了 30 年战争(1618—1648 年)、狂飙突击运动、拿破仑入侵和资产阶级革命(1848 年)。这些事件都在一定意义上对教育的发展产生了影响。此时德国的政治、经济的发展进程均落后于英、法两国,但是教育的发展却并不落后于它们,这是一个值得研究的问题。

(一) 德国的教育领导体制

起初德国学校完全由教会掌管,从 16 世纪末开始,德意志境内各公国先后颁布了普及初等义务教育法令，期望从教会手中收回初等教育管理权，由国家设立学校。1787 年，普鲁士设立高级学校委员会(Superior School Board)，负责管理境内的全部中等和高等学校。1794 年在其颁布的《民法》中，更以法令的形式宣布整个普鲁士大中小学校均系国家机构，所有公立学校都要受国家的监督和管理，学生入公办学校不受宗派的限制。即使那些仍由教会创办、管理的学校，也得按照政府法令行事。其他公国也纷纷仿效普鲁士的做法，自此，德国成了世界上最早实行世俗性的义务教育和最早从教会手中收回教育权的国家。1807 年，威廉三世解散高级学务委员会，在内务部下专设一厅，主管宗教及教育事务。1817 年，他又将厅扩充为教育部，作为中央教育行政管理机构。

关于地方教育行政，19 世纪初期，普鲁士设立省教育局，主要负责管理中等教育，也兼顾师范教育与初等教育，局长由部长任命。省下为郡，郡设教育参事，处理公共教育事务，主要管理初等教育。郡下设县，县设视学，管理全县小学。县下为学区，学区设学务委员会，管理校内外事务。19 世纪后期，德意志帝国成立后，按照帝国宪法的规定，帝国政府掌握军事、外交、立法大权，各邦政府掌握教育、卫生和地方行政等权力。这种教育上的地方分权制度一直维持到第二次世界大战之前。

(二) 德国的初等教育发展

德国初等教育的发展，起始于宗教改革之后，一些新教教派(如路德教、虔信教)为扩张新教势力，他们把初等教育看作向低层人士灌输新教教义的有力工具，于是设立了一些教会学校。这种学校非常简陋，一般设立在乡村的教堂和寺院附近，教师多由牧师或教堂的仆役、看守担任，教学内容主要是教义问答、唱赞美歌等。17 世纪以后，初等学校有所改革，名称改为德意志学校，教学内容增加了算术、自然、历史等，学校管理权逐渐转移到政府手中，教学方法上受夸美纽斯的教学原则的影响，普遍注意实行直观性教学，并规定学生共同上课，实行学级制度。初等学校发生的这些变化与虔信派的努力是分不开的。他们认为，人性是恶的，为了与先天的恶性作斗争，必须经过基督教的教育，该教育主要是由感觉教育和意志教育完成。因此，不需要脱离生活的学问，需要实践的基督教，为此要求开设一些实用课程，教学方法直观、自主、明白。到 18 世纪，在一些地区还出现了高等小学。但这个时期教学质量仍然低下，主要原因除了资金外，师资质量是主要问题。当时由于缺乏受过训练的教师，初等学校的教师大多由裁缝、鞋匠和退伍士兵担任，如普鲁士曾把乡村教师享有包揽本村衣服缝制的专利权作为改善教师经济状况的办法。1779年,腓特烈二世还发布命令,要把国民学校教师的大部分位置留给那些能领取养老金的退伍残废军人。

19世纪初期,德意志最大的公国普鲁士面对拿破仑的进攻,几乎不堪一击。这种情况促使政治家、军事家、教育家们立志以改革来振兴德国。1808年,深受新人文主义影响的洪堡(Friedrich Wilhelm Von Humboldt,1767—1835年)被任命为普鲁士新建的教育部部长,开始推行著名的洪堡教育改革。在初等教育方面,主要是在小学开展学习裴斯泰洛齐的方法的运动,这对于改革德国的初等教育具有重要的意义。但在1848年前后,随着其政治势力的倒退,初等教育也惨遭厄运,"全面发展"的思想被否定,甚至要求降低初等学校的标准,以过去的简陋学校为基本形式,即以宗教教育为主,此外还学习一些简单的读、写、算知识。

在1870—1871年的普法战争中,普鲁士击败法国,普鲁士国王威廉一世建立统一的德意志帝国,自此,德国进入了一个新的发展时期。至19世纪90年代,德国完成了工业革命,建立了现代化的工业化国家。在这一时期,德国的初等教育机构逐步定型。初等学校分为初、高级两级,每级4年,共计8年,前4年称为基础学校,后4年称为高等国民学校,儿童6岁入学,14岁结业,实行强迫义务教育。同时,在教学内容方面,除继续进行宗教、德语教学外,还增加了自然科学知识的教学比重,注重实用知识技能的养成,开设了宗教、德语、算术、几何、历史、地理、博物、物理、化学、图画、唱歌、体育、手工等科目。

德国是世界上最早推行义务教育的国家。1559年,维登堡最早颁布了强迫教育法令。魏玛在1619年颁布的教育法令中明确规定,儿童8岁时父母必须送其入学,并要求牧师和父母要将8岁儿童的名单送交政府,若违反这个规定则由地方政府勒令其履行。史称"普鲁士小学之父"的普鲁士国王腓特烈·威廉一世也十分关心教育,即位之初便发布谕令,整顿教育,并在1717年发布义务教育令,规定儿童于冬季入学,夏季也须每周上课一天,由政府拨款设置学校,教育经费由地方贫人救济会支付,教育内容为读、写、算和宗教等基本学科。此外,还对教师的条件、待遇、聘用、政府津贴等均有规定。

(三) 德国中等教育的演进

在近代,德国中等教育的形式主要有三种,即文科中学、骑士学院、实科中学。

文科中学源于宗教改革时期由梅兰克吞创立的拉丁中学和斯图谟创建的

文法中学。它是 17 至 18 世纪德国主要的中等学校类型。这类学校注重古典文科知识学习，以城市贵族、新兴资产阶级的子弟为教育对象，主要目的是培养德意志各封建公国的官吏和训练预备担任法官、医生的学术职业人物。教学内容大部分是拉丁文和希腊文。但从 17 世纪后半期开始进行改革，有的学校增设了两种现代语，设置数学、自然科学和历史、地理知识等学科；在教学方法上，注重实物教学，采用按学科分班的教学制度。19 世纪初期，经过洪堡的教育改革，文科中学趋于标准化。按照 1810 年颁布的中等学校教师检定规程规定，文科中学的教师必须通过由大学规定的中学古文科目的考试，及格后才能获得教师的资格和称号。1826 年，规定教师在正式任用之前，应有一年的实习期。1831 年，对教师的考核提出了更加严格的要求，规定凡欲担任教师者，必须通过哲学、教育学、神学及主要的古文科目考核，此外还须考核三组科目：希腊文、拉丁文和德文，数学及自然科学，历史、地理。上述三组科目须有一组成绩优异，其他两组也须有相当水平。1812 年颁布学校毕业考试规程，统一各种不同名称的古典中学，其中 9 年制的称文科中学，6 年制的称前期文科中学，并规定只有文科中学毕业生才有资格升入大学。1816 年颁布了中等学校的教学计划，将学科分为三类：第一类是语言学科，包括拉丁语、希腊语、希伯来语及德语，并规定法语及其他外语为选修；第二类为科学学科，包括数学、自然科学、历史、地理及宗教；第三类为体育、音乐，由学生自由选修。

骑士学院，又称武士学院。它是德国一种特殊类型的中等学校，是中世纪骑士教育在德国的死灰复燃。它以贵族子弟和皇帝的侍臣为教育对象，主要目的是培养文武官员。它开设的课程有：法语、希伯来语、数学、物理学、机械学、法律学、伦理学、历史、地理、体育（包括骑马、射箭、击剑、舞蹈等）等。可见，它已经不同于传统的骑士教育，其课程中已经具有功利主义色彩。到 18 世纪中期以后，骑士学院逐渐消失。

随着资本主义工商业和城市经济的发展，传统的古典文科中学和骑士学院已经不能满足工商业对教育的需求，于是在 18 世纪初，在德国出现了实科中学。这是一种既进行普通文化知识教育，又传授职业性知识的新型学校。

1708 年，虔信派学者西姆勒（Zemmler）在哈勒创办了“数学、机械学、经济学实科中学”，其课程除宗教外，完全以理科和实用知识为主，包括数学、物理、机械学、自然、天文、地理、法律学、绘画、制图等，教学方法提倡直观性，学校还设立了博物馆、实验室。它虽为私立，但得到了地方政府的支持，不过在当时学生较少，存在时间也较短。1747 年，赫克（J. J. Hecker）在柏林开办了“经济学、数学实科学校”,该校学生在接受数学训练后,在数学、几何、建筑、地理、商品制造、贸易、经济八个班中任意选读一班,以接受专门职业训练。由于该校教学成果卓有成效,很快推广于各地,甚至在文科中学中也设有实科班。但是,其地位仍低于文科中学。

19 世纪后半期开始,德国在中等教育机构方面作了一些调整。1892 年规定了三类学校并存:一是以传授拉丁语、希腊语为主的文科中学;二是只传授拉丁语而兼重自然科学的文实中学;三是不授古典语而注重数学、自然科学和现代语言的实科中学,或称高级实科中学。三类学校学制均为 9 年,共同开设的课程有宗教、德语、历史、唱歌、手工、体育等。1901 年又规定三类学校的毕业生均有升入大学的资格。此外,还设有 6 年制的实科学校,学生毕业后或就业或升入高等实科中学的 7 年级。

第三节　美国、日本近代教育制度的建立和发展

一、美国的教育制度

(一) 独立战争后的美国教育概况

美国在独立之前,整个教育是英国教育的移植。1776 年美国独立之后,美国历史发生了重大转折,这也影响到教育的发展。

美国独立后最初 10 年,由于战争造成社会动荡和财政困难,大多数初等学校停办,教育出现衰落现象。但是在 1785 年、1787 年的土地法中,规定各州可用所获土地税开办学校,这一规定对后来各州建立公立学校有重要意义。

在 19 世纪 20 年代之前,美国初等教育主要是仿照英国建立的各种慈善性质的学校,例如有星期日学校、导生制学校、幼儿学校等。20 年代以后,美国政府致力于公立学校的建立和发展,将上述慈善性质的学校大部分改建为公立学校,并在全国出现了公立学校运动。1825 年,美国政府颁布了第一部普及义务教育法,在全国实行初等强迫义务教育,并且纽约州立即执行,其他一些州也相继仿效。1834 年,美国出现了第一所公立学校。到 40 年代,在贺拉斯·曼的倡导下,各州政府普建公立学校,推进了公立学校的发展。同时,在城市中出现了分级学校,单间学校逐渐由初级小学和中间学校所取代,两种学校相互衔接,共分为 8 个年级,每个年级又分为若干个班级,实行分班授课。教学内容除读、写、算和宗教课程之外,还开设了英语、历史、地理、音乐、图画

等学科。

在中等学校方面，独立战争之后发生了两个方面的变化：其一是文科中学迅速发展，其二是公立中学出现。

在独立战争前，美国的中等教育主要是注重古典的拉丁文法学校，由于这种学校难以适应实际的需要，因此在独立战争前夕出现了文实中学（Academy，又译为学园）。文实中学的规模一般较小，但它包含文、实两科，其中文科侧重英语和现代外语的教学，实科则侧重数学、天文、地理等自然科学和应用学科的教学。第一所文实中学是由科学家、政治家富兰克林于1751年在费城创办的，主要教授英语、数学和古典语，这所学校后来改名为宾夕法尼亚大学。文实中学的出现对美国中等教育的发展产生了重大影响。

独立战争后，美国中等教育进入了文实中学时代，文实中学的数量迅速增加，1800年有17所，到1850年已经发展到6 085所，速度可谓惊人。

公立中学是这个时期另一种重要的中等教育类型。最早的公立中学是1821年在波士顿设立的英文古典学校，后改名为英语中学（English High School），学制3年，招收12岁以上的学生，开设的课程主要有英语、演讲、科学、数学、历史、伦理等。学校规定用英语教学。它与文实中学最大的不同，在于它既是公立，又是免费，并且与小学衔接，又能为大学作准备，中学毕业后即使不升入大学也可谋生。1827年，马萨诸塞州议会通过教育法令，规定每一城镇有500户居民以上便设中学一所，后来各州也纷纷仿效。于是形成了公立中学运动。

在教育管理体制方面，美国实行的是典型的地方分权制。独立之初，在1787年制定的联邦宪法中，对教育问题只字不提，而在1791年通过的《人权法案》（即宪法修正案）的第10条规定：凡本宪法未曾授予合众国或未禁止各州行使的权力，由各州或人民保留。这明显地将教育管理权归属于地方（主要是州）。根据宪法及其修正案的精神，各州政府在各自的法律中对教育问题作出了不同的规定。如纽约州在80年代建立大学委员会，作为管理全州大中小学校的机构，并由州拨款资助地方学校。而1789年马萨诸塞州确定的学区制，在19世纪20年代后曾一度流行于全美。但是，由于教育事业的迅速发展，实际中遇到的许多问题并非小小的学区所能解决，于是便有了建立完善的地方教育行政的迫切需要。

州对教育的监督和管理，最初是通过州学校教育官员，其职责主要是征集和管理有关经费、提供教育信息等，权力很小。到30年代之后，其权力才有所扩大。而马萨诸塞州在1837年在全美最早建立了州教育委员会,以后康涅狄格、缅因、宾夕法尼亚、俄亥俄等州也在四五十年代建立了州教育委员会。其职能除了对经费的管理和信息的收集之外,还包括经常发表年度报告及其他文件,宣传新的教育思想等。

在州之下,30年代之后还建立了市、镇、县的教育委员会或学校委员会,作为下层教育行政机构。

(二)南北战争后的美国教育制度

南北战争起于1861年,终于1865年,是北方企业主与南方种植园主之间的内战,其实也是美国第二次资产阶级革命。这次战争以北方资产阶级的胜利而告终,其结果不仅解放了南方的黑奴,而且促进了美国工农业生产迅速发展,其工业生产从战前的居世界第四位,到1894年一跃而居世界的首位。相应地,在教育领域,各级各类学校也处于迅速发展之中,到19世纪末基本确立了美国现在的教育系统。

在这个时期,美国教育的发展变化主要表现在三个方面。

第一,建立中央教育领导机构。南北战争前,美国根本没有中央一级的教育领导机构,战争后,始感到建立中央教育行政机构的必要性。1868年设立教育总署(Bureau of Education),1870年改称教育局。不过,它的职能并非直接干预地方教育事务,而只是负责搜集和分发统计材料与情报、管理联邦政府教育经费,以及为各州学校系统提供咨询帮助、召开教育问题研讨会、举办教育展览等。

第二,初等教育逐渐发达,主要表现在:① 初等教育的范围向下扩展,增添了幼儿园这个新的环节。1873年,圣路易斯州首次将幼儿园的教育作为公立学校教育系统的一个部分,后来几乎各州都这样做了。② 普遍颁布义务就学法。内战前,全美只有马萨诸塞州(1852年)和纽约州(1853年)颁布了义务就学法。南北战争后到1918年,各州先后都制定了义务就学法,实施普及义务教育。由于实行地方分权,各地情形不一,因而各州义务教育的年限、实施方法等也不一致。就教育年限而言,多数为8年,这主要是因为8年制分级学校是美国多数州小学的基本类型。在教育内容和教学方法方面,运用新的教育理论对小学进行改革,如教育家帕克(Francis W. Parker)任马萨诸塞州昆西市教育局长时,大力宣传裴斯泰洛齐的教育理论,主张采用通过手工活动进行教学和实验室教学制度。同时在教学中他还要求贯彻赫尔巴特注重新、旧知识联系的原则。帕克的实践与总结被称为"昆西教学法",在当时影响极大。

19 世纪 90 年代后，帕克又极力强调儿童在教育过程中的地位，认为应从儿童自己的活动规律去研究他们，教师了解儿童本性比教给儿童知识更重要，这拉开了美国“进步教育运动”的序幕。

第三，公立中学的地位得以确定，并得到很大发展。免费的公立中学是美国土生土长的一种学校类型，早在 19 世纪 20 年代即已存在，但从法律上对它的地位予以确定却有一个过程。南北战争后最初几年，人们对是否由州出资办理中学争论不休。主要原因是当时大多数州的宪法只规定州建立和发展公立学校系统，而对“公立学校系统”一语的解释，法律上并无明确的说明，当时一般理解为平民学校。1872 年，卡拉马祖市第一学区的部分公民为阻止教育委员会征收“办学税”资助公立中学，上诉法院裁定“公立教育系统”一语的意义，并称中学的着重点在古典科目和外语，不符合公共宗旨，学习这些科目应该私人付钱。密执安州的高级法院的裁决驳斥了原告的说法，认为政府要提供人人受更高教育的平等机会，提供免费的小学直至大学，因而教育委员会征税办理公立中学是合法的，从此确定了公立中学在公立学校系统中的法律地位。不久，各州纷纷仿效，到 90 年代以后，各州均先后颁布了中学法，确定了公立中学在法律上的地位。到 1918 年，中学数量已达 25 000 所，人数达 160 万人。

公立中学的主要职能是为生活作准备，但在实际的教育中，仍然受欧洲传统的影响，注重为升学作准备的学科，同时社区也要求中学进行一般教养知识的教育。为澄清中学繁杂的职能，美国全国教育协会多次组织专门委员会调查研究并作出决议，在 1893 年提出的报告中，明确指出，中学是大众化的教育机构，应集中于为生活作准备，而不是为了升学。1918 年，中等教育改革委员会提出了中等教育的七大目标：健康、掌握基本方法（即读、写、算的基本技能）、好的家庭成员、职业本领、公民资格、善用休息时间、良好的道德品格。这七大目标，只有读、写、算基本技能与升学有关，其他均与个人和社会生活密切相关。正是由于公立中学强调实用性，因此在中学中设有工科、商科、农科、家政科、师范科等，在各科之下设有多种教学科目，实行分科选课制度。不过，值得一提的是，在一般中学中，为升学作准备而开设的普通文化知识的学科并未受到轻视。

中学的教育年限，最初多为 3 年，后来延长为 4 年，与 8 年制小学衔接起来，构成 8 - 4 制。1912 年，经济教育时间委员会提出报告，建议中学修学年限改为 6 年，分成初、高两级，小学则缩短为 6 年，构成 6 - 3 - 3 制。至此，8 - 4

制和6-3-3制成为美国两种主要的学制类型。

二、日本的教育制度

(一)明治维新时期的日本教育

明治维新以前,日本处于封建社会的幕府统治时代。1868年,倒幕派以武力为后盾,发动宫廷政变取得成功,成立了资产阶级的天皇制明治政府。新的中央政府成立之初,便提出了“富国强兵”“殖产兴业”“文明开化”的口号,开始对政治、经济、军事、文化、教育实施自上而下的资产阶级改革。在教育方面,主要是取消以儒学为中心的封建教育,建立资本主义教育制度,努力在全民范围内普及教育,培养资产阶级所需要的政治家、军事家、企业家、科技人才、产业工人等。

明治政府非常重视教育,在新政府太政官设立之初,便设置了大学校,它既是最高的学府,又是最高的教育行政官厅,管理教育行政事务。1871年废藩改县成功后,为加强对旧教育的改造和新教育的建设,新政府增设文部省,取消大学兼管教育行政的制度。文部省作为全国最高的教育行政机构,负责统辖全国各府县的学校和一切教育事务。

文部省成立后,面临的首要任务是制定全国统一的学制。1872年,它颁布了参照西欧国家的资本主义教育制度而制定的《学制令》。《学制令》是日本近代第一个资产阶级性质的学制。该学制包括学区、学校、教员、学生、考试五部分。

关于日本的教育领导体制,它主要是依照法国的办法,实行中央集权的学区制,即把全国分为8个大学区,每个大学区设大学一所,又设32个中学区;每个中学区设中学一所,又设210个小学区。照此计算,全国有小学53 760所,中学256所,大学8所。按人口计算,达到600人一所小学。国家对教育的管理主要通过设置督学来实现,即在文部省下设督学局,各大学区设督学,各中学区设学区监督。督学有权与地方官协议督办学区内的学校,而学区监督主要负责管理和监督小学区的学务。

关于学校教育,儿童6岁入学,小学分为上下两等,各为4年。小学以普通的公立寻常小学为主体,此外,根据各种情况也可设立幼儿小学(即幼稚园)、私塾小学、贫民小学(收容贫民子弟,学费由富人捐赠)、村落小学(可减少若干科目的简易小学,年岁大的也可在业余时间学习)、女儿小学(在普通课程外,传授女子的手艺)。中学段,分为上下两级,修业年限各3年,共计6年。

除普通中学外，还可设立工业学校、商业学校、外语学校、农业学校、残疾人学校和夜间补习学校等。

关于学校经费，学制规定分为三部分，即学生缴纳的学费、设置者募集到的捐赠款、国库补助的委托款等，其中以前两项为主。

这个学制主要是模仿了法国的学制，但在学习科目设置上却又参考了美国教育，例如在上等小学设有识字、习字、单词、朗读、文法、算术、养生法、地学大意、理学大意、修身、体操、唱歌、史学大意、几何学大意、博物学大意、生理学大意、外语、簿记法、画学等。

《学制令》颁布之后，学校数量、学生数量虽然都有较大增长，但学龄儿童的就学率并不是很高。究其原因，一是民众贫困，负担的教育经费过重，教学制度和教学计划统得过死，脱离了各地实际，也不符合学生的学习能力和水平。二是教学内容脱离儿童的生活实际，许多教科书乃是外国教科书的生硬直译。为此，改革的呼声渐高。

1879 年，明治政府公布了由文部省次官田中不二麻吕主持制定的《教育令》，以取代《学制令》。《教育令》具有浓厚的美国教育的色彩，其主要内容规定：① 废除学区制，由每个町村或几个町村联合设立公立小学校；取消学区监督，而代之以公选的学务委员。② 儿童的学龄期由 6 岁到 14 岁，但在 8 年中，只要接受了一年零四个月的教育就可以结束义务教育期间的学习。如果不能进入正规的学校，也可通过其他的途径受教育。③ 精简教学内容，使之实用。小学的科目只限定读书、写字、算术、地理、历史、修身为必修科目；其他如唱歌、体操、物理、博物、图画、裁缝为任意设置的科目，由各地各校自行决定是否开设。

《教育令》由于其过于自由化倾向，遭到上下的反对，事实上也使得学龄儿童就学率下降。为此，1880 年 12 月政府重新颁布了修改的《教育令》，其基本精神是否定人民参与教育行政管理权，强调国家对教育的干涉，加强中央及地方官对教育的监督权力。

根据修改的《教育令》，1881 年文部省颁布了《小学校教育纲领》和《中学教则大纲》，其中前者将小学 4－4 分段改为 3－3－2 分段，即初等科 3 年、中等科 3 年、高等科 2 年，6 岁入学，以初等科为国民教育的最低标准。后者规定中学采取 4－2 分段，入学资格必须是小学中等科毕业的学生。

值得一提的是，当时的日本政府在学制方面虽然仿照西方建立了近代教育制度，但在思想教育方面却采取专制政策，注重封建道德的灌输。例如，

1881年颁布的《小学教员须知》中强调:“导人善良比教人多识更为重要。”在道德教育方面,要求教育学生“忠皇室、爱国家、孝父母、敬长上、信朋友、爱卑幼”等。1882年,以天皇敕谕的名义向各地方官颁赐的《幼学纲要》也明确规定:“五伦道德是教育的根本,我朝(指日本)和中国一向崇尚。虽然欧美各国也有修身之学,但把它运用到我朝(指日本)还不得其要领。方今学科多端,而本末误置者亦不鲜。年少就学应当以忠孝为本,以仁义为先。”①

(二) 19世纪末至20世纪初日本资本主义教育制度的确立和发展

日本经过明治维新时期的一系列改革,在19世纪80年代确立了资本主义社会制度。1889年2月,天皇制政府颁布了大日本帝国宪法,这既确立了国家为君主立宪制体制,又标志着明治维新改革运动的终结。日本已经进入自由资本主义时期,到20世纪初则跨入垄断资本主义阶段。在教育方面,也发生了一系列变化,最突出的表现是国家主义教育体制的确立和加强,以及军国主义教育的萌芽。

1885年,国家主义者森有礼担任了改革官制后的明治政府的第一任文部大臣。他上任伊始便开始改革学制,认为实施立宪政治必不可少的前提条件在于培养立宪的国民,为此,必须确立国家主义教育体制。次年,制定了各级各类学校的《学校令》,并以敕令的形式予以颁布。其中《小学校令》规定:小学仍恢复四年制寻常小学(初小)和四年制高等小学,6—14岁为学龄期。前四年为义务教育,同时允许设置小学简易科。1890年又对此令进行了修改,规定寻常小学修业年限为3—4年,高等小学的修业年限可以是2年、3年、4年,总之,增加了灵活性。

小学教育的任务是培养“忠实于国家命令的顺从的国民”。《中学校令》中规定:中学教育有两方面的任务,即从事实业的教育及升入高等学校的教育。中学分为寻常中学和高等中学两级,其中前者为5年,由地方设置,归各府县管辖,每府县设一所,主要进行普通教育;后者为2年,由文部大臣管辖,将全国划分为5个学区,每个学区设一所,属大学预科性质,进行分科教育,后来又改称为高等学校。

① 转引自王桂编著:《日本教育史》,吉林教育出版社1987年版,第147页。

资料链接

朕惟我皇祖皇宗肇国宏远，树德深厚。我臣民克忠克孝，亿兆一心，世济厥美。此乃我国体之精华，而教育之渊源亦实在于此。

尔臣民应孝父母、友兄弟，夫妇相和、朋友相信，恭俭持己、博爱及众，修学习业以启发智能，成就德器。进而扩大公益、开展世务，常重国宪、遵国法，一旦有缓急，则应义勇奉公，以辅佐天壤无穷之皇运。如是，不仅为朕之忠良臣民，亦足以显扬尔祖先之遗风焉。

斯道实为我皇祖皇宗之遗训，子孙臣民俱应遵守，通于古今而不谬，施于内外而不悖者也。朕庶几与尔臣民共同拳拳服膺，咸一其德。

——《教育敕语》

1890 年 10 月 30 日，日本天皇签署颁布的《教育敕语》在日本近代教育史上具有重要的意义，到第二次世界大战之前，它起到规定日本教育方向的教育基本法的作用。它是日本天皇制国家确立君主立宪制政体的结果，也是思想战线上儒学派与国学派的德育论和军国主义思想战胜欧化思想及民权论的产物。

《教育敕语》共分三段，第一段叙述国体之精华在于天皇的德化和臣民的忠诚，这也是教育的渊源。第二段列举了 14 条德目，将儒家道德(忠、孝、仁、爱、信、悌等)与近代资本主义的伦理道德结合在一起，同时用日本的纪元神话加以修饰。第三段强调了这些德目的普遍意义，要求人人必须遵守。

《教育敕令》颁布后，对日本教育界、思想界和学术界的影响都很大。文部省把《教育敕语》誊写本发给全国各地的学校，要求学校无论举行什么仪式都必须宣读敕语。各地学校必须悬挂天皇“御影”，举行仪式时要向“御影”行礼。

进入 20 世纪后，为适应资本主义经济的发展和帝国主义扩张侵略政策的需要，在这个时期，明治政府还以国家主义思想为指导，整顿了学校体系，延长义务教育年限，改革中等教育结构，加强国家对教科书、对教师的控制。

1900 年，日本政府发布《改正小学校令》，实施免费的初等义务教育。在 1907 年发布的《再次改正小学校令》中，将义务教育年限由 4 年延长为 6 年，要求学龄儿童必须接受寻常小学的 6 年教育。由于日本经济的迅速增强，国民生活水平的提高，加之确立了义务教育费国库补助制度，义务教育的就学率迅速提高，到 1908 年上升到 97.8%。但是，随着义务教育年限的延长，市、町、村的教育经费有些不足,各地纷纷向政府请愿,日本政府被迫在 1918 年公布市、町、村义务教育费国库负担法。

20 世纪初期,日本初等学校的课程繁多,主要有修身、国语、作文、算术、几何、初步的理化知识、地理、历史、体操、图画、唱歌等;此外,还要求高等小学因地制宜开设一两门外语。这种课程计划的主要特点之一,是重视自然科学知识的教学。例如在 1919 年 2 月公布《修改小学校令》,开始在寻常小学便开设理科课程。同时,它还特别重视国家主义思想的灌输,例如在修身课中充斥着忠孝一类的说教;加强日本地理、历史课的教学等。

为使中等教育适应经济发展的需要,大力改革中等教育的结构,1899 年在修改中学校令时,颁布了高等女学校和实业学校令,将中等教育结构改为男子高等普通教育、女子高等普通教育和职业教育三个系统。同时,将寻常中学的名称改为中学校,其教育目的是向男生进行高等普通教育,修业年限为 5 年一贯制,入学资格为年龄在 12 岁以上、已修完高等小学第二学年课程者或具有同等学力者。到 1919 年,又取消了年龄的限制,规定学习优秀者可以“跳级”。

普通中学课程设置的特点是重视科学基础知识和外国语教学,不仅门类多,而且程度较深,如在 80 年代末,寻常中学便开设了两门外语,要求学生掌握语法,能朗读,掌握会话和听写,还要会写作文和翻译。同时,注意实行严格的考试制度,作为保证学习质量的措施之一。

关于高等女学校,其目的是对女生进行高等普通教育,修业年限为 4 年,入学资格与男子相同,同时允许在校内设立 2 年内的补习科或技艺专修科等,其要求低于普通科。

日本自 1872 年颁布《学制令》开始到第一次世界大战结束,完成了日本教育史上重大的教育改革。这次教育改革是在日本统治阶级极端重视与推动下自上而下实行的;改革过程中善于摄取西方先进的科学文化和选择有利于己的教育实际经验,并不断地进行调整,从而确立起适应本国需要的教育制度。改革把大力发展普及义务教育作为重点,不仅为其后续教育的发展打下了基础,也普遍提高了全体国民的文化水平,为发展资本主义准备了良好的条件。但是,日本近代教育又具有浓厚的军国主义、封建主义色彩,统治阶级一直利用教育在青少年中灌输“忠君爱国”思想和“武士道”精神,使日本的教育为其侵略战争服务。

第四节　中国近代教育制度的建立和发展

一、西方教会在中国的教育殖民

西方教会无视中国主权，自主在中国开办学校，无疑是一种文化侵略行为。但不可否认，教会学校的设立在客观上为中国近代教育制度的建立提供了一个学习的样式。

基督教教育在中国大陆的设立，其起始为 1842 年。根据《南京条约》，开放广州、福州、厦门、宁波、上海为通商口岸，当时的教会学校主要在这五个通商口岸。当时一部分传教士为了缓和中国人对教会的反感情绪，就以学校作为一种补助物，以助其宣传福音事业。设立学校后，发觉其有利于教会事业，于是开始注重其发展。最初学校大多附设于教堂中，规模小，人数少，有的只有两三人，教育程度低，多为小学，且教育对象主要是贫穷人家的孩子。为了吸引人来校学习，当时的教会学校甚至采取免收学费和膳食费、提供衣服和路费等举措。但教学内容也不过宣讲圣经，此外教以读写知识及算术、字母而已。

教会教育在中国的扩张始于 19 世纪 70 年代后期。其标志主要有二：一是学校数量和规模得到扩张，学校体系结构较为完整，建起了自幼稚园到大学、特殊教育学校等各层次教育机构。到 19 世纪末，已有 2 000 所学校，学生 4 万人以上，其中中学学校占 10%，大学也开始出现。同时，入学成分有了较大变化，注意吸取富裕家庭的子弟，一些通商口岸的学校不再免学费。二是教学设备精良，师资水平较高，从而使学校的教育质量得到较大提升，并注重介绍西方近代学术等。

资料链接

自戊戌政变以后，基督教中学可说是进入第三时期了。基督教学校既渐受社会人士的欢迎，而设备也日臻完美。虽经庚子之役，中间不免暂受影响，然而经此打击之后，基督教教育事业反更发达。这时期里，天津中西书院，辽宁文会中学，太谷铭贤中学，汉口博学中学，上海麦伦书院等，皆先后设立。就政策而讲，大概美国差会是注重中等与高等教育，英国差会是注重中等教育。在 1914 年，国内共有基督教中学 184 所，学生 12 699 人。到了 1915 年，学校数目增至216所,学生13 369人。这时期里的第一个显著点,便是国人对于西方文化发生非常羡慕,尽力接受的倾向。……第二个显著点便是产生了许多新的学校,如实业学校,聋哑学校,盲童学校与师范学校等。……第三个显著点便是各基督教学校多提倡工读制。……第四个显著点便是对于基督教教育所发生的批评。……第五个显著点便是基督教教育界,渐觉有互助的必要。……第六个显著点便是基督教学校与政府开始发生关系的问题。

——[美]毕范宇:《基督教中等教育的沿革》(1929年)

1901年,《辛丑条约》签订,中国门户洞开。从此,帝国主义列强抓住当时中国近代社会危机深重、工商业经济落后的弱点,利用清末“兴学”尚未走上轨道的时机,以教会学校学生毕业后有出路为诱饵,特别是随着殖民主义势力在华渗透扩张,帝国主义控制的海关、洋行、邮政、铁路、银行、厂矿以及领事馆等高级职员“非教会学校毕业生不收”的方式,为教会学校的发展提供了极为有利的外部环境,吸引了大批优秀学生进入教会学校接受教育。为使教会学校对中国教育的发展继续保持一定的影响力,传教士在发展策略上放弃了在办学数量上与公立学校的竞争,他们把主要精力放在发展中高等教育。如果说19世纪下半叶举办正规的教会中学和大学仅是少数传教士的痴心追求的话,那么,进入20世纪后,努力发展教会的中高等教育,在办学质量上争取优势,便成了多数热心于教会教育事业的基督教传教士的共识。

1908年,美国政府为了缓和中国人民的反帝情绪,决定减免所得的部分庚子赔款,主要用于文教事业。英法等七国纷纷仿效。“庚款兴学”的事件,开始了有计划地对中国进行教育文化渗透,并进一步掀起了西方在华办学的热潮。

二、近代新式学堂的建立

1840年的鸦片战争是中国近代史的开端,但中国近代教育的真正启动,新式学堂的正式设立,则肇始于19世纪60年代的洋务运动。

洋务派在兴办近代工业的同时,认识到教育的重要性,主张通过创办新式学堂、派遣留学生等多种途径培养新式人才。派遣留学生工作始于1872年,当时在容闳①的大力推动下计划4年分4批、每批30人前往美国留学。虽然

① 容闳(1828—1912年),广东香山人,早年留学美国,耶鲁大学文学士,系近代中国首位获得美国大学学位的中国人。

这次留学活动诸多原因未能完满成功，但这些留学生返国后对于中国之现代化均有贡献，当中最著名的有外交官唐绍仪、刘玉麟，中国铁路之父詹天佑等。当然在新式人才的培养方面，洋务派创办的新式学堂贡献最大，它也构成了洋务教育的主体。当时洋务派开办的新式学堂主要有三类：方言学堂、军事学堂、技术学堂。

（一）方言学堂

方言学堂，即外国语学校，它是中国近代最早设立的一类学堂。其中开先河的是 1862 年设立的京师同文馆。

帝国主义用坚船利炮打开中国的大门后，迫使清政府不断地割地赔款。清政府在与外国列强的交涉中，深感因语言不通常受人蒙骗，尤其是第二次鸦片战争后，帝国主义依照不平等条约，规定英国文书用英文书写，仅在 3 年之内可以附有汉文，如此一来，培养“通事”“译员”成为当务之急。恰是在这种外力的压迫下，中国开始启动了近代教育的车轮。

1861 年，清政府批准在总理各国事务衙门下，设立京师同文馆，并于 1862 年 6 月正式开学。当时仅设英文一馆，学生只招 10 人，全是 13 岁、14 岁的八旗子弟。1863 年以后，随着与中国签订不平等条约的国家逐渐增多，同文馆又相继开设了法文馆、俄文馆、德文馆、东文馆。1867 年，在恭亲王奕䜣的要求下，增设了天文、算学馆。自此京师同文馆变为综合性专门学堂。同时学生成分也发生了很大变化，一些科甲正途出身者入学其中，学生人数达到 120 人。1902 年，京师同文馆被并入京师大学堂。

京师同文馆是清末洋务运动的产物，是带有资本主义色彩的半殖民地半封建社会性质的学堂，是洋务学堂的典型。在中国近代教育史上，它被认为是最早的新式学堂，是中国近代教育史的开端。关于它的历史地位，我们可以从以下几个方面进行评价。

首先，应该承认京师同文馆既有封建性，也有殖民性。其封建性主要表现在读经贯穿始终；其殖民性则表现在学校经费主要来源于由英国人赫德控制的海关关税，因此，在同文馆中，教习的招聘尽由洋人定夺，导致一些不学无术者也厕身其间。

其次，京师同文馆虽然具有封建性，但它事实上已经对封建教育产生了冲击。例如，封建教育是以培养应科举考试的官僚后备军为主要目的，而同文馆是专为培养“译员”“通事”而设，目的是“为边务储才”“备翻译差委之用”；又如，封建教育奉行“德上艺下”的价值观，儒家经典是唯一的教育内容，而同文馆虽然把经书的学习贯穿始终,但实际上,它的课程侧重在“西文”和“西艺”,当时在同文馆中就开设了外国语、算学、天文、物理、化学、外国地理及历史、万国公法、医学及生理学等。京师同文馆之所以具有资本主义因素,就是体现在这些“西学”课程中,这也是它招致倭仁等顽固派反对的重要原因。

再则,京师同文馆实行的一套西方近代教学制度对后来其他新式学堂的建立具有示范作用。当时的同文馆实行了分年课程和班级授课制,这也是传统教育所没有的,比封建传统学校的个别教学前进了一大步。

洋务运动时期,方言学堂除京师同文馆外,还有李鸿章于 1863 年在上海设立的上海广方言馆,广州将军瑞麟于 1864 年设立的广州同文馆等。

(二) 军事学堂

洋务派认为,要强兵利器,必须效法、学习西方的练兵、制器等方面的有关知识,于是设立了大量军事方面的专门学校,以培养从士兵到军官的军事人才。

洋务派当时所办的军事学堂主要有两类:一是训练海军人才的水师学堂;二是训练陆军人才的武备学堂。

水师学堂设立最早的是福建船政学堂。1866 年 6 月,闽浙总督左宗棠奏请于福建船政局福州马尾船厂附设船政学堂,又名“求是堂艺局”。它的设立是和当时中国社会的政治风云直接相关的。当时是出于扼制列强海上侵犯的目的而设立的。左宗棠就认为:“为欲防海之害而收其利,非整理水师不可;欲整理水师,非设局监造轮船不可。泰西巧而中国不必安于拙也,泰西有而中国不能傲以无也。”(《左文襄公全集》卷 18)同时认为,船政的根本在于学堂。

福建船政学堂于 1867 年 1 月正式开学。当时学堂初办时,分为前堂和后堂两部分,其中前堂学习制造,后堂学习驾驶(后来增加了管轮科)。当时认为,法国的造船技术最为先进,英国的航海技术最优,因此前堂聘用法国教习,后堂则多用英国教习。学习年限为 5 年。学生在校的一切膳宿费皆由学堂供给。1872 年后,学堂规模扩大,发展为前学堂、后学堂、绘事院、艺徒学堂、驾驶学堂、管轮学堂六个部分,人数达 300 余人。

除福建船政学堂之外,还有李鸿章于 1881 年在天津创办的天津水师学堂(又名北洋水师学堂)、曾国荃于 1890 年在南京设立的江南水师学堂(又名南洋水师学堂)等。此外,还有一些鱼雷学堂。

培养陆军人才的武备学堂,主要有天津的北洋武备学堂、南京的江南陆师学堂、武昌的湖北武备学堂等,其中北洋武备学堂由李鸿章于 1885 年创办,它是我国近代第一所陆军军官学校。

军事学堂当时除了陆海军分设外，还有的是两类合处一校的，如 1887 年由晚期洋务派的代表张之洞设立的广东水陆师学堂。

洋务派创办的新式军事学堂，多附设于企业中，这便于学生实习，同时由于中国当时缺乏通晓近代军事的人才，因而在学堂中，几乎都聘请了洋人做教习，而且学校体制也多仿外国成规。这也是洋务学堂的一个重要特点。

（三）技术学堂

洋务派认识到，西洋人的强大，在于其"富"，而富的原因在于其近代工商业的发达。因此，以"求富"为目的，通过引进外国的机器设备创办诸如电报、铁路、轮船等近代民用工业企业，在 19 世纪 70 年代成为热潮。但是，随着机器的引进，迫切需要大批懂得技术的工人。因此，洋务派把创办科技学堂作为洋务事业建设发展的"身心性命"。当时，洋务派开办的民用工业企业主要集中在采矿、航运、电报、铁路等几个方面，因此，所创设的技术学堂也相应地集中在这几个方面，如 1876 年由丁日昌在福州创办了福州电气学塾（电报学堂），1880 年由李鸿章在天津设立了天津电报学堂，1895 年由津渝铁路公司创办山海关铁路学堂等。这些技术学堂与军事学堂一样，也是附设于企业之中，同时注重实验、实习。洋务派所办的新式学堂除了上述三种之外，还有一些科技、医学等方面的学堂。

19 世纪 90 年代以后，中国近代在新式学堂的创办方面发生了一个重大的变化，这便是一改洋务运动时期一味重视实用人才培养的急功近利的做法，开始关注普通教育以及为普通教育发展服务的师范学堂的设立。例如维新派代表康有为在《请开学校折》中，提出了关于学校体系的构想，即在乡设立小学，在县设立中学，在省、府设立专门高等学校或大学，这个设想在后来的"百日维新"中得到部分实施。又如洋务人士盛宣怀 1897 年在上海创办南洋公学，学堂分为外院（小学）、中院（中学）、上院（大学）以及师范院；晚期洋务派的代表张之洞在 20 世纪初期也将重心放在普通学堂的开办。他在武昌曾办有初等小学堂、高等小学堂、普通中学堂等，1902 年他在武昌创办的湖北师范学堂和在南京创办的三江师范学堂，与张謇创办的通州师范学堂同为我国近代教育史上最早的独立完备的师范学校。

19 世纪 90 年代以后教育重心的转移，不仅有利于提高国民素质，构建近代学校教育体制，而且也为实业教育的发展提供了良好的基础。

三、近代学制的建立

20世纪初，八国联军的入侵，使中华民族的危机进一步加深，全国上下莫不痛定思痛，以求免于亡国灭种，民间的立宪运动和革命运动风起云涌，更不容清政府不积极变法立宪。西太后原是阻碍维新变法的主要人物之一，但现在一方面为安抚国内，另一方面为讨好列强，也不得不降旨奖励条陈变法者，并于1901年开始推行所谓"新政"，陆续颁布了一些改革政令，其中，制定全国统一的近代新学制便是教育方面的"新政"措施之一。

(一) 壬寅学制

中国近代新的系统完备的学制产生于1902年8月(光绪二十八年七月)，是学务大臣张百熙奏拟的《钦定学堂章程》，或称"壬寅学制"。

《钦定学堂章程》包括《京师大学堂章程》等6个章程。关于学校系统，从纵的方面将整个教育分为三段七级：第一阶段为初等教育，分蒙学堂4年、寻常小学堂3年、高等小学堂3年三级。小学堂的宗旨为"授以道德知识及一切有益身体之事"。第二阶段为中等教育，只有4年中学堂一级，规定中学堂的设置"为高等专门之始基"。第三阶段为高等教育，分为高等学堂或大学预科3年、大学堂3年以及年限不定的大学院三级。从横的方面，与高等小学堂平行的有简易实业学堂，与中学堂平行的有中等实业学堂和师范学堂，与高等学堂平行的有高等实业学堂和师范馆等。整个学制共计20年(不计大学院)，从其外形看，完全是抄袭日本学制的产物。

壬寅学制是我国近代第一次由政府正式颁布的新学制，但因学制本身的不够完善和清政府对学制的拟定人张百熙存有戒心，所以未及实施便被废止。

(二) 癸卯学制

1904年1月(光绪二十九年十一月)，清政府颁布了由张之洞会同张百熙、荣庆重新拟定的《奏定学堂章程》，即"癸卯学制"。此学制抄袭日本学制的痕迹仍然非常明显。这个学制与壬寅学制相比，条目更加细密，课程更加完备，禁戒也更加谨严。

这个学制关于学校系统的规定，从纵的方面看，分为三段七级：第一段为初等教育，儿童7岁入学，分为初等小学堂5年、高等小学堂4年。初等小学堂的宗旨为"启其人生应有之知识，立其明伦理爱国家之根基，并强调儿童身体，令其发育"。高等小学堂的宗旨为"培养国民之善性，扩充国民之知识，强壮国民之身体"。第二段为中等教育，设中学堂5年，以"施较深之普通教育，俾毕业后不仕者从事于各项实业，进取者升入各高等专门学堂均有根柢"为宗旨。第三段为高等教育，分为高等学堂或大学预科 3 年、分科大学堂 3—4 年及通儒院 5 年。从横的方面来看：与高等小学堂平行的有实业补习学堂、初等实业学堂、艺徒学堂；与中学堂平行的有中等实业学堂、初级师范学堂；与高等学堂平行的有高等实业学堂、实业教员讲习科、优级师范学堂等。

癸卯学制颁布不久，清政府又不断予以修补完善，主要包括四个方面：一是女子教育的正式规定；二是缩短小学学习年限，减少读经钟点；三是中学进行文实分科；四是在师范教育方面，增加了一些临时性的教员短期训练所之类的机构。这些改变大体反映了一种进步的趋势。

由张之洞主持制定的癸卯学制，是我国第一个经政府颁布并且施行的带有资本主义因素和色彩的近代学制，但同时又受封建思想的支配，表现出明显的半殖民地、半封建性。

第一，学校的培养目标由封建官吏和士大夫转变为培养各种专门人才；各级学校开设了西方先进的近代课程，如算学、历史、地理、图画、体操等；采取了西方先进的教育方法，如实行班级授课制、废除体罚等。但同时又一味抄袭国外制度，某些课程也不合中国实际。

第二，癸卯学制是张之洞等洋务派“中学为体，西学为用”的产物，其中的封建主义的气息仍然非常浓厚，如在总的教育宗旨中规定：“无论何等学堂，均以忠孝为本，以中国经史之学为基。”在教学内容中，读经、讲经占有相当比例，例如在中学堂，经书的学习占总时数的四分之一，居第一位。此外，在管理方面，规定学生“不准妄干国政，如有犯此者，各学堂应即照章惩儆”。

此外，学制中没有女子的地位，整个学习年限过长等均是该学制的缺陷。

四、民国初年的教育改革

清政府的“新政”改革并没能抵挡已经掀起的民主革命的浪潮。1912 年元月，以孙中山为首的南京临时政府成立，任命深孚众望的蔡元培为第一任教育总长，不久便颁布了《普通教育暂行办法通令》和《普通教育暂行课程之标准》，着手进行教育改革。这个时期的教育改革主要包括如下几个方面。

第一，本着反封建和倡导民主共和精神，废除清末“忠君”“尊孔”的教育宗旨，认为忠君与共和政体不合，尊孔与信教自由相违，为此，在 1912 年 9 月正式公布了具有资产阶级自由、平等、民主性质的教育宗旨：“注重道德教育，以实利教育、军国民教育辅之，更以美感教育完成其道德。”这是我国近代第一个资产阶级性质的教育宗旨，充分体现了资产阶级的教育理想，对民国初年的普通教育的发展起了积极的作用。

第二,按照资产阶级的要求,对课程结构进行改革,最突出的是取消了中小学的读经、讲经课,大学停开经学科,规定各种课程内容必须体现共和精神;禁止使用清政府颁行的教科书,同时指出:凡各种教科书务必合乎共和教育宗旨,否则必须删改。与此同时,增加自然科学的课时,加强生产技能教育,如小学将过去的随意科图画列为正式课程,中小学增设唱歌课,体操课也增加了课时。

第三,在教育行政管理方面,中央教育行政改清末的学部为教育部,改尚书为总长(后又改为部长),省一级教育行政改提学司徒为教育司长。有关学校人员的名称也有所改变,如改监督为校长、将学堂改为学校等。

第四,制定新的学制。自 1912 年至 1913 年,临时政府颁布了一系列学校系统令,综合成为一个新的学校系统,称之为《壬子—癸丑学制》。该学制将整个学习年限定为 17—18 年,从纵向来看,分为三段四级:第一段为初等教育,包括属于义务教育性质的初等小学校 4 年,此时实行男女同校,高等小学校 3 年。小学教育"以留意儿童身心之发育,培养国民道德之基础,并授以生活所必需之知识技能"为宗旨。第二段为中等教育,只中学校一级,学习年限 4 年,它以"完足普通教育、造就健全国民"为宗旨。第三段为高等教育,大学校分为预科 3 年和本科 3—4 年。从横向来看,与高等小学堂平行的有乙种实业学校、实业补习学校等;与中学校平行的有甲种实业学校、师范学校等;与大学校平行的有专门学校、高等师范学校等。

民国初年的教育改革,是资产阶级革命在教育领域里的一次重大胜利。尽管随着袁世凯篡夺辛亥革命的胜利果实,资产阶级革命派的教育改革遭到了挫折,但是他们的功劳不可磨灭。

此外,新学制的建立,也促进了教育事业的发展。据 1915 年统计,小学有 105 655 所,比 1911 年增加了两倍,中学有 403 所,比 1911 年增加了 1 倍。

【本章小结】

系统严密的学校教育制度的构建,是近代制度化教育建立的重要标志。这个时期的学校教育日益凸显其在经济发展方面的功能,并以教育对象范围的进一步扩大,以义务教育制度建立为标志的国民教育制度的建构,成为近代世界教育发展的趋势和特点。

西方是近代教育制度的发源地。这个时期，西方教育制度发展主要呈现两个趋势：一是伴随着民族国家的建立，一方面以传教为宗旨的宗教类学校依然存在，另一方面世俗政府逐渐关注学校教育，通过颁布法令、设立机构以及增加投入等方式获得对教育的控制权和支配权，并注重国民的民族国家认同感的教育。义务教育制度的普及，不仅是经济发展的必然，更是政治发展的需要。如英国通过颁布《初等教育法》完成教育国家化的制度建设，法国通过《费里法案》确定国民教育的义务、免费、世俗性三大原则等，均是这种趋势的直接体现；二是伴随着资产阶级革命的胜利，学校类型及其教育内容方面，突破了古典主义传统束缚，强调通过设立实科性质的学校，或改革传统古典主义学校，加强学校教育与社会生活、生产的联系。如英国在产业革命后，对公学、文法学校进行改革，削减古典科目，增设数学、自然科学、近代外语等课程，同时创设一些新型的实科中等学校；法国在大革命之后对中等教育进行了改革，19世纪初拿破仑时期创立的国立中学，在开设的课程中，古典学科与实用学科并重，同时，医药、法律等专科性质的学校也蓬勃发展；德国在18世纪初便出现了实科中学，西姆勒创办的“数学、机械学、经济学实科中学”是世界上较早设立的实科中学。

日本是亚洲较早进行近代教育制度建设的国家之一。自19世纪后半期明治维新开始，在维护皇权的前提下，通过学习西方设立近代教育管理体制、颁布近代学制、推行义务教育和开设近代课程等举措，完成了近代教育制度的建构，并逐渐使其从一个封建主义的小国发展成亚洲首屈一指的资本主义强国。但其同时包含的皇权神话、军国主义等色彩也为日本教育走向反面埋下了隐患。

中国近代教育制度并不是在传统教育制度的老树上发出的“新芽”，而是模仿西方教育的结果。中国近代教育制度的建设始于19世纪60年代的洋务运动，当时有识之士的觉醒、西方传教士的宣传、教会学校的示范等为中国近代教育制度的建立创造了有利的外部条件，但直接动因似乎更多地来自外部（主要是外交方面）的压力；其举措主要是突破传统价值观的束缚，在“中体西用”思想指导下，设置以各种技术专业人才为培养目标的新式学堂。在戊戌维新教育改革时期，则重视国民素质的提升，强调系统普通教育制度的建立；其发展路径则是通过各自为政的近代学校教育的尝试，最终由清政府在20世纪初期颁布学制，完成了近代教育制度的建设。

学习指南

1. 重要概念

京师同文馆　福建船政学堂　京师大学堂　癸卯学制　壬子—癸丑学制　贝尔—兰卡斯特制　昆西教学法　公学　帝国大学　实科中学　《初等教育法》《费里法案》《学制令》

2. 问题与思考

① 19 世纪英国、法国、德国等欧洲诸国教育领导体制改革的主要趋势是什么?

② 19 世纪欧美日等国家为何要建立国民教育制度?

③ 近代欧美中等教育改革与发展呈现何种特点?

④ 民国初年教育制度改革的反封建性体现在哪些方面?

⑤ 比较中国洋务运动时期的教育改革与日本明治维新时期教育改革的异同。

3. 推荐阅读

① 徐辉、郑继伟:《英国教育史》,吉林人民出版社 1993 年版。

② 郑崧:《国家、教会与学校教育:法国教育制度世俗化研究(从旧制度到 1905 年)》,学林出版社 2008 年版。

③ [德]弗·鲍尔生:《德国教育史》,滕大春、滕大生译,人民教育出版社 1986 年版。

④ 王桂编著:《日本教育史》,吉林教育出版社 1987 年版。

⑤ [英]安迪·格林:《教育与国家形成:英、法、美教育体系起源之比较》,王春华等译,教育科学出版社 2004 年版。

⑥ [美]毕乃德:《洋务学堂》,曾钜生译,杭州大学出版社 1993 年版。

⑦ 汤志钧、陈祖恩、汤仁泽:《中国近代教育史资料汇编·戊戌时期教育》,上海教育出版社 2007 年版。

⑧ 璩鑫圭、唐良炎:《中国近代教育史资料汇编·学制演变》,上海教育出版社 1991 年版。

第六章　近代资产阶级的教育理论

【学习目标】

1. 了解夸美纽斯、洛克、卢梭、裴斯泰洛齐、赫尔巴特、斯宾塞、乌申斯基教育理论的基本观点。

2. 理解中国近代教育思潮对传统教育理论体系的冲击。

3. 掌握蔡元培的民主教育思想的基本主张。

如何使教育为近代社会培养理想的、合格的人才，如何根据人的心理发展的规律组织起更加科学的教育和教学，是这个时期教育理论家们最为关心的话题。教育理论家们从各自不同的视角，如教育观念、教育内容、教育方法、教学阶段等不同方面提出了异于传统教育理论的新主张。这个时期也成为教育思想发展的繁荣时期。

第一节　自然主义教育思想

自然主义是西方重要的教育思想和传统，其核心是如何认识和处理人的自然发展与教育之间的关系问题。遵循自然法则，即教育的“自然适应性”原则开展教育，是自然主义教育家们的共同主张。但是如何认识“自然”，教育为何要遵循自然法则，以及如何遵循自然实施教育等具体问题的解读，又有着不同立场和观点。西方自然主义思想其思想源头，可以上溯至古希腊时期的亚里士多德，近代之后的夸美纽斯、卢梭、裴斯泰洛齐等继承了自然主义教育传统，并依据自己的人性论立场等，形成了各具特色的自然主义教育理论。

一、夸美纽斯的教育思想

夸美纽斯(Johann Amos Comenius，1592—1670 年)出生于捷克兄弟会会员家庭，12 岁时父母去世，后在兄弟会的资助下上了大学。在大学里，他深受人文主义思想的影响,同时他思想中的宗教色彩也相当浓厚。他非常热衷于民族语言的研究,立志要编纂一部捷克语的百科全书。1641年,夸美纽斯担任一所拉丁语学校的校长,从那时开始,他潜心研究教学改革问题。1628—1641年间,夸美纽斯在黎撒的一所中学任教,这一时期对他而言是十分重要的,他在实践的基础上撰写了多部著作,如《语言学入门》(1631年)、《大教学论》(1632年)、《泛智的先声》(1639年)等。《语言学入门》实际上是拉丁语的教科书,全书一百篇,分章介绍了山川河流、鸟兽虫鱼、天文地理、经济政治、伦理道德、自然科学、宗教信仰等等,这些百科全书式的教育内容为他的泛智教育论提供了坚实的基础。1632年出版的《大教学论》更是被后人奉为教育学经典,在书中,夸美纽斯开宗明义地指出《大教学论》是"阐明把一切事物教给一切人们的全部艺术",《大教学论》的主要目的在于:"寻求并找出一种教学的方法,使教员因此可以少教,但是学生可以多学;使学校因此可以少些喧嚣、厌恶和无益的劳苦,多具闲暇、快乐与宁静。"这是人类历史上第一部系统的、独立形态的教育学著作。夸美纽斯因对世界教育的发展作出了"不可磨灭"的贡献,而当之无愧地被誉为"现代教育之父""教育史上的哥白尼"。

(一) 泛爱主义的教育主张

夸美纽斯深受人文主义思潮的影响,在对人性的认识上秉承了人文主义传统,认为"人是造物中最崇高、最完善、最美好的",人人都有受教育的可能性。虽然说,人与人之间在智力上可能存在着一定程度的差别,但这种差别绝不像人们所形容的那样:"智性孱弱"的人到了不能用教化去改进的地步。因此,几乎不存在教育不好的儿童,"我们差不多找不出一块晦涩的镜子晦涩到了完全反映不出影像的田地,我们也差不多找不出一块粗糙的木板粗糙到了完全不能刻上什么东西的地步"①。从教育的必要性来看,夸美纽斯认为,人人都有受教育的必要性。即便是所谓"愚蠢的人"也需要受教育,以期去除其"本性的愚蠢",因为鲁钝和悟性孱弱的人虽然不能通过教育在学问上面得到进步,但却可以使他们的心性变得柔和,可以学会服从官吏和牧师,况且许多例子表明天性愚笨的人领悟科学甚至超过天资较好的人。聪明的人则更需要接受教育,因为"一个活泼的心理如果不去从事有用的事情,它便会去从事无用的、稀奇的、有害的事情"②。在当时的社会中,教育往往只是有钱人的专利品,

---

① [捷]夸美纽斯:《大教学论》,傅任敢译,教育科学出版社1999年版,第53页。

② [捷]夸美纽斯:《大教学论》,傅任敢译,教育科学出版社1999年版,第27页。

而农民、工匠等下层民众尤其是妇女是没有资格接受教育的。夸美纽斯认为，这一现象是不合理的，因为，不论贫富男女，都是作为上帝的子民而存在的，上帝对其子民的爱是平等的、毫无偏袒的，否则，既会“伤害那些与我们自己具有同一天性的人，而且也会伤害上帝本身”①，况且女性同男性一样具有同等的悟性和求知的能力，甚至有时比男性还强。基于此，他提出，一切乡村城镇的男女儿童，“不论其贫富贵贱，都应该进学校”，“我们应该模仿天上的太阳，它将光、热与生气给予整个世界，使得凡是能够生存、兴旺和繁荣的东西都可以生存、兴旺和繁荣”②。因此，一切儿童，不论贫富智愚，都应当享受教育的关注，这既是他的泛爱主义的教育主张，也构成了他的普及教育论的基础。泛爱主义的教育主张还与其社会改良思想有着紧密的联系，夸美纽斯认为，通过教育，社会各个阶层便能和睦相处，从而整个社会便处于协调的运转之中。

夸美纽斯的泛爱主义教育主张的提出不是偶然的，这与他世界观中深厚的民主主义和人道主义的色彩密不可分。夸美纽斯生活在欧洲历史上最伟大的变革时代，这一时代最重要的精神特征就是人对自身的关怀。从夸美纽斯出身来看，捷克兄弟会具有强烈的爱国精神，秉承了捷克人民自 15 世纪以来反对异族的入侵和统治的爱国主义传统，以及新教教派的民主主义精神，并且一直进行着反对封建剥削和天主教会压制的斗争。夸美纽斯所接受的中等和高等教育便是由这一组织资助的。同时，作为一个经过宗教改革洗礼的具有民主思想的教育家来说，他对充满神学教条的繁琐哲学对青年人的思想和灵魂的毒害深恶痛绝，立志用祖国的语言编写百科全书，用科学知识将人们从神学统治的黑暗中唤醒。在 26 岁时，他的恬静的生活为 30 年战争所扰乱，而捷克在这场战争中成了战败国。在烽火连绵、硝烟不断的岁月中，夸美纽斯的藏书及书稿均毁于战火，其后不久，妻子和两个孩子又死于瘟疫。假如说前者只是使其具有“民主”和“人道”的思想萌芽的话，那么，他个人不幸的遭遇和悲惨的经历则更加坚定了他“民主”和“人道”的情怀。

作为一个教育者，他对儿童的发展潜力满怀信心，而对旧时教育则给予无情抨击，旧学校“教导青年的方法通常都是非常严酷的，以致学校变成了他们的才智的屠宰场”③，这种抨击可谓切中时弊。在他看来，人本身不仅就是一个“小宇宙”，而且他还具有“通过对外物的感觉而获取无限知识的能力”，人的心

①② [捷]夸美纽斯：《大教学论》，傅任敢译，教育科学出版社 1999 年版，第 37 页。
③ [捷]夸美纽斯：《大教学论》，傅任敢译，教育科学出版社 1999 年版，第 46 页。

理在“天内天外都找不到一个界限”。

显然,这样的儿童观,以及建立在这一基础上的泛爱主义的儿童教育主张是具有划时代意义的,它一改旧教育对儿童的褊狭、错误的理解,击中教育的弊端,直陈儿童教育的可能性和必要性,并将这种理解同民族的前途命运紧密联系,单就这一点,誉其为“现代教育之父”毫不为过。

(二) 泛智主义的课程理论

“泛爱主义”的教育主张同深受中世纪经院主义影响的教育观相比,无疑有着鲜明的进步性,这种思想观念上的进步性只具潜在意义,或只在理论上存在,倘若将其变成现实的进步性,则必须构建与其相适应的课程体系。夸美纽斯的“泛智主义”的课程理论便是在其泛爱主义教育主张的基础上构建的。

所谓“泛智”,意在对所有的人施予一种教育,从而使他们具有广泛的、全面的知识,智慧得到普遍的发展。由此可以推知,泛智主义的课程体系所涵括的知识门类是相当广泛的,在《大教学论》中,他提出“人人应该受到一种周全的教育,并且应该在学校里面受到”。何为“周全的教育”? 他认为是学问、德行和虔信三者兼备。就学问而言,极其广博,没有人能够懂得一切的艺术与科学,这既无可能也无必要,因为即便是一个人的智慧再高,他也无法在人生有限的时段之内彻底掌握所有的知识和艺术,这个论断是比较客观的,因为科学尤其是自然科学在夸美纽斯所生活的那个时代已取得了重要的进展。可见,“泛智教育”并不是“全智教育”。这就意味着,必须要对所有的知识进行合乎某种标准的取舍。这一取舍的标准就是“当前和将来生活上的所需”。他在《泛智学校》里阐述到:“我们希望有一种智慧的学校,而且是全面智慧的学校,即泛智学校,也就是泛智工场。在那里,人人许可受教育,在那里可以学习当前和将来生活上所需要的一切学科,并且学得十分完善。”①从这段阐述中不难看出:首先,每个人的受教育的机会是平等的,人人享有平等的受教育权;其次,教育的内容是与生活密切联系的,它不同于经院主义课程。

夸美纽斯的泛智主义包括三个方面的内容。首先,“认识事物”,学校教育应当采用一种百科全书式的课程设置,传授“一切知识领域中的精粹的总和”。他说,必须使学生掌握“一切必须熟悉的东西,理解一切事物的原因,懂得一切事物的真正有益的运用”,这不仅强调了知识的广博性,而且突出了知识的实效性;不仅强调了“知其然”,同时也强调了“知其所以然”。其次,“行动熟练”。

① [捷]夸美纽斯:《泛智学校》,见《西方资产阶级教育论著选》,人民教育出版社1979年版,第42页。

中世纪的教育同哲学一样只是神学的婢女，而在宗教和神学统治之下的学校教育只要求人们抄写和熟背经义教条，只能“求其正义”，而不可有自己的理解，更不能存有疑问，这样且不说达到“行”，“学以致用”，即便是“知”的标准也难以达到。夸美纽斯基于这一时弊，鲜明地提出：“在认识事物时还要有实际的行动。没有这种行动，甚至是一个认识事物的人，也将不善于处理事物。”① 这无疑是具有进步意义的。可见，夸美纽斯的泛智不仅包括“知”，还包含“行”。再次，“语言优美”。一个人能够认识事物，并且将认识同行动结合起来，这还不算达到“泛智”的要求，还要能够运用语言完美地表达自己的知和行。欧洲古代的教育一直有重视语言的传统，夸美纽斯也深受这一传统的影响，他在泛智学校中设置了拉丁语、希腊语和希伯来语，以训练学生表达的技能和技巧。在《大教学论》中，他敏锐地提出：“不必学习一切语文，因为这是不可能的；也不必学习许多种语文，因为这没有用处。”应该学习哪些语文呢？他说，“必需的语文是：国语，为在本国之用；邻近诸国的语文，为的是和邻国人相交往……为了阅读正经的书籍，拉丁文也是应学的，因为这是学者通用的语文。对于哲学家和医生，希腊文和阿拉伯文是应学的；对于神学家，希腊文和希伯来文是应学的。”②在诸种语言中，“首先必须学国语，然后再学可能代替国语的另一种语言……再后才可以学拉丁语，拉丁语以后才可以学希腊语、希伯来语等”。他还具体提出了学习语言的八条规则，并将人的语言学习分为“呀呀学语的婴儿期”“日趋成熟的儿童期”“比较成熟的青年期”和“精强力壮的成人期”四个阶段，而每个阶段的语言教学的目标及要求各不相同。③

夸美纽斯根据其泛智教育的基本思想，将课程分为主要课程、次要课程和第三类课程等三大类。在他看来，主要课程包括“智慧、辩才、正直行为和笃信宗教的本质、核心和内容”④，实际上就是语言、哲学和神学等课程。通过主要课程的学习，学生可以在感知、记忆、语言、精神等方面得到完善。次要课程主要是一种辅助性课程，如历史和练习等，学习历史有助于“精炼对事物的判断和默默地发展理智”，各种练习课则更是直接为主要课程的学习服务的，譬如

---

① [捷]夸美纽斯：《泛智学校》，见《西方资产阶级教育论著选》，张焕庭主编，人民教育出版社1979年版，第43页。

② [捷]夸美纽斯：《大教学论》，傅任敢译，教育科学出版社1999年版，第157页。

③ [捷]夸美纽斯：《大教学论》，傅任敢译，教育科学出版社1999年版，第161页。

④ [捷]夸美纽斯：《泛智学校》，见《西方资产阶级教育论著选》，人民教育出版社1979年版，第47页。

感觉的练习、语言的练习、德性的练习、笃信宗教的练习等。各种游戏和娱乐活动则构成了第三类课程,它们可以促进儿童的健康,培养和激发儿童学习的兴趣,有助于儿童智慧的发展。

夸美纽斯将教育由低到高分成四种类型,即母育学校的教育、国语学校的教育、拉丁语学校或高等学校的教育(Gymnasium)、大学教育或旅行。年龄不同,因而各分阶段的教学的方式、方法乃至课程均有区别。他以树木为喻说明这一问题,每过一年,生出的枝丫就越多,树长得就越壮实,果实也就越丰盛。教学也是一样,在早期的学校教育中,"一切都是用一种一般的、不确定的方式去教的,而在后期的学校中,所授的知识是细致的、确切的"①。母育学校的主要目的在于训练儿童的外感官,以辨别周围的事物;国语学校的主要任务则是训练儿童的内感官能力,诸如想象力、记忆力等。主要的课程有阅读、书写、图画、唱歌、计数、量长、测重以及记忆各种事物。拉丁语学校是较高级的阶段,其重点在于发展学生的理性思维的能力,"学生应当受到训练,利用辩证法、文法、修辞学以及其他根据因果法则的科学与艺术,去领悟感官收集来的知识并加以判断"。到了大学阶段,课程主要有四个门类,即神学、哲学、医学、法学,这四个分科均与意志有关,"神学教我们恢复灵魂的和谐,哲学教我们恢复心灵的和谐,医学教我们恢复身体上主要功能的和谐,法学教我们恢复外界事务的和谐"。

从夸美纽斯的泛智主义课程思想中,我们不难看到人文主义思想对他的影响,不论在何种学校,所开设的课程的一个最基本的价值取向是:对人自身的发展以及对人的现世生活的重视。可以认为夸美纽斯的泛智主义课程理论折射出当时科学以及生产技术的繁荣与发达,同时,也是新兴的资产阶级渴求科学知识与技术的体现,对教会与封建势力相互勾结压制人的理性不啻是一种有力的反抗。当然,泛智主义的课程体系过于庞杂,超出了儿童及青年的可接受水平,它还没有能够找准它的基石——科学的儿童的心理学,只能说他的理论达到了"前科学"的水准。因为,不论如何,将教育建立在儿童身心发展的基础上尝试与努力,在他的身上已昭彰可见。

(三) 自然适应性原则

夸美纽斯在论述教育问题时的一个重要方法就是类比:以自然界万物运行的规律和秩序,来类比教育的基本规律。

---

① [捷]夸美纽斯:《大教学论》,傅任敢译,教育科学出版社1999年版,第204页。

夸美纽斯指出："真正维系我们这个世界的结构以至它的细微末节的原则不是别的，只是秩序而已；……秩序就叫做事物的灵魂。因为一切秩序良好的东西，只要它能保持它的秩序，它就可以保持它的地位和力量。"①所谓的秩序，其实质乃事物内部之规律，自然界是有秩序的，所以万物生生不息，枯而复萌。教育一如自然界那样，"秩序是把一切事物教给一切人们的教学艺术的主导原则，这是应当、并且只能以自然的作用为借鉴的"②。教育的秩序一旦为人们所掌握，教学艺术的进行立刻便会同自然的运行一样容易，一样自然。夸美纽斯的这一见解是科学的，只有真正地把握住教育的"秩序"，进行教育才能做到"游刃有余"。他援引西塞罗的话说："假如我们把自然看做我们的向导，她是绝不会把我们领入歧途的。"所以他竭力主张研究和遵循自然的"秩序"来规划和进行教育。基于这样的认识，他理所当然地"建议"人们要精心地注视自然的作用，要去模仿它们。

1. 儿童"自然"生长的年龄分期与学校教育

教育的目的在夸美纽斯看来，就是培养"具有真实的学问、真实的道德和真实的虔信"的人，而要实现这一教育，全部青年应该学会一切文艺和科学。他从经验的角度出发，认为一个人的生理的生长可以持续到 25 岁，这一段时间可以 6 年为一阶段分成界限分明的 4 个时期，即婴儿期、儿童期、少年期和青年期，"学习应该从婴儿期开始，一直持续到成年"。不同的发展阶段应该有不同的学校与之相适应。

夸美纽斯的年龄分期及学校设置③

发展阶段	对应学校
婴儿期	母亲的膝前
儿童期	国语学校
少年期	拉丁语学校或高等学校(Gymnasium)
青年期	大学与旅行

具体来说，每个家庭应当有个母育学校(Mother-School)，每个村落应当有个国语学校，每个城市应当设置高等学校，每个王国或每个省应设置大学。

① [捷]夸美纽斯：《大教学论》，傅任敢译，教育科学出版社 1999 年版，第 60 页。
② [捷]夸美纽斯：《大教学论》，傅任敢译，教育科学出版社 1999 年版，第 65—66 页。
③ [捷]夸美纽斯：《大教学论》，傅任敢译，教育科学出版社 1999 年版，第 204 页。

不同的学校不但要去研究不同的学科,而且要用不同的方法去学习同样的学科,所以,夸美纽斯的课程序列是呈圆式的,教学自始至终都应当"按学生的年龄及其已有的知识循序渐进地进行教导",这就是一种自然方法的法则。按这种法则,学科的各部门不应当拆散,而应当同时教授,"像一株树木的各个部分在每一生长期间同时生长一样"。这里蕴含的"自然"逻辑是:人像树木一样,各部分(身体、感观、心理等)在每一生长期间是同时生长的,发展就是组成人这个整体的各个部分的同期演进,因而也就必然需要"整体"的教育,可以说,这里含有了朴素的整体方法论的思想。

2. 教与学必须遵循的"彻底性原则"

自然适应性原则,在《大教学论》中被称作"彻底性原则",夸美纽斯用了整整一章的篇幅加以阐发。这一章的写作体例也很特别,总是先提出自然界的某一"秩序",然后再写出教育和艺术应当如何模仿,接下来再定实际当中教育的"偏差",在此基础上,最后提出"纠正"的措施。

譬如,一株树木在生好根条以前不生枝条,生了就会枯萎和死去,受到这一现象的启发,一位建筑家不会不先打好一个坚固的基础便去建造房屋,否则,整个房屋不久就会倒塌;艺术家总是先涂上一层底色,才去细加描绘,否则颜色就容易褪落或消失。这一自然现象对教育有何启发呢?夸美纽斯以为有两点:一是每门课程都应该能够引起学生的真正的爱好,具体的方法是向学生证明"它是如何的美好、有用、快意,是如何需要";二是学习一门语言或艺术之前,应当先告诉学生"一般概念",使学生从一开始就能明白"它的目标、限度和内部结构",应当注意的是,这仅仅"是一种素描,越轻微越好,但要包括它的各个部分"①。学习总是从打基础开始,在开端的时候应当注重培养和激发学生的兴趣,然后才能循序渐进地深入,这无疑是符合教育规律的。

在遵循自然、模仿自然这一原则的指引下,他主张人们应当研究客观世界本身,而不能依靠书本来学习,"必须学会了解并考察事物的本身,不是别人对事物所已作的观察"②。他指出,倘若人人都从本源、从事物本身而不是从其他来源去获得知识,我们就可以步古代智者的后尘了。实际上,他的这一思想的提出是有着时代背景的。处于经院主义哲学控制之下的学校只是以毫无生命意义的空疏无用的文字材料填塞学生的头脑,而不重视甚至是无视学生亲身

① [捷]夸美纽斯:《大教学论》,傅任敢译,教育科学出版社1999年版,第107页。
② [捷]夸美纽斯:《大教学论》,傅任敢译,教育科学出版社1999年版,第111页。

的体验；只是重视儿童对远离他们生活、超越可接受水平的教条知识的死记硬背，而不是引导他们去观察并在观察中思考，导致学校成了“屠宰场”，扼杀了儿童的智力，因此，应当倡导儿童实际地观察世界，获得直接的经验。他立下了这样一条法则：“任何知识都不应该根据书本去教，而应该实际指证给感官与心智，得到实际指证。”“对任何学科，都不可单用分析法；事实上应该偏重综合法。”①夸美纽斯在当时的条件下强调儿童的直接经验的重要作用无疑有着极其重要的作用，但倘若一切均要遵循这一“自然法则”，则既无可能也无必要。现代教育学认为，学校教育是一种以传递间接经验为主，同时学习直接经验使两者互相作用的过程，换句话说，间接经验在现代教育中的价值是不容忽视的，否定一切间接经验就会弃绝前人的一切成果，果真如此，人类至今则还只能停留在茹毛饮血的阶段。

教育除了遵循自然界运转的“秩序”之外，还应当依据儿童的自然本性，即儿童的天性、年龄特征。他强调：凡事要跟随自然的引导，要去观察能力发展的次第，要使教育的方法依据这种顺序和原则。他对儿童的年龄分期以及按照这一分期所确立的学校教育正体现了这一思想。以自然现象类比教育工作是他的著作的一个重要特点，但事实上“他是用类比的方法替他在教学工作的观察与实践中所概括出来的教学规律与原则找出理论的依据”。

夸美纽斯在人类教育史上占有十分光辉的一页，他继承了捷克人民自文艺复兴以来的进步文化教育传统，饱含着民主的热情和教育家的睿智，投身对旧教育的改造和对新教育的建设。在人类教育史上，他是第一个关注人民大众的教育并提出普及教育主张的人。

他对于世界教育的贡献远不止这些：他系统地制定了分班上课的教学制度；他第一次系统阐述教学的基本原则与规则；他努力将他那个时代学校教学的重心从语言文字转移到“实际事物”上来；他最早对教学工作的规律进行不懈的探索，并在此基础上明确提出了教育的自然适应性原则。自然，夸美纽斯也难脱他所处时代的窠臼，他的思想总是充满着对上帝的虔信，他用自然的秩序来类比教育未必贴切，他对儿童身心发展的理解还比较粗浅，他的种种学说或多或少带有神秘主义色彩，凡此等等。

曹孚先生在 1957 年 11 月 15 日在北京举行的“世界文化名人、捷克大教育家夸美纽斯纪念大会”上所作的报告中指出：世界人类从夸美纽斯所播撒的

① [捷]夸美纽斯：《大教学论》，傅任敢译，教育科学出版社 1999 年版，第 111 页。

教育方面的种子中已经收获了果实;人类就要在目前通过共同的努力奋斗,收获夸美纽斯所播撒的有关世界和平、国际合作方面的种子所结出来的果实!这样的评价是恰如其分的。

二、卢梭的自然教育理论

让-雅克·卢梭(Jean-Jacques Rousseau,1712—1778年)是18世纪法国著名的启蒙思想家、哲学家、教育家。他出生于日内瓦的一个钟表匠家庭。早年曾受过几年不系统的教育,12岁以后便开始独立谋生,当过学徒、仆役、家庭教师等,有时靠流浪卖艺为生,但他却通过自学获得了丰富的知识。1742年,他在巴黎结识了启蒙学者狄德罗、伏尔泰等,并参加了《百科全书》的编写。长期的流浪生活,使他目睹了社会下层民众的不幸与痛苦,并亲身感受到社会不平等所带来的屈辱。1749年,巴黎狄戎学院以"科学和艺术的进步能使道德改善还是使道德堕落"为题举行征文活动。卢梭在应征论文中,认为科学和艺术的进步,不但无助于社会的前进,反而会使人类堕落。这一显然偏激的观点,反映了卢梭对封建统治阶级的不满与批判。由于论文立论非凡,被评为一等奖,也使卢梭一举成名。此后,卢梭还撰写了《论人类不平等的起源和基础》《社会契约论》等,对封建社会不平等的制度进行了抨击,并大力宣传"天赋人权"的资产阶级的政治思想。1762年,他出版了酝酿达20年的教育小说《爱弥尔——论教育》。在这本教育名著中,卢梭主张教育必须适应儿童自然天性,反对压抑与摧残儿童的个性,号召热爱儿童,并为未来社会绘出了一幅培养新人的理想蓝图。

(一)"自然教育"的目的论

卢梭在《爱弥尔》一书中,第一句话开宗明义:"出自造物主之手的东西,都是好的,而一到了人的手里,就全变坏了。"①虽然如此,倘若没有教育,事情就更糟糕。人诞生之后若不去管他,他将受到种种境遇的支配,人的天性将不能得到尊重,人也不能自然完成。一言以蔽之,"我们在出生的时候所没有的东西,我们在长大的时候所需要的东西,全都由教育赐予我们。"②但是,这种教育必须是自然教育。

卢梭所谓的"自然教育",就是要服从自然的永恒法则,听任人的身心的自由发展。其基本思想,便是强调对儿童进行教育,必须遵循自然的要求,顺应

① [法]卢梭:《爱弥尔》,李平沤译,商务印书馆1983年版,第5页。
② [法]卢梭:《爱弥尔》,李平沤译,商务印书馆1983年版,第7页。

人的自然本性，反对成人不顾儿童的特点，反对按照传统与偏见强制儿童接受违反自然的所谓教育，反对干涉或限制儿童的自由发展。

对儿童的教育为什么不能违反自然的法则呢？卢梭认为，人受到的教育来源于三个方面，或是受之于自然，或是受之于人，或是受之于事物。“我们的才能和器官的内在的发展，是自然的教育；别人教我们如何利用这种发展，是人的教育；我们对影响我们的事物获得良好的经验，是事物的教育。”①只有当这三种不同的教育是一致的，都趋向同样的目的，这样的儿童才是受到了良好的教育；反之，便是不好的教育。可是在这三种不同的教育中，自然的教育是完全不能由我们决定的，事物的教育只是在某些方面是由我们决定的，我们能真正加以控制的只有人的教育。因此，为了使三种教育得到圆满的配合，他要求后两种教育必须与人们无法控制的“自然的教育”配合起来，也就是与儿童天性的自然发展一致起来，按照儿童自然发展的要求和顺序去进行教育。

卢梭“自然教育”的目的，是要培养一种不同于封建社会教育的“新人”，或者说“自然人”。他曾经说，教育目标就是自然的目标，即培养自然人而不是封建社会的寄生虫。因为这种寄生虫是违反自然的产物，会由于脱离社会，不能适应生活而被淘汰。他批评当时的封建教育的目的只是让每个人“为取得他的地位而受教育”②，是无论如何也培养不出新社会所需要的人的。在卢梭看来，自然教育的目的与封建教育目的截然不同。自然教育主要依据人的天性，要求教育应保护人的善良的天性，尊重人的天性，而不是压抑它。这种人有着丰富的感情，身体强壮，心智发达，道德纯正，意志坚强、自食其力，具有独立的人格，不囿于某一阶级、地位、职业。

卢梭所要培养的人，还是符合天性的、身心得到和谐发展的人。卢梭指出，传统旧教育只求人的心智发展而忽视身体的健康，或使身体和心智都处于衰弱之中，这些都是不正常的。他说，教育的秘密就在于使人的身心活动一张一弛，相互调剂，相互促进，共同发展。卢梭笔下的“爱弥尔”便是一位身心和谐发展的典型。在自然和谐的教育过程中，他的健康和体力日益增强，他的智慧和理性也日益提高。在经受了种种生活磨难之后，爱弥尔成为注重实行而不尚空谈，坚持自己的观点而不盲从别人的意见，以自然为师而不以人为师，自食其力而不求助于人的人。为了培养这种自然人，卢梭指出应进行体育、知

---

① ［法］卢梭：《爱弥尔》，李平沤译，商务印书馆 1983 年版，第 7 页。

② ［法］卢梭：《爱弥尔》，李平沤译，商务印书馆 1983 年版，第 10 页。

识教育、道德教育、劳动教育以及一定的职业教育等。

卢梭所要求培养的自然人,并不是脱离社会的"超人",他说:"虽然我想把他培养成一个自然的人,但不能因此就一定要使他成为一个野蛮的人,一定要把他赶到森林里去。我的目的是,只要他处在社会生活的旋涡中,不至于被种种欲念或人的偏见拖进旋涡里去就行了;只要他能够用自己的眼睛去看,用他自己的心去想,而且,除了他自己的理智以外,不为任何其他的权威所控制就行了。"①可见,自然人是不能离开社会的,社会是自然人赖以生存的基础。因而,教育应首先发展人的善性,使其成为自然人,然后在其发展过程中,再逐步形成良好的社会公民的品质,从而使其能抵御种种社会恶势力和习俗,摆脱社会任何权威的束缚,成为社会中一个自由、独立的人,即成为一个真正的公民。爱弥尔便是这样一个人。当他已经在身心两方面都得到了锻炼,并对社会生活作好了准备后,开始由农村回到城市,实际上已经被赋予了改良社会、增进人类幸福的角色形象。

(二)"自然教育"的儿童观

对儿童的认识,是自然主义教育思想中极具特色的内容之一,也是近代资产阶级进步教育思想与封建旧教育的重要区别之一。

卢梭的儿童观,首先认为应该把儿童当作儿童看待,尊重儿童的人格,他在《爱弥尔》中说:"在万物的秩序中,人类有它的地位;在人生的秩序中,儿童有它的地位:应当把成人看作成人,把孩子看作孩子。"②传统的封建教育不顾儿童的发展特点,抹杀了儿童与成人的区别,总是把儿童当作成人看待,强迫儿童接受成人才应知道的东西。其最终的结果是儿童成为成人的牺牲品。他说:"大自然希望儿童在成人以前就要像儿童的样子。如果我们打乱了这个次序,我们就会造成一些早熟的果实,它们长得既不丰满也不甜美,而且很快就会腐烂,我们将造成一些年纪轻轻的博士和老态龙钟的儿童。"③因此,那种企图以成人的看法、想法和感情去代替儿童特有的看法、想法和感情,是一件非常愚蠢的事情。

卢梭强调应尊重儿童的特点,其思想基础乃在于他的性善论。他否定教会传统的"原罪说",认为儿童生来是性善的,是纯洁无瑕的,心中没有任何罪

① [法]卢梭:《爱弥尔》,李平沤译,商务印书馆1983年版,第360页。
② [法]卢梭:《爱弥尔》,李平沤译,商务印书馆1983年版,第74页。
③ [法]卢梭:《爱弥尔》,李平沤译,商务印书馆1983年版,第91页。

恶的种子,“我们把这一点作为不可争辩的原理,即:本性的最初的冲动始终是正确的,因为在人的心灵中根本没有什么生来就有的罪恶”①,其错误和罪恶都是由后天环境造成的。因而,任何以此来压抑儿童,摧残儿童个性的做法都是错误的。教育应从儿童的本性出发,为儿童的发展提供有利的条件。

其次,以儿童为中心,使儿童真正成为教育中的主人,促进儿童主动发展。在卢梭看来,人生来是自由的,人的最重要的自然权利便是自由,他坚决反对压抑儿童的封建教育,反对呆读死记、严酷纪律等摧残儿童个性、束缚儿童自由的旧教育。他主张在教育中,应排除顺从和命令的词汇,还儿童个性自由、思想自由和活动自由,“多给孩子以真正的自由,少让他们养成驾驭他人的思想,让他们自己多动手,少要别人替他们做事”②。可见,以儿童为中心,既不是束缚儿童,也不是溺爱、纵容儿童,而是给儿童以主动性,促进儿童自然、自由地发展。在教育过程中,事物、书本、知识对于儿童来说都是促进儿童发展的手段,不能成为教育的中心;教育者也只是儿童发展的帮助者和指导者。教育者的任务主要是创造能够促进儿童自由发展的适当条件,从旁观察儿童的活动,只有当儿童感到经验不足时,才给以适当的帮助。

卢梭认为,教育中要贯彻以儿童为中心的思想,首先要求教育者必须改变传统的儿童观,变歧视儿童为尊重儿童,变不了解儿童为了解儿童,他呼吁教师应该经常地研究儿童,设身处地地为儿童着想;其次,在教育实践中使儿童真正处于主动的地位,让儿童永远想到他自己才是真正的主人;再次,改变把书本教育等同于儿童教育的作法,变知识教育中心为儿童教育中心。因为儿童的发展与教育远比知识教育重要得多,他说:“我这样使孩子们摆脱了种种的功课,从而就替他们消除了使他们最感痛苦的原因——读书。读书是孩子们在儿童时期遇到的灾难。而你却单单要他们在读书中消磨他们的时间。爱弥尔长到十二岁还不大知道什么叫书。”③在这里,卢梭反对在儿童早期教育中进行知识教育,这与他对儿童的身心发展的特征的认识是分不开的。

第三,应对儿童施以“爱”的教育。“爱”是对儿童进行良好情感教育的基础,卢梭非常重视从母亲抚育幼儿开始便进行爱的教育。他认为,母亲对儿童的爱、儿童对母亲以及对他人的爱是儿童健康发展的重要条件。他指出,从儿

① [法]卢梭:《爱弥尔》,李平沤译,商务印书馆 1983 年版,第 94—95 页。
② [法]卢梭:《爱弥尔》,李平沤译,商务印书馆 1983 年版,第 59 页。
③ [法]卢梭:《爱弥尔》,李平沤译,商务印书馆 1983 年版,第 83 页。

童的身心发展来看,儿童的身心健康发展离不开爱,需要爱。为了使儿童一出生就能得到爱,卢梭主张母亲应亲自哺乳婴儿,到了儿童期,教育者还要以爱心对待儿童,爱惜儿童,让他们尽情地去享受游戏、嬉笑带来的愉快。同时,对于处于恶劣环境中的幼小儿童,母亲有义务保护儿童,承担起教育儿童的责任,这也是一种爱的表现。

(三)"自然教育"的基本原则

"自然适应性"原则是自然教育的基本原则。按照卢梭的理解,它的含义是指教育应当遵循成长中的人发展的自然进程,按照人的年龄特征,适应人的发展水平。具体来说,它要求教育者必须根据儿童的年龄特征进行教育。卢梭根据他对于儿童发展的自然进程的理解,将儿童的教育划分为四个阶段。

1. 婴儿期(初生—2岁)

卢梭认为,这个时期由于儿童处于长身体的自然状态,教育的主要任务是保障婴儿的身体健康,要给婴儿真正自由的活动,这也是孩子的一种学习方式。为此,他反对捆绑婴儿的四肢,要求衣服宽松肥大,使婴儿的四肢可以充分自由地活动。

2. 儿童期(2—12岁)

卢梭认为这个时期是儿童的"理性睡眠时期",儿童还没有达到理智阶段,还不能形成概念,只能形成形象,其言行多受感性的支配。因此,教育的主要任务是发展儿童的感性器官,增加感觉经验,为理性的发展打下基础。为此,卢梭认为,按照适应自然的原则,12岁以前不进行书本知识的学习,尤其反对儿童学习古典语文和历史,主要是积累感觉经验。在道德教育方面,他主张按照自然的顺序来对儿童进行教育,采取"消极教育"的方法,即反对口头说教和体罚,主要通过儿童体验其过失的不良后果,来纠正他们的过失,他说:"如果他有冒失的行为,你只需让他碰到一些有形的障碍或受到由他的行为本身产生的惩罚,就可以加以制止。"①并使他感受到这些惩罚均是由于他们的不良行为引起的自然后果。

3. 少年期(12—15岁)

卢梭认为,在这个短时期内,孩子从好动变为好奇,理智开始发达,求知欲望强烈,这时可以学习科学,所以这个时期是以智育为主。在卢梭看来,由于人的智慧是有限的,因此在人的有生之年不可能学会所有的知识,为此,他反

① [法]卢梭:《爱弥尔》,李平沤译,商务印书馆1983年版,第280页。

对"百科全书"主义，主张应对学习的内容进行选择，他说："在我们所能获得的知识中，有些是假的，有些是没有用的。有些则将助长具有知识的人的骄傲。真正有益于我们幸福的知识，为数是很少的，但是只有这样的知识才值得一个聪明的人去寻求，从而也才值得一个孩子去寻求，因为我们的目的就是要把他培养成那样的聪明的人。总之，问题不在于他学到的是什么样的知识，而在于他所学的知识要有用处。在这为数很少的知识中，凡是那些必须要具有十分成熟的理解力才能懂得的，凡是那些牵涉到一个孩子不可能理解的人的关系……都要通通抛开，不能拿来教育孩子。"

这些有益于我们幸福的能为孩子所理解的有用的知识，在卢梭看来主要是指自然科学知识，如天文、地理和物理知识，而排斥人文学科知识的学习。值得一提的是，卢梭强调知识的学习不是通过死背书本得来的，而是通过实际观察、经验获得的，他说："问题不在于告诉他一个真理，而在于教他怎样去发现真理。"

与知识学习相比较，使学生掌握学习的方法，培养儿童获得知识的能力更加重要。卢梭认为，自然教育的精神不是要教孩子很多知识，而是要发展其智力，如观察力、理解力、思维力等，总之，对于这个时期的儿童来说，"问题不在于教他各种学问，而在于培养他有爱好学问的兴趣，而且在这种兴趣充分增长起来的时候，教以研究学问的方法。毫无疑问，这是所有良好教育的一个基本原则"①。

这个时期，除了进行智育外，卢梭还提出应该进行劳动教育。他认为，劳动是社会的人不可避免的责任，在各种劳动中，他最推崇手工劳动，因为手工匠凭双手和技术吃饭，因而是最自由的。通过劳动不仅使双手和头脑同时得到发展和锻炼，而且还具有思想教育的意义，"爱弥尔做了工人之后，不久就会体验到他起初还只是约略见到的社会不平等"②。

4. 青年期(15 岁—成年)

卢梭认为，通过"自然状态"下的良好教育，儿童的体力和智力都得到了很好的发展。到了这个阶段，孩子的感情已经发展起来，因此教育者必须加以引导，主要是对儿童进行道德教育，而且这种教育必须在城市中进行。

卢梭认为，道德教育主要是以博爱和人道主义为中心，包括培养善良的感

---

① [法]卢梭：《爱弥尔》，李平沤译，商务印书馆 1983 年版，第 223 页。

② [法]卢梭：《爱弥尔》，李平沤译，商务印书馆 1983 年版，第 275 页。

情、正确的判断和良好的意志。在他看来,道德教育不能靠说教,而要通过观察了解这个社会,了解人们所遭受的苦难与不幸。人的善良的进一步发展,应该达到能够正确判断善恶的要求,这就需要通过学习历史和阅读伟人传记等去领会,此外,还要通过练习以形成良好的意志。

三、裴斯泰洛齐的和谐教育理论

约翰·亨利赫·裴斯泰洛齐(Johann Heinrich Pestalozzi,1746—1827 年)是瑞士资产阶级民主主义教育家。他生于瑞士苏黎世的一个医生家庭,祖父是一位牧师,幼时他常随祖父访问贫苦人家,贫富悬殊的差异在他幼小的心灵中埋下了同情劳动人民的种子。在大学读书时,他接触了卢梭的《社会契约论》和《爱弥尔》,接受了资产阶级民主主义思想,参加了一个进步的青年学生团体,研究有关社会、政治和教育问题,并发表文章抨击时政,因而遭到当局迫害,中断了大学的学习,转而从事社会改良活动和教育工作。裴斯泰洛齐的思想充满着人道主义和社会改良主义的色彩,他一生的教育活动主要放在改善人民贫困生活处境上,放在反对封建教育对人性的摧残上,他曾先后创办诺伊霍夫农场、贫儿学校、孤儿院、柏格多夫学校、伊佛东学院等进行社会改良和教育实验。虽然他的实践都以失败告终,但其精神是可嘉的。裴斯泰洛齐在教育方面的著作主要有《林哈德和葛笃德》(旧译《贤伉俪》)、《隐者夜话》、《论教学方法》、《葛笃德怎样教育她的子女》、《天鹅之歌》等。

(一)和谐发展的教育目的

强调身心和谐发展,是人类一直追求的目标,在西方教育思想发展史上,古希腊时期的亚里士多德最早对此进行论述。文艺复兴时期,人文主义教育家们冲破了神学的束缚,恢复了和谐发展思想的本来面目。进入近代社会以后,特别是 18 世纪中期以后,人的和谐发展的问题一直成为教育关注的中心。裴斯泰洛齐的和谐发展理论便是在继承前人的基础上发展起来的。其中德国哲学家莱布尼兹的(1646—1716 年)“单子”预定和谐思想对他的影响最大。莱布尼兹断定,构成一切的基础是不可分的、能自由运动的、独立的精神实体“单子”,由于上帝的预先安排,这些精神实体得以相互依赖和谐相处,并要求自身得到发展。裴斯泰洛齐接受了这一思想,强调教育应适应自然,按照儿童心理的特点和发展顺序,激发和发展儿童的天赋能力和力量。因为他认为所有的人生来就蕴藏着各种能力和力量的萌芽,只有教育才能把它们发掘出来、发展起来,教育的目的就在于发展他的天性,形成完善的人。

他说："为人在世，可贵者在于发展，在于发展各人天赋的内在力量，使其经过锻炼，使人能尽其才，能在社会上达到他应有的地位。这就是教育的最终目的。"①这种发展又是和谐的发展，偏向哪一方面都不能有令人满意的结果，他说："孤立地只考虑发展任何一种才能（头脑或心灵或手），都将损害和毁坏人的天性的均衡，它意味着使用非自然的训练方法产生片面发展的人。仅仅注重道德与宗教教育，或仅仅注重智力教育，都是错误的……教育要名副其实，必然是努力使人的完善能力得到圆满的发展。"②又说："依照自然法则，发展儿童道德、智慧和身体各方面的能力，而这些能力的发展，又必须顾到它们的完全平衡。仅仅这个平衡，就能产生一种宁静而幸福的生活，一种有利于社会福利的生活。"③这种平衡并不是各种能力简单地平均发展，而是综合能力的发展。

（二）和谐教育的内容

裴斯泰洛齐的和谐发展教育的内容，包括体育、劳动教育、德育和智育。

裴斯泰洛齐认为，体育的任务是要把所有潜藏在人身上的天赋的生理上的力量，全部发展出来，所有这些力量都是要求发展的。体育活动从小就开始了，如手抓、脚蹬、走动、投掷、拖拉、旋转等都可使体力得到发展。其中最基本的是关节活动，它是体力发展的基础，也是进行体育练习和各种体力活动以及劳动教育的基础。因此，体育活动应是从关节活动逐步扩展到全身的复杂的体力活动。

裴斯泰洛齐非常重视劳动教育，主张教育和生产劳动相结合，他说："使功课劳作合一，提倡职业训练，是提高人的工作能力，增加实际生产量的最后的途径。"④因此，他强调劳动技术课程的开设，积极倡导普通学校中进行职业技术教育，认为这是帮助儿童获得独立生活能力、改善贫困生活状况不可缺少的手段，他也自认为这个主张是"抓着了人生的真正需要，找到了造成幸福与保

---

① ［瑞士］裴斯泰洛齐：《林哈德和葛笃德》，见《西方资产阶级教育论著选》，张焕庭主编，人民教育出版社 1979 年版，第 173 页。

② ［瑞士］裴斯泰洛齐：《裴斯泰洛齐教育论著选》，夏之莲等译，人民教育出版社 1992 年版，第 412 页。

③ ［瑞士］裴斯泰洛齐：《天鹅之歌》，见《西方资产阶级教育论著选》，张焕庭主编，人民教育出版社 1979 年版，第 206 页。

④ ［瑞士］裴斯泰洛齐：《林哈德和葛笃德》，见《西方资产阶级教育论著选》，张焕庭主编，人民教育出版社 1979 年版，第 173 页。

证生活的根源”①。对劳动教育的具体课程,他认为应包括农业、手工业以及家政等方面的内容,例如学校可在校园中开辟一块耕地,教育者有计划地指导学生种植各种农作物。学校还要养有各种家禽,由学生养护。此外,学校在手工劳动方面,可经常组织学生到周围的手工业作坊去参观,直接向工匠学习各种手工技艺。在裴斯泰洛齐看来,劳动教育不仅能通过劳动发展体力,准备未来生活,还可使道德行为得到训练,并有助于一个人的智慧和性格养成。这种劳动教育观无疑是可贵的。不过,在他看来,只有下层民众的子弟才有接受劳动教育的必要,而有钱有势的贵族及其子弟就不需要接受劳动教育。同时,他的功课、劳作合一其实是以劳作为主,学习为辅,劳技训练也带有自给自足的小农色彩,与马克思主义的教育与生产劳动相结合的思想是不同的。

道德教育是培养和谐发展的人不可缺少的内容,也是整个教育体系的根本问题。裴斯泰洛齐认为,道德教育的任务就是要发展人的各种天赋的道德力量的萌芽,通过对儿童的抚养、教育,逐步唤起儿童的道德情感,形成儿童的道德观念,进而养成道德习惯。道德教育的最终目的是养成儿童具有爱所有人的博爱精神。这种精神的养成最初起于由于母亲对儿童慈祥的照顾、抚爱、信任所激发、唤起的儿童的爱、感激、信任的种子,“服从和爱、感激和信任交织在一起,发展着良心的萌芽”②。儿童对于母亲的爱,进而及于兄弟姐妹、周围邻人,以至扩大到所有的人,这也是道德教育的基础。不过,他又把道德教育与宗教教育相联系,他说,当儿童逐渐成长离开母亲后,是上帝像母亲、父亲一样继续为其准备了欢乐和幸福,“在母亲的胸怀里发展起来的爱、感激和信任的情感,扩展到上帝,把上帝当作父亲,当作母亲。服从的实践有了更广泛的范围。孩子从这时候起相信上帝和他相信母亲一样,现在为了上帝做正义的事,像他过去为了母亲做正义的事一样”③。他把对上帝的信仰视为人的高尚道德发展的根本原理之一,并认为“如果教育和教学真是要努力提高人们的话,它们必须仔细研究这些原理”。为此,他要求小学开设宗教课程。

在智育方面,裴斯泰洛齐非常重视智力和能力的发展。他认为,儿童身上

① [瑞士]裴斯泰洛齐:《葛笃德怎样教育她的子女》,见《西方资产阶级教育论著选》,张焕庭主编,人民教育出版社 1979 年版,第 173 页。

② [瑞士]裴斯泰洛齐:《葛笃德怎样教育她的子女》,见《西方资产阶级教育论著选》,张焕庭主编,人民教育出版社 1979 年版,第 193 页。

③ [瑞士]裴斯泰洛齐:《葛笃德怎样教育她的子女》,见《西方资产阶级教育论著选》,张焕庭主编,人民教育出版社 1979 年版,第 194 页。

有一种内在的力量在生长着。这种内在力量是儿童各种能力发展的内在源泉。随着这种力量的发展，儿童身上的各种能力便逐步显露。因此，教育者必须注意和保护儿童这种先天内在的力量，“从开始就鼓励儿童的活动；要引导儿童产生真正是他自己的成果，也同时给他不去盲目地抄袭别人而提高自己的能力和意志”①。在他看来，集中地发展智力比泛泛地传授知识更加重要。智育的最高目的，是发展学生的心智，包括思考能力、判断能力、表达能力和接受能力等。而要发展儿童的心智，必须从感性直观开始，同时遵循从简单到复杂、有条不紊、循序渐进地教育儿童的方法，因为“智力和才能的发展，要有一个适合于人类本性的、心理学的、循序渐进的方法”②。

智力的发展固然重要，但是它也离不开知识的积累，正是基于这种认识，裴斯泰洛齐也重视多方面知识的学习，他认为在初等学校，应该学习语文、算术、历史、地理、制图、图画、唱歌等。

关于它们的教学方法，他以“要素教育论”作为其理论基础，创立了初等教育分科教学法。所谓“要素教育”，是指教育者明确实施教学的最基本、最简单的要素，例如“词”是语文最基本的要素、“1”是数学最基本的要素，并以这些要素作为教学的起点。其目的在于简化教学方法，“使得即使是最普通的人，也有可能自己教他的孩子。……每一个家长能够很容易地有可能使家庭的一个成员或朋友来进行教学；这种结果，随着教学方法的简化，受教育的人数的增加，将会变得日益容易”③。

裴斯泰洛齐强调教学从最基本的要素开始的思想是可贵的，但是他的一些分析则缺乏科学性。

第二节　洛克的绅士教育主张

约翰·洛克(John Luoke，1632—1704 年)是英国 17 世纪著名的哲学家、

① [瑞士]裴斯泰洛齐：《裴斯塔洛齐教育论著选》，夏之莲等译，人民教育出版社 1992 年版，第 381 页。

② [瑞士]裴斯泰洛齐：《葛笃德怎样教育她的子女》，见《西方资产阶级教育论著选》，张焕庭主编，人民教育出版社 1979 年版，第 191 页。

③ [瑞士]裴斯泰洛齐：《葛笃德怎样教育她的子女》，见《西方资产阶级教育论著选》，张焕庭主编，人民教育出版社 1979 年版，第 205 页。

教育家。他青年时期就读于牛津大学基督教会学院，获文科硕士学位。毕业后留校任教，曾讲授希腊文、修辞学等，同时从事医学和实验科学的研究。1668年被推为英国皇家学会会员，1675年获医学学士学位。他在教育方面的代表作是1693年完成的《教育漫话》。

一、教育的作用与目的

洛克在认识论方面反对天赋观念论，信奉经验论，提出了人生"白板说"。他继承培根、霍布斯的唯物主义的经验论，认为在人的观念出现之前，人心只是一块"白板"，"我们的全部知识是建立在经验上面的，知识归根到底都是导源于经验的"①。知识由经验而生，也随经验而长。经验分为两种：一种是对外物作用的感觉，由此可获得简单观念；一种是对内心作用的反省，由此形成复杂观念。总而言之，"人类在发现各种东西时，便以接受印象为第一步，他后来自然所有的一切观念，亦是建立在这个基础上的。一切崇高的思想虽然高入云霄，直达天际，亦都是导源于此，立足于此的"②。

从一切观念来源于感觉经验的观点出发，他对教育在儿童发展中的作用予以了充分的估价。他认为，儿童既无经验，他是在他生活的环境中成长起来的，从环境中得到的一切感觉都会在他的心灵"白板"上留下痕迹，从这个意义上讲，教育在人的成长中起决定作用，他说："我敢说我们日常所见的人中，他们之所以或好或坏，或有用或无用，十分之九都是他们的教育所决定的。人类之所以千差万别，便是由于教育之故。"③因此，教育者(包括父母、教师等)对待儿童的教育不可不慎，儿童教育必须从小抓起，以养成良好的习惯。他提醒人们注意："教育上的错误比别的错误更不可轻犯。教育上的错误正和错配了药一样，第一次弄错了，决不能借第二次第三次去补救，它们的影响是终身洗刷不掉的。"④

为了更好地发挥教育的作用，洛克坚持教育应该遵循儿童心灵发展的规律和特点，在愉悦、轻松的气氛中，在游戏中进行教育和教学。

教育不仅对个体发展有作用，而且对社会也有作用，因为"国家的幸福与

① 北京大学哲学系外国哲学史教研室编译：《十六—十八世纪西欧各国哲学》，商务印书馆1975年版，第366页。

② [英]洛克：《人类理解论》，商务印书馆1983年版，第83页。

③ [英]约翰·洛克：《教育漫话》，见《傅任敢教育译著选集》，湖南教育出版社1983年版，第302页。

④ [英]约翰·洛克：《教育漫话》，见《傅任敢教育译著选集》，湖南教育出版社1983年版，第301页。

繁荣也靠儿童具有良好的教育”①。为切合新兴资产阶级的利益和要求，洛克提出了培养“绅士”的教育目的。所谓绅士乃是“有德行、有用、能干的人”，这实际上反映了英国贵族——资产阶级统治者对自己子弟的要求。绅士是英国未来的管理者，一旦绅士接受教育，上了正轨，对整个社会便起着引领的作用。不过在他看来，对绅士的教育不是在学校里进行的，而是在家庭中由父亲或聘请家庭教师来培养青年绅士。

二、绅士教育的内容和方法

洛克认为，作为一位绅士，首先必须具有健康的身体，因为“健康之精神寓于健康之身体”②。身心两方面的健康缺一不可。其中身体的健康是人们追求幸福、吃苦耐劳、出类拔萃的基础和保障，因而体育是绅士教育的主要内容之一。他针对当时一些贵族——资产阶级家庭在对待儿童健康问题教育中的误区，提出了自己的主张，主要从儿童的饮食起居方面提出了具体要求：儿童要过户外生活，接受空气、日光和水的锻炼；生活要有规律；饮食要清淡；睡眠要充分，睡硬板床，要早起；衣着要适体；药物要少用，不许饮酒，不可穿得过暖，要多运动等。洛克根据其所具有的医学知识提出了体育见解，是对禁欲主义教育的有力批判，体现出人道主义意义。

洛克认为，身体获得了应有的注意，保持健康强壮之后，接下来就要注意如何使精神保持正常，他说：“我认为在一个人或者一个绅士的各种品性之中，德行是第一位，是最不可缺少的……如果没有德行，我觉得他在今生来世就都得不到幸福。”③在他看来，唯有德行才是真实的善，一个人德行修养得好，其他成就的获得也很容易。

为此，他向统治阶级建议，要把子弟的幸福建立在具有德行与严格教养的基础之上，并认为这是获得幸福的唯一可靠和保险的办法。无疑，这是从资产阶级利益和个人需要引申出来的道德观。由此出发，他提出了一系列具体的道德规范和要求，并针对当时普遍存在的错误提出了批评。他重视培养儿童克制自己的欲望和以理性为指导的道德观，反对溺爱或纵容；重视从小养成儿童的良好习惯，以免难以纠正；重视使儿童心地里有礼貌，而不必过早计较举

---

① [英]约翰·洛克：《教育漫话》，见《傅任敢教育译著选集》，湖南教育出版社 1983 年版，第 301 页。

② [英]约翰·洛克：《教育漫话》，见《傅任敢教育译著选集》，湖南教育出版社 1983 年版，第 302 页。

③ [英]约翰·洛克：《教育漫话》，见《傅任敢教育译著选集》，湖南教育出版社 1983 年版，第 419 页。

止上的礼貌。但他也认为礼仪与懂得人情世故之所以重要,乃是可以为其"获得一切与他接近的人的尊重与好感","儿童获得了这种美德,日后所得的好处是很大的,他凭着这一点点成就,门路就可以更宽,朋友就可以更多,在这世上的造诣就可以更高"。这是一套典型的资产阶级功利主义的处世哲学。

在道德教育方法上,洛克重视道德教育的"及早实践",提出必须从儿童很小时就要重视对他们的道德教育,并要重视通过实际道德行为的锻炼来培养其德行,而反对让儿童死记道德规则与口头教训;从小使儿童畏惧和服从父母,树立父亲的威信,一俟年龄渐大"便愈当假以词色",使其小时候成为"顺从的臣仆,长大了成为亲昵的朋友",而不可相反;重视养成儿童的羞耻心,而不可采用体罚;重视奖励问题,认为不可用奖品去取得儿童的欢心,不可把奖励作为鼓励儿童去做某些该做的事情的条件,而应以培养他们的荣誉心为旨归,重视利用儿童的兴致,把儿童应做的事也都变成一种游戏似的去诱导他们;要避免不良伴侣的污染和注意榜样的作用,主张让儿童实地去认识和鉴别美和丑、善和恶。他指出,榜样所起的作用比任何说教的力量都大而深刻。他甚至认为利用榜样进行教育,不独应在儿童幼时使用,只要他们还在别人的教导之下,任何时候都应继续采用。

洛克所要求培养的绅士是有才干的,是善于处理世务的人,因此,就必须使他们具有多方面的知识和学问,并使其聪明、智慧和学问都得到发展。为此,他把智育放在仅次于德育的地位。他说:"我想如果有人不知道把一个有德行的,或者有智慧的人看得比一个大学者更有无限可贵,你也会觉得他是一个大傻瓜的。"①当然,对于一位心地善良的人来说,学问对于德行的养成、智慧的发展是有帮助的。但是,在洛克看来,智育包括学问和智慧两个方面,其中,发展智慧是智育的主要任务,他在《关于理解的指导》一书中说:"教育的事务,如我已经注意到的,并不是使年轻人在任何一门科学上达到完善的程度,而是开放和安置他们的心,使他们在需要专心于某种科学的时候,能够很好地学习它。"②在知识教育方面,他反对过于专门化、局限于某一学科的学习,而主张博学,他说:"为了陶冶人心,浅尝每一种知识肯定是有用的与必须的。"例如通过对科学的普遍的尝试,可以防止由于专心于某种知识所带来的思维定式。所以他认为:"保持人心不被一种知识所占领,它的重要性是很大的;我认为最好

① [英]约翰·洛克:《教育漫话》,见《傅任敢教育译著选集》,湖南教育出版社 1983 年版,第 433 页。
② 张焕庭主编:《西方资产阶级教育论著选》,人民教育出版社 1979 年版,第 89 页。

的做法，是公平地、平等地检视整个知识界，这样，可以看到整个知识界的行列、次序和美丽，而对于不同领域的各种科学，可按其适当的次序和每一科学的用处，予以公正的认可。”为此，他为绅士的培养制定了内容广泛的课程，具体包括阅读、写字、图画、语言、文法、外国语、地理、历史、自然科学、几何、算术、伦理学、年代学、天文学、法律、速记，以及骑马、跳舞、击剑等知识与技巧。此外，他还提出让青年学习木工、园艺、农业等技艺。如此广博的教学内容，反映了文艺复兴以后资产阶级对知识学习的重视。

在教学方法上，洛克提出，教育者首先应重视培养儿童热爱学习的兴趣和习惯，反对强制性学习。“儿童应学的事情，决不应该变成儿童的一种负担，也不应该当作一种任务去加在他们身上。否则他们立刻便会讨厌它；哪怕他们以前本来喜爱那件事情，或者不爱也不憎，他们对它都会感到厌恶。”①教师应该顺应儿童的兴趣，寓教于乐，千方百计使学习成为一种乐趣，“假如我们把学习当成一件光荣的、荣誉的、快乐的和消遣的事情，或是把它当成一件做了别些事情以后的奖励；假如不使他们因为忽略了求学就受到责备或惩罚，他们是会自己要求受教的”②。

其次，鼓励儿童的好奇心，洛克认为好奇心是追求知识的一种欲望，也是大自然赋予人类探求知识、摆脱无知的一个好工具。关于鼓励好奇心的方法，洛克提出：第一，儿童无论提出何种问题，教师不仅不能制止他、羞辱他、讥笑他，而且还应按照他的年龄与知识水平答复、解释他所提出的一切问题。第二，教育者在答复儿童提出的问题、解释儿童所想了解的事情之外，还应在他们所尊敬的人面前称誉他们。第三，不可使儿童得到虚妄的答复。如果我们跟他们作假，不仅欺骗了他们的期望，阻碍了他们的认识，而且也毁坏了他们的天真，使他们学会了最坏的恶习。第四，为激起儿童的好奇心，有时候教育者不妨故意使他们看到新奇的事物，使他们产生问题，自己去求得了解。如果他们的好奇心使他们提出的问题不是他们所应知道的，教育者也应坦白地告诉他们这个道理，而不应用假话或冷淡的答复去应付他们。

再次，善于指导学生的学习，教会学生学习的方法。洛克认为，教师的工作“不是要把世上的可以知道的东西全部教给学生，而在使得学生爱好知识，

① ［英］约翰·洛克：《教育漫话》，见《傅任敢教育译著选集》，湖南教育出版社 1983 年版，第 353—354 页。

② ［英］约翰·洛克：《教育漫话》，见《傅任敢教育译著选集》，湖南教育出版社 1983 年版，第 434 页。

尊重知识;在使学生采用正当的方法去求知,去改进他自己”①。一旦学生掌握了方法,便能“为学者清除道路,帮助他前进,使他在做任何学问的时候做得这样容易,走得这样深远”②。在学习方法方面,洛克指出了次序与恒心的重要性。

除了论述一般的方法之外,洛克还对每一科具体的教学法提出了自己的见解。同时,他还认为,教师应该因材施教,对于不同的人,应该采取不同的方法。

洛克不仅重视博学,而且更重视心智的发展,主张根据儿童的心理发展规律进行教学,并从教学实际中总结出许多教学方法方面的见解,这在当时对于反对经院主义教育具有进步意义。洛克的绅士教育理论在西方教育理论发展史上具有重要地位,对后来资产阶级各国教育实践和教育理论的发展也都有极大的影响。

第三节　赫尔巴特的传统派教育思想

约翰·弗雷德里希·赫尔巴特(Johann Friedrich Herbart, 1776—1841 年)是德国著名的哲学家、教育学家。他出生于一个法官家庭。少年时曾在拉丁古典学校读书,后升入耶拿大学,在此期间读过不少康德、费希特、莱布尼兹的哲学著作。大学毕业后,他在瑞士一个州长的家里任三个孩子的辅导老师,开始了他的教育生涯。有一段时间他和他的学生住在裴斯泰洛齐办的柏格多夫学校中,对裴斯泰洛齐的“要素教育”和运用直观教学发展儿童智力的实验,印象深刻。1802 年,他在哥廷根大学获得博士学位后,留校任哲学和教育学教授,后来又在哥尼斯堡大学继康德之后任哲学客座教授,主讲哲学和教育学,同时直接指导本国培训师资的教育研究所。他在教育方面的主要著作有:《论世界的美的启示为教育的主要工作》(1804 年)、《普通教育学》(1806 年)、《关于心理学应用于教育学的几封信》(1831 年)、《教育学讲义纲要》(1835 年)等。

---

① [英]约翰·洛克:《教育漫话》,见《傅任敢教育译著选集》,湖南教育出版社 1983 年版,第 476 页。

② [英]约翰·洛克:《教育漫话》,见《傅任敢教育译著选集》,湖南教育出版社 1983 年版,第 478—479 页。

一、论教育目的

赫尔巴特是以伦理学作为他的教育目的的理论基础。他说:“德行是给予整个教育目的的名词。”①“教育的唯一工作与全部工作可以总结在这一概念之中——道德。道德普遍地被认为是人类的最高目的,因此也是教育的最高目的。”②因而教育的任务便以养成受教育者具有完美、善良的道德品质为主要内容。而他所说的道德是以内心自由、完善、仁慈、正义、公平或报偿五种道德观念(简称“五道念”)为基础的。赫尔巴特断言,这些道德观念是永恒不变的,人类如果要过有秩序的生活,必须使有道德的人在他的各种行为中都能遵循这些永恒的道德标准。“内心自由”的观念要求一个人只做他的理性所认可的行为;“完善”的观念要求一个人有多方面的意志力和坚强而紧张的毅力;“仁慈”的观念要求一个人要跟别人的意志相协调,能为别人谋利益;“正义”的观念其实就是守法的观念,“要求学生抛弃所有的争吵。在这一点之上还要进一步要求学生反省争吵的原因”③;“公平或报偿”的观念是要求对错误的行为予以惩罚,而对于善的行为则予以奖励。显然,这五种道德观念是为维护和巩固当时的统治政权服务的。

由于赫尔巴特认为五种道德观念是永恒不变的,因此,以培养具有上述“美德”、善于适应现存社会的关系和能够尊重并服从既定法制的人的教育目的也是永恒的。为了实现这个目的,他还将儿童将来的目的分为两个部分:可能的目的和必要的目的,或称选择的目的和道德的目的。所谓可能的目的或选择的目的,它“不是由教师选择的,也不是由儿童选择的,而是未来的成人所选择的”④,这是就一个人将来可能从事何种职业而言。由于从事何种专门职业是由人选择的,个人只能从一开始就作多方面的努力。因此,教育者必须帮助学生发展“多方面的匀称的兴趣”,即“一切能力得到和谐发展”,这实际上是教育的职责,而不是教育的目的。教育的真正目的是必要目的,即道德的目的。所谓必要的目的或者道德的目的,是指一个人在他的任何活动中都需要

---

① [德]赫尔巴特:《教育学讲义纲要》,见《西方资产阶级教育论著选》,张焕庭主编,人民教育出版社 1979 年版,第 298 页。

② [德]赫尔巴特:《论世界的美的启示为教育的主要工作》,见《西方资产阶级教育论著选》,张焕庭主编,人民教育出版社 1979 年版,第 259—260 页。

③ [德]赫尔巴特:《教育学讲义纲要》,见《西方资产阶级教育论著选》,张焕庭主编,人民教育出版社 1979 年版,第 299 页。

④ [德]赫尔巴特:《普通教育学》,见《西方资产阶级教育论著选》,张焕庭主编,人民教育出版社 1979 年版,第 272 页。

达到的目的。不管你将来干什么工作，从事什么职业，都必须具有一定的完善的道德品质，即“在儿童心中发展明辨的识见以及与它一起的相应的意志力”①。可见，他的教育目的的重点是必要的目的，认为道德教育是最根本的任务。

二、论管理

赫尔巴特认为，对儿童的管理是进行教育和教学的前提条件，“教育而不注意儿童不守秩序的行为，即儿童本身也不认为是教育。此外，如果不坚强而温和地抓住管理的缰绳，任何功课的教学都是不可能的”②。可见，管理是顺利进行教育和教学的首要条件。

为什么将管理工作视为教育教学开始之前必不可少的一环呢？赫尔巴特断言，在儿童身上，天生就有一种不驯服的烈性，这是他不守秩序的来源。由于他还没有形成真正的意志，因而，这种烈性必须加以克服，否则便会养成不守秩序的性格，而且这种克服的力量要强，并能常常重复才能完成对烈性的克服。此外，这种烈性是盲目冲动的种子，虽被暂时克服，但仍然存在于儿童身上，并且随着时间的推移还会增大增强，直至走上反社会的方向，因而，有必要从小便对儿童的这些冲动和欲望加以约束。这不仅有利于现在的教育和教学的秩序以及儿童将来的发展，而且也有利于将来社会秩序的维护。简而言之，对儿童的管理的目的是“要造成一种守秩序的精神”，使管理也成为一种教育的手段。

关于对儿童的管理方法，赫尔巴特提出首先是采取惩罚的威胁。但是威胁并不是经常都能产生效果的，它也会带来两种危险：一是本性倔强者蔑视一切威胁，二是本性软弱者不堪承受威胁。其次，将监督视为儿童管理不可缺少的部分。“一时一刻也不要认为，放任儿童撒野，不予监督，不予教养，就能培养成伟大人物。”③再次，采用各式各样的命令和禁止，这些命令和禁止应当是确实而具体的。第四，包括体罚在内的惩罚。此外，威信和爱也是管理的一种

---

① [德]赫尔巴特：《普通教育学》，见《西方资产阶级教育论著选》，张焕庭主编，人民教育出版社1979年版，第273页。

② [德]赫尔巴特：《普通教育学》，见《西方资产阶级教育论著选》，张焕庭主编，人民教育出版社1979年版，第267页。

③ [德]赫尔巴特：《普通教育学》，见《西方资产阶级教育论著选》，张焕庭主编，人民教育出版社1979年版，第270页。

辅助方法。

赫尔巴特关于儿童管理的理论，主要是为了使儿童养成守秩序和纪律的习惯，这和他的保守的政治主张是一致的。

三、论教学

教学问题是赫尔巴特全部教育理论的中心问题，也是他对教育理论发展的最有贡献之处。

(一) 教育性教学思想

在教学工作中，如何处理传授知识与培养道德的关系，一直是教育家们关注的问题。赫尔巴特从教育目的出发，对此问题作了系统的论述，首次明确提出了“教育性教学”的概念。在他看来，传授知识和培养道德是同一过程的两个方面。一方面，他不承认“无教学的教育”，认为教学是进行教育的基本手段，要进行道德教育，必须借助于教学，不进行文化知识的教学，就无从实施道德教育，“教学形成思想内容，而教育则形成性格。没有前者后者是做不到的”①，而且一个无知的人也不可能是有德行的。另一方面，他反对“无教育的教学”，要求教育者应该按照教育目的来进行教学，教学要使学生掌握知识，更要培养德行，“纯粹的知识是不够的，因为我们认为知识是事实的供给和贮存，一个人可能有知识也可能缺乏知识，但不管他有没有知识，他同样是人”。他要求教师的教学是教育性教学，但他也反对在教学中生硬地加进一些道德说教或以道德教育取代系统知识的教学。

(二) 教学心理化

将心理学引入教学领域，早在柏拉图时期便开始尝试。以后的亚里士多德、夸美纽斯、卢梭、裴斯泰洛齐也都作过研究。赫尔巴特在继承和发展前人的基础上，明确认为缺乏心理学的结果是教育学领域的一大缺陷，为此，他对将心理学引入教学进行了长期的研究，充分应用心理学去论证教学中的实际问题，力图把自己的教学论真正建立在心理学基础之上。

赫尔巴特应用的心理学不同于传统的官能心理学，而是观念心理学。“观念”是赫尔巴特心理学中最基本的术语。所谓“观念”，是指事物呈现于感官而在意识中留下的印象。他认为心理活动乃是观念的出现、结合和消失。人从出生起就在心灵中不断形成着各种观念，在一定经验基础上，当新的观念要进

---

① [英]博伊德、金合著：《西方教育史》，任宝祥、吴元训主译，人民教育出版社 1985 年版，第 338 页。

入人的意识时,必须得到意识中旧的观念的同化和吸收,形成表象系列。他把学生在原有观念的基础上将一些分散的感觉刺激纳入意识且吸收、融合、同化新观念并形成观念体系的过程称为"统觉",所形成的这个观念体系称为"统觉团"。意识中的各种观念一般都是以统觉团的形式保存着。当新观念出现时,意识中与之相适应的统觉团便从抑制中兴奋起来;当另一新观念出现时,原来兴奋着的统觉团可以很快地被抑制下去,原来抑制着的但与之相关的统觉团却得到活跃。在他看来,能否促进统觉的进行关系到教学的成败。他要求教师在教学中尽可能地创造更多的条件,促进旧观念的再现,使新观念能够更好地被吸收、同化。

赫尔巴特还认为,教学必须激发学生学习的兴趣。所谓"兴趣"就是指心理的积极活动,实际上也就是观念的大规模的广泛的活动和观念的游戏。它是传授新知识、形成新观念的基本条件,教学过程也就是学生兴趣的产生和发展的过程。没有兴趣就没有真正的教学。但兴趣应是多方面的,过于集中在某一种兴趣上的心理是不完善的。唯有多方面的兴趣才是获得广泛的新知识、形成新观念的基础和动力。

赫尔巴特进一步提出了注意与统觉的联系。他说,注意也是观念的一种活动,是使现有观念扩大的一种努力。当新观念出现时,学生在意识中必须集中注视新旧观念的联系以及新观念的特征,排除与之无关的因素。这样,才能有助于使与新观念有联系的旧观念进入意识,从而促进统觉过程的顺利进行。他把注意分为随意的注意和不随意的注意两种。随意注意是具有预定目的,而学生也围绕此目的而进行努力的注意。不随意注意又分为原始注意和统觉注意。原始注意是儿童先天就有的,它决定于印象的力量、色彩的鲜明性和音响的强度。统觉注意是新观念唤醒了有关的旧观念所引起的注意。它决定于原有的观念和新的观念相结合的程度。赫尔巴特认为教学应当充分运用注意的原理,考虑到各种有助于维持和发展儿童注意的方法。

(三)教学阶段理论

赫尔巴特反对自然主义教育关于适应自然的原则。他认为,把人交给自然是愚蠢的行为。主张由教师采取符合儿童发展规律的教学程序,有计划地把知识和品德传授给学生。为此,他一生的工作就是寻找这种程序。

他以观念心理学为基础,把教学过程分为明了、联想、系统、方法四个阶段,学生的心理状态分别处于注意、期待、探究、行动四种情景;教学过程通过静态、动态的专心活动(即"钻研"——接受和学习教师所讲材料)和静态、动态的审思活动(即“理解”——深入思考新材料)两个环节得以实现。

据此,赫尔巴特确定教学阶段的具体步骤如下。

第一,明了。该阶段就是清楚、明确地感知新教材,在感知基础上形成新旧观念之间的比较。此时为了要学习和掌握新的教材,必须集中注意力。这时要求教师通过讲解、示例或演示等叙述教学,要求教师的讲解简明易懂、由浅入深。

第二,联想。教师将学生在明了阶段感知的个别但又相互联系的观念形成各种概念,即是联合。此时学生还不知道从新与旧的联合中究竟能得到什么,因此,学生的心理状态是处于获得新观念前的期待阶段,此时,教师应采用谈话分析的方法向学生指出新旧知识的异同。

第三,系统。这个时期开始进入理解阶段,要使学生将初步联合起来的各种观念和众多的“统觉团”发生联系,并在教师的指导下寻找一些确切的定义和结论。学生的心理也由期待进入探究,体现了心理层次的深入。教师可采用综合教学方法。

第四,方法。这一阶段是要使学生把系统化了的知识付诸应用。教师可采用练习法,使学生所学的新知识变得更加熟练和牢固,并融会贯通成为自己的东西。

赫尔巴特的教学过程阶段理论,在一定程度上揭示了教学过程的规律,但它也过于刻板和流于形式。

第四节　斯宾塞的实科教育思想

赫伯特·斯宾塞(Herbert Spencer,1820—1903 年)是 19 世纪中后期英国著名的实证主义哲学家、社会学家和教育家。他出生于英格兰的教师家庭,他的父亲、叔父、祖父都是教师。他的父亲很有教养,学识渊博,尤长于自然科学。教学中注重启发诱导,提倡思考、判断,这对斯宾塞的学习和日后教学思想的形成与发展影响极深。由于他自幼身体虚弱,父母并未强迫他接受正规的教学训练。他经常在父亲的教导下,到野外游玩,采集标本,学习自然科学。13 岁后在叔父家接受严格教育,学习了古典语言、数学、机械学、化学等。17 岁时,曾做过 3 个月的小学教师,不久,担任了铁路工程技术人员,此时,他根据工作的需要,自学了地质学,并初次接触到达尔文的进化论,产生了浓厚的兴趣。1846年他辞去铁路上的工作,专门从事著述。1848年至1853年,他担任了《经济学家》杂志编辑,在此期间,他结识了实证主义的热心宣传者刘易斯(G. H. Lewes)、科学家赫胥黎(T. H. Huxley)等。1853年,他辞去了在杂志社的工作,专心著述立说,主要著作有企图囊括人类全部知识的10卷本巨著《综合哲学》(包括《第一原理》《生物学原理》《心理学原理》《社会学原理》和《伦理学原理》)和教育著作《教育论》(由《智育》《德育》《体育》和《什么知识最有价值》4篇论文汇编而成)等。

一、论教育的目的和任务

斯宾塞生活的时代,是自由资本主义发展的鼎盛时期,并逐渐进入垄断资本主义社会。由于科学和生产的高度发展,社会生产方式和人的生活方式也发生了极大的变化。社会既需要培养精于工商业的管理人才,又需要培养大量的掌握一定实用技能的工人。斯宾塞适应时代的要求,批评当时盛行的古典主义教育虚饰大于实用,认为它既不能满足个人的需要,又不能充分发展个性,他在《教育论》中说:"从远古直到现在,社会需要压倒了个人需要,而主要的社会需要是对个人加以约束……所考虑的不是什么知识最有真正的价值,而是什么能获得最多的称赞、荣誉和尊敬,什么最能取得社会地位和影响,怎样表现得最神气。"①这一切已经不能适应变化了的社会。他从资本主义的个人主义和功利主义思想出发,认为真正的教育应该以个人过"完满的生活作准备"为目的,教育的任务就是教会人们怎样生活。

斯宾塞认为,人类主要活动可分为五类,即:直接保全自己的活动,从获得生活必需品而间接保全自己的活动,目的在抚养教育子女的活动,与维持正常社会关系有关的活动,以及在生活中的闲暇时间满足爱好和情感的各种活动。不难发现,这些都是以个人的生存、繁衍和舒适的生活为主要内容的。他提出,为了准备满足每种生活的需要,就必须进行直接保全自己的教育,间接保全自己的教育,做父母的教育,做公民的教育和善于进行生活中各项文化活动的教育。他提出的教育目的和任务,适应了资本主义培养实用人才的要求。

① [英]斯宾塞:《斯宾塞教育论著选》,胡毅、王承绪译,人民教育出版社1997年版,第55—56页。

二、实科教育的内容和方法

（一）教育内容

斯宾塞认为，从有助于完满生活来看，教育内容应是那些最有价值的知识。那么，什么知识最有价值呢？他断定：为生活作准备，就是衡量知识价值的唯一标准。由此来看，科学是最有价值的知识。首先，科学具有实用的价值，无论是为直接、间接保全自己的活动，还是为好父母、好公民以及从事各种文化活动，都离不开科学知识。“在目前和在遥远的未来一样，人们去了解身体、心智、社会方面生活的科学，对调节他们的行为肯定地具有无法计算的价值。”①其次，科学具有训练心智方面的价值。他指出：“获得任何一种东西有两项价值：作为知识的价值和作为训练的价值。”②因为科学所形成的观念联系多数是同一些必然的事实相符合的，科学所表明的关系是因果关系，因此它有利于培养理解力、判断力和记忆力等。此外，科学在思想、道德品质方面也具有重要作用。

斯宾塞根据所确定的教育目的、任务，以及对最有价值的知识的判断，提出了以科学教育为中心的实科课程体系。

根据人类完满生活的需要，按照知识价值的顺序，他把普通学校的教育内容分为五个部分：第一部分是生理学，它是为直接保全自己的活动所需要的知识；第二部分主要是除读、写、算之外，还应包括数学、力学、热学、光学、电磁学、化学、天文学、地质学、生物学、社会学等，这些直接同生产活动有直接联系的知识是使人易于谋生和有助于间接保全自己所需要的知识；第三部分是生理学、心理学、教育学，它是为履行父母职责而必备的知识；第四部分主要是历史学，这是履行公民职责所不可缺少的知识；第五部分主要是审美文化，包括绘画、雕塑、音乐、诗歌等，这些是为满足人们度过闲暇时所需要的知识。

斯宾塞所提出的教育内容体系，自然科学是其核心，这对于古典人文主义占绝对优势的英国学校教育来说不啻是一次革命，从而促使学校课程与现实的社会密切联系起来。但它过于强调功利，忽视了人文学科的价值，有矫枉过正之嫌。

（二）实证性的教学方法

斯宾塞为了实施其实科教育课程体系，提出了一系列具有实证主义色彩

---

① ［英］斯宾塞：《斯宾塞教育论著选》，胡毅、王承绪译，人民教育出版社 1997 年版，第 92 页。

② ［英］斯宾塞：《斯宾塞教育论著选》，胡毅、王承绪译，人民教育出版社 1997 年版，第 62 页。

的新的教学方法。他认为教学应该重视儿童心智发展规律,适应儿童的认识能力,遵循从简单到复杂、从不准确到准确、从具体到抽象的顺序,注重培养儿童的学习兴趣和学习主动性,鼓励自我教育。根据这个原理,关于教学方法,他特别推荐观察法、实验法、归纳法以及发现法等。

斯宾塞十分重视观察法和实验法,重视实物教学。他说:"仔细观察是一切伟大成就的一个因素。"①而儿童很早就有观察周围事物的自发活动,这是为日后获得知识打基础的过程,教育者应该重视早期的感官教育,要对儿童的观察能力进行系统的培养。观察的范围要广,要注意观察大自然;在观察的顺序上,要循序渐进。要培养学生周密观察的习惯,教给学生独立观察的方法。

斯宾塞认为在儿童观察、实验的基础上进行教学的最好方法是归纳法。他完全否定先讲规则的演绎法,认为教规则的做法只能使学生了解知识的外表而不能理解其实质,只记得研究结果,而不能掌握取得结果的研究过程和方法。他认为归纳法则有利于掌握知识的原理,他曾比喻说,记住规则的心智像一堆杂乱的材料;而掌握知识原理的心智则是把同一材料组成了整体,各部分都联结在一处。此外,归纳法还有利于培养学生的自学能力和掌握学习的方法。

斯宾塞还提倡让儿童独立探索的发现法,他说:"应该引导儿童自己进行探讨,自己去推论。给他们讲的应该尽量少些,而引导他们去发现的应该尽量多些。"②通过这种方法不仅将保证学生学到的知识的鲜明性和巩固性,而且能使得到的知识较容易地变成能力。

斯宾塞关于教学方法的主张是对旧的传统教学方法的革命,反映了资产阶级对完成科学教育的要求,但是其中的片面性也是明显的,例如忽略了儿童的认识特点,过高估计了个人经验的价值等。

第五节　乌申斯基的民主主义教育主张

康士坦丁·德米特利耶维奇·乌申斯基(1823—1870年),是19世纪俄国资产阶级民主教育派的主要代表人物,俄国国民学校和俄罗斯教育科学的奠

① [英]斯宾塞:《斯宾塞教育论著选》,胡毅、王承绪译,人民教育出版社1997年版,第99页。

② [英]斯宾塞:《斯宾塞教育论著选》,胡毅、王承绪译,人民教育出版社1997年版,第110页。

基人,“俄国教师之父”。他早年毕业于莫斯科大学法律系,曾在一所法律专科学校担任财政学代理教授,后因不满沙皇政府课前送审讲授提纲的无理要求,以及在讲课中充满着民主观点、人道主义和社会发展思想,以致被当局视为政治上不可靠的自由思想分子而遭到监视,不久被解除了教授职务。为生活所迫,他只好在内务部担任下级职员,并在《现代人》和《读者文库》上发表一些文学方面的文章。1855 年,他担任加特钦纳孤儿院的教师,后被任命为校内督学。在此期间,他发表了许多有关教育方面的论著,如《论公共教育的民族性》《儿童世界》等,并逐渐形成了他系统的教育思想。1859 年,他被任命为斯莫尔尼女子学院的校内督学。到任后,他提出新的教学计划,开始着手对学校进行改革。与此同时,他还受教育部长委托,兼任《国民教育部杂志》的编辑。1862 年因保守势力的反对,他被迫离开学院。沙皇政府考虑到他的巨大声望,不得不以出国考察女子教育的名义让其长期出国。在国外期间,他编出了通信集《瑞士教育参观记》、《〈祖国语言〉教学指南》以及教育巨著《人是教育的对象》第一、二卷等。乌申斯基 1867 年回国,1870 年因病逝世。

一、教育的民族性思想

乌申斯基把民族性看作自己教育学体系的主要基础和建立国民教育制度的主要原则。它贯穿于乌申斯基教育思想和教育实践的各个方面。

自 18 世纪初彼得一世进行社会改革之后,俄国与西欧的联系扩大了,同时,一些上层社会对西欧的崇拜也流行起来,在这种情况下,一批具有爱国主义热情的人士纷纷起来反对,主张在教育中应该贯彻民族性精神。但是,究竟什么是民族性,却一直有着不同的看法,如沙皇政府认为“民族性”便是专制制度、农奴制、东正教三位一体。乌申斯基对民族性的理解与官方的民族性是根本对立的。他认为,民族性就是一个民族的共同性向,是历史发展过程中民族生活的唯一源泉,是一个民族存在的标志,“一个没有民族性的民族,就等于一个没有灵魂的肉体,它只能屈从于衰败的规律,只能在另一些保存着自己的独特性的肉体之中消亡”①。他还进一步指出,民族性也不是僵死的,它也应当不断发展逐步完善。他认为,俄罗斯民族的主要特性表现在非凡的创造力和反抗侵略的爱国主义精神,他说:“如果我们在我国普通人民的性格中只看出宗法制的色彩,那我们就太没有远见了。不,我们在人民的性格中看到许多高尚

① 郑文樾编选:《乌申斯基教育文选》,张佩珍等译,人民教育出版社 1991 年版,第 82 页。

的文明、充满力量的民族性和大公无私的人道主义的强大素质。"①

乌申斯基认为,并没有一切民族所共同的国民教育制度。一个民族的教育,与这个民族的民族性有着不可分割的必然联系。一方面,民族性是一个民族的教育发展的根基,教育始终不断地从这个源泉中汲取力量,"我们想杜撰教育,这是徒劳无益的……教育是与人民一起产生、一起成长的,它反映了人民的全部历史,反映了人民的一切优良品质和不良品质"。一个民族抄袭其他民族的教育制度是不可能培养出自己所需要的人才的。民族性还是一个民族教育的希望所在,也是它的灵魂,"教育诉诸民族性,永远会在人的活跃而强烈的情感上找到回答和帮助"②,"由一个民族自己根据民族的原则建立起来的教育,具有那样的教育力量,这种力量是建立在抽象的思想之上或从别的民族抄袭来的最好的教育制度中所没有的"③。另一方面,民族性的教育对于民族的发展、对于它的民族性的完善也有着重要的作用。他说:"公共教育加强和发展着人的民族性,同时因为发展了他的智慧和自我意识,就有力地一般地促进民族自我意识的发展;公共教育给民族性格的内心深处带来意识之光,并对社会的发展,社会的语言、文学、法律,一言以蔽之,对整个社会历史的发展起着有力的良好的影响。"④

乌申斯基强调教育的民族性,但并不排斥对其他民族优秀文化遗产的借鉴,他说:"其他各民族的教育经验是一切民族的宝贵遗产,但是这和说全世界的历史经验属于一切民族正是同一个意思。"⑤

乌申斯基的教育的民族性原则,充分体现着人民性的特征。在他看来,人民是民族性教育不断完善、发展的最根本的推动力量。他说:"公共教育只是当它的问题成为一切人的社会问题和每个人的家庭问题时才是有效的……哪里没有关于教育的公共舆论,哪里也就没有公共教育,虽然可能有许多的公立

① 转引自滕大春主编:《外国教育通史》(第3卷),山东教育出版社1990年版,第459页。

② [俄]乌申斯基:《论公共教育的民族性》,见《西方资产阶级教育论著选》,张焕庭主编,人民教育出版社1979年版,第462页。

③ [俄]乌申斯基:《论公共教育的民族性》,见《西方资产阶级教育论著选》,张焕庭主编,人民教育出版社1979年版,第463页。

④ [俄]乌申斯基:《论公共教育的民族性》,见《西方资产阶级教育论著选》,张焕庭主编,人民教育出版社1979年版,第464页。

⑤ [俄]乌申斯基:《论公共教育的民族性》,见《西方资产阶级教育论著选》,张焕庭主编,人民教育出版社1979年版,第465页。

学校。”①教育应该是人民的，应该由人民来管理，教育应该以人民的利益为最高标准，造就人民的新一代。

乌申斯基还从教育的民族性出发，强调爱国情感的培养，主张用本民族语言教学。但他的教育的民族性思想也有不足，例如将宗教情感视为民族性的组成部分等。

二、关于教学的理论

（一）教学的任务

19 世纪在教学论中存在着“形式教育”和“实质教育”两种理论的对立。前者多半是古典主义的拥护者，认为教育的主要任务是发展记忆、注意、思维等，而用哪一种教材是次要的问题；后者则非常重视教材，他们要求教材接近生活并具有实际意义，但对智力的发展注意不够。乌申斯基则认为，这两种理论都存在着片面性。因为使儿童巩固地掌握一定范围的、为生活所必需的知识和发展他们的智力都是教学所应该完成的任务，它们不但是同等重要的，而且在教学中是统一完成的，他说：“无论是智力的锻炼也好，是语言的练习也好，都应该在一些实在的和有益的知识上面来练习学生的智力和语言的能力；这些练习的主要目的应该是知识本身的充分的掌握和清楚的表达，同时附带地既练习了智力，又练习了语言的能力。”②此外，教学还必须具有教育性。

乌申斯基根据对教学任务的理解，认为必须给予学生以关于自然科学和社会学科的知识，肯定实科教育的价值，同时也不否定古典知识在一定部门的学术研究的作用。

（二）教学过程的本质

乌申斯基从教与学两个方面来研究教学过程，他指出，教学过程包含着两个不可或缺的方面，即教师传授知识、技能和学生掌握知识、技能技巧。这两方面都不可偏废，他批评道：“过去的经院主义的学校把全部学习劳动都压在儿童肩上，它递给教师手里的只是一根戒尺，以督促懒惰的学生。后来的学校则趋于另一极端：它把全部劳动放在教师身上，要求教师这样地来发展儿童，

① ［俄］乌申斯基：《论公共教育的民族性》，见《西方资产阶级教育论著选》，张焕庭主编，人民教育出版社 1979 年版，第 466 页。

② ［俄］乌申斯基：《〈儿童世界〉初版序言》，见《西方资产阶级教育论著选》，张焕庭主编，人民教育出版社 1979 年版，第 482 页。

做到使这种发展对儿童来说不费丝毫努力。”①新型的学校应该与此相反，它应该是师生各自承担自己的劳动。对学生而言，他应该尽可能地从事严肃而艰巨的独立劳动，而且由于学习这种劳动并不是一件轻松的事，必须依靠坚强的意志品质去克服困难，努力学习，不可将学习变成游戏，“从第一次学习起，就要把它与游戏区分开，使它成为儿童的认真的职责”②。当然，这种劳动也应该是与学生的心理、生理发展的水平相适应的，“你所教的某种学科内容还不适合他的年龄，你必然会遭到他天性上的许多障碍，这些障碍只有到某一时期才能克服。你愈是要坚持克服这些年龄上的障碍，就会给你学生带来更大的祸害”③。作为教师来说，他的职责如同医生主要是帮助病人加强体质和抵抗疾病的能力，“教师也正一样应当帮助学生去同理解这门或那门学科的困难作斗争；不是教，而只是帮助学”。即教师通过恰如其分地发挥作用，指导学生正确地进行观察、思考和工作，并使其智力和才能得到发展。他认为这种辅导性的教学方法的主要优点是“使学生习惯于脑力劳动时，还使他能习惯于克服这种劳动的艰苦性，并体验到这种劳动所给予的那种快乐”④。为此他告诫教师们，指望一切学科、内容都使儿童感兴趣是不可能的。教师要养成儿童不仅习惯于做自己感兴趣的事，而且也要做他不感兴趣的事——使他们以完成自己的任务为乐。

(三) 教学原则

在揭示教学过程本质的基础上，乌申斯基进而论述了教学原则。他把教学原则称为教学的必要条件，它包括：① 及时性；② 循序性；③ 固有性；④ 连贯性；⑤ 掌握知识的牢固性；⑥ 明晰性；⑦ 学生的独立性；⑧ 松紧有度；⑨ 道德性；⑩ 有益性。后人把它概括为：教学过程中学生的自觉性和积极性，教学的直观性，教学的连贯性，知识与熟练技巧的巩固性。⑤

---

① [俄]乌申斯基：《〈祖国语言〉教学指南》，见《西方资产阶级教育论著选》，张焕庭主编，人民教育出版社 1979 年版，第 495 页。

② [俄]乌申斯基：《〈祖国语言〉教学指南》，见《西方资产阶级教育论著选》，张焕庭主编，人民教育出版社 1979 年版，第 494 页。

③ [俄]乌申斯基：《〈祖国语言〉教学指南》，见《西方资产阶级教育论著选》，张焕庭主编，人民教育出版社 1979 年版，第 492 页。

④ [俄]乌申斯基：《劳动的心理和教育意义》，见《西方资产阶级教育论著选》，张焕庭主编，人民教育出版社 1979 年版，第 476 页。

⑤ [苏]Д. О. 洛尔德基帕尼泽：《乌申斯基教育学说》，范云门等译，江苏教育出版社 1987 年版，第 238 页。

自觉性和积极性原则。它是指在教学过程中，教师一方面应发挥学生的主动性和积极性，使他在整个教学过程中处于积极而主动的学习状态，另一方面不要强迫学生去学习那些完全不理解的材料，而应当从儿童已知入手，使教学成为学生在教师的指导下由不知到知、由不会到会的自觉过程。在乌申斯基看来，这两个方面是紧密相连的，自觉性原则使教学过程成为一个积极的过程，而积极性是学生的自觉学习得以实现的形式。

连贯性原则。即系统性，它是指教学过程必须建立在逐步地、按一定的顺序地形成学生的知识与熟练技巧的统一体系这一基础上。它要求教师必须在按照学科的体系讲授科学知识的基础上，遵循从简单到复杂、从具体到抽象的规则，进行系统的概括，他指出，无论是迷恋于毫无系统和概括的陈述事实，还是迷恋于缺乏事实根据的系统和概括，都同样是片面的。

直观性原则。乌申斯基指出，教学不是建立在抽象的观念和词的基础上的，而是依据儿童所直接感知的具体形象，不管这种形象是在教师指导下在教学过程中所获得的，还是儿童经由先前独立的观察所获得的。他认为直观性教学不仅适应了儿童要求直观的天性，而且还可以锻炼儿童的观察能力，促进其思维过程的发展，也有利于儿童加快理解速度和巩固已有的知识。在他看来，直观性"是一个普遍性的教学原则，它既应当贯穿在教学内容中，也应当贯穿在各种教学方法和教学方式中"①。他也指出，直观教学的应用，必须考虑儿童的年龄特征、学科的内容等，年龄愈小愈需要使用。但不可过分迷恋直观性，要注意培养学生的抽象思维能力。

巩固性原则。掌握知识与技能的巩固程度，是衡量教学质量的标准之一，复习和练习则是巩固知识的基本方法。他把复习分为积极和消极两种。所谓积极的复习，是指学生离开对外界印象的重新感受，独立地再现以前被他接受的知识的线索；消极的复习是指学生重新领悟先前已经领悟的东西，看先前看过的东西。两者相比较，他更加重视前者，因为复习"不是为了要修理已经倒塌了的房子，而是为了要加固房子，并在它上面建起新的一层楼来"②。

乌申斯基认为，在影响人的发展因素中，学校教育起着主导作用。在学校的许多成员中，最重要的是教师，因为教师对学生负有教育的直接责任。教师

---

① [苏]Д. О. 洛尔德基帕尼泽：《乌申斯基教育学说》，范云门等译，江苏教育出版社 1987 年版，第 247 页。

② [苏]Д. О. 洛尔德基帕尼泽：《乌申斯基教育学说》，范云门等译，江苏教育出版社 1987 年版，第 254 页。

作为学生最生动、最直接的榜样,具有巨大的教育力量,它无时无刻不在影响着学生的成长,他说:“任何规程和教学大纲,学校中的任何人为的机构,无论它考虑得多么周密都不能代替人格在教育工作中的作用……没有教师人格对学生的直接影响,深入性格的真正教育是不可能的。只有人格才能影响人格的发展和确立,只有性格才能形成性格。”①此外,任何教学大纲、教科书、教学原则、教学方法,无论它是多么完善,也必须依靠教师去执行,如果它没有变成教师的信念,则永远只能停留在文字上。可见教师的作用非常重要。

乌申斯基对教师提出了很高的要求,他认为,一个未来的教师,应该是一位人民教师,“所以是人民教师,不只因为他们是在国民学校中教育人民,而是因为他们真正来自民间,在他们的身上具有人民的优秀品质”②。他要求每一位教师首先应该热爱自己的职业,热爱儿童,对教育事业具有责任感,并且以不辜负人民给予的莫大信任为荣。其次,必须熟悉自己的业务,经常关心提高自己的知识水平和教育技巧。不仅要有专业知识,还应具有广泛的修养。必须掌握教育学、心理学和教学法方法等方面的知识,懂得儿童身心发展规律,并且要有教育的技巧和机智。

乌申斯基的教育理论对苏联和东欧国家教育理论的发展具有重要影响,他的关于教育的民族性、教学过程本质的论述以及有关教师的理论都有发人深省的见解。

第六节　中国近代主要教育思潮

一、洋务教育思潮

洋务教育思潮是在19世纪60年代勃然兴起的洋务运动中出现的向西方学习西文、西艺的教育思想,并逐渐发展成为一场中国教育近代化运动。所谓“洋务”,是当时人们对外国事物的概称,具体来说,“外事交涉,订条约等固然是办洋务,派遣留学生,学习外洋来的科学,购买洋枪洋炮,使用机器,开矿办厂,雇用外国军官,按照‘洋法’操练军队等,也无一不属于办洋务的范围”③。

① 转引自滕大春主编:《外国近代教育史》,人民教育出版社1989年版,第399页。

② [苏]Д. О. 洛尔德基帕尼泽:《乌申斯基教育学说》,范云门等译,江苏教育出版社1987年版,第308页。

③ 胡绳:《从鸦片战争到五四运动》(上册),人民出版社1981年版,第309页。

（一）洋务教育思潮出现的原因

1. 社会历史背景

经过两次鸦片战争，已逐渐走向帝国主义的西方列强利用与中国签订的一系列不平等条约，一方面派出大批的传教士来华传教、办学，把基督教教义和西方科技文明一起带入中国；另一方面把中国作为资本的输入地，在中国大办工厂，掠夺中国的大量资源，但同时客观上又为中国作了近代工业、近代教育的示范。

与此同时，面对列强咄咄逼人、民族危机进一步加深的态势，晚清专制统治阶级的内部开始产生分化，一部分具有买办倾向的上层人士，如奕䜣、文祥、曾国藩、李鸿章、左宗棠等，形成洋务派。他们虽然也主张儒家的纲常名教优于西方，但却服膺于西方的坚船利炮，李鸿章就说："中国文武制度，事事远出西人之上，独火器万不能及。"（《筹办夷务始末〈同治朝〉》第48卷）

2. 洋务教育思潮兴起的思想根源

向西方学习的思想，早在第一次鸦片战争时期魏源就已提出"师夷长技以制夷"的思想，当然他的所谓长技主要是指军事方面的战舰、火器、练兵等技术而言，比洋务的内容要窄得多，而且"夷务"与"洋务"之间也有差异，"在'师夷长技以制夷'的思想中，有蔑视洋人和'制夷'内容，而改称'洋务'，却有崇洋和畏夷之意"①。但这成为后来洋务派的思想源流。

随着视野的扩大，人们对资本主义国家的若干制度有了较深的认识。如冯桂芬认为，西域之书，如算学、重学、视学、光学、化学等，"皆得格物至理，舆地书备列百国山川厄塞风土物产，多中人所不及"（《校邠庐抗议·采西学议》），主张广泛翻译西方书籍，通过学习西方的生产技术，以推进中国的经济发展。王韬也认为：所谓西学"即实学，如像纬舆图、算测、光学、化学、电学、兵学、医学、制器、炼金、矿务等，均是实用之学，所以有用于世，有裨于人。学堂也应该用此类实学来教育学生，使之成为有用的人才"。洋务派出于"自强""求富"的目的，也继承了这种传统，主张仿效西方列强练兵制器，设厂办学。

（二）洋务教育思想的主要观点

1. 中体西用

"中学为体，西学为用"是洋务教育的纲领和基本指导原则。

最早明确表述"中体西用"观念的是冯桂芬，他在《校邠庐抗议》一书中说：

---

① 董宝良、周洪宇主编：《中国近现代教育思潮与流派》，人民教育出版社1997年版，第39页。

“如以中国之伦常名教为原本，辅以诸国富强之术，不更善之善者哉?”主张以西学为手段来挽救和维护封建统治之体。后来薛福成、王韬、陈炽、郑观应等均持此思想。例如，郑观应在《盛世危言·西学》中说：“合而言之，则中学其体也，西学其末也；主以中学，辅以西学。”而明确以“中学为体，西学为用”一词概括的则较早见之于1895年《万国公报》第75期上的一篇《匡时策》一文：“夫中西学问，本自互有得失，为华人计，宜以中学为体，西学为用。”

中体西用问题，贯穿于中国近代整个民主主义革命阶段，然而，在不同的历史时期，不同的政治派别对“中学”“西学”的认识和理解是不同的，如冯桂芬的“中学”仅指伦常名教，薛福成则是指尧、舜、禹、汤、文、武、周公之道。“西学”所指也有所不同，中国人最初接触的“西学”是指洋枪洋炮的制造等“西艺”，或所谓机器之学，后来“西学”已不限于应用科学，还包括自然科学的诸多方面，以及“西政”“西艺”等。

后期洋务派的代表人物张之洞在1898年出版的《劝学篇》中对“中体西用”问题作了系统阐述。他所说的中学又称旧学，具体内容包括封建的典章制度、伦理道德、中国之经史之学、孔孟之道。它是立国的根本，“五伦之要，百行之原，相传数千年，更无异义。圣人所以为圣人，中国所以为中国，实在于此”。所谓西学，张之洞概括为西政、西史、西艺。所谓西政，包括资本主义的某些规章、律例，具体指学校、地理、度支、赋税、武备、律例、劝工、通商等；所谓西艺，系西方近代自然科学与技术知识，如算、绘、矿、医、声、光、化、电等。就西政与西艺的关系言，张之洞认为：“大抵救时之计，谋国之方，政尤急于艺。然讲西政者，亦宜略考西艺之功用，始知西政之用意。”①简言之，张之洞的西学内容包括西方科技、军事及资本主义某些规章、律例，但并不包括资本主义的政治主张。

“中体西用”是个历史的概念，时代的产物，它是在中国封建思想已被资本主义冲击得支离破碎，而新的资本主义思想又被握有实权的顽固派所深恶痛绝的情况下产生的。在向西方学习的初期，应该承认它是有积极意义的。因为在当时的中国，要在封建主义文化弥漫天下的社会里塞进近代西方新文化，除了“中体西用”较易为大多数人所接受外，还不可能提出更好的主张。同时，“中体西用”思想对中国近代新教育的建设影响很大，它一方面否定了传统教育制度与课程的效能，另一方面又肯定了西方科学技术及教育制度的优越性，

① 张之洞：《劝学篇·设学第三》，中州古籍出版社1998年版，第121页。

必须加以学习仿效。但是,“中体西用”在理论上、逻辑上是不通的。维新派严复就指出:“体”与“用”是就同一事物而言,“中学有中学之体用,西学有西学之体用,分之则两立,合之两亡”。例如,有牛的体,就有牛的负重之用;有马的体,就有马的致远的用。所谓“中学为体,西学为用”,就如同把马的腿安在牛身上,要求牛有千里马之用,这样做,不但得不到千里马,就连负重耕田的牛也会失掉。简言之,以“体”“用”关系来调和中学与西学的矛盾,它实际上只能阻碍新教育的发展、新思想的传播。

2. 改革科举制度

进入近代社会之后,以四书五经和八股取士为代表的科举制度显然与时代的要求格格不入。于是,在近代思想界,包括洋务派在内的有识之士出于学习西学的目的,都对科举制度提出批评,主张改革。如冯桂芬在60年代初就提出改革科举的要求,认为科举“其事为孔孟明理载道之事,其术为唐宗英雄入彀之术,其心为始皇焚书坑儒之心”,主张对科举加以改革,一方面将考试内容时文改为经解、古学、策问;另一方面特设一科,以待能者,即在通商口岸拨款设立船炮局,聘请洋人教授内地聪颖者以近代科学技术,凡技术达到外国水平者,赏给举人,若超越外人者,则赏给进士。李鸿章也认为,为了培养有用的人才,亟须变通科举考试,因为“以章句、弓马施于洋务,隔膜太甚”,试帖小楷“丝毫无与于时务”。由于传统教育和科举制度培养不出求富图强的实才,因此,他主张“另开洋务进取一格,以资造就”,建议在有关海防省份,广设洋务局,学习格致、测算、舆图、造船、兵法、化学、电气等,学习成绩优秀者,则“奏奖升阶,授以滨海沿江实缺,与正途出身无异”(《李文忠公全集·奏稿·筹议海防折》)。1898年,张之洞也提出改革重书法小楷、八股文的科举方式,以为小楷有艺无文,废学问,八股文则“纤巧苛琐浮滥,不能阐发圣贤之义理”,建议以后的科举应以实学实政为主。鉴于科举制度不仅不能选拔近代人才,而且它的存在还阻碍了新教育的发展,于是到后来,他又提出了递减取士名额直至完全废除的主张。1905年,科举制度在张之洞、袁世凯等人的多次请求下,清政府颁诏予以废除。

3. 建立新学

为了培养洋务运动所需要的人才,这个时期,洋务派开办了许多近代新式学堂。当时的新学堂主要集中在外文、技术、军事三个方面。具体见第五章第四节的论述。

(三) 洋务教育思潮的历史影响

从 19 世纪 60 年代到 90 年代的洋务教育思潮,是对传统儒学教育思想的历史性超越,是中国教育近代化的尝试。它提出的“中体西用”的教育指导思想,是对两千多年传统教育樊笼的冲破。它将培养目标由培养封建士大夫定位为造就懂外语、晓科技的洋务人才,动摇了传统的教育价值观念。重视“西文”“西艺”的课程的开设,是对西方教育内容价值的承认和对传统教育内容的不满,这无疑有助于中国教育走向近代化。此外,它对西方教育制度、教学方法、教学组织形式的模仿,也有利于中国教育的改革。

二、维新教育思潮

(一) 维新教育思潮的形成与发展

维新,即改良,这里主要是指一种政体上的改革,它以戊戌维新运动的发展为最高峰。但在这之前,中国近代的改良思想经过了三个阶段。

第一个阶段是从 19 世纪 30 年代至 60 年代,主要代表人物有龚自珍、林则徐、魏源、冯桂芬等,他们的思想属于近代地主阶级的改良思想,是后来资产阶级维新派的前身。他们的最大贡献在于揭露了清政府腐败的政治制度,在教育方面主张加进近代课程,向西方学习,对科举制度进行改革。六七十年代的洋务运动是对这种改良思想的实践。

第二阶段是在七八十年代,主要代表人物有王韬、马建忠、薛福成、郑观应、陈炽等,他们属于早期资产阶级改良派。他们在政治上主张学习西方建立议院政治,实施君主立宪制度,让资产阶级有参与政权的机会。他们的主张虽然有着偏狭性,但毕竟提出了资产阶级政治改良的主张,是对前人的一大进步,成为戊戌维新运动的直接先驱。他们在教育方面的主张主要是要求扩大教育内容;打破传统教育模式,仿外国建立近代形式的大、中、小学校,同时改造旧学校;改革科举考试等。

第三阶段是进入 90 年代之后的维新变法运动,主要代表人物有康有为、梁启超、严复、谭嗣同。这个时期的维新思想,虽然在政治上仍然主张君主立宪,但是更明确认识和抓住了变法的核心即政治的改良,而且与上一个阶段相比,它主要不是表现在变法维新具体的主张上,而是在理论的社会政治观和哲学思想上,开始产生了一整套资产阶级性质的政治理论和哲学观点,并将其作为变法思想的理论根基。此外,他们还充分肯定了资产阶级的民权平等学说,并把“开民智”作为变法成功的关键;在教育方面,也提出了许多不同于前人的主张，并加以实践。

（二）维新派的主要教育主张

1. 教育为本

以康有为为首的资产阶级维新派，以教育为救亡图存、挽救民族危机、实现政治理想的重要手段。

康有为指出，西方资本主义国家富强的根本原因，“不在炮械军兵，而在穷理劝学。彼自七八岁人皆入学，有不学者责其父母，故乡塾甚多。其各国读书识字者，百人中率有七十人。……夫才智之民多则国强，才智之士少则国弱”①。在他看来，一个国家的强弱，关键就在国民的素质，而国民素质的提高，舍教育则无成。反观中国，其贫弱的原因，就在于教育不发达，传统的教育又难以培养出真正的人才。为此，他建议仿照西方和日本的教育模式，改进中国的文化教育，在省、府、县、乡各级设立学校，并筹建学部以承担全国教育的指导职责，以此提高国民的文化素养，使民智日开。

梁启超也认为国家强弱以教育为转移，变法维新必赖乎教育。他说，中国落后的主要原因就是教育不善，民智未开，缺乏人才。他依据《公羊春秋》三世说指出：“据乱世以力胜，升平世智、力互相胜，太平世以智胜。”当今世界决定胜利的原因已是由力而趋于智，于是他得出结论：“自强于今日，以开民智为第一义。”（《学校总论》）而开民智的不二法门便是兴学校。他说：“今之言变法者，其荦荦大端，必曰练兵也，开矿也，通商也，斯固然矣。然将率不由学校，能知兵乎？选兵不用医生，任意招募，半属流丐，体之羸壮所不知，识字与否所不计，能用命乎？……矿务学堂不兴，矿师乏绝，重金延聘西人，尚不可信，能尽地利乎？”（《论变法不知本原之害》）可见，中国之命运，唯教育之所系。

同其他维新派思想家一样，严复也将教育作用推向极致，成为著名的教育救国论者和西学救国论者。他在《原强》一文中指出，国家是否强盛基于国民是否具备三大要素：“一曰血气体力之强，二曰聪明智虑之强，三曰德行仁义之强。”西方资本主义国家的崛起，就是因为抓住了鼓民力、开民智、新民德三端。反观中国，“民力已尽，民智已卑，民德已薄”，为了从根本上解决这种问题，必须依靠教育，他说：“中国之弱，其原因不止一端，而望国人之暗，人才之乏为最重要。……教育强国之本。”（《救亡决论》）这种救国的教育，不是传统的教育，而是以西学为内容的教育。

---

① 《康有为全集·上清帝第二书》（第 2 集），上海古籍出版社 1990 年版，第 95 页。

2. 注重西政的学习

维新派教育思想家们不满意洋务派向西方学习仅局限于西文、西艺,而将西方政治的学习和近代政治人才的培养放在首位。他们认为,洋务派在教育上的失败,就是因为只为西方外部的技艺之长所震撼,而忽视其根本的政治优势,言艺之事多,而政与教之事少,因此,尽管开设了不少新式学堂,然所学内容、所育人才,不过袭其皮毛而已。他们还以日本明治维新的成功为例,认为日本的变法独以兴学校为先,而学校又以政治为最重,通过讲授泰西合理的政法并结合日本的国情,培养了许多政治人才,以致三十年间便崛起于东方。所以,中国的学校都应中西并举、政艺兼进,而政艺两者之间,又当以政学为主义,以艺学为附庸。因为政学较艺学易成,用途也较广,而且如其国有政才而无艺才,则行政治之人振兴艺学也较容易,就是借才异地也无不可。相反有艺才而无政才,虽绝技多多,而执政者不知所用,其终也必为他用。

为培养变法维新的政治人才,当时的资产阶级维新派教育家们通过三种途径来进行。

第一,组织北京强学会、南学会之类政治性的学会。他们认为,通过组织政治性的学会,一可以开风气,增强变法维新的声势;二可以联人才,为维新变法团聚和组织一支骨干队伍;三可以伸民权,争取和扩大群众的某些政治权利,锻炼和提高资产阶级从事政治活动的能力。

第二,创办万木草堂、时务学堂之类的政治性学堂。梁启超认为,西方学校种类繁多,而其中唯政治学院一门于中国最为可行,而于今日也最为有用。他在总结洋务教育的得失时强调:"泰西诸国,首重政治学院……其学成者授之以政,此为立国基第一义。"(《与林迪臣太守论浙中学堂课程应提倡实学书》)

第三,提出广派以学习西方先进的资本主义政治制度为主要目的的学生出国留学。维新派认为,"要救国,只有维新,要维新,只有学外国"。而大量派人出洋留学是学习外国的一条捷径。与洋务派不同的是,他们不仅主张学习国外的自然科学,而且更主张学习外国的政治制度。在派遣留学人员的等级及先后顺序上,维新派主要代表人物康有为主张应先派王公大臣等握有大权者,以减少变法的阻碍。

3. 改革旧的封建教育制度

为了推进中国教育近代化的步伐,维新派和洋务派一样,强烈要求改革旧的传统教育制度。

首先，改革科举制度是改革旧的教育制度的关键。甲午战争之后，社会各界人士对八股取士的科举制度已是深恶痛绝，资产阶级的维新派更是从发展资本主义经济、确立资本主义政治这一总目标出发，把改革科举制度作为进行教育改革的入手处，梁启超就认为："欲兴学校、养人才以强中国，惟变科举为第一义。大变则大效，小变则小效。"具体改革科举改革制度的方法为：废除八股及试帖、诗赋、楷法的取士方法，而要求改用策论，并加时务策；改革武举，建议废除与近代战争毫不相关的弓、刀、步、石的武试，而在全国广设军事学校以育人才；增设经济特科，专以选拔通古今掌故、内政外交、公法律例的通才。

其次，主张书院改学堂。书院原是我国封建社会特有的一种教育机构，但书院制度在漫长的发展过程中，随着中国封建社会逐渐没落，整个教育事业的日趋颓败，其积弊也愈来愈深，如清末书院所课皆八股试帖之业，所延教师、山长皆科甲出身。这一切均表明，书院已失去其活力，堕落为科举取士的养成所。为此，当时的维新派从改革旧的教育制度、广设新的学校，并为解决办学经费考虑，主张书院改学堂。这一要求后来在戊戌变法中，成为重要的"新政"措施之一。

4. 重视普及教育，推行资产阶级近代教育制度

资产阶级维新派教育家不仅主张广设学习军事、技术的新式学堂以造就近代社会所需要的人才，而且还要求"远法德国、近采日本"，模仿资本主义国家的学校教育制度，改造中国旧的学校制度，以提高国民素质。主要包括：① 乡立小学。小学学习年限为 8 年。采用德国所实行的强迫义务教育法，责令民人 6 岁子弟必须入小学读书，违者惩办。② 县立中学。14 岁入学。中学分为初等科和高等科两种，各学习两年。③ 省立大学，首都设立京师大学堂。京师大学堂建于 1898 年 7 月，它是全国最高学府，又是管理各省教育的行政机构。京师大学堂的建立，标志着我国近代大学教育建设的开始。

5. 强调师范教育

维新派兴学，深感师资的培养是关键。因此，师范学堂的设立是当务之急。而且当时由于新的师资的缺乏，一些地方的顽固派官员拒绝开设新式学堂。维新人士普遍感到，兴学之本应先重师范。梁启超甚至称师范教育为"群学之基"，各级学校离开此基，均无从谈起。认为在中国革旧学、兴新学，必须以立师范学堂为第一义。因为小学是大学的基础，而小学的发展必须"辅之以师范学堂"。他还提出将小学作为师范学堂实验基地的设想，他说："以师范学堂之生徒，为小学之教习，而别设师范学堂之教习，使课之以教术，即以小学堂

生徒之成就,验师范学堂生徒之成就。”(《饮冰室合集》文集第一册)师范教育不仅关乎普通教育的发展,他甚至认为中国学术之衰,也是由于师范学堂不立,而无通时务、又堪为人师表的教育人才所致。维新人士对师范教育的重视,无疑是抓住了教育改革的关键。当然,当时不少洋务派人士也有类似的主张。

维新派中既重师范,又将其付诸实施的当首推状元实业家张謇。在通州师范尚在筹建之际,他便不无自豪地宣称:“夫中国之有师范学校,自光绪二十八年始,民间之自立师范学校,自通州始。”(《张季子九录·通州师范学校议》)他在开学典礼上说:“欲教育普及国民而不求师则无导,故立学校须从小学始,尤须先从师范始。”呼吁提高教师和师范教育的地位,鼓励人们学习与兴办师范教育。

6. 欲强国必由女学

对待女子教育的态度,是维新派区别于洋务派的重要标志之一。

资产阶级维新派从男女平权的基本政治观点出发,认为妇女受教育是其应当享受的权利。他们纷纷援引美国倡导男女平权、日本遍设女学而成为富强国家的事实,大力倡导兴办女子学堂,把女子教育视为“兴国智民”的良策。康有为便认为妇女失去人权,是天下最不公平、最奇骇之事,为此力主男女教育权平等,在他设计的学校系统中,均有女子的一席之地。严复也主张女子应享有与男子同等的教育,然而当时的中国四亿人中,“妇女居其半,妇女不识字者,又居十之八九。即偶一二知书者,亦不过以其余力,粗解词章”。

梁启超是维新人士中倡导女子教育最为积极者。他认为女子受教育有四大必要性,一是强国保种的必需,二是增加生产的必需,三是改善家庭关系的必需,四是人才利用的必需。1897 年底,他还与上海电报局局长经元善等一起创办了我国近代影响较大的经正女学。

维新教育思潮虽然在戊戌政变中戛然而止,但它在教育发展史上的地位和作用是不可低估的。他们对教育作用与地位的认识,比以前诸派和同时期的人的认识都高。维新派对普及教育以开民智的呼吁,大大超过了洋务派在近代教育方面的主张。他们对西方近代学制的宣传,也为后来近代学制的诞生作出了独特的贡献。

第七节　蔡元培的民主教育思想

蔡元培(1868—1940 年)字鹤卿,后改字仲申,号孑民,我国 20 世纪上半叶历史转变时期著名的革命民主主义者和杰出的教育家,近代中国知识界的先驱。他曾历任南京临时政府时期第一任教育总长、北京大学校长、中央研究院院长等职,为中国近代资产阶级教育制度的建立作出了卓越的贡献。他的教育论述被后人编为《蔡元培教育论著选》。

一、造就"健全人格"的教育主张

造就"健全人格"是蔡元培整个教育思想的核心,也是他一贯主张的资产阶级教育目的。

蔡元培认为,历史上对教育价值的认识,或定位于造就官吏,或专注于封建道德训育,或以培养大工业的实业人才为目标,但他们均漠视受教育者自身的发展,有培养"工具"之嫌。他以他接受的康德的"二元论"为其世界观,同时赋予教育以新的含义。

蔡元培认为世界分为两方面:一为现象世界,它是相对的,受因果律制约,与时间、空间有不可分离的关系,是可以经验的,属于政治范围;一为实体世界,它是绝对的,不受因果律的制约,无时间、空间的限制,是超越经验之外的,是超政治的。现象世界和实体世界是相互关联的,是一个世界的两个方面。他进一步指出,联合现象世界与实体世界之事的就是教育。教育虽然是立于现象世界,不排除对现象世界幸福的追求,但其最终的目的却在于追求实体世界的最高精神境界。所以,他认为教育工作从根本上来讲,就是帮助被教育者发展其能力,养成"健全人格",为人类文化的进步能尽一分子的责任。发展学生个性,是现代教育追求的最终目标,蔡元培的思想无疑符合现代教育思想发展的潮流。

"健全人格"的内涵是什么呢? 简单地说,它包括个性和群性的发展。蔡元培说:"盖群性与个性的发展,相反而适以相成,是今日完全之人格,亦即新教育之标准也。"①又说:"此后国家之生存,必须全体国民同时具备此两面之资格而后可。故此后教育家之任务,在发见一种方法,能使国民内包的个性发

① 高平叔编:《蔡元培全集》(第 3 卷),中华书局 1984 年版,第 261 页。

达,同时使外延的社会与国家之共同性发达而已矣。”①换言之,蔡元培企图通过造就“健全人格”的教育,来实施社会的改良。

在个性与群性之间,中国传统的观念是注意群性而忽视人的个性发展的。针对旧教育违反自然、束缚个性的事实,他主张新教育应反其道而行之,他说:“因而知教育者,与其守成法,毋宁尚自然;与其求划一,毋宁展个性。”②即新教育应以儿童的个性的发展为出发点,成人或教师要站在儿童的立场,了解儿童,尊重儿童,让他自由发展,“使成人受教于儿童”。

群性和个性得到协调发展,是对具有“健全人格”者提出的要求。而它的实现,必须通过德、智、体、美诸育的和谐发展来实施。

蔡元培认为,教育虽然以追求实体世界的最高精神境界为目的,但教育不是宗教,它还必须立足于现象世界,因此,蔡元培把教育分为两个方面:一为隶属于政治者,它包括军国民教育、实利主义教育和公民道德教育;一为超轶于政治者,它包括世界观教育和美感教育。前三者以追求现象世界的幸福为目的,后两者以追求实体世界的最高精神境界为目的。“五育并举”成为蔡元培为培养“健全人格”者而制定的民国教育方针。

军国民教育,即军事体育教育。早在清末尤其是在甲午战争之后,资产阶级改良派为救亡图存,极力提倡尚武教育,如康有为在1895年的《上清帝第二书》中就主张“以民为兵”,并建议设立军事方面的学堂。梁启超也主张效法德意志、俄罗斯、日本等国的尚武教育。他认为中国两千多年来教育的一种最大的缺点便是“重文轻武”,导致“武事废堕,民气柔靡”,而当时的世界已是“武装和平”的世界,如果要求和平,就必须先武装自己。资产阶级民主派出于以暴力推翻封建专制统治的革命目的,也大力鼓吹军国民教育。简而言之,19世纪末到20世纪初,社会上逐渐形成了一股军国民教育思潮,甚至在清末公布的教育宗旨中,“尚武”也成为其内容之一。辛亥革命胜利后,蔡元培仍然把军国民教育作为五项新的教育方针之一。在蔡元培看来,军国民教育虽然从本质上来说,它与社会主义(即民主、共和)的精神是相违背的,并不是一种理想的教育,但是由于中国所处的特殊环境,它又是不可缺少的,因为一方面就对外而言,当时已是“强邻交逼”,国权丧失殆尽,非凭武力势难恢复;另一方面就国内而言,辛亥革命虽然推翻了清王朝,然而国内封建军阀拥兵妄为的隐患并未

① 高平叔编:《蔡元培全集》(第3卷),中华书局1984年版,第261页。

② 高平叔编:《蔡元培全集》(第3卷),中华书局1984年版,第174页。

消除，为破除军人独裁统治的可能，也要求进行军国民教育。第一次世界大战结束后，以德国、日本为代表的军国民教育思想遭到有识之士的反对，蔡元培也把军事体育发展为普通体育。他认为体育是培养“共和国民健全之人格”的重要环节，他说：“健全的精神，必宿在健全的身体”，如果一个人的身体不健康，精神上也必感痛苦，所以完全人格应首重体育。

实利主义教育即智育。具体讲，实利主义教育主要给人以各种普通的文化科学知识，发展实业的知识和技能，以及一定的职业训练。实利主义教育在我国最早是在清末之时，资产阶级知识分子为发展资本主义工商业的需要而提出来的。他们这种要求在清末所颁布的教育制度和教育宗旨中也有所反映。民国初年，中国民族资本主义有了进一步的发展，实业教育更为新兴的资产阶级所重视。与此同时，美国教育家杜威的实用主义教育思想（当时蔡元培称之为实利主义）在世界广为传播，也影响了中国教育界。蔡元培感觉到它对发展中国经济很有益处，认为实利主义教育的推行为中国的当务之急，所以他在 1912 年把实利主义教育列为新的教育宗旨或方针之一。蔡元培认为，当时世界的竞争，不仅仅是凭借武力，更重要的是依靠财力，而且武力的一半也要倚仗财力的支持。可是，当时的中国，实业界的力量尚幼稚，地下宝藏还远未开发，人民失业者众，国家非常贫困，进行实利主义教育，不失为富国强民、发展国家经济的一项重要手段。此外，他还认为实利主义教育不仅可以使人学到文化科学知识，受到职业训练，而且还可以使人的思维“臻于细密”，例如学习算学，既可以增加知识，又可以使脑力劳动反复运用，使人的思想日趋细密。

公民道德教育即德育。蔡元培认为军国民教育和实利主义教育虽然是“强兵富国”之道，但仅有两者则可能不能受其利，反而受其害，出现智欺愚、强凌弱的局面，演为贫富相差悬殊，资本家与工人间血战的惨剧，所以，还必须进行公民道德教育，这也是军国民教育、实利主义教育的根本。以公民取代封建社会的臣民，是蔡元培资产阶级民主思想的反映。那么什么是新时代所要求的公民道德呢？蔡元培把法国资产阶级民主革命所提出的自由、平等、博爱的道德观念作为公民道德的全部内容，并且把它和中国儒家的“义”“恕”“仁”三种道德相比附。所谓“自由”，不是放恣自便，乃是要培养坚强的自由意志，即孔子所说的“匹夫不可夺志”，孟子所说的“大丈夫”，富贵不能淫，威武不能屈也，统称之为“义”。所谓“平等”，不是指平均整齐不相联系，而是说不以一己的片面之私而损害公众的利益，按蔡元培的意见，要自己获得自由，也必须顾到他人的自由，一如孔子所说的“己所不欲，勿施于人”，统称“恕”。所谓“博爱”,义同孔子的“己欲立而立人,己欲达而达人”,古人所谓“仁”也。

自由、平等、博爱是资产阶级道德观念,蔡元培提倡这种道德观念,以与封建伦理道德观念相对抗,并企图通过这种公民道德使人从封建伦理道德的束缚下解放出来,从而改变被封建道德束缚的人与人之间的关系。他提倡的公民道德教育具有反封建的重大进步意义。但他又把它与中国封建社会儒家传统观念的“义”恕”“仁”相比附,这又反映了他反封建的不彻底性。

世界观教育,即循思想自由、言论自由的公例,不以一流派的哲学或一宗教之义桎梏其心,而以超越时空的世界观为目的的教育。蔡元培认为,公民道德教育固然很重要,被称为百世不迁之义,但它与军国民教育、实利主义教育一样,仍然是隶属于政治的教育,因为它们都以解决现世幸福为目的。但是现世的幸福,临死而消灭,人们如果仅仅以临死而灭的幸福为最终目的,则人生有何等价值呢? 所以,还要进行属于实体世界并且超轶政治的世界观教育。世界观教育的主要任务是培养人们超轶现世的观念,而达于实体世界的最高精神境界,使人生变得更有价值,人格变得更加完美,这也是教育的目的所在。

蔡元培在中国近代教育史上首倡世界观教育,并认为世界观教育是教育的终极目的,这一点是值得重视的。当然,他的世界观无疑是受康德的思想影响,是唯心主义的,然而,它的目的是引导人们去追求有价值的人生,而且也有否定当时封建传统教育的反封建意义。

美感教育亦称美育。蔡元培说:美育者,应用美学理论于教育,以陶冶感情为目的者也。蔡元培认为,世界观教育固然很重要,但它的实施主要依靠美感教育。这是由于美感具有普遍性和超脱性,在现象世界中,由于离合、生死、祸福、利害而产生的爱恶、惊惧、喜怒、悲欢之情在美术中,除了美感之外都不存在了。通过美感教育,可以达到对于现象世界无厌弃也无执着,对实体世界非常渴慕而渐近于领悟,达到对世界本性的认识。换言之,美育的作用在于陶冶人的感情,使人养成高尚纯洁的习惯,进而使人去私忘我,超脱利害,达于最高精神境界。因此,蔡元培反复强调,美感教育是联结现象世界与实体世界之间的“津梁”,教育家想由现象世界而引以达于实体世界的观念,不可不用美感教育。

当时,中国的教育界对美育是不重视的,在我国把美育列为教育方针的组成部分,为蔡元培的首创,具有积极的意义。

就“五育”的关系而言,他认为是以道德为中坚,世界观及美育皆所以完成其道德,而军国民教育及实利主义必以道德为根本,但五者又都不可偏废。他曾借用人体的机制构造对各育功能及关系作了形象的说明：军国民主义者，筋骨也，用以自卫；实利主义者，胃肠也，用以营养；公民道德者，呼吸机循环机也，周贯全体；美育者，神经系也，所以传导；世界观者，心理作用也，附丽于神经系，而无迹象之可求。① 蔡元培提出的“五育并举”的教育方针，就是德智体美和谐发展的资产阶级教育，它是基于蔡元培认为革命已经成功，改革的目的已经达到，以后的任务就是建设国家的认识，而“五育并举”就是为巩固政权和发展资本主义对人提出的要求，也即造就“五育”和谐发展具有“完全人格”的新式人才。此外，“五育并举”的教育方针，也是资产阶级改造旧教育的纲领，是对封建传统教育的否定。

总之，造就健全人格的思想是蔡元培为资产阶级确定的教育目的，对它的具体要求是“五育”和谐发展，它是一种新的人才标准，也是对教育价值的重新确立。

二、“思想自由，兼容并包”的办学方针

在教育领域极力主张民主、自由，可以说是蔡元培教育思想一个很大的特点。

1917 年，蔡元培先生接任北京大学校长一职，又把他的民主、自由的特点运用于办学思想中，提出了“思想自由，兼容并包”的办学方针。所谓“思想自由，兼容并包”，即是要求反对宗派习气、门户之见，认为“一己之学说，不得束缚他人，而他人之学说，亦不束缚一己”，学术思想问题，应当由各人自由讨论解决，由此原则出发，主张无论是何种学派的学说，只要其言之成理，持之有故，成一家之言，且尚不至于遭到自然淘汰的命运，即使彼此相反，也应让他们并存和自由发展。

蔡元培提出这个方针主要有三条理由。

第一，这是与他的造就完全人格的教育目的紧密相连的。一个完全人格者，即是能与实体世界相吻合、意志完全自由者，所以，要培养共和国民健全的人格，就要有思想自由、兼容并包的办学思想。

第二，这个办学方针也是由大学的性质所决定的。蔡元培认为，大学是“囊括大典，网罗众家”的高等学府。大学之所以称为“大”，就在于能够循思想自由通则，包容各种并峙的学派于其中。“囊括大典”的重点在于对待古今中外的学术文籍上。“网罗众家”重点在不求全责备、不论资排辈，广收人才，并

① 高平叔编：《蔡元培全集》(第 2 卷)，中华书局 1984 年版，第 135 页。

且恰当地使用。

第三,这个办学方针也符合学术繁荣昌盛的要求。蔡元培认为,研究学问的大忌,在于知道了一派的学说,就奉为金科玉律,守一先生之言而排斥其他。他一再声明不赞成董仲舒独尊儒术的主张,并指出:"吾国承数千年学术专制之积习,常好以见闻所及,持一孔之论。"①

因此,思想自由是针对思想不自由而言,它意味着要打破两千年墨守孔学的旧习,给新思想以自由发展和传播的机会。兼容并包是针对学术专制而言,意欲把儒家学说降低为一种普通的学术派别。他还认为,学术上的派别的划分不是绝对的,他引《中庸》上的"万物并育而不相害;道并行而不相悖也",说明不同学派的并存,各种学术观点的自由讨论,使学生能够广泛地接受各家观点,令学生有自由选择的余地。这样能使学生兼听则明,有利于启发学生的思路,有利于培养学生的独立研究能力和探索真理的兴趣,使学生有可能从不同学派的比较中引出新义,提出自己的创见。

蔡元培先生提出的"思想自由、兼容并包"的办学方针,好像客观中立,但在当时封建复辟弥漫的年代,它有利于资产阶级新文化的发展,也在客观上为马克思主义的传播创造了有利的条件,同时也体现了蔡元培对知识的尊重、对人才的珍惜。当然"思想自由、兼容并包"并非不讲原则,对于那些不学无术、品德败坏者,会一律予以辞退。此外,他虽然主张信仰自由,但决不允许在课堂上宣讲教义,也不得举行宗教仪式。

三、民主管理的思想

蔡元培先生曾说自己的兴趣在高等学校,因此,他的民主管理的思想也主要体现在他任北京大学校长期间的所作所为。

在学校管理的组织形式上,蔡元培反对独裁统治,他借鉴西方大学的管理经验,提出了"教授治校"的管理主张。"教授治校"的做法:学校设立评议会,作为全校的最高立法机构和权力机构,凡学校的一切大事和重要方针与决策,一律须通过评议会的讨论并作出决定,然后在全校由各个专门部门贯彻执行。评议会由评议员组成,校长是当然的议长,非教授不得当选评议员。每五名教授中推选一名作为代表入选。另外,设立行政会议,作为全校最高的行政机构和执行机构。下设各专门委员会,由选举产生的各委员长、教务长、总务长、系

① 蔡元培:《〈北京大学月刊〉发刊词》,见《蔡元培全集》(第3卷),中华书局1984年版,第211页。

主任以及校长组成，非教授不得当选。此外，各系还设立系务委员会和教授会，具体规划、领导本系工作。

在师资管理方面，蔡元培主张学校应设教员聘任委员会，招聘教员的条件和程序都由学校的评议会来决定。关于教员的延聘，蔡元培认为最为重要的有两条，一是看是否有真才实学，重学力而不重学历。二是看是否懂得教学方法。如果满足了上述两条，则不论其人的政治主张或学术派别，均可聘用。

对于学生管理，蔡元培主张学生自治。他对学生说："我们既自认是人，尊重自己的人格，且尊重他人的人格，本无须他人代庖。"①在他看来，学生中做出种种不规则的事和闹出许多笑话，均是有人代为管理的缘故。他还提出，应该从组织、制度上落实学生自治。学校管理机构应设学生自治委员会，负责引导学生自治。学生应组织学生自治会，作为促进学生各人自己努力的机关，从体育、知识与能力以及品行修养方面互相勉励。

【本章小结】

文艺复兴以后，西欧政治、经济、文化发生极大变化，自然科学、社会科学、哲学等得到了很大发展，尤其是伴随着资产阶级开始登上政治舞台以及近代工业革命的完成，新时代对教育思想家们提出了"新人"及其培养问题。

关于教育目的，近代西方教育思想家们逐渐摆脱宗教束缚，根据资产阶级的需要，提出教育应该培养具备资产阶级精神的"新人"。当然，由于教育思想家们所处国度不同，立场不一，这种"新人"的具体要求并不一样。如卢梭主张教育应该培养自然本性得到自由发展的"自然人"，洛克则提出了培养德、智、体得到发展的绅士的主张，裴斯泰洛齐提出了培养身心和谐发展的人的思想，等等。

在教育客观规律的探索方面，近代教育家们如夸美纽斯、卢梭、裴斯泰洛齐、福禄倍尔等人接续着文艺复兴人文主义教育的传统，注重贴近现实生活，强调"自然适应性"原则，要求按照自然法则或人的发展规律实施教育，凸显自然主义教育特征；与此相关，教育心理学化成为这个时期教育教学理论发展的另一个重要趋势。裴斯泰洛齐基于对儿童天赋的道德的、智慧的和身体的潜能的充分认识，从教育适应儿童心理的思想出发，最早提出了"教育心理学化"的主张，其关于"要素教育"理论的论述，不仅为简化教学方法提供了理论基

---

① 蔡元培:《黑暗与光明》，中国文史出版社 2017 年版，第 190 页。

础,为探索初等学校的教学方法作出了有益的贡献,而且也为扩展教育内容,创立近代初等学校的课程体系开辟了新的途径;赫尔巴特提出教育作为一门科学,必须以心理学为基础,教学过程以"统觉"原理为基础,而兴趣赋予"统觉"条件与动力,没有兴趣就没有真正的教学。虽然赫尔巴特所言心理学在当时主要是观念心理学(或联想主义心理学),但他将心理学引入教育学研究的尝试,为教育学科学化作出了重大贡献。其后如福禄倍尔等人均对教育心理学进行了有益的尝试。

关于课程和教育内容问题,其实便是寻求什么样的知识作为培养"新人"的问题。教育思想家们一方面承继了西方理性主义传统,另一方面深受近代科技发展现实的鼓舞,体现出泛智论倾向。夸美纽斯主张"将一切知识教给一切人",倡导大百科全书式的课程体系;洛克认为教育所要培养的绅士在未来的事业发展中会遇到各种情况,同时绅士是事业家不是学者,因而应该训练绅士具有广泛的知识、兴趣和能力;赫尔巴特将学生的兴趣划分为六大类,所设置的相应课程体系则是社会学科和自然学科兼备,几乎涵盖社会生活的各大方面;斯宾塞同样也是一位泛智论者,他的《综合哲学》便是一部企图囊括人类全部知识的著作,而他根据人类活动而设计的五大类课程门类同样是个庞大的课程体系。当然,由于教育知识不仅与量有关,也涉及知识的价值观问题,故同是泛智主义者,但具体的观点并不完全一致,斯宾塞以科学教育为核心的课程体系显然不同于夸美纽斯、洛克等人以古典人文学科为主的课程体系,而形式教育论与实质教育论的争辩,同样是教育知识价值观的反映。

在中国近代洋务运动和维新变法时期,教育思想家们主要面对着的是如何挣脱传统教育观念的束缚,为新式教育发展的"合法性"、必要性提供理论支持,为此,这个时期,教育思想家们主要是在教育价值观方面对传统进行批判和颠覆,从文化的视角协调两种文化的冲突。辛亥革命之后,教育思想家们则主要是推进教育的民主化,如蔡元培无论是教育方针、办学方针等思想与举措,无一不体现出资产阶级民主主义教育思想的特征。

学习指南

1. 重要概念

泛智教育　自然适应性原则　白板说　绅士教育　自然人　自然后果法

要素教育　教育性教学　统觉　实科教育　形式教育与实质教育　教育的民族性　中体西用　五育并举　造就“健全人格”

2. 问题与思考

① 如何评价夸美纽斯关于“学校是人类智慧的加工场”的主张？

② 卢梭关于自然教育的儿童观对今天有何启示？

③ 评述西方自然主义教育的传统及其意义。

④ 如何评价斯宾塞关于“什么知识最有价值”追问的意义？

⑤ 裴斯泰洛齐、赫尔巴特关于“教学的心理学化”思想有何异同？

⑥ “中学为体，西学为用”教育思想对近代教育发展有何影响？

⑦ 洋务派与维新派在教育主张方面有何异同？

⑧ 蔡元培“思想自由，兼容并包”办学方针的意义何在？

3. 推荐阅读

① 张焕庭主编：《西方资产阶级教育论著选》，人民教育出版社 1979 年版。

② [捷]夸美纽斯：《大教学论》，傅任敢译，人民教育出版社 1984 年版。

③ [英]约翰·洛克：《教育漫话》，傅任敢译，人民教育出版社 1985 年版。

④ [法]卢梭：《爱弥儿》，李平沤译，人民教育出版社 1985 年版。

⑤ [瑞士]裴斯泰洛齐：《裴斯泰洛齐教育论著选》，夏之莲等译，人民教育出版社 2001 年版。

⑥ [德]赫尔巴特：《普通教育学·教育学讲授纲要》，李其龙译，浙江教育出版社 2002 年版。

⑦ [英]斯宾塞：《斯宾塞教育论著选》，胡毅、王承绪译，人民教育出版社 2005 年版。

⑧ 郑文樾编选：《乌申斯基教育文选》，张佩珍等译，人民教育出版社 1991 年版。

⑨ 陈学恂主编：《中国近代教育文选》，人民教育出版社 2001 年版。

⑩ 张之洞：《劝学篇》，中州古籍出版社 1998 年版。

⑪ 高平叔编：《蔡元培教育论集》，湖南教育出版社 1987 年版。

⑫ 张勇主编：《中国思想史参考资料集》（晚清至民国卷），清华大学出版社 2005 年版。

第七章　现代教育制度的建立和发展

【学习目标】

1. 掌握第二次世界大战后世界各国教育改革的主要趋势。
2. 明了世界主要发达国家 20 世纪六七十年代教育改革的主要路向。
3. 理解 1922 年学制对中国教育现代化推进的意义。
4. 了解中国社会主义教育现代化探索的历程。

从 19 世纪 80 年代到第二次世界大战前的六七十年间，是现代资本主义教育制度逐步形成的时期。各主要资本主义国家都按照现代资本主义经济发展与政治需要调整、改革本国教育。第二次世界大战后，各资本主义国家迫切进行经济恢复与政治改革，这也导致了各国的战后教育改革活动。从 1944 年英国的教育改革开始，直到 50 年代末，各国纷纷颁布新的教育法令，实行各自的教育改革，以适应新的需要，并借以缓和社会矛盾。20 世纪 60 年代以后，发生了世界性的“知识爆炸”，现代科技在生产中发挥了划时代的作用，给教育的发展提出了新的课题，要求培养人的智力、能力与创造精神，以满足新时代对现代技术力量的需求。在这种时代背景下，各国普遍认识到不仅要大力发展教育，而且要使教育的发展走在经济发展的前面，这样才能促进经济的发展。因此，各国都重视智力投资，广泛地发展各种教育。总之，资产阶级教育发展到现代阶段，虽然其阶级实质未变，但其发展规模、模式、具体的内容与方法以及理论阐述，都充分反映了新时代的特点。

第一节　第二次世界大战前世界主要国家教育制度的变革

在 19 世纪教育发展的基础上，进入 20 世纪以后，各国都保留了自己的教育传统，如英国在教育领导体制上仍然实行中央和地方相结合的体制，法国依然实行高度的中央集权的领导体制，而美国仍旧是典型的地方分权的领导体制，但是，这个时期国际交流加强了，各国在发展教育上相互影响、互相借鉴，从而形成了一些共同的教育特征。

一、主要资本主义国家教育制度的改革

（一）实施普及的免费义务教育

由于现代化大工业生产对劳动力的要求提高，要求劳动力必须要经过统一的培养、训练，才能够进入劳动领域，因此各国在颁布“义务教育法”、实施强迫教育的基础上，又进一步实施免费义务教育，这是义务教育发展的新阶段，给予义务教育以一定的物质保障，保证义务教育的顺利实施。比如，英国 1918 年教育法规定：5—14 岁为义务教育阶段，其中 5—11 岁为初等教育阶段。公立初等学校一律免收学费。此后，英国消除了公立初等学校收费的残余。该法案还规定地方教育当局应免费供应午前牛奶和午餐；定期对儿童进行体检；负责交通不便地区学生的交通费；对生活困难的学生发给服装补助等。

（二）普遍进行中等教育的改革

20 世纪以前，许多国家教育上的双轨制非常严重，劳动人民的子弟无权接受中等以上的教育，能否进入中等学校学习主要是由家庭的政治、经济地位所决定的。进入 20 世纪以后，这种情况有所改变。主要是中等教育结构上的变化——中等教育结构多样化。20 世纪以前，各国的中等学校以拉丁文法学校占据主导地位，进入 20 世纪后，各国普遍增加了中等学校类型，以适应现代生产、生活的需要。比如 1924 年英国工党上台执政，出于政治上的需要，尤其为了顺应社会上对中等教育的普遍要求，首次提出了“人人有权受中等教育”(Secondary Education for All)的口号，于是，开始建立了一些“现代中学”。这些现代中学是专门为劳动人民的子弟所设立的，招收 11—15 岁的劳动者子弟，其培养目标是训练合格的劳动力，偏重于实用或实践知识与技术学习。由于现代中学适合社会发展的需要，而且被英国统治者视为“使低层社会的青少年受到中等教育的重要措施”，因此在英国发展非常迅速。

另外，中学课程也有所变革，主要是加强了现代科学知识的传授，特别是自然科学知识。可以说这是英国教育家斯宾塞的功劳，他的实科教育思想推动了中等学校课程的改革，使各国中等学校开始普遍重视自然科学知识的传授，改变了以往厚古薄今、重文轻理的传统。

（三）大力发展中等职业教育

进入 20 世纪以后，各国重视职业教育的发展，加强对职业教育的管理。

美国在1917年专门制定了一项对职业教育产生重要影响的《史密斯—休士法》。该法案的主要内容是:① 促进各种职业教育的发展是联邦政府的职责,联邦政府应拨款补助各州,大力发展大学程度以下的职业教育;② 联邦政府应当与各州合作,提供农业、工业、商业、家政等科目的师资培训,对职业教育师资训练的机构提供补助;③ 每一个州都应为职业教育的发展提供拨款,其数额与从联邦政府得到的补助费相等;④ 在公立中学里应当开设职业科,设置选修的职业课程,把传统的专为升学作准备的普通中学改为兼具升学和就业双重目的的综合中学;⑤ 职业教育师资训练计划在州职业教育委员会的监督下实施;⑥ 联邦政府设立职业教育委员会,各州也应成立州职业教育委员会,负责制定本州的职业教育计划,并上报联邦政府,以及督导本州职业教育计划的实施。

《史密斯—休士法》的颁布,极大地推动了美国中等职业教育的制度化,使得美国中等职业教育的发展进入了一个新的时期。其他国家也是如此,采取有效措施,发展职业教育。

(四) 幼儿教育方面的改革

在幼儿教育方面,各国增设了新型的幼教机构,并且注意改革幼儿教育方法。如英国1911年由玛格丽特·麦克米伦创立了保育学校,从此,在英国出现保育学校、幼儿学校、幼儿园三种幼教机构并立的局面。保育学校主要是面向贫民和工人阶级的孩子,采用福禄倍尔教学法和蒙台梭利教学法相结合的形式,是一种全日制学校。从1919年开始,保育学校由国家资助。这一年英国的保育学校还传入了美国。

幼儿教育方法方面的改革,主要是受到杜威儿童中心主义思想的影响,在一些幼教机构中进行“做中学”设计教学法的实验。另外,蒙台梭利关于自由教育、环境布置和感官训练的理论和实践也影响着各国的学前教育发展,为学前教育注入一股新鲜空气。

二、苏联(俄国)社会主义教育制度的建立与改革

1917年十月革命胜利后,俄国(1922年底改名苏联)建立了世界上第一个社会主义国家,不久便开始进行教育改革。大致而言,到第二次世界大战爆发为止,苏联社会主义教育制度的建立与改革的历程可以分为两个阶段:1917年11月到1920年代末为摧毁旧教育制度、初步建立新的教育制度时期,1930年到1941年二战爆发时为调整改革时期。

俄国布尔什维克党夺取政权之后，以一种激昂的革命斗争热情开始了对旧教育制度的摧毁和新制度的建设工作。革命胜利后的第三天，由全俄中央委员会批准，成立了国家教育委员会作为全俄教育领导机构，任命卢那察尔斯基(1875—1933年)担任委员会主席。国家通过制定一系列重要文件、法令，开展教育改革工作。这些改革举措包括实施免费义务教育，开展大规模扫除文盲活动；撤销教会学校，建立世俗的、无等级差别的统一学校；对教育教学内容进行革命改革；提高教师的政治和经济待遇，鼓励他们与工农群众结合；高等学校向工农开门，设立"工农速成中学"，以期短时期内培养工农，使他们能够升入高等学校；吸引工农兵群众参加教育管理；广泛地组织成人教育机构；建立教养孤儿的"儿童之家"等。

出于彻底改革旧教育制度的渴望，自1918年开始便有许多教育界人士提出了建立新型学校的设想，这种新型学校的最大特点便是凸显劳动在学校教育中的地位和作用。1918年10月，《统一劳动学校规程》和《统一劳动学校基本原则》两个文件(统称《统一劳动学校宣言》)公布，其中后者是对前者的具体说明。在这些文件中，阐明新学校就是劳动学校，规定所有的8至17岁的儿童均进入统一劳动学校学习，生产劳动在学校中居于重要的地位。在《宣言》精神的指导下，此时的学校教育中极为重视综合技术教育，学校中开始开设了许多小型的工场或车间，让学生学会运用简单的生产工具并熟悉最常见的机器等。

进入20世纪30年代后，苏联经济处于大发展时期，它对教育也提出了新的要求。虽然劳动学校对于扫除旧教育制度的弊端，实现变"读书学校"为"劳动学校"具有重要的意义，但过多的劳动时间、流于形式的综合技术教育等冲击了正常的教学秩序，影响了普通教育的质量。而学校消亡论、设计教学法等观点和理论的流行更是扰乱了人们的思想。此外，高等教育结构也急需调整，以适应经济发展的需要。1931年9月5日，联共(布)中央颁布了《关于小学和中学的决定》，开始对中小学进行整顿和改革，这也是苏联30年代关于教育工作改革决定中最重要的决定。教育改革的主要措施包括突出强调学科系统知识的学习和读、写、算能力的培养；明确规定教学的基本组织形式是分班上课，教师在教学工作中居于领导地位；根据学生的年龄特征制定各科教学方法，反对轻率鲁莽的设计教学法；制定新的教学大纲，编写可以多年采用的较为稳定的教科书；调整和改革学制，普通学校的类型调整为小学(1—4年级)、不完全中学(1—7年级)、中学(1—10年级)三种基本类型。

20世纪30年代的教育改革,为苏联经济的发展、科技的起飞以及卫国战争的胜利奠定了基础和条件。

第二节 第二次世界大战后各国教育的改革

第二次世界大战后,各国面临着政治、经济、文化、教育各方面的恢复和调整。战后各国都在推行教育改革。这一时期的教育改革有三个特点:① 教育改革涉及的范围较广,从教育领导体制到教育内容和方法,都包括在内;② 教育改革是以立法的形式推行的;③ 教育改革的主要任务是加强教育的民主化。

一、英国战后的教育改革

1944年,丘吉尔联合政府通过了以当时的教育署主席巴特勒(R. T. Butler)命名的《巴特勒法案》,也称《1944年教育法》。这一法案吹响了英国战后教育改革的号角,成为英国战后教育改革的总的指导性文件和法律基础。它的主要宗旨在于继承并集中自19世纪末以来英国历次重要教育法令所提出的教育改革要求,并把它们与战后对教育的实际需要结合起来,形成在英国教育发展史上发挥最重要作用的教育改革法,开创了世界各资本主义国家拟定、颁布战后教育改革法的先例。

《1944年教育法》的基本内容是调整教育领导体制和谋求初等教育与中等教育的衔接。前者的目的在于加强国家对教育的领导与控制,后者的目的则在于进一步实现多年以来并未真正实现的中等教育机会均等的口号。

这一法案的具体内容为:① 在教育领导体制方面,在仍然给予地方教育部门以相当大的自治权的同时,着力加强国家对教育的领导,把原只负责督导责任的教育署改为教育部,并设教育部长。其职责为负责促进国民教育,监督与领导各地方的教育事业。② 改革学制。法案规定把英国的普通教育的学校体系改为连续发展的三个阶段的教育,即初等教育、中等教育和继续教育。5—15岁为义务教育阶段,有条件的地区可把义务教育年限延长到16岁。同时注意到初等教育和中等教育之间的衔接问题,使义务教育阶段跨越初等教育和中等教育,并明确规定:初等教育由保育学校(2—5岁)、幼儿学校(5—7岁)、初等学校(5—11岁)三种学校实行;进行中等教育的学校也有三种:文法学校、技术学校、现代中学，每个儿童满 11 岁后，须参加国家规定的考试，即“11＋考试”，然后根据 3A（年龄、能力、性向）分别进入三种不同的中学。这实际上仍保留了中等教育按社会等级划分的性质。③ 关于高等教育。法令规定设立大学生奖学金，以帮助有才华的学生进入大学、专科学校或其他高等教育机构就读。这种奖学金包括学费和生活费，数目依家庭收入不同而有所区别，以此加强培养高水平的人才和对高等教育机构的控制。此外，该法令还明确规定了学校中进行宗教教育的条文。公、私立学校每天都要进行集体祈祷，并有宗教教育课程。

1944 年的教育法令对英国战后教育制度的发展产生了重要的影响，它决定了英国战后教育发展的基本方针与政策。

二、美国战后的教育改革

第二次世界大战后，美国的教育一直处在多变的浪潮之中，进行了一次又一次的教育改革。1957 年，苏联发射了第一颗人造地球卫星，使美国统治者认识到美国在培养人才、发展尖端技术方面的落后，开始对教育进行反思：由于长期受进步教育运动和杜威的实用主义教育理论的影响，在教育实施上重视“做”而轻视系统学科知识的学习，再加之教育分权制度所形成的各州教育自由化发展和紊乱不一的情况，使全国教育质量普遍下降，致使人才成长与尖端科学技术的发展方面落后于其他发达国家。于是美国开始了战后的一系列的教育改革措施。其中对后来美国教育发展影响较大的便是《国防教育法》的颁布。

为对抗苏联人造卫星的上天，取得科技领域的领先地位，美国把教育改革与它的“国防”密切联系在一起。美国联邦政府于 1958 年 9 月颁布了战后重要的教育大法——《国防教育法》。作为一项“紧急措施”，它以立法的形式，要求改革美国的教育制度和内容，以提高教育质量，对付人造卫星的挑战。

按照《国防教育法》的规定，联邦政府开始对初等教育至研究生院的各级各类学校进行财政援助。从 1959 年至 1962 年共拨款 8 亿多美元来改革各级、各类学校教育，培养科技人才：① 加强普通教育公立学校的数学、科学、外语教学，改编课程内容，突破旧教材的落后局面。为学校设置理科实验室，建立外语教学中心，加强视听电化教学设备，提高外语水平。② 加强对高等学校的教学与科研经费的补助，以奖励科技研究的发展。③ 发放大学生贷金。凡大学本科生、研究生在科学、数学、工程或现代外语方面有优异才能者，或立志毕业后从事中、小学教育工作的都可申请贷金求学。④ 确定"国防奖学金",为解决大学教师的缺乏和国家对博士人才的急需,规定每年奖励 1 500 名研究生。领得奖学金的学生可到研究机构从事科学研究。1964 年和 1982 年,为适应新形势的需要,美国又对《国防教育法》进行了修改、补充,目的是加强联邦政府对教育的拨款,进一步提高学校各科教学质量,以应付来自其他国家的经济、科技方面的新挑战。

《国防教育法》是美国教育立法史上的一个极其重要的里程碑。大幅度增加教育经费,对第二次世界大战后美国教育发展起着非常重要的作用,影响着第二次世界大战后美国教育的发展方向。

三、日本战后的教育改革

战后日本为了铲除法西斯军国主义势力,实现国家民主化,必须废除战前日本的教育制度,对全部教育进行根本改革。战前日本的教育体制是以天皇的《教育敕语》为指导思想建立起来的军国主义教育体制,是以培养天皇的忠臣顺民为目的的教育。这种教育体制不适应战后政治经济变化的新形势,因此,在从社会政治经济领域里铲除军国主义势力的同时,在教育领域中也开展了铲除军国主义教育的斗争,同时提倡民主主义教育。

1947 年 3 月,由日本国会通过颁布了《教育基本法》,这是战后日本的一项根本教育大法,它成为日本战后进行教育改革的依据。

《教育基本法》依据日本战后新宪法的精神,重申为了世界和平和人类幸福,日本必须建设成为一个民主、文明的国家,而这一理想的实现,从根本上来说是取决于教育。由此出发,确定教育以陶冶人格为目标,培养身心健康的国民,使他们爱好真理与正义,尊重个人价值,成为和平国家与社会的缔造者。在此法案中,确定了战后日本教育方针、教育培养目标。

《教育基本法》还确认了"教育机会均等"的原则,以及男女同校的原则;规定实施九年制免费义务教育;等等。很明显,在第二次世界大战结束后的历史时期里,日本在美国资产阶级教育思想直接影响下所制定的《教育基本法》,其指导思想的核心是资产阶级个人主义,强调个性的发展,这较之战前支配日本教育的法西斯主义、军国主义和封建主义无疑是一个进步,这一变化在日本教育史上有着重大意义,因此,《教育基本法》和 1872 年的《学制令》一样,成为划时代的教育文献。

为了按照《教育基本法》的原则设置学校,1947 年日本政府还颁布了《学校教育法》。《学校教育法》采用美国的“六三三四”学制，确定形式上单轨的学校制度，并对小学、初级中学、高级中学和大学的入学、目标、年限、经费及管理等事项，都作出具体规定。其中，小学与初级中学阶段的九年为义务教育。《学校教育法》十分详细地列出各级学校的教育目标，从而使《教育基本法》确定的培养身心健康的人与陶冶人格具体化了。它主要有以下特点：① 强调使人的个性得到多方面的发展，这一点在幼儿园和小学的教育目标中最为明显、具体；② 对于掌握知识、技能技巧和培养能力有较高的要求；③ 强调《教育基本法》中关于培养国民成为和平国家与社会的缔造者。

1947 年《教育基本法》和《学校教育法》的颁布，拉开了日本战后教育改革的序幕，日本教育史上一个新的时期从此开始了。

四、法国战后的教育改革

第二次世界大战后法国的教育改革面临着两大课题：第一，教育如何适应和促进战后经济建设和科技进步的需要，实现教育的现代化；第二，教育如何向所有人开放，从而促进教育机会的民主化。可以说，法国战后 40 余年的教育改革实践，均是围绕着这两条主线进行的。

1947 年的“郎之万—瓦隆教育改革计划”对法国当时的教育制度提出了严厉的批评，特别指出法国教育制度是不公正、不平等的，进而又对法国教育的整体结构和组织提出了全新的设想和建议，认为改革的主要目标是建立统一学校，使教育结构民主化。该计划把学校教育分为两级，第一级为义务教育，接受所有 6—18 岁的学生，内含三个阶段：① 第一阶段为小学，接受 6—11 岁的儿童，实施完全相同的基础教育。② 第二阶段为方向指导阶段，接受 11—15 岁学生，前 2 年为观察期，实施共同的基础教育，后 2 年为选择期，除设共同课程外，还设选修课程。学校按照学生的能力、禀赋和兴趣，指导其学习与升学的方向，从而决定其今后的发展。③ 第三阶段为方向确定阶段，接受 15—18 岁学生，分为理论、职业、学徒实践三类学科。第二级为高等教育，内含两个阶段：第一阶段为预科教育，接受 18—20 岁青年初步决定大学学习的专业方向，作好大学学习准备；第二阶段为专业化阶段，接受 20—22 岁的青年。经过预科教育的淘汰过程，选拔最优秀的学生进入高等学校。

“郎之万—瓦隆教育改革计划”是法国战后初期诸多教育改革计划中最有影响的一个，它充分反映了战后法国人民对教育机会平等的追求，它也为以后的教育改革奠定了基础。但同时，它又是一个过于理想主义的计划，严重脱离了战后初期法国社会政治经济的现实;法国的经济在第二次世界大战中遭受到严重破坏,当时是无力承担对全体 6—18 岁适龄青少年实施义务教育的。因此,这一理想化的教育改革计划一直被束之高阁,但是这一计划的种种思路的原则一直在影响着战后几十年法国教育改革的进程。

第三节 世界各国 20 世纪六七十年代的教育改革

第二次世界大战以后,世界各国科学技术迅速发展并且政治上形成资本主义阵营和社会主义阵营的冷战局面。许多科学家和教育家都认识到中小学的教育内容陈旧落后,不利于科学技术人才的培养,而国家的实力与安全又在很大程度上取决于科技人才培养的质量。因此,各国在战后教育改革的基础上,又进一步开展以更新教学内容为核心的改革运动。

一、美国的教育改革

(一) 20 世纪 60 年代的课程改革

美国从 1960 年开始加紧进行中小学的课程改革。1959 年,美国教育科学院(Academy of Pedagoical Sciences,简称 APS)召开了由 35 位科学家与心理学家参加的会议,讨论关于普通教育学校中的数学、自然科学等学科的教学质量及其改革问题。科学家们对美国中小学的教学质量提出批评与建议,认为美国中小学的课程缺乏严密的科学体系,教材也不能反映现代科技的新成就。要提高教学质量,首先必须进行课程与教材的改革,应由各科专家、学者负责重新制定课程体系和编定新教材,使其能反映各学术领域的基本原理。

美国教育家布鲁纳(J. S. Bruner)的结构主义教育理论是这次教学改革的理论依据。布鲁纳提出了结构主义课程论的主张。他强调课程与教材结构的重要性,要求按照知识的基本结构来设计课程,并把反映各门学科现代发展水平的基本概念与基本原理作为教材的中心。他还提出要按儿童智力发展结构来改进教学方法和使用现代化教学手段,并且认为儿童有着很大的智力发展潜力,因此,各级学校的学科内容可以逐级下放,以加强教材中的知识严密性和加深难度。与此同时,要使教学本身注重启发诱导,培养学生主动思考、探索的能力。要形成发现知识的灵活性,而不是被动地接受知识。布鲁纳的《教育过程》一书于 1960 年出版,此书是美国结构主义教育理论的代表著作,对美国这次教育教学改革起到了指导作用。

在布鲁纳的结构主义教育理论的号召下，从 60 年代开始，许多科学家参与编写中小学数理课程的教材。主要有：美国教师协会和美国数学协会合组的普通教学研究会编写的《新数学》，哥伦比亚大学师范学院中学数学课程改革研究组编写的《统一现代数学》，麻省理工学院物理科学委员会编写的《物理学》，美国化学研究会编写的《化学教材》，美国生物科学研究所生物课程研究组编写的《中学生物教材》。在四五年时间里，共编出新课程、新教材达 16 种之多，并在全国各地迅速推广应用。新教材具有以下特点。

第一，内容现代化。如《新数学》《物理学》中都增加了一些现代化科学的新内容。

第二，内容理论化。注意以科学结构统帅教材。

第三，内容统一化。打破旧的分科体系，把基本概念统一起来。

第四，某些课程内容逐级下放。如小学开设概率学和统计学，中学开设微积分。

1964 年《国防教育法修正案》把历史、地理、公民等人文学科和社会学科也列为需要改进的学科。

但是，这次课程内容的改革并未取得预想的效果。主要原因是新教材是由科学家所编写的，他们虽然重视了教材中科学知识的深度，但是由于他们没有中小学教学实践经验，所编课本深奥难懂，不能被广大学生接受，学生从这些教材中得不到有兴趣的、符合生活实际知识的内容，因而学习积极性不高；另一方面，经过训练能较熟练地使用、讲解新教材的教师很少，而大部分教师仍然继续沿用原来的教材与教学方法进行教学。所以，总的来说，这次课程改革是失败的，反而加剧了教育质量的下降。

国家在进行教学内容改革的同时，还在教学手段和教学方法上进行改革。各级学校加快了教学手段的现代化，除运用收音机、录音机、电视、幻灯等教学手段外，还广泛推行教学机器（如语言教学机器、电子计算机），这些都在教学上发挥了很大的作用。在教师专业培训中，操作教学机器已成为重要内容。为了促进启发式教学，各级学校都提倡在教学中采用“发现法”或“探究学习法”。这种方法不同于实用主义教育的“尝试错误”和“从做中学”，也不同于注入式教学，它是用启发诱导手段，深入阐述论证各学科的基本概念、原理和定律，启发学生自觉学习、掌握知识结构、探索真理。与此同时，为了使教学更适应于学生的个别规定教学、个别指导教学等，学校选择有经验的、富于同情心的教师给落后生补课,有时为他们单独开班,以降低课程难度,或减缓学习进度。对于天才生,国家和学校都很重视,当时美国学者提出许多天才教育方法,其中有两种方法很有代表性,一种是加速法,如可以提前上学,可以跳级,可以提前毕业、提前上大学等;另一种是加深法,这种方法不让天才生脱离一般学生,而是给他们扩大课程的广度和增加课程的深度。它不仅照顾到天才生的学术才能,同时也照顾到天才生其他方面的才能,如绘画、写作、音乐以及社交等能力。

(二) 20世纪70年代的恢复基础教育运动

20世纪70年代初期兴起的生计教育运动,虽然在缓和社会矛盾、促进普通学校教育与职业教育结合方面,起了一定的促进作用,有些措施也是可行的,但是由于片面实行个别化教学,过分强调以儿童兴趣为中心,而使教育走向了无政府状态,学生严重缺乏读、写、算等基础知识,中学毕业生甚至连有关工作的指令都看不懂,社会各界对此强烈不满。在这种情况下,1976年美国教育界要求"返回到基础"。60年代课程改革中编写的新教材有些被重新启用。同时,对学生实行严格的管理和加强纪律教育。这就是所谓的"恢复基础运动"。这场运动的主要内容有:① 在初等学校,把读、写、算作为重点,把大部分在校时间用于这些基本技能的练习上;② 在中等学校,把大部分在校时间用于国语、自然科学、数学、历史的教学上;③ 教师要在学校教育的各个阶段起主导作用,取消学生的主导活动;④ 在教学方法上,包括练习、背诵、日常家庭作业、经常性测验;⑤ 成绩报告单采用传统的等第评分法(A、B、C)或百分法;⑥ 升学和中学毕业,不仅根据在校学习的年数,而且要依据基础技能和知识测验是否合格;⑦ 严格纪律,允许体罚,规定服装和发型;⑧ 取消选修科目,停止讲授华而不实学科(如泥塑、编织等);⑨ 完全取消学校的"社会性服务"(包括性教育、安全驾驶教育、反吸毒教育等);⑩ 一律取消教育革新;⑪ 恢复爱国精神的教育(爱乡土、爱上帝等)。

对于"回到基础"这个教育运动,美国教育界的意见并非一致,有人说此运动缺乏系统的理论基础和组织领导,保守倾向明显。但多数人持赞同的观点,认为这个运动有利于培养阅读、写作和计算能力较强的青年,有利于恢复教师在课堂上的权威作用,有利于克服纪律松散的现象,有利于消除公立学校名目繁多的选修课,使学生专心学习主要的必修课。其实这个运动恢复了"传统教育"的某些做法,是对生计教育的矫正,也是80年代教育改革的前奏曲。

在这场"恢复基础运动"中,美国许多州通过了法律,对公立学校学生在基本技能上的最低要求作了规定，并以全州为基础在学区或学校采用最低限度能力测验课程。据统计，到 1979 年，美国有 39 个州对中小学的学生进行能力测验，对测验成绩在最低标准以下的学生进行特别治疗教育，并把测验合格作为升级、毕业的条件。这些措施对于加强基础知识、基本技能的训练起到了强有力的促进作用。

二、英国的教育改革

（一）教育领导体制改革

1964 年，英国成立中央政府一级教育领导机构"教育和科学部"（Department of Education and Science），取代 1944 年成立的教育部。教育和科学部的职责为：制定国家教育标准，控制学校建筑的分配和质量，培训教师，对一些学校进行资助，派出督学检查全国所有学校。此外，部长还以法令规定与通知的形式向地方当局和其他办学团体发出指示。虽然如此，地方当局仍有广泛的自治权力。

（二）考试制度改革

1944 年规定的 11^{+} 考试，显然有悖于第二次世界大战后教育民主化的潮流。1965 年工党政府明确提出要以废除 11^{+} 考试作为改革教育制度的理论基础，后来虽然有保守党从中作梗，但到 1974 年底，延续近一个世纪的 11 岁考试基本被废除。

随着教育事业的发展，1944 年规定的 15 岁义务教育年限已基本实现。将义务教育年限延长至 16 岁已成为共识。1963 年，中央咨询委员会提出纽塞姆报告《我们的半个未来》（Half Our Future），建议将义务教育年限在 1969 年至 1970 年度提高到 16 岁。1972 年前后，英国基本上实现了 16 岁义务教育。但自 1944 年法令规定了三种中学后，所有 16 岁青年面临着抉择未来道路的关口，要么进入文法中学或技术中学，一直读到 18 岁，要么走向社会就业，然后接受主要是职业教育性质的继续教育。在此情况下，形成了 16 岁考试制度，即每个年满 16 岁的青年在结束了义务教育后，必须参加普通教育证书考试（General Certificate of Education），成绩优秀的获初级水平证书，可进入文法中学或技术中学到 18 岁，成绩不好的获得中等教育证书，离校就业。学完 18 岁课程的学生，再通过高级水平普通教育证书的考试，即可进入大学或技术学院，因此，它既是中学毕业考试，也是大学入学考试。

(三) 基础教育系统的改革

1. 初等教育

英国的初等教育自 1944 年后,不再称 Elementary Education,而称 Primary Education。实施初等教育的学校主要有以下几种。

(1) 幼儿学校。

幼儿学校招收 5—7 岁的儿童,其教育目的在于锻炼学生体力,培养良好的行为习惯,让儿童通过游戏、活动来认识各种生活中的事物以增进知识。教学中采取开放制。这类学校其实类似于我国的幼儿园。

(2) 初级学校。

初级学校招收 7—11 岁的儿童,其教育目的在于发展儿童的基本才能,并使其获得基本知识,培养文明习惯、健康思想和情操。开设的课程包括:英语、数学、历史、地理、自然、卫生、美术、手工劳动、音乐、体育、宗教等,70 年代后又注重外语(主要是法语)教学。在教学中,把每一个教学班按学生智力发展水平分成 A、B、C 三组,实行分组教学制度。

(3) 预备学校。

预备学校招收 8—13 岁准备进入公学学习的儿童,该学校为独立学校系统,不受公款补助。其课程偏重古典文化与古典语言。

2. 中等教育

英国实施中等教育的机构主要有四种:文法中学、技术中学、现代中学和综合中学。

(1) 文法中学。

文法中学主要为升学作准备。分基础科和分科两个学习阶段,其中前五年为基础科,后两年为分科学习阶段。文法中学的学生约占英国所有中学学生的 20%左右。

(2) 技术中学。

技术中学主要培养工程、电力、航海、航空、建筑、农业、商业等方面的技术人才。学制 5—7 年,但分为两段,16 岁考试后,成绩优秀的学生继续学习两年的专业技术课程,并通过高级水平证书的考试进入技术学院,其他学生就业。其地位仅次于文法中学,这部分学生占中学生的 2%左右。

(3) 现代中学。

现代中学其性质是一种职业学校。课程设置重视实用及职业要求的学科,为学生毕业后走入社会劳动就业作准备。50 年代后,迫于人民的要求,现代中学也开设了取得“普通教育证书”的课程。

(4) 综合中学。

综合中学是一种把文法中学、技术中学和现代中学综合在一起的学校。其名义上为了体现教育的民主性,但实际上并未真正解决选择性教育问题。进入综合中学的学生,在学校内部仍按其成绩、性向、能力分为学术组、技术组和现代中学组,并为三个组设置不同的课程。到80年代末,综合中学的学生数已占中学生的80%左右。

除上述中学之外,英国在中等教育方面还设有公学、中间中学等。

三、法国的教育改革

20世纪50年代末,法国经济在经历了战后初期的复苏与初步起飞后,进入了高速发展的“黄金时代”。在政治方面,基本上结束了动荡的政局,进入战后一个比较稳定的历史时期。伴随着经济的起飞和政局的稳定,人们对教育的需求进一步增长,并要求进行教育改革。50年代末至70年代末,法国推行了一系列范围广泛的教育改革措施。这里仅以法国基础教育的改革为例来说明。基础教育的改革是从两方面入手的:一是进行结构改革,实现教育机会的民主化;二是进行课程和教学改革,推进教育内容和方法的现代化。

(一) 结构改革

在普通教育的结构改革方面,法国在这20年中主要做了两件事:第一,建立统一的学校,即统一的小学和统一的初中;第二,将实用性的职业技术教育纳入正规的学校教育系统,促进中等教育的多样化。

1. 1959年的改革

法国于1959年1月6日颁布了将义务教育年限延至16岁的法律。同日,还颁布了对教育结构进行改革的法令,俗称“贝尔敦法令”。它的主要内容包括:① 建立学制为4年的市立普通教育中学,以取代原来的小学补充班;② 取消小学生进入中学时的入学考试;③ 规定各类中学的前2年为“观察期”,实施共同的基础教育;④ 将原来的技术中学和国立职业学校升格为市立技术高中,培养技术工人和低级职员。

1959年的改革意味着向统一的初中跨进了一步,这次改革打破了以往阻碍平民子弟进入中学学习的屏障——中学入学考试,并且开始把以往作为平民子弟终结性教育的小学补充班改造为实施普通教育的初中,纳入正规中等教育系列。与此同时,法国在所有中学建立了为期2年的观察期,以便对学生进行方向指导。这一系列的改革,使法国教育制度开始能为全体学生提供7年的普通教育,接受中等教育的机会明显地增加。此外,职业技术教育的地位也有所提高,它们被接受并被纳入正规中等教育的范畴。但是,"贝尔敦法令"颁布后,法国学制的双轨现象仍然存在,原有的中等教育结构并无实质性的改变:传统的国立中学和市立中学仍有自己的生源,并实施长期教育,即完全中等教育;市立普通教育中学也有自己的生源,实施短期教育,即不完全中等教育。双轨学制继续并行。另外,实施终结性教育的小学补充班实际上仍然存在,继续接纳部分小学毕业生。总之,1959年的改革虽然触及法国中等教育的结构问题,但远未能真正解决。

2. 1963年的改革

20世纪60年代初期,法国社会对中等教育的需求进一步增加,要求建立一种综合性中等教育学校,以保证"郎之万—瓦隆教育改革计划"中所提到的方向指导主张得到落实。1963年8月3日,法令规定建立一种新型的综合性中学——市立中等教育学校(CES),以便将实施第一阶段中等教育(即初中)的各种机构逐渐统一起来。市立中等教育学校力图将小学补充班、市立普通教育中学以及国立中学(市立中学)的前4年级按地理布局和学校规模进行调整和改组,统一实施第一阶段中等教育;在它的内部,则包含长期班、短期班和过渡班三类教学班,它们的课程设置和教学大纲不同,学生的出路也各异。

1963年的改革是对1959年改革的补充和发展,但它也带有明显的局限性:市立中等教育学校中分设三类培养目标不同的教学班,实际上,长期班相当于以前的国立中学,目标为学生接受高等教育作准备;短期班相当于市立普通教育中学,接收中等水平的平民子女;过渡班则代替了以前的小学补充班,接纳水平差、无法接受前面两类教学的学生。因此,实际上市立中等教育学校并没有把实施第一阶段各类中等教育的机构真正予以合并。以至到了1975年哈比教育改革前夕,法国仍然存在着4种实施第一阶段中等教育的机构,即市立中等教育学校、市立普通教育中学、国立中学和市立技术教育中学。可见,基础教育中的等级性仍然存在。

3. 1975年的改革

1975年的哈比改革是法国战后一次极为重要的教育改革。哈比改革的基本精神可以概括如下:"重建法国教育制度,使其适应当今世界,特别是适应急剧工业化和城市化的社会的新需求。为此,要简化教育的组织结构,并使其更加灵活和促进学习机会的均等,从而在缩小社会的不平等中发挥真正的作用。”哈比改革的中心要求是为了满足现代化生产对各级各类劳动力的需要，提高职业技术教育的地位，多方面培养劳动力和技术人才。

哈比改革的覆盖面十分广泛，囊括了从学前到高中的各个教育阶段，主要内容有：① 全面发展农村和城市的学前教育，要求所有 5 岁儿童均应进入幼儿学校或小学幼儿班。学前教育的目的是进行儿童个性的启蒙，发现儿童未来学业的困难及可能存在的障碍，以便弥补这方面的不平等。② 小学实施统一的教育，分为五个年级、三个阶段：预备阶段 1 年，基础阶段 2 年，中级阶段 2 年。小学教育应保证学生获得摄取知识的各种基本能力，即口头和书面的表述能力、阅读能力和计算能力。它还应激发儿童智力、艺术感、手工和身体的发展，并与家庭合作对学生进行道德和公民教育。③ 在中等教育阶段，取消过去第一阶段中等教育的三类教学班，建立一种完全统一的并向所有适龄学生开放的综合性教育机构——初中。初中分四个年级、两个阶段：前 2 年为观察阶段，实施完全相同的基础教育；后 2 年为方向指导阶段，在实施统一教育的同时设置一定的选修课。在高中，同时实施普通教育和职业技术教育。为此，高中分为普通高中、技术高中和职业教育高中三类。普通高中实施完全中等教育，也称长期高中，学制 3 年，目标是准备高中会考，为高等教育输送生源。技术高中也实施完全中等教育，同属长期高中，学制 3 年，目标既为高等技术教育又为职业社会输送人才。职业教育高中实施不完全中等教育，也称短期高中，学制 2 年，目标是直接为社会培养技术工人或低级职员。

哈比改革从酝酿准备，通过立法，到颁布实施新的教学大纲，历时 7 年，哈比改革促进了法国普通教育结构的民主化。可以说，哈比改革真正开始较为彻底地改变了法国中等教育的性质，确立了单轨制的统一初中体制，从而保证了法国青少年文化水平的普遍提高。

（二）课程和教学改革

第二次世界大战后，法国普通教育的几次重大改革中，课程和教学改革是与结构改革并行的另一条主线。法国对普通中小学教育的课程和教学的各个领域进行了许多有意义的探索和试点，并多次组织科学家、教育家和教师设计新的教学大纲，编写新的教材，力图把现代科学的发明创造及研究成果体现于教材中。50 年代末至 70 年代末，法国普通教育课程教学改革的总倾向是：古典语言逐渐失去了传统的优越地位，拉丁文和希腊文自哈比改革后被从初中各年级的必修基础课中完全删除，仅仅在初中第 3、4 年的选修课中保留一席之地。与此同时，现代语言、数学、自然科学逐渐成了中学、小学课程的核心内容。一些实用的职业技术基础知识也开始进入普通中学、小学课堂,成为普通教育的组成部分。在这一时期,法国在全国范围内具体进行了以下几次比较重大的课程和教学改革。

1. 现代数学运动

现代数学运动或称新数学运动,是法国乃至世界范围内于20世纪60年代至70年代在中小学课程方面进行的一项改革,其宗旨是促进数学教育内容的现代化。为了使数学教学跟上时代,为了保证法国在世界数学领域的高水平和领先地位,20世纪60年代中期,法国在美国课程改革的影响下,着手进行普通中小学数学教育的现代化。1964年,法国开始根据现代数学的模式制定全国中小学数学教学大纲。新大纲吸收了当代数学家著作中的重要概念和思维模式,大量引入了高等数学的一些内容,如集合、微积分、线性代数、概率论等。由于新教学大纲过分强调概念的形成,强调纯演绎的方法,片面突出理论知识,却忽视具体计算能力和几何直观训练,因而也带来了脱离实际的倾向。于是,新大纲遭到普遍的批评,现代数学运动于70年代中期已成为强弩之末。不过,现代数学中的部分合理内容仍然得到了保留。

2. 跨学科尝试

20世纪60年代至70年代,在欧洲的课程改革中,出现了一种废除某些科目,实行跨学科教学或课程综合化的探索。由皮亚杰、布鲁纳等学者进行的关于认识论和课程结构的研究,为这种改革尝试铺平了道路。跨学科尝试试图克服传统的分科教学的绝对性,把各学科有机地联系起来,以求找到一条从知识的整体上去认识和把握自然与社会的途径,以便使各门学科的教学更为统一、协调和整体化。在上述跨学科原则的指导下,60年代末法国曾对初等教育的课程计划、学科结构以及教学方法进行了一次重要的改革。1969年8月7日,教育部发布部令,对小学的课程设置作了新的规定,开始实行一种合科教学,即课时三分制教学。根据这种教学法,小学的所有学科被划分为三个部分:第一部分为基础学科,包括法语和数学;第二部分为知识学科,包括历史、地理、自然、公民教育、手工、图画、音乐等;第三部分为体育。对于小学各年级的周授课时数,部令规定为27学时,其中基础学科15学时,知识学科6学时,体育课6学时。实行上述课程计划是一种前所未有的尝试,其本意在于改变以往过于刻板、分割的传统课程结构,打破各学科之间相互隔绝的壁垒。与此同时,初中也进行了一些跨学科性质的尝试。根据哈比改革于1977年颁布实施的初中课程计划,新设置了“实验科学”这门新学科,它包括生物、地质、物理和化学 4 大学科领域的知识内容。此外，历史、地理、经济、公民教育也作为一门综合性课程开设；艺术教育则将美术、音乐、建筑、城市学、戏剧、电影等内容融为一体。

跨学科尝试是现代教学思想的一种反映。它给教师们提供了较为充分地发挥个人教学主动性和创造性的机会，可以使教学活动变得更加灵活、更能适应学生的实际学习状况。当然，它也因此对教师的教学能力和学识水平提出了更高的要求。

3. 加强科学教育

第二次世界大战后，法国普通教育力图摆脱理性主义的桎梏，改变以往重理论、轻实践，重文科教育、轻科学和实用学科的状况，逐步建立与现代社会相适应的教育制度，并实现教育内容的现代化。为此，一项重要的工作就是将现代科学知识引入普通中小学教育。50 年代至 70 年代，法国曾经对中小学教育的课程计划进行过几次修改，其中科学教育的内容和教学大纲的变化尤为突出。1978 年，法国根据哈比法制定了新的教学大纲。在新教学大纲中，大幅度增加了物理、化学、工业技术方面的内容，并把技术操作也列为学习内容。另外，新大纲还重视科学地探讨问题的态度和方法。总之，新大纲力图通过学习活动的多样性与广泛性，培养中小学生的科学态度、科学方法和思维方式，并使之掌握更多的科学知识。

4. 将技术教育内容引入普通教育

进入 70 年代以后，法国课程改革的另一个动向是将技术教育作为一门基础学科引进普通中小学。根据 1977 年部令，初中各年级均开设一门新的基础课——手工技术教育，这是旨在传授基本科学技术知识与技能的一门综合性教育，以便在普通的中等教育中培养学生从事技术工作的能力和适应社会的能力。这门课从实际应用出发，帮助学生把所学的科学技术知识与实际相结合，使他们在试验、练习和操作中，初步认识一些职业活动。

在 50 年代末至 70 年代末这 20 年间，法国对基础教育所进行的一系列改革，导致学生入学机会增加，就学人数迅速增长，初等教育、中等教育和学前教育都得到了很大发展。

四、苏联的教育改革

战后，苏联开始着手恢复和发展国民经济，由于卫国战争中受到了巨大的损失，战后的恢复工作十分艰巨，苏联战后把恢复和发展教育作为恢复和发展国民经济的重要条件,在经济十分困难的情况下,促进发展教育与发展经济的同步进行。

(一) 1958 年的改革

1958 年,苏联最高苏维埃讨论通过了教育改革方案——《关于加强学校同生活的联系和进一步发展苏联国民教育制度的建议》。

这次教育改革的目的是要加强学校同社会的联系,改革重点在中等教育阶段。方法是:一方面鼓励受过 8 年义务教育的青年参加劳动,然后一面劳动,一面通过业余教育完成中等教育;另一方面在普通中学里大幅度增加生产劳动时间,同时进行职业训练。这次改革对普通中学的冲击最大,普通中学的总学时比原来增加了 28.6%。在增加的学时中,绝大部分用于生产教学和生产劳动,用于知识教学的时数也略有增加。改革以后,学生的负担大大加重了。苏联进行这样大幅度的教育改革,最主要的原因是想解决青年升学和就业的矛盾,从教育制度上加以改革,纠正长期以来学校偏重知识教育而忽视生产劳动教育的偏向。但是,1958 年的改革是不成功的,从实践中反映出存在下列问题:① 严重地降低了中学的教学质量,由于生产劳动教学的时间大幅度增加,忽视知识教育,致使不少学生失去对学习的兴趣,学生中途退学的比率很高。② 在中学实现职业训练的想法没有能够实现。其原因一是生产教学组织得不好,缺乏物质基础,当时苏联还没有条件用先进的设备去武装普通中学,特别是高年级到工厂去生产实习,都没有合适的工作岗位,以致所学非所用。二是学校职业训练的专业和国民经济部门的需要对不上口径。学校在决定生产教学的专业范围时是盲目的、自发的,没有考虑到国家的需要和青年的爱好。③ 生产教学和知识教学脱节,生产教学脱离综合技术教育的任务,往往把生产教学只看作让学生获得某些工作的操作方法,在劳动课上不利用学生学习过的科学基础知识。由于学生的知识基础欠缺,因而就拖长了生产教学的时间,实际上也就拖长了中学修业年限,而这种延长是毫无意义的。以上存在的几方面的问题,都不利于人才的培养和缓和苏联劳动力紧张的状况。总之,1958 年教育改革未能取得预期的效果。

(二) 20 世纪 60 年代的教育现代化

苏联从 1964 年开始进行教育现代化的改革,这是受到西方国家教育现代化运动的影响,特别是受到美国 60 年代课程改革的影响。1964 年 10 月,苏联成立了确定中学每门科目的内容和性质的各科委员会以及协调各科委员会的总委员会。这些委员会由著名的学者、大学和师范学院的教授、许多教学法专家和先进教师共500多人组成。委员会的任务是使“教育的内容和性质符合现代科学、技术和文化的发展水平”。要求吸收教育学和心理学的研究成果，对其他社会主义国家的现行教学计划、教学大纲和教科书进行比较研究，并根据向普及中等义务教育过渡的前景确定中学教学范围和性质，使学校的教学内容、组织和方法更充分地反映现代科学、技术和文化的成就。删除教学大纲和教科书中的陈旧和次要的材料。拟定和完成向新的教育内容过渡用了整整十年的时间。1974—1975年完成了采用新教学大纲的工作。十年中一共编写了103种新的教科书。

苏联教育内容的改革是在心理学和教育学研究的成果基础上进行的。苏联心理学家厄里康宁、达维多夫领导了“教学与发展”的实验研究，他们对低年级学生学习现代科学的某些概念的能力进行了研究，编写了可以大大缩短一年教学期限的新的教学方法和实验性的识字课本。他们认为过去的心理学和教育学对低年级学生的思维特点和认识潜力认识不足，小学年龄是儿童抽象思维迅速发展的时期，教学应该走在儿童发展的前面，促进儿童的发展。他们以自己的实验学校为例证证明，学生的认识潜力大大高于旧的教学大纲规定的要求。赞科夫从1957年就开始从事“教育和发展关系”的实验，他采取了跟踪实验的方法，与教师一起编制教案，设计教法，总结经验，检验效果。1964年，他在第一阶段实验的基础上总结并公开了“小学教学新体系”的实验报告。实验证明，如果在小学教学中采用一些特殊的发展学生的方式，如在复习方法的改进上利用无意识识记的方法，则小学教学水平和进展速度都能得到提高。实验学校的教材在深度和容量上都远远超过四年制小学的教学大纲。而且这种教材在不加重学生负担的情况下，三年内就可以学完。在这个实验的基础上，苏联从1969年开始把小学四年改为三年。

1964年，苏联还公布了关于缩短普通中学学习年限的决定，致使教学计划发生了很大的变化，缩减了总学时，其中主要是减少了劳动课时间，将原来教学计划中的每周12学时改为每周6学时。另外，外国语、历史、地理减少得也较多。刚开始缩短年限的时候还比较强调生产教学的重要性，并一再声称不是回到1958年以前。但是，60年代后期情况就有了变化，更多地强调知识教学，生产教学已经不被人们重视。1966年11月，苏联通过《关于进一步改进普通中学工作的措施》。该措施决定从1966—1967学年开始，中学改用新的教学计划和大纲，教学计划进一步减少了生产劳动的时间，减少到每周2学时。该措施还决定从七年级起开设选修课，目的是为了加深物理、数学、自然科学和人文科学的知识,发展学生多方面的兴趣和才能。苏联的选修课与西方国家设立的选修课不同,苏联的选修课是围绕着中学的基本课程开设的,目的是在某些科目方面加深和补充知识。总之,这些措施的目的是提高学生的知识质量,而生产教学和劳动教育却很少提及了。

60年代苏联还进行了教学设备现代化的建设,最突出的成绩是在中等学校里实行专用教室制度,即把普通的教室加以改造,在里面装备一套常规的电化教育设备,如电动黑板、幻灯机、投影仪、闭路电视,还按照学科的性质布置了该学科的发展的历史图片、图表、公式,橱窗里陈列着该学科常用的仪器、图书等。这就把教室变成了一个既是学生学习的场所,也是教师工作的场所。学生上课不再是固定于一个普通教室里,而是根据不同的学科到不同的专用教室里去上课,那里有能满足学生对该学科所要求的一般资料。

第四节　中国现代教育制度的演进

1919年爆发的五四运动标志着中国现代史的开端,中国教育也开始了探索适合中国教育发展道路、建立现代教育制度的时期。

一、“六三三”学制的建立

(一)新学制建立的历史背景

自19世纪七八十年代我国的民族工业产生之后,由于一直受到外国资本主义的巨大打压和国内封建势力的严重摧残,其发展十分缓慢,力量非常薄弱。1914—1918年的第一次世界大战,由于欧美各帝国主义国家忙于战争,暂时放松了对中国的压迫,使得中国民族工业获得了一个千载难逢的发展机会。民族工业的发展,对劳动者不仅在数量上提出了新要求,而且在质量上也要求劳动者受过一定的教育,稍具职业知识和职业技术,能够成为管理机器的熟练工人。另外,为了更好地经营生产、管理企业,他们也需要各方面的技术管理人才;同时,他们自身也有受教育、掌握知识的愿望。因此,民族工业的发展,对学校教育提出了新要求,希望学校能培养出一定数量的各种专门人才以及大量的、受过一定职业教育和训练的劳动后备力量,以适应民族资产阶级发展生产、发展资本主义的需要。

然而,民国初期制定的教育制度虽然也反映了资产阶级改革教育的一些主张，但是由于处于战乱年代，在制定学制时不可能进行比较深入的研究，经过几年实施后，日益暴露出诸如整齐划一有余而灵活性不够等缺点，被人视为“不管社会的需要，不管地方的情形，也不管学生的个性”，尤其在中等教育方面问题更加突出，例如修业年限过短，太偏重于普通教育，学生毕业后，升学既困难，就业也不易，而且中学规定省立，限制了地方设学的积极性，致使中学学校数目太少，小学生毕业后很多人便无校可读。由此可见，旧学制已不能适应民族工业的发展，建立一个新的适合民族资产阶级所需要的新学制已刻不容缓。

与此同时，在五四运动前后，随着留美学生的大批回国，美国的教育思想、教育方法、教育制度也大量输入中国，尤其是代表世界进步教育运动思潮的杜威实用主义教育理论更是流行于全国，“以美为师”，建立现代教育制度成为教育界迫切的呼声。

(二) 新学制的酝酿与制定

新学制从酝酿到制定经历了一个较长的时期。

1915 年 4 月，由各省教育会及特别行政区教育会推派代表组成了一个全国性的教育团体——全国教育联合会，拟定每年集会一次，讨论重大教育问题。在联合会的成立大会暨第一届年会上，湖南教育会提出了改革学制系统案，开创了学制改革的先河。在以后几届的年会上，不少省的代表也提出了学制改革议案。鉴于学制改革是一个重大的问题，全国教育联合会在 1920 年的第六届年会上，一方面将历届大会收到的有关学制改革的各种意见汇编成书，印发各省、区教育会研究讨论，另一方面要求各省、区教育会组织教育界各方面人士组成学制系统研究会，酝酿制定具体的改革方案。1921 年 10 月，在广州召开了第七届年会，有 17 省、区的 35 名代表参加，其中广东、福建、江西、湖南、甘肃、黑龙江、浙江等 11 个省、区的代表提出了 11 种学制系统改革的议案。这些议案大多是各省、区教育界人士反复讨论的结果，是集体智慧的结晶。

在第七届年会上，经过认真审查讨论，通过了新的“学制系统草案”。为进一步征求意见，大会要求各地组织讨论会进行广泛讨论，又请各报馆、各教育杂志社发表草案全文，向全国征求意见，希望能获得一个比较满意的学制系统草案，以便提交来年的年会讨论。正是在这种形势下，当局感到学制改革已是大势所趋，于是在 1922 年 9 月，赶在第八届年会之前召开了全国学制会议，出席会议的有各省、区教育会代表、省教育代表、国立高专以上学校校长，以及教育部聘请的教育专家等共 78 人,会议对上届年会提出的改革草案稍作修改后于该年 11 月 1 日以《学校系统改革案》的名义颁布,这便是“六三三学制”,又称壬戌学制。

(三) 新学制的改革标准及主要内容

1922 年北洋政府所公布的《学校系统改革案》中,提出新学制依七项标准而制定。这七项标准是:① 适应社会进化之需要;② 发挥平民教育精神;③ 谋个性之发展;④ 注意国民经济力;⑤ 注意生活教育;⑥ 使教育易于普及;⑦ 多留地方伸缩余地。

这七项标准的内容,不仅显露出实用主义理论的影响,而且也表现了在教育制度上力图建成更为民主、更为自由的教育体制的倾向。

新学制主要包括以下内容:

① 蒙养院改称幼稚园,收 6 岁以下儿童。

② 初等教育阶段为 6 年,分为初、高两级,其中初等小学 4 年,高等小学 2 年。另设相当年期的补习学校,分别收受初级小学毕业及年长失学者。

③ 规定以 4 年为义务教育年限,但各地可视情况在适当时期延长年限,入学年龄也可视地方情形自定之。

④ 中学修业年限为 6 年,分为初级中学校和高级中学校两级,各 3 年。初级中学施行普通教育,得兼设各种职业教育科;高级中学分为普通、农、工、商、师范、家政等科,但可酌量地方情形单设一科或兼设数科。

⑤ 师范教育除在高中设立师范科外,以前的 5 年制师范改为 6 年,或单设 2 年或后 3 年的师范学校。

⑥ 实业学校改称职业学校,分初、高两级,并能在相当学校内酌设职业教员养成科。

⑦ 大学修业年限为 4—6 年,废止预科。大学设一科或数科均可,设一科者称某科大学。高等师范学校改为师范大学,修业年限为 4 年。大学及专门学校得设专修科,修业年限不等。师范大学或大学教育科得附设 2 年制师范专修科。

此外,新学制在附则中还规定:注重天才教育,得变通年限及教程,使优异之智能尽量发展;对于精神上或身体上有缺陷者,应施以相当之特种教育。

从以上新学制的主要内容不难看出其特点:

第一,教育段年限划分较为科学,“六三三”分段恰好与我国儿童身心发展的阶段性相符合,同时缩短了小学教育年限也有利于初等教育的普及,而取消大学预科,使大学不再担负普通教育的任务,有利于大学集中精力进行专业教育和科学研究。

第二,以加强中等教育为核心,延长中学教育年限,不仅有利于提高中学生的知识水平,而且也有利于中学完成升学和就业双重任务。

第三,注重职业教育,在小学高年级便要求各地视情形增置职业准备的学科,在中等教育阶段除继续设立专门的职业学校外,还在普通中学中也设职业科。此外,还注意职业学校教师的培养。

第四,注重个性发展,在中学开始实行选科制和学分制,力求适应不同发展水平的学生的需要。

第五,给各地更大的灵活性,如在初等教育的两个时段和中等教育的两个时段,各地可以合设,也可单独设立。

第六,注重普及教育,规定 4 年为义务教育年限。

(四) 课程和教学方法的改革

随着新学制的确立,各地又开始了课程和教学法的改革。

1923 年 6 月,全国教育联合会刊布了《中小学课程标准纲要》。课程改革的主要内容如下。

① 小学取消修身课,增加公民课、卫生课,将手工改为公用艺术,图画改为形象艺术;后又将初小的卫生、历史、公民、地理合为社会科,增加自然园艺科。将国文改为国语,体操改为体育。

② 初级中学以社会、言文、算学、自然、艺术、体育六科组织教学,其中社会科含公民、历史、地理,言文科含国语、外国语,艺术科含图画、手工、音乐,体育科含生理卫生、体育。

③ 高级中学分普通科和职业科。普通科分文学、社科、数学三类;职业科分农、工、商、商船四类。课程分为公共必修科目、分科专修科目、纯选修科目三种,每一种中又有若干课程。

此课程纲要虽是民间组织刊发,但由于其影响巨大,实际上许多地方都是依此施行。

在五四思想解放潮流的推动下,在新学制和课程改革的影响下,教学法的改革也出现了一个高潮。其中影响较大的是设计教学法和道尔顿制的推行。

设计教学法的创始人是美国实用主义教育家克伯屈(W. H. Kilpatrick)。他主张由学生自发地决定学习目的和内容,在学生自己设计、自己负责实行的单元活动中获得有关的知识和解决问题的能力。教师的责任只是利用环境激发学生的学习动机,并帮助学生选择活动所需要的教材。这种方法与实用主义的其他教育理论一样,有助于发展学生的个性,但忽视了知识的系统性和教师的主导作用。1919 年秋,南京高师附中在我国率先研究试行设计教学法,此后,不断有学校试验,至 1922 年达到高潮,上海、南京、苏州、北京等城市中的一些好的小学也纷纷推行。但由于时局的动荡和该理论本身的缺陷,1924 年后这种方法的试行逐步消沉下去。

道尔顿制是美国的柏克赫斯特(G. H . Parkhurst)于 1920 年在美国的道尔顿市道尔顿中学创行的一种教学制度。该制度将教室改为各科作业室,废除课堂讲授,将学习内容按一定的时间分为作业大纲,学生与教师订立学习公约后,自由支配时间,自由学习。教师只起到顾问的作用。1921 年传入我国后即引起了许多教育家的注意和研究。1922 年,舒新城在上海吴淞中国公学中学部率先试行,到 1923 年,全国有 100 余所中小学试行这种制度。但由于此制度与设计教学法一样有使学生放任自流的弊病,到 1924 年便逐步停止了。

二、国民党政府时期的教育改革

国民党政府时期基本上沿用了 1922 年的新学制,同时也根据当时的情况,尤其是按照正规化和党化的要求进行了修正,主要措施有以下几点。

(一) 教育行政方面的改革

1925 年广东国民政府成立后,各部组织均采用委员制,教育机构自然也不例外,于 1926 年 3 月设教育行政委员会为中央教育行政机关。1927 年国民党政府定都南京后,南京政府根据蔡元培先生的意见,改教育行政委员会为大学院,以大学院为全国最高学术、教育机关。大学院设院长 1 人总理全院事务,设大学委员会议决全国学术上一切重要问题,下设秘书处、教育行政处、专门委员会、教育机关等,同时还在江苏、浙江、河北等省试行大学区制,每一大学区设国立大学一所,设校长一人综理大学区内一切学术与教育行政事务。这次改革的目的在于变教育官僚化为教育学术化,但在实行中,学术化不易见,官僚化也未铲除,以致非议四起,于是在 1928 年 12 月重设教育部,1929 年仍恢复教育厅制。

(二) 学校系统方面的改革

1928 年 12 月,大学院召集全国第一次教育会议,颁布了《中华民国学校系统案》,大体沿袭 1922 年学制。1929 年至 1933 年,先后公布了各级学校法以及各级学校规程,经过这次改革,基本确定了国民党时期的学校系统。其中初等教育方面，小学设立的形式有完全小学、初级小学、简易小学、短期小学等。简易小学以初级为限，招收 6—12 岁的学龄儿童，分全日制、半日制、分班补习制三种，前两种规定 4 年毕业，后一种规定至少须修满 2 800 小时方许毕业。短期小学招收 10—16 岁年长失学的儿童，采用分班教学制度，每天授课 2 小时，修业 1 年，以识字为目的；在中等教育方面，废除综合中学制度，将职业学校、师范学校、普通中学三类学校分别设立。取消中学的选修科目，取消学分制，改行时数单位制。高中不分文理科。在高等教育方面，仍分设大学和专科学校，分为国立、省立、市立和私立四种。同时规定：大学“以研究高深学术，养成专门人才”，分设文、理、法、教育、农、工、商、医等学院。凡具备 3 个学院以上者，始得立为大学，不具备者为独立学院。并将专门学校改为专科学校。专科学校“以教授应用科学，养成技术人才”。专科学校分设四类：甲类（工业）、乙类（农业）、丙类（商业）、丁类（药学、艺术、音乐、体育、市政等）。

（三）统一课程标准

为全面控制教学内容，统一教学标准，自 1928 年底开始陆续公布了各类学校的课程标准，1932 年教育部正式颁布了《小学课程标准》《中学课程标准》，分别就小学和中学的课程目标、内容等作了规定，其中规定小学开设的课程主要有：国语、社会、自然、算术、美术、音乐、体育、公民训练等；初中开设的课程主要有：国文、外国语、历史、地理、算学、自然科、生理卫生、图画、体育、工艺、公民、童子军训练等；高中开设的课程主要有：公民、国文、英语、中国历史、外国历史、中国地理、外国地理、算学、物理、化学、生物、体育、卫生、军事训练、图画、音乐等。1936 年后，在修订的中学课程标准中，又要求中学增设职业科目。1938 年，教育部召开第一次大学课程会议，通过了《文理法三学院各学系课程整理办法草案》，规定“全国大学各院系必修及选修课程，一律在部规定的范围内，参照实际需要，酌量损益”，着手对大学课程实施统一标准。

在统一课程标准的同时，教育部在 1929 年公布了《教科图书审查规程》，规定各级各类学校所采用的教科书，必须经过教育部审定，并提出了三项政治标准：① 适合党义；② 适合国情；③ 适合时代。其后，考虑到教科书由书商编辑可能不合标准，因此，改为由政府编纂中小学教科书。

（四）施行教员资格审查制度

国民党政府为了控制教师队伍，施行了严格的教员资格检定制度。

1934 年 5 月，教育部公布了《小学教员检定暂行规程》《中学及师范学校教员检定暂行规程》，规定中小学及师范教员之检定分为无试验检定和试验检定两种,其中无试验检定于每学期开学前举行,试验检定至少三年举行一次。1944年1月,教育部又公布了《小学教员检定办法》,将试验检定改为至少每两年举行一次,无试验检定每学期开始前举行。试验检定分笔试、口试或实习,必要时举行体格检查。检验合格后发给合格证书,其有效期为4年。同年4月,教育部又公布了《中学及师范学校教员检定办法》,对1934年的规程予以修正,主要是将试验检定改为每年一次,于第一学期开始前举行。对受无试验检定的教员的资格也作了变动。1946年11月,教育部又公布了《国民学校教员检定办法》25条,对1944年的办法作了修正。其中规定:国民学校教员包括国民学校、中心国民学校、公私立小学、师范学校附属小学及幼稚园教员。国民学校教员凡未具有以下资格之一者均应受检定:① 师范学校毕业者;② 旧制师范学校本科或高级中学师范科或特别师范科毕业者;③ 高等师范学校或专科师范学校毕业者;④ 师范学院或大学教育学院教育科系毕业者。试验检定每年或隔年举行一次,检定合格在有效期内教学成绩优良者,经省市督学查报或县市教育行政机关呈报有案,或于服务期间参加假期训练3次以上并有成绩合格证明书者,期满后发给长期合格证书。

施行教员资格审查和检定制度,固然客观上有助于提高教师水平和教学质量,但国民党政府的目的却是控制教师队伍,打击教育界的进步力量,而且在当时这也是一种不切实际的空想,因为按照这个办法,全国大多数小学教员、私塾教师将被宣布为不合格而失去任教资格,其结果反而打击了中国基础教育的发展。

(五)加强学校训育管理

国民党政府为了全面控制学校,加强对学校学生的思想统制,主要采取了以下措施。

1. 建立训育制度

1929年7月,国民党政府通令各省市遵照国民党中央执行委员会所制定的《中小学训育主任办法》,设置训育主任一职,其职责专在考查学生的思想、言论和行动。次年,教育部批准了上海市教育局所拟定的《中学训育暂行标准》《小学训育暂行标准》等。1931年8月,教育部发布了《各级学校党义教师及训育主任工作大纲》,要求党义教师和训育主任应时时与学生接近,在中等以上学校,还应随时调查学生平时所阅刊物、所发言论、所交朋友等。同年9月,国民党中央常务会议通过了《三民主义教育实施原则》,令教育部公布实施。该实施原则具体规定了各级学校的训育目标,如初等教育的训育“应注重伦理知识及实践，以助长儿童忠孝仁爱信义和平之德性”；中等教育的训育以“确定青年三民主义之信仰，并切实陶冶其忠孝仁爱信义和平之国民道德”为目标。抗日战争时期，国民党政府加强了学校训育制度，1938 年 4 月间，国民党临时全国代表大会制定了《战时各级教育实施方案纲要》，要求确定训育标准，严格管理。1944 年 9 月，教育部颁发了《专科以上学校中等学校训育标准》，具体规定了中等以上学校的训育内容和训育标准。

通过一系列的纲要、标准等，国民党政府建立了对学生思想进行钳制的训育制度。

2. 实行童子军训练和军事训练

为了实行更严格的思想管理，使青少年养成绝对服从精神，国民党政府还通过对小学和初中实行童子军训练，对高中以上学校实行军事教育和军事训练的方式来进行管理。

童子军原创始于 20 世纪初期的英国，后随着军国民教育思潮的流行而遍及欧美各国，1912 年传入中国。1914 年在上海成立了中华全国童子军协会，总会设在上海，广州、南京、汉口、北平、天津等地设有分会。童子军训练的内容主要有纪律、礼节、结绳、旗语、救护、露营等。国民党南京政府成立后，于中央训练部之下设立中国国民党童子军司令部，办理全国童子军组织训练事宜。1928 年 5 月 31 日，国民党中央常务会议通过了《中国国民党童子军总章》，规定党童子军之训练，以养成“三民主义”之革命青年，完成国民革命为宗旨。凡 12 至 18 岁之青少年皆得入伍受童子军训练。凡未满 12 岁之幼童，愿受训者可组织党幼童子军。通常小学都组织了党幼童子军。次年，改童子军为中国童子军，并在该年公布的《中学课程暂行标准》中，将“党童子军”与“党义”一起列入初中课程。

1927 年，国民党南京政府教育行政委员会为了施行党化教育，要求各校增设军事训练。1929 年 1 月公布《修正高中以上学校军事教育方案》，规定高中以上学校军事科每学年为 3 学分。1931 年 1 月，教育部通令各校军事训练课程不得排在课外。1934 年又对此方案进行补充修改，其中规定军事教学科目分为学科和术科两类，训练方式又分为平时和集中两种。1934 年 6 月，教育部、中央训练总监部颁布《军训成绩核算办法》，规定每学年军训成绩不及格者不准升级。在同年 9 月公布的《高中以上学校军训教育奖惩规则》中，规定军训总成绩不及格者应责令补习或留级一次为限，如再不及格，学校应令其退学。

3. 推行导师制

1938年3月,教育部颁发了《中等以上学校导师制纲要》,规定每一学级学生分为若干组,每组5—15人,每组设导师1人,由校长指定专任教师充之,校长并指定主任导师或训育主任1人,综理全校学生训导事宜。导师的职责主要是对学生的思想行为、学业、身心状况予以体察,并依照训育标准进行严格的训导,且作好详密的记录,每月向学校训导处和学生家长报告一次。学生毕业时,须有导师的"训导证明书",方可获得毕业文凭。自此以后,中等学校的级任制改为导师制。

第五节 中国社会主义教育现代化发展道路的探索

1949年10月1日,中华人民共和国成立,开始了建立具有中国特色社会主义教育的探索历程。

一、社会主义教育发展道路初步实践

(一)成立初期的教育改革

1949年以后的中国教育史,是一部教育改革史,是为建立中国特色的社会主义现代化教育的探索史。

中华人民共和国成立前夕,1949年9月29日召开的政协第一届会议通过了《中国人民政治协商会议共同纲领》,规定新中国教育的性质为:"中华人民共和国的文化教育为新民主主义的,即民族的、科学的、大众的文化教育。人民政府的文化教育工作,应以提高人民文化水平,培养国家建设人才,肃清封建的、买办的、法西斯主义的思想,发展为人民服务的思想为主要任务。"为此,在基本政策上,"应有计划有步骤地改革旧的教育制度、教育内容和教学法","有计划有步骤地实行普及教育,加强中等教育和高等教育,注重技术教育,加强劳动者的业余教育和在职干部教育,给青年知识分子和旧知识分子以革命的政治教育,以应革命工作和国家建设工作的广泛需要"。

1949年12月,教育部在北京召开的第一次全国教育工作会议上,具体规定了中华人民共和国改造旧教育、建设新教育的总方针:"建设新教育要以老解放区新教育经验为基础,吸收旧教育某些有用的经验,特别要借助苏联教育建设的先进经验。"会议还明确了新教育的发展方向:"除了必须维持原有学校

继续加以改进外，教育应着重为工农服务，而当前的中心环节，应是机关、部队、工厂、学校普遍设立工农中学，吸收大批工农干部及工农青年入学，培养工农知识分子干部，同时大量举办业余补习教育，准备开展识字运动。”①为了使中华人民共和国教育方针政策得到贯彻落实，一方面，中央政府通过接管和改造旧学校，掌握学校领导权；通过调整教育结构，使中、高等学校的专业设置和布局更加适应国家建设和社会发展的需要；通过课程、教学内容和教学方法等改革，完成教学性质的转变等。另一方面，1951 年 8 月，中央人民政府政务院通过了《关于改革学制的决定》，规定新中国的学制分为幼儿教育、初等教育、中等教育和高等教育等。① 幼儿教育：幼儿园。② 初等教育：包括全日制小学、工农速成初等学校、业余初等学校和识字学校（冬学、识字班），其中小学 5 年，工农速成初等学校，修业年限为 2—3 年；业余初等学校，修业年限暂不规定，以学完规定的课程为毕业；识字学校，修业年限不定。③ 中等教育：包括实行三三分段制的普通中学和工农速成中学（3—4 年）、业余中学（业余中学分初、高两级，修业年限各为 3—4 年）、中等专业学校。④ 高等教育：包括大学、专门学院、专科学校等。⑤ 各级政治学校和政治训练班。此外，还有各级各类补习学校、函授学校以及聋、哑、盲等特殊学校。

1951 年颁布的新学制，是中华人民共和国实行的第一个学制，标志着我国学制的发展进入了一个崭新的阶段。这个学制的主要特点有：

第一，充分体现其人民性。为了保证全国人民，首先是工农劳动人民和工农干部受教育的机会，新学制把为工农干部和为工农群众专设的学校按其程度全部纳入正规学制系统，并使它们相互衔接。此外，有些学校的修业年限和入学条件也不作统一规定，以适合工农群众的实际情况和需要。

第二，注重为国家建设培养急需的技术人才。新学制的中等教育包括技术学校以及其他各类中等专业学校，以适应国家对初、中等技术专业人才的需求。

第三，保证一切青少年知识分子和旧知识分子有接受革命政治教育的机会。

第四，缩短小学教育年限，其目的在于使劳动人民的子女能够受完全的初等教育。

1951 年学制基本上是符合我国的具体情况和实际需要的。学制颁布之

---

① 中华人民共和国教育部办公厅：《教育文献法令汇编（1949—1952 年）》，1958 年，第 14 页。

后,在实施过程中,又根据当时我国的实际情况作了必要的、及时的修正,例如各级政治学校和政治训练班逐步停办。小学五年制的规定,由于师资、经费等问题,1953 年 11 月停止实行。工农速成中学从 1955 年秋天起停止招生。

(二) 开始建设社会主义时期的“教育大革命”

1949 年以后,教育工作取得了很大成绩,但同时也存在着许多问题,最为突出的缺点表现在:一是在“必须彻底地系统地学习苏联的先进经验”的口号下,出现了模仿甚至机械地照搬苏联教育模式的教条主义作法;二是存在着轻视劳动的倾向,认为中小学毕业生都应该升学,不能升学而去从事工农业生产劳动就是失学;三是不能正确处理政治思想教育和科学知识教学的关系,常常走极端。

1956 年,毛泽东在《论十大关系》中严厉批评了机械地移植苏联等国的外国经验的做法,强调马克思主义必须与中国的具体实践相结合。1957 年,毛泽东在最高国务会议上作的《关于正确处理人民内部矛盾的问题》的讲话中,提出了我国社会主义的教育方针:“我们的教育方针,应该使受教育者在德育、智育、体育几方面都得到发展,成为有社会主义觉悟的有文化的劳动者。”自此,探索中国式的社会主义教育发展道路,就成为教育的中心工作。

1958 年 9 月,中共中央、国务院发布了《关于教育工作的指示》,明确提出了党和国家的教育方针:“教育为无产阶级的政治服务,教育与生产劳动相结合。”同时强调了以下几个方面。

第一,加强党对教育工作的领导。一切教育行政机关和一切学校,应该受党委的领导。

第二,加强政治思想教育。一方面在各级各类学校中设置政治课,注重培养学生的工人阶级观点、群众观点、集体观点等;另一方面把政治觉悟放在评判学生学习成绩的重要地位。同时,也要求在政治思想教育工作中,改变教条主义的教学方法。

第三,加强教育与生产劳动相结合。要求所有的学校必须把生产劳动列为正式课程,学校办工厂和农场,工厂和农业合作社办学校。

第四,实行教育大跃进。《关于教育工作的指示》指出,为了多快好省地发展教育事业,必须采取三个结合、六个并举,办好三类学校。三个结合是:统一性与多样性相结合、普及与提高相结合、全面规划与地方分权相结合。六个并举是:国家办学与厂矿、企业、农业合作社办学并举,普通教育与职业(技术)教育并举,成人教育与儿童教育并举,全日制学校与半工半读、业余学校并举,学校教育与自学并举，免费的教育与不免费的教育并举。三类学校是：全日制的学校、半工半读的学校和各种形式的业余学习的学校。

此外，《关于教育工作的指示》还鼓励破除既有的教育规章制度，进行教育试验："现行的学制是需要积极地和妥当地加以改革的，各省、市、自治区的党委和政府有权对新的学制积极进行典型试验，并报告中央教育部。"

《关于教育工作的指示》发表后，全国出现了"教育大革命""大繁荣"。一些工厂、公社、机关、街道宣布办起了高等学校、中等专业学校、农业学校、普通中小学、幼儿园，以及红专大学、劳动大学等名目繁多的各种形式的学校。在教育制度、教学方法等方面也进行了改革试验。例如在学制方面，中小学 10 年一贯制试验，小学、中学"五四三"分段试验等。在教学方法方面，有的进行了文理分科试验，有的幼儿园进行汉语拼音、识字和计算教学试验，有的高等学校进行现场教学改革，还有的学校则以"大鸣、大放、大辩论"为教学方法。

1958 年的"教育大革命"打乱了正常的教学秩序，违反了教育的发展规律。1961 年党和国家开始进行教育的调整，主要内容包括压缩规模、规范学校管理、强调对知识分子的团结和使用等。但教育改革并未停止，从 1964 年又开始了学制、课程、教学方法等方面的教育改革，虽然其中带有浓厚的极左色彩，但毕竟是试图努力探索一条中国社会主义教育的发展道路。

二、"文化大革命"时期社会主义教育遭受重大挫折和损失

1966 年 5 月至 1976 年 10 月，毛泽东亲自发动和领导了"文化大革命"，使党、国家和人民遭受了中华人民共和国成立以来"最严重的挫折和损失"。1981 年，中共十一届六中全会一致通过的《关于建国以来党的若干历史问题的决议》中指出："历史已经判明，'文化大革命'是一场由领导者错误发动，被反革命集团利用，给党、国家和各族人民带来严重灾难的内乱。"由于"文化大革命"是首先从教育领域发动的，所以教育事业首当其冲，遭到严重破坏。

"文化大革命"在"高举革命大旗""反对现行教育"的旗号下，对中华人民共和国成立以来 17 年的教育工作作出错误估计和判断，无限夸大教育中存在的问题，否定教育事业所取得的成果，为开展所谓的"教育革命"提供依据。1966 年 5 月，毛泽东在写给林彪的信中明确提出："学制要缩短，教育要革命，资产阶级知识分子统治我们学校的现象，再也不能继续下去了。"他认定现行学校教育的领导权是掌握在反党反社会主义的资产阶级知识分子手中，为此

发出对教育来一个全面“大革命”的号召。1966 年 8 月 8 日,根据毛泽东的提议,中共八届十一中全会通过了《中国共产党中央委员会关于无产阶级文化大革命的决定》,其中提出:“改革旧的教育制度,改革旧的教学方针和方法,是这场无产阶级文化大革命的一个极其重要的任务。在这场文化大革命中,必须彻底改变资产阶级知识分子统治我们学校的现象。在各类学校中,必须贯彻执行毛泽东同志提出的教育为无产阶级政治服务、教育与生产劳动相结合的方针,使受教育者在德育、智育、体育几方面都得到发展,成为有社会主义觉悟的有文化的劳动者。学制要缩短。课程设置要精简。教材要彻底改革,有的首先删繁就简。学生以学为主,兼学别样。也就是不但要学文,也要学工,学农,学军,也要随时参加批判资产阶级的文化革命的斗争。”这其实是发出了“教育大革命”的动员令。1967 年 7 月 18 日的《人民日报》发表了题为《打倒修正主义教育路线的总后台》的文章,认为中华人民共和国成立 17 年以来教育工作中推行的是一条“反革命修正主义路线”。1971 年,由张春桥等炮制的《全国教育工作会议纪要》中,不仅再次认为中华人民共和国成立后 17 年的教育领导权为叛徒、特务、走资派所把持,毛主席的无产阶级教育路线基本上没有得到贯彻、执行,教育制度、教学方针和教学方法几乎全是旧的一套,而且认为教师队伍中绝大多数人的世界观是资产阶级的。

对中华人民共和国成立以来的教育工作从泛政治化的角度以一种极左的方式进行简单的否定,注定了它不可能是真正意义上的教育改革。而且由于对教育工作作了全盘否定,也给广大教育工作者在思想上带来极大的混乱,教师无法教学,加之社会动荡,从而使教育工作无法正常进行。

“文化大革命”还在改革教育的名义之下,违反教育教学规律,随心所欲。例如,在普通教育方面,1967 年 2 月中共中央发出的《关于小学无产阶级文化大革命的通知(草案)》中提出:小学一至四年级只要求学习毛主席语录,兼学识字,学唱革命歌曲,学习一些算术和科学常识;五、六年级学习毛主席语录,学习“老三篇”和“三大纪律、八项注意”,学习“十六条”,学唱革命歌曲。在教学方法方面,也否定课堂教学的意义,大搞开门办学,厂校挂钩,大办小工厂、小农场以及与工农兵一起参加批判会等,学校秩序非常混乱。在高等教育方面,认为“大学就是大家来学”,取消考试招生制度,而代之以推荐,文化知识教育普遍被忽视。

此外,“文化大革命”还在“人民群众参加上、管、改”的旗号之下,使教育管理处于一种无政府化或无科学化的状态。

三、改革开放时期创建有中国特色的社会主义教育体制

1976 年 10 月粉碎“四人帮”之后，教育界迫切需要解决的问题和工作是拨乱反正、恢复被“文革”破坏的教育秩序。1978 年 12 月，中共十一届三中全会确立了改革开放的方针以后，经济体制的改革推动了政治体制的改革和教育体制的改革。1984 年，中共十二届三中全会通过了《中共中央关于经济体制改革的决定》，提出了中国要从计划经济向市场经济转变。与此相适应，要求教育体制也需加以改革，1985 年 5 月，颁布了《中共中央关于教育体制改革的决定》，明确规定了教育体制改革的具体内容，其主要精神如下。

第一，规定教育体制改革的指导思想是教育必须为社会主义建设服务，社会主义建设必须依靠教育。

第二，教育体制改革的根本目的是提高民族素质，多出人才，出好人才。

第三，教育体制改革的主要内容包括：① 改革教育管理体制。对学校实行分级管理，基础教育权属地方；中等职业技术教育主要由地方负责；高等教育实行中央、省（自治区、直辖市）、中心城市三级办学体制。② 改革学校结构。加强基础教育，有步骤地实施九年制义务教育；调整中等教育结构，大力发展职业技术教育；依据经济建设、社会发展和科技进步的需要，改革专科与本科比例不合理的状况，加快专科的发展。同时，改革高等教育招生与分配制度，扩大高校办学自主权。③ 改革教育思想、内容和教学方法。强调用马克思主义教育学生，从小培养他们独立生活和思考的能力以及为国家富强献身的精神。同时，还要更新教学内容，调整专业设置，加强实践环节。

《中共中央关于教育体制改革的决定》规定了中国 20 世纪 80 年代教育体制改革和教育事业的发展方向，并取得了明显的成效。

【本章小结】

20 世纪是人类历史发展最为迅猛的时代，也是现代教育制度的建立和发展时期。总体而言，教育制度的现代化、民主化、科学化和多元化改革是这个时期的主要特征。

从教育发展核心主题的变化来看，我们大致可以将这个时代的教育发展划分为三个阶段。自 19 世纪末至第二次世界大战之前，为现代教育制度发展的初始阶段。在这个阶段，主要发达的资本主义国家完成了普及免费义务教育，中等教育的多样化结构初步建立，职业教育受到各国前所未有的重视，并

建立起职业教育体系。同时,由于社会主义制度在俄国(苏联)的建立,社会主义现代教育制度发展道路也开始进行探索。从第二次世界大战结束到50年代末,属于现代教育制度的调整和恢复期。这个阶段教育改革涉及的范围较广,大致而言,在教育领导体制方面,国家在加强对教育经费投入的同时,也加强了对教育的领导,此时的教育改革多自上而下地进行,同时由于二战后冷战格局的形成,发展科技教育,提升军事和高科技等方面的竞争力,成为诸国(尤其是美国和苏联)教育改革的主要动力之一。这既是出于对法西斯主义教育的反思,也是对19世纪末以来开始的民主主义教育改革的继续,二战后教育民主化成为教育改革的重要主题之一,它一方面体现在德、日等法西斯战败国对旧军国主义教育体制的废除,民主主义教育制度的建立,另一方面也体现在欧洲传统的双轨制的废除,促进教育机会的民主化。20世纪60年代之后是现代教育制度的繁荣发展阶段,在继续推进教育民主化的同时,教育现代化和科学化成为这个阶段的重要特征。伴随新科技革命的到来,人类进入了所谓"知识爆炸"、知识综合化的时代,各个国家之间综合国力的竞争在很大程度上表现为科学技术的竞争。为应对挑战,各国都加强了对教育的领导和投入,纷纷延长义务教育年限,同时在课程结构、教育内容方面,古典主义传统逐渐淡出视野,科学教育成为各级各类教育的主干,综合化课程、有助于能力发展课程的开设成为各国教学改革的核心精神之一。

20世纪是中国现代教育发展道路的探索时期,但由于社会政治制度经历了根本性变化,故在1949年之前的教育改革与之后的教育改革的主题也发生了变化。在1949年之前,中国现代教育制度的建立和发展主要受美国教育影响较大,教育制度的改革主要是在重视个性发展的同时,更重视科学化、正规化教育制度的建立,包括学校管理制度、教师制度、课程标准等标准化、科学化建设,以及职业教育体系的建设。此外,受政治控制的影响,在教育制度建设方针上,体现出鲜明的党化色彩。1949年之后,教育改革的主题转为探索中国特色的社会主义现代化教育制度的建设,在20世纪50年代通过学习苏联,初步建立起与政治经济制度相一致的新的教育制度。20世纪60年代之后,受极"左"思想影响,完全割裂教育制度的历史联系,在教育制度"革命"的指导思想上以"政治化""革命化"取代"科学化""现代化",使中国现代教育制度全面与国际教育制度发展潮流相悖,至20世纪70年代末才得以扭转。

学习指南

1. 重要概念

现代中学　综合中学　《史密斯—休士法》《巴特勒法案》《国防教育法》《教育基本法》“郎之万—瓦隆教育改革计划”　哈比改革　结构主义课程论　恢复基础运动　11^+考试　“新学制”　设计教学法　道尔顿制　“教育大革命”

2. 问题与思考

①《巴特勒法案》对英国战后教育改革有何影响?

② 论述《国防教育法》出台的背景及其对美国教育发展的影响。

③ 第二次世界大战后法国基础教育结构方面改革的立意何在?

④ 苏联在20世纪五六十年代教育改革的趋势和特点是什么?

⑤ 1922年学制对我国现代教育发展有何意义?

⑥ 纵观1949年以来我国社会主义教育现代化发展道路探索历程,其中有何经验和教训?

3. 推荐阅读

① 马骥雄主编:《战后美国教育研究》,江西教育出版社1991年版。

② 顾明远主编:《战后苏联教育研究》,江西教育出版社1991年版。

③ 王承绪、徐辉主编:《战后英国教育研究》,江西教育出版社1992年版。

④ 邢克超主编:《战后法国教育研究》,江西教育出版社1993年版。

⑤ 李其龙、孙祖复:《战后德国教育研究》,江西教育出版社1995年版。

⑥ 梁忠义主编:《战后日本教育研究》,江西教育出版社1993年版。

⑦ 宋恩荣、章咸主编:《中华民国教育法规选编》,江苏教育出版社1990年版。

⑧ 中华人民共和国教育部编:《新中国教育五十年》,人民教育出版社1999年版。

第八章　现代教育理论的发展

欧美现代教育理论的建立开始于 19 世纪末叶，以欧洲的新教育运动和美国的进步教育运动的兴起为标志。

一百多年来，资产阶级现代教育理论的发展大致有三个阶段。

第一阶段是从 19 世纪末至第二次世界大战之前，由以实用主义教育理论为核心的现代派教育理论为代表。实用主义教育理论由美国教育家杜威提出，它的核心是反对只重读书的传统教育，提出应以重视儿童、重视活动教学的现代的、进步的教育取代传统教育。

第二阶段是在第二次世界大战后，围绕对现代派教育理论的批评，倾向于传统教育主张的教育理论流派得到发展。该流派不仅重视传授系统知识，而且也要求恢复传统教育、教学中的经验与常规。

第三阶段是 20 世纪 50 年代之后产生的一些新的教育理论流派，其特点突出地表现为把自己的教育主张建立在现代资产阶级哲学观点之上，用以考察、分析教育问题，并企图用它们来解决当代资本主义教育的新矛盾。

第一节　第一次世界大战前欧美主要教育思潮

一、新思潮产生的社会及思想文化背景

19 世纪末，经过了产业革命的欧美先进国家完善了国家体制，建立了教育制度，实施着以传统教育思想为指导的整齐划一的、僵死的、守旧的教育。两种重要的教育新思潮及教育改革运动——“新教育运动”与“进步教育运动”便是在这种历史背景下产生的，它们代表着一种要求实施新教育的努力，也就是说，要求尊重学习者的个性和主动性，培养生动活泼的思维力，掌握民主主义生活原理，使生产活动与教育相结合等，以取代旧教育。

从思想文化的背景来看，新思潮的产生受到了以卢梭、裴斯泰洛齐等人为代表的欧洲自然主义思想、达尔文的进化论以及詹姆士等人的实用主义哲学思想的影响。

法国的卢梭在《爱弥尔》中说:“上帝创造的一切都是善的,而人滥与作为,便变为丑恶的。”既然人生来是善的,具有天赋的自由、理性和良心,顺性发展就可成为善良的人,实现善良的社会,那么,如果按照成人的标准来塑造儿童,教育便不会成功,所以,教育要顺应儿童的天性。裴斯泰洛齐认为,教育不仅仅是学习书本,它应该包括儿童的情感、智慧以及身体等各个方面的发展。教育应从儿童直接的现实开始,师生间要有爱的气氛。

英国生物学家达尔文在1859年出版的《物种起源》这部书中,提出了生命的形式乃是长期变化的产物,而造成变化的原因除了环境因素外,还要依据“用进废退”的原则。在生物求生存的斗争中,其原则是“物竞天择,适者生存”。后来,他进一步提出,人类本身也是进化的产物。达尔文的理论给人们的启示是:第一,世界的基本特征是变化的,任何事物都不是永远固定的、静止的、完善的;第二,推翻了“上帝造人”的观念;第三,对人类的行为有了新的解释。人产生于自然,人就在自然中,人要服从自然的法则、自然的选择。人要生存就必须理解自然演化的运作,人的生活就是求得与环境平衡。为了使人更好地适应环境、控制环境以达到我们的目的,人必须要发挥人的心灵、理性的作用。所以,人发展理论、追求知识的目的是为了使人更好地生存。人的价值应当由是否适应演化需要这一点来加以判断。

1878年,美国资产阶级学者皮尔斯在《我们怎样使观念明确》一文中,首次提出实用主义哲学的基本思想,认为任何一个观念的最本质的意义即在于它能引起人的有效的行动,因此,“有效”成为使人的观念、概念清晰的基础,不产生有效用的事物就形不成对它的明确的概念,或者说它就不存在,因而也可把皮尔斯的观点归结为“存在就是有用”。这反映了美国资产阶级创业、开拓局面的前进要求,鼓舞了美国资产阶级的发展。1907年,美国哥伦比亚大学哲学、心理学和生理学教授詹姆斯出版了《实用主义——一些旧思想方法的新名称》一书,继承和发展了皮尔斯的观点,并且进一步提出,一个观念,只要相信它对我们生活有好处,便是真的。詹姆斯在教育方面提出,教育应当成为使儿童显示需要和爱好的良好活动,应当明智地帮助儿童将其有关的冲动指向高尚的目的,应当善于激励并鼓舞儿童的意志,使之参加可实现预期目的的活动。

二、欧洲的新教育思潮

“新教育”是欧洲19世纪末、20世纪初资产阶级教育革新运动中出现的一种教育思潮。1889 年,英国的教育家雷迪(Cecil Reddie,1858—1932 年)在英格兰德比郡的艾博茨霍姆城创办了第一所“新学校”,揭开了欧洲“新学校运动”(又称“新教育运动”)的序幕。其后,许多教育家如德国的利茨(Hermann Lietz,1868—1919 年)、法国的狄摩林(Edmond Demolins,1852—1907 年)、瑞士的费利耶尔(Adolphe Ferrier,1879—1966 年)、比利时的德可乐利(Ovide Decroly,1871—1932 年)、意大利的蒙台梭利(Maria Montessori,1870—1952 年)等人纷纷加入了开办“新学校”的行列,由此在欧洲形成了一场持续几十年的“新教育运动”(“新学校运动”),并先后涌现了一大批著名的新教育家,形成了一股新教育思潮。

虽然新教育家们在具体的教育主张方面并不完全一致,但总体上可以归纳为以下几方面的主张。

第一,猛烈抨击旧式传统学校教育死读书本、脱离生活实际以及压制儿童个性自由发展的实际与理论,提倡注重儿童的自由发展。德国教育家凯兴斯坦纳将传统学校斥之为死记知识的“读书学校”,认为这种教育已不是今日所需要的国民教育和人类教育;德可乐利也指出传统学校过去过于强调专业知识的学习,使学生把大部分的时间和精力花在知识的获得上,没有自我表现的机会;瑞典女作家爱伦·凯(Ellen key,1849—1926 年)在《儿童的教育》中,明确认为教育应注重儿童的自由发展,避免成人的直接干涉,教育应注意培养儿童的独立性,可是在传统的学校教育中,教育者们为图省事,“要小孩子立刻变成完全的人格,于是逼着小孩去显出一种非常广的自制力和一种对义务绝对牺牲的习惯来。但是到了成人的时候,这种习惯以可惊的速度不见了”①。同时一些教育者一面天花乱坠地讲个性发展,一面对待孩子们时,仍旧仿佛他们的人格在自身上并没有意义,仿佛他们只是为了父母的娱乐、虚荣和适意而存在的;而且这些目标亦惟在把孩子造得个个一样的时候方算是进行得最好。②这种抨击可谓入木三分。

第二,主张以培养适应现代社会需要的、完全人格的“新人”为新教育、新学校的目的。雷迪批评现行教育是为过去造人,而不是为现在培养人。为此他提出,新学校的目的是造就人类一切能力的圆满发展,儿童要变成一个完

① [瑞典]爱伦·凯:《儿童的教育》,沈泽民译,见《外国教育发展史料选粹》(下册),北京师范大学出版社 1999 年版,第 392 页。

② [瑞典]爱伦·凯:《儿童的教育》,沈泽民译,见《外国教育发展史料选粹》(下册),北京师范大学出版社 1999 年版,第 394 页。

人，使他能成就一切生活的目的。① 英国哲学家罗素主张应当把培养完美发展、具有理想品格的人作为教育的最高目的。蒙台梭利则认为：我们的教育目的，一般地说是双重的，即生物的和社会的。从生物学角度来讲，我们希望帮助个人自然地发展，从社会学角度来讲，我们的目的是使个体对环境作好准备。②

第三，主张新教育应注重全面教育，着重开设现代社会所需要的科学和知识课程，并重视手工、劳动的教学。雷迪在其开办的新学校中，设置的课程包括五部分：体育和手工劳动，艺术课程，现代科学和知识课程（包括英语、法语、德语、物理学、化学、生物学、历史和地理等），社会教育，道德和宗教教育。同时，学校中还附设农场、牧场、果园、手工工场、运动场等，作为学生学习、劳动的基地。

第四，重视对儿童进行美的陶冶。在校园环境建设方面，注意营造一种宽松、愉快的氛围。例如利茨开设的新学校，周围有森林、溪流、高山、牧场、农场，学校附设农场、手工工场、运动场、花园等。德可乐利的新学校更是呈现出一种恬适、安详的田园景象：在这里，“儿童呼吸纯净的空气，住在明亮的房子里，或在阳光普照景色明媚的花园里；他们在草坪上欢乐地跳跳蹦蹦，或者沿着小径奔跑直到跑得气喘吁吁为止。在阳光下放了许多张睡椅，使人安静地休息或午睡。到处都是供玩赏的动物……”③。

此外，新教育家们在教育教学的原则和方法方面，强调尊重儿童的自由，注重儿童的兴趣，注重应用直观、启发、活动、思维训练等教学方式。

三、美国的进步主义教育思潮

“进步主义教育”是19世纪末许多教育家在反对那种过于形式主义的传统教育过程中产生和发展起来的。它是由实用主义哲学思想应用于教育而形成的一派教育主张，杜威则是把这两者联系起来的第一个学者。这派在形成发展时期主要提出个人主义教育，后又代之以强调合作和民主的教育主张。它的基本论点属实用主义教育派，认为应当办以儿童为中心的学校，密切注意联系儿童的兴趣进行教学和教育工作；教师应当通过控制儿童在其中成长的

---

① 王天一等编著：《外国教育史》（下册），北京师范大学出版社1993年版，第223页。
② 张斌贤等著：《西方教育思想史》，四川教育出版社1994年版，第578页。
③ [澳]康内尔：《二十世纪世界教育史》，张法琨等译，人民教育出版社1990年版，第308页。

环境来影响其生长,即使之能“对某一种环境作出明智的适应”;主张通过解决问题来学习的方式取代教授教材的方式;等等。这派的主要代表人物之一,是杜威的门徒克伯屈,他据此提出了通过设计和解决问题来学习的方法——设计教学法。

资料链接

美国进步主义团体,在1919年的华盛顿特区会议上,建立了进步主义教育协会(PEA)。它的早期领导人是费尔霍普Organic学校的马利艾塔·约翰逊、巴尔的摩的帕克学校校长E.R.史密斯,和一位有见识的英语教师后来又是一所进步主义学校校长的史坦福·古比。学会的成员迅速增加,1930年前后有7 400名会员。1924年,它创办了《进步教育》杂志。这个刊物,既吸引了富有革新精神的学校教师和教育理论家,又成了讨论许多重大教育问题的论坛。直到1957年停办。进步主义教育协会在1922年归并到新教育联谊会(NEF)属下,1944年改名为美国教育联谊会(AEF),1953年又恢复为进步主义教育协会,1955年解散。

——W.F.康内尔:《二十世纪世界教育史》

设计教学法是克伯屈教育哲学的实践体现。他对“设计”有如下明确的定义:“设计就是在社会环境中,专心致志、努力进行一种有目的的活动,或一种有目的的单元,其中‘目的性'这一点非常重要。”这里的“目的”就是杜威所说的生活、生长,也即桑代克心理学上的“心向”。“设计”实质上就是从儿童的生活和心向出发对活动或者说某一行为的设计,以及对活动过程中刺激与反应的全面安排。设计教学法包括四个阶段:① 决定目的;② 拟定计划;③ 实施工作;④ 批评结果。所有的工作都由学生自己来做,教师只是提供一些相关的参考资料。

进步主义教育者主张知识只是一种处理经验的工具,必须使儿童积极主动地获得知识,把知识和经验相结合。他们反对那种认为学习主要是学生接受知识以及知识本身是由教师灌输到学生头脑中的传统观点,反对“知行分离”和设置纯“智力”科目的传统,认为只有当儿童把所学与自己的兴趣联系时,他才是真正学习了。学校应当把儿童放在适宜其年龄的学习境地,教师只是他们学习的向导,只是和学生一起工作以达到彼此同意的目的。

进步主义教育主张学校应是鼓励合作而非竞争:"爱和合作"比"竞争与追求个人成功"更适于教育,这是发展人性的更高的社会性工作。他们还认为,只有民主才能使各种思想和个性自由发生相互作用,民主是儿童能真正成长的必要条件。民主、生长、教育是相互联系的,为了教会学生过民主生活,学校本身应当是民主的,促进学生自治,鼓励自由讨论形成各种意见,师生共同制定计划和享有一切教育经验等。

第二节 杜威的教育思想

约翰·杜威(John Dewey,1859—1952 年)是美国著名的哲学家和教育家。他出生于美国佛蒙特州的柏林顿。16 岁时进入佛蒙特大学学习。在大学学习期间,他对赫胥黎的进化论思想产生了浓厚的兴趣,并开始了对哲学问题的思考。1879 年从佛蒙特大学毕业后,杜威在宾夕法尼亚州石油城的一所中学里教了两年书。1881 年,杜威回到佛蒙特州,在一所乡村学校担任教师。1882 年,他进入霍普金斯大学学习研究生课程。在此期间受到哲学家皮尔斯和心理学家霍尔的影响,但对杜威影响最大的还是黑格尔主义者莫里斯(G. S. Morris),他使杜威对黑格尔哲学产生了极大的兴趣。从 1884 年起,杜威在密执安大学担任哲学教授,一直到 1894 年,这期间他的哲学思想开始成熟起来。1894 年,杜威应聘到芝加哥大学任哲学教授,并担任了哲学、心理学和教育学系的系主任,讲授哲学、伦理学、心理学、教育学等课程。1896 年,他创办了芝加哥大学实验学校(亦称杜威学校),对教育问题进行实验研究。1904 年,杜威辞去芝加哥大学的工作,到哥伦比亚大学任哲学教授,直到 1930 年退休。在此期间,他曾到日本、中国、土耳其、墨西哥和苏联等国家进行教育考察和演讲,这扩大了杜威教育理论在世界范围内的影响。杜威于 1952 年在纽约去世。

杜威一生写了许多教育著作和论文。他的主要教育著作有:《我的教育信条》(1897 年)、《学校与社会》(1899 年)、《儿童与课程》(1902 年)、《民主主义与教育》(1916 年)、《经验与教育》(1938 年)、《今日之教育》(1940 年)、《人的问题》(1946 年)等,其中《民主主义与教育》对杜威实用主义教育思想进行了最系统和最集中的阐述。

一、实用主义教育思想的理论基础

杜威是实用主义教育思想的创始人,他把自己的教育理论建立在一系列的理论基础之上。

(一)实用主义哲学

实用主义哲学是杜威教育理论的首要理论基础。实用主义是在美国的具体历史条件下形成和发展起来的一种主观唯心主义的哲学,它的主要代表人物是皮尔斯、詹姆士和杜威。皮尔斯是实用主义哲学的创始人,他提出了"存在就是有用"这一明显的主观唯心主义观点。詹姆士继承并发展了皮尔斯的观点,进一步提出"有用就是真理",使实用主义哲学通俗化。

杜威作为一个哲学家,他全部接受了实用主义的哲学观点,并给以新的发展:他强调哲学作为思维的工具的使用。在他看来,哲学应是人们用以适应环境、整理经验的一种工具。他认为哲学必须与人的生活发生联系,以促进社会和政治的发展。但怎样实现这一结合与促进呢?杜威想到了使哲学与教育紧密结合起来,以此来发挥哲学的最大推动作用。他解释说:因为教育乃是塑造人的理智和情感的倾向的全过程,是与每个人发生关系的事,所以,通过普遍的教育活动,便能把实用主义哲学所宣扬的世界观与思想方法普遍植入人心,使它发挥最大的效用。这样杜威便创造性地把实用主义哲学应用到教育上。在杜威的教育哲学中,"经验"是最重要的一个名词。杜威认为,经验是人的有机体与环境相互作用的结果。在这里,杜威的"经验"概念把人(经验的主体)和环境(经验的客体)都包括在内,并把它们看成是同一过程的两个侧面,二者相互联系,以至于合而为一。他认为,存在即被经验。在他看来,人的主观经验是客观世界存在的基本前提。或者说,没有主体的存在,也就无所谓客体的存在。他认为自然界所存在的一切都是"被经验到的东西",自然离不开人的经验。他反对把自然设想成完全是物质的。这是明显的主观唯心主义经验论。根据这种经验论,杜威曾给教育下了一个定义:"教育就是经验的改造或改组。"他认为,一切学习都来自经验;教育必须从经验,即始终从个人的实际生活的经验出发。

(二)"社会个人主义"社会观

杜威的教育理论,同时又是以"人性论"和"庸俗进化论"为核心的社会学观点为理论基础的。杜威从"人性论"观点出发,并接受了实证主义者的"庸俗进化论"的社会学思想,把人类社会形成的基本原因看作是带有人类原始本性的个人的结合。他认为社会乃是由具有原来的人性诸如本能、习惯等等的个人连接而成的。他进而论述，社会既然只是人性的组合，因此教育在改进社会中具有决定性的意义。要使社会进步，只需要采用发展人性、激发智慧的教育方法，而无须进行阶级斗争。杜威这种把教育看成是社会发展的基本途径而反对阶级斗争、社会革命的观点，是地地道道的社会改良主义。另外，在杜威的社会观里还强调个人的发展在于适应社会环境的需要。而从教育这个角度来看，这一观点即表示通过对个人的教育达到社会改良的要求。

（三）生物化的本能论心理学

杜威继承了詹姆士的生物本能论的心理学观点，把心理理解为本能的活动，诸如人的情绪、习惯、冲动等生物性的本能是心理的基本内容，是由遗传作用一代代传下来的；把心理看成是生物化本能活动的产物，而否定了心理是客观世界在人的头脑中的反映。杜威认为心理活动的实质就在于有机体采用一定的行动来适应环境并满足自己的需要。这种心理学的特点，一是把心理活动完全生物学化，认为主要由生理决定心理，心理又决定世界；二是注重心理学的实用效能。詹姆士和杜威都认为心理学的研究对象在于研究意识的机能或功用，而反对仅仅研究意识的内容。所以，这种心理学也叫“机能主义心理学”。

杜威把这种生物化本能论的心理学作为他的教育、教学论的心理学依据。他提出教育的任务就是要按照儿童本能生长的不同阶段，提供适当的材料，组织各种活动，以有利于儿童本能的表现和发展。这样，杜威必然把教育生物学化。

杜威的哲学、社会学以及心理学观点又有其内在的联系，相互渗透，密不可分。杜威把它们作为教育体系的理论基础，一方面是其全部学术观点的必然反映，另一方面也以此使自己的教育理论表现为一种完整的科学体系，借以加强其教育理论的深度。

二、关于教育本质的论述

杜威在自己的教育理论中从各种不同的角度，多方面地论述了教育本质问题。他提出三个重要的论点来对教育本质进行概括，这就是“教育即生长”“教育即生活”“教育即经验的不断改造”。他还从心理学、社会学、哲学角度分别对这些观点进行论证。

(一)"教育即生长"

杜威从其生物学化本能论心理学出发,认为教育就是促进儿童本能生长的过程,即教育的本质和作用就是促进儿童的本能生长。在《明日之学校》中,杜威提出:"教育不是把外面的东西强迫儿童或青年去吸收,而是要使人类与生俱来的能力得以生长。"①在《民主主义与教育》中,他更为明确地提出:"因为生长是生活的特征,所以教育就是生长;在它自身以外,没有别的目的。学校教育的价值,它的标准,就看它创造继续生长的愿望到什么程度,看它为实现这种愿望提供方法到什么程度。"②

在强调教育在儿童本能生长方面的本质作用这一认识的基础上,杜威提出了著名的"儿童中心主义"的教育原则,并成为他的教育理论甚至整个现代派教育理论中的一个核心要求。杜威认为传统教育的最大缺点就是从上面或外面对儿童施行强迫教育,让儿童学习成人为之编好的教材,使教育成为一种外来的压力。他在《学校与社会》中分析、批判了旧教育忽视儿童本能的弊病,并明确提出了以儿童为教育中心的响亮口号。他说,旧日学校的重心是在儿童之外,在教师,在教科书以及其他你所高兴的任何地方,唯独不在儿童自己即时的本能和活动之中。他提出书本、教师本应是为儿童服务的,而在传统教育中这种关系都颠倒了,学生被书本、教师牵着走。杜威竭力反对传统教育的这些特点,主张把教育的中心转移到儿童方面来,使儿童成为教育的主宰。他声称:"现在,我们教育中将引起的改变是重心的转移。这是一种变革,这是一种革命。……这里,儿童变成了太阳,而教育的一切措施则围绕着他们转动,儿童是中心,教育的措施便围绕他们而组织起来。"③杜威提出要重视儿童本身的能力和主动精神在教育过程中的地位,并把它们看成教育的素材和出发点。这种论述在反对传统教育的死记硬背、置儿童于被动地位、压制儿童个性和不考虑儿童的心理特点的发展等等问题上,有其积极的意义,不仅击中了传统教育的要害,而且还阐明了儿童在教育、教学过程中应有的主动地位这样一个规律性的问题。同时,这一论述也切合现代社会对培养有知识、有活动能力的智能型人才的需要。因此,杜威的"儿童中心主义"虽然有不少缺陷,却为很多人所接受,其影响非常广泛。"儿童中心主义"的主要缺陷在于,它是杜威在其生

① [美]杜威:《杜威教育论著选》,赵祥麟、王承绪编译,华东师范大学出版社1981年版,第131页。
② [美]杜威:《杜威教育论著选》,赵祥麟、王承绪编译,华东师范大学出版社1981年版,第158页。
③ [美]杜威:《杜威教育论著选》,赵祥麟、王承绪编译,华东师范大学出版社1981年版,第32页。

物本能论心理学基础上提出来的，是在把人的心理活动看成是生物化本能活动的产物，完全否定社会实践对人的心理作用这一前提下提出来的，因而是不科学的，杜威一味强调教育要顺应并促进儿童心理本能发展，要以儿童为中心，却忽视了社会因素对教育的制约性。

（二）“教育即生活”

在“教育即生活”这一观点的基础上，杜威又从教育与社会生活的关系这个角度提出教育的本质即生活。他指出，儿童本能生长总是在生活过程中展开的，或者说生活就是生长的社会性表现。他说，没有教育即不能生活。所以我们可以说：教育即是生活。① 在他看来，最好的教育就是“从生活中学习”，学校教育应该利用现有的生活情境作为其主要内容，而不是对由既有的科学知识组成的文理科目的系统学习。他公开声明，他与斯宾塞把教育看作生活的准备的主张完全不同。他认为教育就是儿童现在生活的过程，而不是生活的准备，因此，要把教育与儿童眼前的生活融合起来，教儿童学会适应眼前的生活环境，由此可见，“教育即生活”的观点与杜威的通过教育改良社会的社会学观点是相互联系的，也可以说他是从其社会观角度来进一步论述教育的本质问题的。

根据“教育即生活”，杜威又提出“学校即社会”。他要求在学校设有和现有社会制度一样的环境，以便从中培养出能完全适应眼前社会生活的人，这是杜威社会个人主义观点的具体表现。在《学校与社会》一书中，他明确提出应把学校创办成一个小型的社会，一个雏形的社会。

杜威的“教育即生活”“学校即社会”的观点，主要是出于他的政治目的，希望把年轻人培养成能服务于现代资本主义社会的人。但其中也有一定的积极因素存在，如要求学校教育应与社会实际联系，反对学校完全脱离实际生活等。

（三）“教育即经验的不断改造”

这一观点是以杜威的主观经验论哲学理论为基础提出来的。在杜威看来，既然经验是世界的基础，因此教育也就是通过儿童的主动活动去体验一切和获取各种直接经验的过程。在教育过程中，主要不是教给儿童既有的科学知识，而是让儿童在活动中自己去取得经验。在这里，杜威把儿童在自己的活动中去“求知”和“知识”本身混为一谈，实质上就是夸大个人的主观经验，抹杀

---

① 王天一等编著：《外国教育史》（下册），北京师范大学出版社 1993 年版，第 207 页。

知识的客观性和真理性。

杜威认为人的最初的经验来源于“先天的能力”与环境的相互作用。但在人的一生中要不断地经历、改变各种事物,在活动中获得新的经验,这些新的经验增加到原有的经验上,就会对原有经验进行改组、改造。这里有两方面的意义:一是通过教育去增加儿童的经验;二是通过教育去提高儿童指导后来经验进程的能力。

按照杜威的观点,在教育中儿童经验的获得是要依靠儿童自身的活动去达到的,由此他又提出另一个教育基本原则——“从做中学”,并把它作为教学理论的中心原则。

杜威关于教育本质的论述虽然有一些合理的见解,但其根本性质是唯心主义的。他在论述教育本质问题时,忽视教育的社会基础和教育的阶级性,没有能正确地阐明教育在促进社会发展和在培养人方面的重大作用。

三、关于教育目的的论述

在杜威的哲学和教育理论中,杜威明显地承认目的和教育目的的存在。虽然他说过:“教育本身并无目的。只是人,即家长和教师等,才有目的。”①从表面看,这是一种教育无目的论,杜威似乎是否定教育含有目的,而实际上在杜威的心中,教育是有目的的。杜威提出,教育只是一种过程,除这一过程自身发展以外,教育是没有目的的,或者说只有“教育过程以内”的目的,而无教育过程以外的目的。他所说的教育过程以内的目的是指由儿童的本能、冲动、兴趣所决定的具体教育过程,实际上杜威是将“生长”作为其教育的目的,他曾说:“教育就是生长;在它自身以外,没有别的目的。”②杜威主张生长为教育的目的,其主要意图在于反对外在因素对儿童发展的压制,在于要求教育尊重儿童的需要和兴趣,使儿童从教育本身中、从生长过程中得到乐趣。杜威把由社会、政治需要所决定的教育目的看作是“教育过程以外”的目的,把它看作是一种外在的、虚构的目的。他反对这种外在的、固定的、终极的教育目的,认为外在的教育目的不能顾及儿童的兴趣和需要;固定的目的不具有灵活性,不能适应变化了的具体情况;终极的目的是一种理论上的虚构。他明确提出教育过

① [美]杜威:《杜威教育论著选》,赵祥麟、王承绪编译,华东师范大学出版社1981年版,第170页。

② [美]杜威:《杜威教育论著选》,赵祥麟、王承绪编译,华东师范大学出版社1981年版,第158页。

程在它自身以外无目的，它就是它自己的目的。又说："教育的过程和目的是完全相同的东西。如要在教育之外另立一个任何目的，例如给它一个目标和标准。便会剥夺教育过程中的许多意义，并导致我们在处理儿童问题时依赖虚构的和外在的刺激。"①可见，杜威的教育无目的论，只是对于脱离儿童而由成人决定教育目的的旧教育的纠正，并非根本放弃教育目的。而且在杜威后期著作中，也谈到了为什么样的社会培养什么样的人的问题，《民主主义与教育》所论证的就是教育应朝着民主社会的要求，引导儿童生活、生长和经验改造，从而使新生一代符合和满足民主社会的希望。

四、活动课程论

杜威反对以既有的知识编写系统教材，而且也反对用这种教材所组成的学科课程教学。他认为，让学生学习各种各样的学科课程，虽然可以学到系统知识，但是这样做的最大的缺陷是把儿童同实际生活割裂开了，这样必然会阻碍儿童的生长；他认为，让儿童学习系统教材，无异于是学习前人的符号积累，从而远离了儿童个人的生活经验，使儿童学不到处理实际问题的方法。杜威的基本倾向是反对传统教育中的分科课程，反对现成的、孤立于学生经验之外而提供的知识。他要求把课程与教材恢复到它被抽象出来的原来的经验，即把课程和教材建立在儿童现在的生活经验基础上。儿童本身的活动就是课程，也是教材。他甚至提出要使儿童的学习循着历史上人类的进步足迹前进，重演从原始到现代的全部发展过程。

关于学校课程的主要内容，杜威认为，那就是各种不同形式的主动作业，如园艺、纺织、烹饪、木工、铁工、缝纫等手工训练活动。在这种活动课程中，学校教育者要不断地为儿童提供各种活动材料，即给儿童提供一种活动情境，儿童使用这些材料进行操作，确切地说是运用这些材料进行能够体现每个儿童个性的、具有创造性的活动。这是一个创造性的思维活动过程。在这个过程中，由儿童自己去发现问题，再由他们自己去寻找解决问题的方法。知识也就在"做"中获得了。杜威认为，这样获得的知识完全是通过儿童的自身体验得来的，是绝对的直接经验，对儿童来说，只有这样的知识才是最准确无误、最有价值的，而且也是记忆最深刻的。

---

① ［美］杜威：《杜威教育论著选》，赵祥麟、王承绪编译，华东师范大学出版社 1981 年版，第 8 页。

五、从做中学

“从做中学”是杜威教育理论的基本原则,他把它贯穿在教学领域的各个主要问题中。

杜威所说的“从做中学”,实际上也就是“从活动中学”“从经验中学”,他认为,儿童应该从自身的活动中进行学习,教学应该从学生的经验和活动出发。

杜威提出“从做中学”的理论是以其主观唯心主义经验论作为理论基础的。他认为儿童是在自己的活动中去求取经验、获得知识的,获取直接经验就是获得知识,学的过程就是做的过程。要在做的过程中发展儿童本身的需要,他认为儿童所获得的知识应当总是同他本身的活动相联系。杜威的“从做中学”理论也是在他批判传统的学校教育弊端的基础上提出来的。杜威曾对传统教育进行了全面的否定,他指出:传统式的教学只是从外面对儿童进行灌输,所用的教材和教法与儿童本身的需要没有联系,儿童的学习过程只是吞剥书本上的和成人经验中的东西,教学只是依据以往社会文化的成果,却脱离了儿童个人的生活与经验。他批评这种教学是“三中心”的教学,即以前人知识、课堂讲授和教师作用为中心,而唯独忽视了真正的中心——儿童本身的活动。杜威要求现代学校要用活动教学来完全取代传统教学,用活动课程取代学科课程。

杜威指出,活动教学的主要特点是:① 以表现和培养儿童的个性为主,即教学中注意培养儿童的创造性思维能力;② 以儿童自由活动的形式进行;③ 儿童从自己的活动、自身的经验中学习;④ 教学从儿童当前的实际需要出发,也就是说儿童需要学习什么,教学就要适时地提供这方面的知识,一切都是从儿童的需要出发。总而言之,活动教学是以儿童的活动为中心,注重儿童的主动性和创造性的发挥。

第三节　第二次世界大战前后西方主要教育思潮

一、改造主义教育

改造主义教育理论是实用主义教育理论的一个分支。它也是在20世纪30年代冲击实用主义教育的浪潮中产生于美国的,第二次世界大战后得到很大发展。这一派的代表人物是美国教育家布拉梅尔德(T. Brameld),他指出,改造主义是一种危机哲学,适用于处在危机中的文化和社会。他的代表作有

《新时代的教育》《教育哲学的模式》《教育哲学的改造》《危机时代的教育》等等。

“改造”一词有两层含义：一是要把改造社会作为教育的根本目的；二是要对已不适应当代要求的教育进行改造。

布拉梅尔德指出，50年代的美国教育比起40年代的教育水平是大大降低了，例如师资缺乏，物质条件的困窘，公民对政治的不关心，轻视科学方法等，这些是导致教育上保守主义出现的原因。他指出：时代发展到现阶段，却来宣传传统的教育信条，而把进步主义教育所主张的一切当作垃圾扫除掉，重新实施保守主义教育的一套，这是一种倒退。在他看来，实用主义教育理论才是美国教育史上最有创见、最有影响的教育理论。它摆脱了历史上的旧有模式，符合时代的需要，但他也指出，实用主义教育理论本身有其缺点：它只重视手段而不重视目的；只要过程而不要方向与结果；只重思维而不重问题的根本解决；只强调个人生长而不强调为社会计划出一个方案。要解决这些问题，决不能用新保守主义教育来代替，而是需要有一种新的教育哲学来指导，这就是改造主义教育理论。

布拉梅尔德主张把考虑当代文化危机作为改造教育的前提。要求以教育来解救时代的危机，建立社会的新秩序；要求把行为科学的新成就作为改造教育的另一前提，即根据行为科学来重新考察教育的整个传统结构。

行为科学是在20世纪30年代提出，50年代发展起来的一种科学理论。它标榜要在心理学、社会学等实验科学基础上来研究人的行为规律，不满足于泰罗制只是从外部行动上控制人的行为，而认为人的心理和人与人之间的关系是支配人的行为的重要因素。因此，必须激发人性，发展合作精神。

在上述两大前提下，改造主义教育理论提出几点基本主张。

第一，明确要求教育应具有改造社会的大目标。改造主义者认为，进步主义教育理论虽适合新时代的需要，但它只是一种使个人的发展去适应、稳定社会的教育理论，而现今时代却是个危机四伏的时代，已不是教育要适应社会，而是要通过教育去改造这个危机四伏的社会，所以，改造主义的教育目标不同于进步主义，它首先要考虑的是改造社会的大目标，是大众的群体的自我实现。具体表现为建设新文化、创建世界秩序。

第二，论述了制定课程、选取教学方法的新原则。改造主义者认为，课程的选择与社会文化的改造、发展要有内在的联系。课程应能促进学生对自身的理解，对群体的理解。课程应体现价值论的灌输，实际上要求围绕一定的中心问题来学习各方面的知识,但又不采取传统的学科课程,而是用进步主义教育问题研究法。在从各方面研究问题时,要求尽量利用丰富的资料,包括自我研究、书本、社会经历以及与各门专家的个人接触等。

第三,阐述了师生之间的民主平等关系。改造主义者认为,促进人们对社会改造而努力,主要是使用说服方法,而不是用政治行动的办法。而这种说服应从学生开始,这就决定了教师具有重要的作用。布拉梅尔德指出,教师本人就应该是一个对未来新秩序有深刻的信念的公民,不仅自己有信念,而且还要致力于使绝大多数人接受这些信念。同时,教师对学生所灌输的东西是允许学生公开进行辩论的,他不能强迫学生接受自己的理论,是否接受由学生自己决定,但教师具有说服的权力。简言之,教师与学生之间存在着相互探讨、公开辩论的关系。

改造主义的基调是要抹杀资本主义社会的阶级实质,想通过教育,用阶级合作观念来重新建立一种所谓的社会新秩序。

二、要素主义教育

该派的主要代表人物为美国哥伦比亚师范学院的威廉·巴格莱(Willaim Chandle Bagley,1874—1946年)。1938年,他与德米亚西克维奇等组织成立了反对进步主义教育的组织"要素主义者促进美国教育委员会",并通过了由巴格莱起草的《要素主义者促进美国教育之纲领》,要素主义教育正式成立。

要素主义教育并没有一个完整的哲学体系作为基础,它在对进步主义教育的批判中产生,也在与进步主义教育的斗争中为人们所了解。

要素主义在教育方面的基本主张主要有以下几点。

1. 关于教育目的

要素主义一般认为,教育的目的是为了社会的进步,但由于人性从根本上来讲是邪恶的,如果不加控制地按照人的欲望和感情行事,他总是要倾向于作恶。要素主义认为,要促进社会的进步,就必须通过理智和道德的训练来保存文化遗产。因为文化是人类共同努力、分工协作的结果,人类只有接受文化,才能避免堕落和毁灭。从教育目的来说,要素主义认为教育目的有两方面:从宏观上讲,教育就是传递人类文化遗产中永恒不变的"共同要素",只有掌握了文化,人才能够准确地预见各种行为方式的后果,从而达到他期望的目的;从微观上看,教育就是帮助个人实现理智和道德的训练,因为这对于个人理智和人格的和谐发展是不可缺少的。简而言之,要素主义认为教育的终极目标乃是维护社会环境中已有的稳定的、确定的价值，而不致出现混乱。

2. 关于课程

要素主义者主张教学内容首先应该是人类文化遗产中的要素、精髓。课程设置的原则是：第一，课程的设置应该遵循种族第一、个体第二，理性第一、个人快乐第二的原则，首先要考虑国家和民族的利益；第二，要具有长期的目标，注重种族经验的传授，因为它具有永久的价值，对于个人一生的生活也是受益匪浅；第三，要包含社会的传统的价值标准。其次，要素主义者认为学校课程应该给学生提供分化了的、有组织的知识，而这最有效的方法便是学科课程。此外，要素主义者还坚持教材的逻辑组织。

3. 关于教育过程

要素主义者认为，教育既然作为一种传递民族文化遗产的过程，其主动权必然操在教师手中，教师在教学过程中是处于中心的地位，应该具有较大的权威。因为单靠学生自己是不能理解他必须学习的一切的，他的智慧、能力的发展需要靠教师的引发、指导。只有在教师的指导和控制下，儿童才能充分实现人类所具有的潜在的能力。

4. 关于教学方法

要素主义既反对进步主义，又区别于传统主义，而是注重心智的训练。他们认为，进步主义倡导的问题教学法或设计教学法固然有其合理性，但并无普遍的实用性，因为不是所有的内容都能通过经验、问题解决或设计学到的。此外，这些方法可能将学生的注意引向一些具体的问题，而忽视了知识的掌握。而且教学方法也不能完全排除记忆。当然这种记忆是在深刻理解的基础上的记忆，是有目的的记忆。

三、永恒主义教育

永恒主义教育产生于20世纪30年代，其代表人物主要有美国的赫钦斯(Robert. M. Hutchins，1899—1977年)、艾德勒，法国的阿兰和英国的利文斯通等人。

永恒主义教育的哲学基础是古典实在主义论。他们认为，“实在”乃是潜在于物质之中的永恒的形式之展现，因而世界上存在着由“实在”构成的永恒不变的真理。对于人来说，也有一种固有的“实在”，即不变的人性。有时这种人性也被称为“潜能”，它包括人的理性、意志和感情。但是他们又认为，人性或人的潜能并不是以完满的形式被赋予的，必须不断发展才能达到理性，而这必须依靠对人的教育,所以教育的目的是发展永恒的人性。赫钦斯说:"一种正确的哲学一般认为人是理性的、道德的和精神的生物,所谓改善人,意味着他们的理性、道德和精神诸力量的最充分的发展。"①永恒主义者不仅注重教育的作用,而且认为教育的基本原则应是到处不变的或永恒的。教育的基础是永恒不变的"实在"所构成的永恒知识与伦理原则,这就是永恒主义教育名称的由来。

永恒主义既重视给学生以系统知识的传授,也注重发展学生的智力。他们认为,为了使学生去认识永恒的世界,掌握真理性知识就是教育的主要任务。同时,由于理性是人的最高属性,所以要发展永恒的人性,就必须发展他的理智能力,以便使人不是靠盲目的自由冲动去生活,而是要靠他明智的自制力,按照理性去生活。所以教育的另一任务是培养学生运用推理的能力。

为了完成这些任务,永恒主义从"永恒真理"引申出"永恒学科",认为只有通过这类学科的教学,才能发展共同的普遍的人性,因而它们应成为学校课程的核心。这种学科主要是指古希腊、古罗马时期的哲学、文学、历史、科学等方面的伟大著作(Great Books),因为它们具有永恒不变的价值,蕴藏有大量关于真理的知识和丰富的精神世界,能使学生更切实地认识世界的永恒性和从中寻找独立思考的源泉。为此,他们提出了"回到柏拉图""回到古人去"的口号,推行"百部名著计划",这些名著包括荷马史诗、《圣经》、莎士比亚的著作、牛顿的《光学》等。在教学方法方面,永恒主义认为,好的教学方法的主要标准取决于它是否能有效地完成教学任务,而选择教学方法的关键是要区别对待不同的学习对象。学生的能力不同,因而教材和方法也应有不同。要按照学生自己的学习速度、接受能力来进行教学,如果迁就学生的懒散和所谓的兴趣,就将妨碍他们的才能的发展。要达到学生的"自我实现",就必须让他们有"自我约束"。学习的高效率虽与高尚兴趣有关联,但不经努力与艰苦的工作,这种兴趣也是不会出现的。为此,他们反对进步主义教育单纯追求兴趣、降低知识标准的做法。

从整体上来讲,永恒主义无疑是一种保守的教育理论,但其提出的诸如注重多学科系统知识的学习、重视教学方法的效果标准等仍有借鉴意义。

---

① 华东师范大学教育系、杭州大学教育系编译:《现代西方资产阶级教育思想流派论著选》,人民教育出版社 1980 年版,第 219 页。

四、存在主义教育哲学

存在主义教育哲学是从存在主义哲学中引申出来的一种教育理论。

存在主义哲学被认为是一种“危机哲学”，最早萌芽于19世纪下半叶，其先驱者为丹麦的克尔凯郭尔和德国的尼采。首次提出存在主义哲学体系的哲学家是德国的海德格尔，他在1927年出版的《存在与时间》一书，宣告了存在主义哲学的正式产生。与他同时代的另一位德国哲学家雅斯贝尔斯也是存在主义哲学的著名代表。第二次世界大战期间，存在主义哲学传入法国，萨特、马塞尔等人成为这个时期的代表。从20世纪50年代开始，存在主义有了更广泛的传播，而且其影响也涉及文学、艺术、教育等领域。依据存在主义哲学阐释存在主义教育理论的著名代表是美国的教育家乔治·奈勒(George Kneller)，1958年出版的专著《存在主义与教育》是其重要的代表作。

存在主义教育哲学并无统一的完整的理论体系，归纳起来，其基本教育主张有如下。

1. 关于教育目的

存在主义认为，人是被抛到这个世界来的，所有的存在都是偶然的，所以，教育纯粹是个人的事。教育无论对公众、集体，还是社会，都不承担任何责任。教育的目的就是使每一个人都认识到自己的存在，并形成一套不同于他人的独特的生活方式。因此，教育要维护个人的自由，帮助个人进行自我选择，并对自己的选择负责。教育的最终目的乃是以个人的自我完善为目标。

2. 关于教育的任务和教育的内容

存在主义认为以智育而言，不能把知识的传授作为中心，因为知识并不完全反映自我，用知识填塞学生，犹如用外物、用他人的意志来控制学生。学生是自我选择、自由发展的个人，而不是知识的被动接受者。同样，也不能把心理的训练、理性的发展放在主要地位，而应以对自己本性的体验为主要内容。在道德教育中，也不应以固定的道德标准对学生进行灌输，而只需让学生懂得应该选择道德行为。

3. 关于教师和学生的关系

存在主义认为，作为教师一方面应该尊重学生的主观性，把学生当作一个人而不是物来对待，教师既不是知识、道德的传授者，也不是学生的监督者，而只是一位激励者，激励学生学会学习，增强他们的自由和选择性，促进其个人的自由发展；另一方面，教师也要维护自己的主观性，不顺从于外部的压力，而要使自己作为一个自由人来行动。对于学生来说，学生是教育的主体，教育只需使受教育者对自己负责就行了。

4. 关于教育方法

存在主义认为,教育是为了使学生认识到自己的存在,所以在教育方法的选择上的一个重要原则便是允许学生最大限度地自我表现和自我选择。他们认为苏格拉底的产婆术是最理想的教学方法,因为学生通过这种方法可以获得"自己的"知识,而且它还可以消除以往在师生关系中的保护性伪装,建立真诚、正直的关系。

存在主义作为一种人本主义的教育思潮,虽然它存在着极端个人主义化的倾向,但它提倡培养学生的主体意识,强调自我选择、自由发展、自我完善等,对今天的教育改革仍有借鉴的作用。

这个时期的教育思潮或流派除了上述列举的之外,还流行着诸如分析教育哲学、结构主义教育、后现代主义教育等思想理论。

第四节　苏联主要教育家的教育思想

苏联教育理论的发展,大体上经历了三个阶段。第一阶段是从十月革命开始到20世纪30年代中期,这是对以马克思主义为基础的社会主义教育理论的探索时期,其主要代表人物是克鲁普斯卡娅、马卡连柯。第二阶段是从20世纪30年代中期到50年代后期,这是苏联教育理论初步形成时期。这一时期的主要代表人物是凯洛夫。第三阶段是20世纪50年代后期以来,代表人物是苏霍姆林斯基、赞科夫等人,他们对教育理论中的重要问题作了更为深入的探讨,对现代教育教学与发展等问题进行了现代化的科学实验与理论论证。

一、马卡连柯的教育理论

安东·谢苗诺维奇·马卡连柯(1888—1939年)是苏联二三十年代著名的教育理论家和教育实践家。他的教育理论是他创造性教育实践经验的总结。

马卡连柯出生于乌克兰别洛波里城的一个工人家庭。1905年他从一个一年制的师资训练班毕业后,先后在两所铁路学校担任教师,也就是从这时开始接触马克思主义,并且开始大量阅读革命作家高尔基的作品。高尔基作品中对人的尊严的高度重视的思想,对马卡连柯影响极大。十月革命以后,马卡连柯拥护苏维埃政权,投入到20年代的教育改革中:当时主要面临着对孤儿和

马卡连柯

违法犯罪儿童的教育问题。战争中留下的孤儿较多,他们在生活上无人照顾,思想上也被污染,沾染上一些不良习气。十月革命以后,苏维埃政府开办了一些劳动公社、儿童之家(工学团)来解决这些孩子的教养问题,马卡连柯就被派去开办这类教育机构。出于对高尔基的崇敬和爱戴,马卡连柯把他所领导的工学团命名为“高尔基工学团”。马卡连柯在高尔基工学团工作了 8 年,后来又接任捷尔任斯基公社的领导工作,也是 8 年。在这连续 16 年的时间里,马卡连柯把全部精力和心血倾注于高尔基工学团和捷尔任斯基公社,倾注于千百个流浪儿和少年违法者的教育和再教育的工作中。这两个教育机构先后收容了 3 000 多名流浪儿和违法青少年,他们中的绝大多数都被教育和改造成对社会有用的人。

马卡连柯从 1925 年开始写作,他写的第一本书是《教育诗篇》,这本书可以说是他在高尔基工学团工作的总结。他在这本书里主要叙述了他在高尔基工学团创造性地进行集体教育和劳动教育的过程。这本书为人们提供了用共产主义思想教育新人的经验。以后马卡连柯又把捷尔任斯基公社的工作写进了《塔上旗》。这两部著作是马卡连柯教育实践活动的真实写照,反映了工学团和公社的整个教育过程。此外,马卡连柯还写了《父母必读》《儿童教育讲座》等书。50 年代初,苏联教育科学院出版了《马卡连柯全集》,1958 年我国予以翻译出版。

(一) 教育理论的思想基础

马卡连柯教育理论的思想基础有两方面。一是鲜明的辩证唯物主义观点。马卡连柯认为研究教育现象,如果不依靠辩证法,就不能找到真正的教育规律。他反对研究教育时的主观臆断和想当然,因此,他的教育理论都是在实践中产生的,是从实践中总结出来的理论。他坚持实践第一的观念,认为教育活动永远是在发展中前进的,因此,研究教育活动的教育学也应当是灵活的、辩证的,即教育内容和方法可根据具体情况来变化。二是坚定的社会主义教育信念。马卡连柯的教育活动从一开始就面临着许多困难,但他依靠强烈的社会主义教育信念,战胜重重困难,取得了巨大的成功。马卡连柯相信,无论是什么样的人,只要他生活在社会主义条件下,并给予他适当的教育,就能够唤起他做人的尊严。马卡连柯坚信社会主义教育的巨大作用。

(二) 关于教育目的

马卡连柯以辩证唯物主义观点论述了教育目的这一根本性的问题。马卡连柯非常强调教育目的的社会主义性和时代性,他指出,教育工作的目的和任务是随着社会政治经济的变化而变化的,必须敏感地细心地倾听时代的声音,了解社会的需要,不能脱离社会的要求抽象地理解教育目的。他明确地指出,共产主义的教育目的与任务是和社会主义革命和建设的总任务联系在一起的,苏维埃的教育就是要培养有文化的苏维埃工人。

马卡连柯在强调教育目的的社会性的同时,也谈到人的个性发展,他要求把教育目的的社会需要和个性发展需要结合在一起。他说:"忽视人的多样性和硬把教育的任务问题放进所有都适用的一句话里面,那会是不可思议的粗枝大叶。"教育目的的多样性不仅是由于人的个性发展的多样性,而且还是出于社会对各种各样人才的需要,所以应该防止整齐划一,把一切人都"硬套进一个标准的模型里"的倾向。他指出,要解决这一多样性问题,就必须要求教师有丰富的个性,根据自己的个性品质、爱好和能力,引导学生个性朝着适合于社会所需要的方向发展。

(三) 集体教育理论

马卡连柯全部教育活动是贯穿他的集体教育、劳动活动的主线,即集体教育不仅是一种教育体系,而且是教育的手段和方法。马卡连柯认为教育工作的主要方式就是集体教育。他的集体教育理论的核心思想就是"通过集体、在集体中和为了集体"。

马卡连柯认为在社会主义社会中,个人与社会是统一的,而不是对立的。从大范围讲,社会主义本身就是一个大集体,各个小集体要服从大集体。从各个人的生活目的和性质来讲,都是和集体利益分不开的。即在社会主义社会里,每一个人是不能离开集体而单独存在的。同时,每一个人的创造和力量也只有在集体中才能得以充分的发挥。所以,社会主义的人首先应是集体主义者,社会主义的教育就是要对人进行集体教育。

马卡连柯反对从生物学和超阶级的角度来谈集体这一概念,他认为,只有社会主义原则构成的社会统一体才是集体。集体是由目的一致、行动一致结合起来的有组织的劳动集团。马卡连柯所理解的集体是社会主义整体中的一个部分,他认为只有在社会主义条件下才会有真正的集体。

马卡连柯还进一步分析了集体在教育上的意义。① 集体是教育的目的。马卡连柯认为,向集体的全体成员提出集体的目的,是组织这一集体的方法。

教育工作的艺术,就在于把学校教育的目标转化为集体自身努力争取的现实的目的。② 集体是教育的手段。马卡连柯认为要想使学生养成一个集体主义者的良好习惯,除了通过集体生活与活动的锻炼外,别无他途。他说:集体就是这种锻炼的健身房。因此,通过集体去组织活动以锻炼学生,就成为最基本的教育手段。③ 集体是教育的主体。马卡连柯认为,集体具有两重性,既是教育的客体,又是教育的主体。当集体由教育的客体向教育的主体转化时,它就显示出集体的力量和教育作用。因此,教师应尊重集体,处理好教师的作用与集体的作用之间的关系。

马卡连柯指出,社会主义国家的每一个教育机构和学校就是一个集体,另外,学校集体中还有班级、小组这样的基层集体。基层集体在学校集体强有力的统一领导下有机地结合起来,得到协调发展。在各种基层集体中,马卡连柯十分强调教师集体的重要性。他说:"教师集体是一个最重要的机构。""一个教师集体,要有统一的工作方法,要不但能集体地为'自己的'班级负责,而且能为整个学校负责。如果没有这样团结一致的教师集体,那么,所谓正常的学校教育工作是很难想象的。"①

马卡连柯指出,集体的形成本身是一个很艰巨的过程。他总结了集体形成的三个阶段。① 成员处于分散阶段。此时还没有集体,不能对成员提出太难太高的要求,而只能提一般性的、容易做到的要求。② 成员中的一些人在教师自觉有意识的培养下,成为积极分子,教师要适时地把这部分人培养成为未来集体的核心,并通过核心来对集体提出要求。③ 核心在全体成员中产生作用,核心逐渐影响全体成员。此时从分散的状态走向集体的形成。在这个集体形成的过程中,教师始终是起着主导作用。培养核心、发现核心是工作的关键。

马卡连柯明确提出集体建立之后,还需要继续进行工作,必须使集体不断向前运动,向前发展,不能有一分一秒的停滞。因此,他进而提出"前景"教育原则。所谓"前景"就是"明天的欢乐"。马卡连柯在《教育诗篇》中写道:"一个人在向前望的时候,如果看不到一会儿快乐的远景,他在世界上就活不下去。人类生活中真正的刺激是未来的快乐。"一个人如此,一个集体也这样。他强调集体应当不断地向前发展,集体的步伐不能停下来,这就需要教师为集体制定一个远景路线,把每一个前进目标分为近景、中景和远景,引导学生集体由

① [苏]马卡连柯著:《论共产主义教育》,刘长松、杨慕之译,人民教育出版社 1954 年版,第 352 页。

近及远地向前发展,在这个目标中,马卡连柯尤其看重“远景”,赋予远景以重要的意义。他指出,远景是建立前景路线的最高阶段,是指向更广泛的前途——社会和国家的前途。他要求教师应随时向学生表明,他们的工作和生活就是苏维埃工作和生活的一部分,使学生认识和关心国家的未来。

在集体教育中,马卡连柯还提出了“平行教育影响”的原则。这一原则的内涵是:教师对集体和集体中的每个成员的教育和影响是同时的、平行的;教师和整个集体对集体的某一成员的教育影响和作用是同时并进的、平行的;通常情况下,教师并不单独给予个人某种作用和影响,而是曲折地通过集体或在集体中教育和影响个人;把个人放在集体里教育,这一方面是教师对个人的教育,同时也体现着集体对个人的教育。教育过程的最终目的是为了把整个集体教育好,同时也要尽可能地把集体里的每一个成员教育好。在这里,马卡连柯确定了学生集体不仅是教育的“客体”(教育对象),而且也是教育的“主体”(教育者)。他认为,个人对个人的影响是一种狭隘的有限的因素,对个人的最实际的工作方式是把个人保留在集体中,他把这种教育方式称之为“平行教育影响”原则。

马卡连柯关于集体和集体教育的理论,是从他的教育实践活动中总结出来的。实践证明,这些经验对流浪儿和少年违法者的教育是很有效的,而且对一般学校的普通学生的教育也具有很大的借鉴价值。马卡连柯的教育思想对社会主义条件下的教育实践活动具有普遍的指导意义,在一定程度上揭示了社会主义教育规律。

二、凯洛夫的教育思想

伊·阿·凯洛夫(1893—1978 年)是苏联著名的教育家,苏维埃教育科学的重要代表人物之一。他的教育学理论对我国解放初期的教育发展影响很大。凯洛夫出生于教师家庭,1917 年从莫斯科大学数理系毕业,1935 年获教育科学博士学位,后转向教育理论研究。1943 年苏联建立了教育科学院,凯洛夫担任第一任院长。1948 年任俄罗斯联邦教育部部长。同年出版《教育学》一书,可以说凯洛夫的教育学是苏联卫国战争后教育实践的总结。1948 年的这本《教育学》,是在 1939 年的《教育学参考书》(也由凯洛夫主编)的基础上修改而成的。1948 年版本的《教育学》基本上反映的是苏联 20 世纪 30 年代的教育理论和教育实践经验,总结了社会主义国家教育发展的经验,虽然在思想体系上仍然是以传统体系为主,但也体现出几个方面的特色。第一,力图利用马克思主义理论基础，从辩证唯物主义的角度来阐述教育问题。从共产主义教育目的出发来培养共产主义新人，在一定程度上反映了教育的一般规律，而且在一定程度上探讨了社会主义、共产主义教育的基本要求。第二，此书是在理论和实践结合的基础上来论述教育问题的，并非纯思辨性的理论著作，而且凯洛夫还在其中集中了苏维埃广大教师的生动经验，并把这些经验上升为理论。这些都对教育实践活动有显著的指导意义。第三，这本书还重视教育历史的研究，力图把历史上好的教育经验作新的理论分析，目的在于更好地认识教育本质和教育作用。第四，凯洛夫这本《教育学》同以前西方的教育学著作相比较，在具体内容上有所不同，它努力从宏观的分析到微观的论述，从教育目的、教育本质的阐述到教育内容、教育方法的介绍，形成一个完整的理论体系。正因为如此，凯洛夫的教育学理论被实践所接受，在社会主义国家教育发展中影响很广。但是，此书并不是完美无缺的，它有以下几方面的局限性：第一，在政治思想上有民族优越感和大国沙文主义的倾向，凯洛夫自认为这本《教育学》达到了教育理论的高峰；第二，在批判资产阶级民主教育的同时，又对之有所崇拜，不能彻底划清同资产阶级教育理论的界限，同时对帝国主义时期的教育理论又过分贬低。

（一）对教育本质、作用和共产主义教育目的、任务的论述

凯洛夫从唯物主义和辩证法出发，明确提出教育是人类社会现象，教育的发展是取决于社会经济基础的，但又和上层建筑有着密切联系。在阶级社会中，教育带有鲜明的阶级性，主要表现在教育领导权方面。他提出，“教育永远是社会生活的重要机能”。教育总是对社会生活具有重大的反作用，教育有推进或阻碍社会发展的作用。凯洛夫进一步论述了在苏维埃国家中，在无产阶级掌握政权的条件下，学校教育对社会主义革命和社会主义建设具有的重大作用。他强调提出，从苏维埃政权建立之初，就加强了对学校的领导，使教育既“成为反对剥削者斗争的有力武器”，又“成为建设共产主义新社会的武器”。

凯洛夫还阐述了教育在人的形成过程中的重大作用，其中阐明了遗传、环境、教育这三者的关系。他认为，人从遗传得来的自然条件在人的形成、发展中有一定的作用，不能忽视遗传因素的存在，但人又是社会环境的产物，人的发展取决于环境的影响；反过来，人对环境又有积极的作用——人能够改造环境，并且在改造环境中改造自己。凯洛夫认为在遗传、环境、教育三方面因素中，系统的教育对人的发展起主导作用，环境是自发的、不系统的、偶然的，而教育却是有目的、有系统性地来影响人的整个身心发展。他提出，特别是在社

会主义社会,家庭、社会、学校的教育目的是一致的,因此,教育的作用、教育的影响就更为重要。凯洛夫的这一观点同资产阶级的机械唯物主义观点有本质的区别,这一观点也是对"教育万能论"和"环境决定论"的批判。

关于共产主义的教育目的和任务,凯洛夫认为教育目的是有社会性、阶级性的。共产主义教育目的是培养全面发展的共产主义新人,具体来说就是要培养"共产主义社会的全面发展的积极建设者和苏维埃国家的熟练的与勇敢的保卫者"。这一要求体现了苏维埃教育的方向性。这是凯洛夫在遵从马克思、恩格斯关于人的全面发展的学说以及列宁关于培养共产主义一代新人的理论基础上提出来的。在论述共产主义教育的具体任务时,凯洛夫提出共产主义教育是一个统一的过程,其中应当包括智育、综合技术教育、德育或共产主义道德教育、体育、美育这五个方面。后来,在 1956 年的《教育学》中,凯洛夫在论述全面发展教育的组成部分时,又增加了一个"劳动教育"部分,把共产主义教育的基本任务由五育变成了六育。在这个体系中,凯洛夫很重视智育的作用,他曾说:"在全面发展的人的教育中,智育,即教养,应占第一位。"而且他还认为道德教育也主要是通过知识教育来进行的,这些提法是不够全面不够完整的,这些不正确的见解也正是苏联 30 年代学校教育中存在问题的反映。

(二)对教学理论的论述

凯洛夫的教学理论既包括对教学过程的本质问题的探讨,还包括对教学基本组织形式、教师在教学中的作用等问题的研究。他的教学理论同资产阶级教育家的教学理论相比较,有其独到之处:① 他把教学理论建立在唯物主义实践论的基础上,在很大范围内总结了前人的经验,吸取了资产阶级教学论的精华,形成了自己比较完整、全面的教学论体系。② 他明确提出了教学过程要依据人类的认识过程,但又不能完全等同于人类的认识过程,它是一个特殊的过程。教学过程本身从总体上来说,是理论与实践相结合的过程,教学内容应具人类已经总结出来的间接经验。教学中,学生可以直接接受前人已经证实了的科学理论和概括,无须事事亲自去实践、尝试。凯洛夫在这个问题上的见解基本上是正确的,反映了教学过程的客观规律。③ 凯洛夫还明确指出,教学过程是师生双边活动的过程。教师在教学过程中起主导作用,学生则是学习的主体。他认为教学过程是教师领导学生掌握知识技能的过程。学生知识能不能得到充实和巩固,学生学习的自觉性能不能养成,首先和大部分依赖教师。所以,作为教师应当有坚定的共产主义观点和信念,要受过良好的教育，政策水平高，对人民教育事业忠心耿耿。凯洛夫关于教师起主导作用的见解，是符合客观规律的。④ 凯洛夫还提出了学科课程体系，他强调在教学中以学习系统知识为主，设立与学科课程相联系的教学计划和教学大纲等。他还对历史上的教学原则进行重新评价，形成了自己的教学原则体系。另外，在谈到教学组织形式时，他强调课堂教学是教学工作的基本组织形式。他说："学校教育工作主要是在课堂上对组成各班的学生进行的。"要求把学生按年龄和程度分成班级，对各科科目按固定课程表由教师进行讲授。凯洛夫坚定地认为只有把上课作为学校教学工作的基本组织形式，才能完成教育和教学的主要任务，才能逐步地使学生从无知到有知，给学生以各方面的知识，提高学生的知识质量，从而培养学生的世界观、道德品质，发展他们的智力、兴趣，以及改善纪律状况等等。

总的来说，凯洛夫对教学过程的论述基本上是科学的，揭示了教学的客观规律。但是其中也存在一些问题：① 他从传统的教学观点出发，强调系统知识，这是无可厚非的，但却忽视了知识教学同其他方面的关系，如只强调知识、技能的学习，而忽视了智力的发展；只重视书本知识的传授，却忽视了在一定情况下活动教学的作用；教学中只强调教师主导作用，而忽视了学生的主体作用。② 在谈到教学原则、教学方法时，比较烦琐，有碍教师在教学活动中创造性地发挥其作用，并且不太重视研究儿童生理、心理的特点。这些缺点，在1956 年出版的《教育学》中有所改进。

三、赞科夫的发展性教学理论

列·符·赞科夫(1901—1977 年)是苏联著名的心理学家和教育家。曾与凯洛夫合作编写了《教育学》。赞科夫有感于苏联 20 世纪三四十年代以来在教学理论中存在的无智力发展、无儿童和无学生心理活动过程的现象，于 50 年代末开始在小学进行"教学与儿童发展"，即让儿童在学习知识中同时得到包括身心在内的个性的一般发展的教学实验，此项实验到 1970 年全部结束。在实验中和整个实验结束之后，赞科夫非常重视理论的总结。1964 年，他在对第一轮实验后所作的初步总结《小学教学新体系的实验》一文中，系统阐述了他的发展性教学的观点和主张。

1975 年赞科夫出版了《教学与发展》一书，对有关实验的指导思想、方法、过程以及教学实验的教学原则和内容等都作了详细的阐述和说明，这也是他教学理论的代表作。赞科夫的发展性教学理论被誉为 20 世纪三大教学论流派之一。

(一)关于“一般发展”

“一般发展”是赞科夫实验研究的核心问题,也是我们了解他的教学新体系的前提。

赞科夫认为,要弄清楚与教学和发展的相互关系有关的一些问题,应该区分发展的不同类型:有“一般发展”,也有“特殊发展”。学生的特殊发展是与某一门学科或某一组学科相联系的(例如,数学、语言学和音乐的发展)。① 而一般发展却与此不同,他在1963年出版的《论小学教学》一书中写道:“我们所理解的一般发展,是指儿童个性的发展,它的所有方面的发展。因此,一般发展也和全面发展一样,是跟单方面的、片面的发展相对立的。”②他在1964年发表的《小学教学新体系的实验》一文中更明确地指出,一般发展“指的是学生个性的所有方面(包括道德感、观察力、思维记忆、言语、意志)的进步。一般发展包括整个个性。与特殊发展不同,一般发展涉及的是那些对学生掌握学校中任何一门学科的教材或者毕业后从事任何一种实际活动都有意义的个性属性”③。促进学生的一般发展是教学除掌握知识、技巧之外的另一个重要的任务,也是小学教学新体系构建的目的所在。当然,强调一般发展,并不否定特殊发展的作用,二者是相互促进的关系,“一般发展是特殊发展的基础,而特殊发展在适当的指引下又可以促进一般发展。不言而喻,在某一领域里的活动,单单在一般发展的基础上是不可能顺利实现的。还必须形成心理活动的某些一定的属性(例如,音乐领域里的音乐听觉、调式感等等),必须掌握相当的知识和技巧”④。但教学应以一般发展为主,特殊发展为辅。

赞科夫明确指出,在教育或教学过程中,儿童的一般发展是内因和外因相互转化与交互作用的结果。可是传统的教学理论却只看到了学习的外部动因,而看不到发展是儿童心理特性内部必然的自身运动,从而否定了儿童作为学习主体的作用。相反,新的教学体系则是把儿童内心的思想、感情、愿望看作教学成败的重要条件。他提出:“我们应当使学习在一种和睦友爱而又丰富多彩的温暖的班级生活的气氛中进行,这一点是非常重要的。……既然我们给自己提出的任务是尽可能在学生的一般发展上取得最大成就,那么很自然,

①③ [苏]赞科夫:《小学教学新体系的实验》,见夏之莲主编:《外国教育发展史料选粹》(下册),北京师范大学出版社1999年版,第575页。

② [苏]赞科夫:《论小学教学》,俞翔辉译,教育科学出版社1982年版,第20页。

④ [苏]赞科夫:《论小学教学》,俞翔辉译,教育科学出版社1982年版,第21页。

我们就要努力使学习充满无拘无束的气氛，使儿童和教师在课堂上都能'自由呼吸'。"①他强调教学过程应十分重视保持儿童的良好情绪和认知需要，注意发展儿童的积极性、首创精神和独立活动能力。他还主张利用"冲突"来激发学生的学习积极性："跟传统教学法不同，采用实验教学法体系的过程中，冲突在学习教材时占有重要地位。我们不主张人为地为掌握知识设置各种矛盾。教材中包含着很多使学生所学的新旧知识互相冲突的情景。当然，这类现象可能被忽视，正如在传统教学法中所做的那样。然而，应当充分利用冲突以激发学生学习的积极性，使他们在学习和发展上不断上升到更高的阶段。"②

（二）实验教学论体系的三大原则

赞科夫通过亲身的实验研究，总结和提炼出与一般教学论的原则在来源、指导思想、目的等方面均不相同的"实验教学论体系的原则"，即"以高难度进行教学的原则""以高速度进行教学的原则""理论知识起主导作用的原则"。

1. 以高难度进行教学的原则

赞科夫认为，长期以来在小学教学之中，传统的教学法在儿童的发展和学习方面效果很差，主要原因之一，就是教给学生的知识面非常狭窄，内容非常贫乏，加上对儿童的学习能力估计过低，一味强调单调无味的多次重复，这样教学的结果，不仅不会使儿童的智力、情感、意志得到应有的改进，反而会使其衰退，甚至变得迟钝起来。为此，他根据苏联30年代的心理学家维果茨基关于教学与发展的关系以及"最近发展区"的理论，提出了"以高难度进行教学"的原则。维果茨基认为儿童发展分为两种水平：第一种水平是现有发展水平，它表现为儿童能够独立地解决智力任务；第二种水平为最近发展区水平，这一水平表现为儿童此时还不能独立地解决任务，但在成人的帮助下或在集体活动中通过模仿，却能够解决这些任务。"儿童今天在合作中会做的事，到明天就会独立地做出来。"③为此，维果茨基要求教学应以儿童的最近发展区作为方向。赞科夫非常赞同维果茨基的论点，认为："教学与其说是依靠已经成熟的机能，不如说是依靠那些正在成熟中的机能，才能推动发展前进。"④只有以高难度进行教学，才能引起学生思考，促使学生在掌握教材时产生一些特殊的心

① 夏之莲主编：《外国教育发展史料选粹》（下册），北京师范大学出版社1999年版，第580页。

② ［苏］赞科夫：《教学与发展》，杜殿坤等译，文化教育出版社1980年版，第373—374页。

③④ ［苏］赞科夫：《教学与发展》，杜殿坤等译，文化教育出版社1980年版，第14页。

理活动过程。

但是,什么是高难度呢？赞科夫说:“我们指的不是任意的一种难度,而是要能认识现象的相互依赖性及其内在的本质联系的那种难度。”①难度的分寸限于最近发展区。赞科夫还对“难度”这一概念进行说明,指出“难度”包含两方面的含义,一是指克服障碍,一是指学生的努力。可见,高难度提出的本意在于促进学生的心理活动过程,而并不在于无限度的难。

2. 以高速度进行教学的原则

这一条原则与以高难度进行教学的原则有着密切的关系,对高难度原则具有辅助作用。赞科夫认为:“由于多次、单调的复习旧课,把教学进度不合理地拖得很慢,这样就妨碍了以高难度进行教学,或者甚至使它成为不可能的事,因为学生的学习活动主要是在‘走老路’。”②他同时又指出,提倡高速度既不意味着要让儿童在一节课内去做尽可能多的练习,也不是要求老师在课堂上匆匆忙忙,赶快把尽可能多的知识教给儿童。高速度进行教学的原则的意义,在于要求教学不断地向前运动,不断地以各方面的新知识来丰富学生的智慧,并为学生更加深入地理解所学的知识创造条件。

3. 理论知识起主导作用的原则

赞科夫根据心理学研究的成果,不同意在小学教学中“摆在第一位的还是直观感性的表象、初步的概括和简单的联系”的观点,认为在学生身上是可以培养抽象、概括能力的。在他看来,片面地把教学内容仅仅局限于经验知识,或者仅仅局限于理论知识,都是错误的。

针对传统教学中忽视理论知识教学的现象,为了培养学生的理论思维能力,他强调教学之中应注重理论知识的教学。什么是理论知识呢？赞科夫说:“‘理论’这个词有许多不同的含义。一般来说,‘理论’这个概念是区别于实践而言的。从这个含义出发,我们所说的理论知识,是相对那些直接反映在技巧中的知识而言的。例如,一个学生可能知道怎样进行几个数的进位加法,即知道加法怎么做,但是并不知道这种运算的规律——如加法的交换律(有时称为和的交换性)和其他几个规律。如果学生掌握了这后一类知识,那就是掌握了理论知识。”③可见,赞科夫所说的理论知识其实就是规律性知识如定义、概念、

---

① [苏]赞科夫:《教学与发展》,杜殿坤等译,文化教育出版社 1980 年版,第 45 页。

② [苏]赞科夫:《教学与发展》,杜殿坤等译,文化教育出版社 1980 年版,第 46 页。

③ [苏]赞科夫:《和教师的谈话》,杜殿坤等译,教育科学出版社 1980 年版,第 199 页。

法则、公式等，学生掌握了这些知识，便能举一反三，融会贯通。所以他明确指出："理论知识是掌握自觉而牢固的技巧的基础。因此，掌握理论知识不仅不妨碍技巧的形成，而且恰恰相反，乃是形成技巧的重要条件。"①

四、苏霍姆林斯基的教育思想

瓦·阿·苏霍姆林斯基(B. A. Cyxomjnhcknn，1918—1970年)，苏联著名教育理论家和教育实践活动家。早年进入一所师范学院学习，不久因病中断大学学业，年仅17岁的苏霍姆林斯基回到家乡担任农村小学教师，开始其教育生涯。1936年至1939年就读于波尔塔瓦师范学院(A. C. 马卡连柯也曾求学于此)函授部，毕业后取得中学乌克兰语文教师资格，在离家不远的区中心镇的一所中学任乌克兰语文教师，后兼教导主任，领导全校的教学工作。这为他广泛探讨和研究教育理论提供了有利条件。

苏霍姆林斯基

1941年卫国战争爆发，苏霍姆林斯基应征入伍上了前线。1942年2月，他在一次战斗中负了重伤，伤愈复员后重返教育岗位，担任亚美尼亚苏维埃共和国一所中学校长兼俄罗斯语言文学教师。两年后，他回到了解放不久的乌克兰，任区教育局局长，同时还在中学里兼课。在此工作的4年期间，他全力以赴投入战后恢复学校的工作，同时开始教育研究。1948年，经苏霍姆林斯基请求，他被任命为其家乡所在地一所农村完全中学——帕夫雷什中学的校长。他领导这所学校长达22年，直至生命结束。经过其勤奋的、创造性的工作，这所普通的农村学校达到了苏联最优秀的普通教育机构水平。自1957年起，苏霍姆林斯基一直是俄罗斯联邦教育科学院通讯院士。1968年起任苏联教育科学院通讯院士。1969年获乌克兰社会主义加盟共和国功勋教师称号，并获两枚列宁勋章、1枚红星勋章以及多枚乌申斯基和马卡连柯奖章等。

苏霍姆林斯基在从事学校实际工作的同时，进行了一系列教育理论问题的研究，写有《给教师的一百条建议》《把整个心灵献给孩子》《帕夫雷什中学》《苏维埃学校中个性的培育》《公民的诞生》等教育专著41部，论文600多篇，

① [苏]赞科夫：《和教师的谈话》，杜殿坤等译，教育科学出版社1980年版，第200页。

另约有1 200篇供儿童阅读的童话和故事。他的教育研究著作,生动地反映出学校教育的真实情况,是对学校工作的高度艺术概括、提高和再现,因此被称为"活的教育学""学校生活的百科全书",他本人被誉为"教育思想的泰斗"。

(一) 基于人道主义的教育信念

资料链接

学会爱孩子,是不可能在任何学府或任何书本中学到的。这种能力是在一个人参加社会生活的过程中,在与他人的相互关系中锻炼出来的。但就其本质讲,经常跟孩子们交往的教育工作本身就在不断加深对人热爱和对人的信任。献身教育事业的志向是在学校里,在教育工作的过程中不断得到发展的。

——《帕夫雷什中学》

我们努力教育学生,使他从小时候起,当看到生活中发生不应有的事情时,就从内心感到痛苦。这种情感能唤起学生维护生活美和与不公正的现象作斗争的强烈愿望。这种愿望首先在人对物的态度中和由物及人的态度中表现出来,因为物体现了人的劳动,体现了人的技艺、热爱劳动和道德尊严(例如,要教育学生爱护树木、花草和工具)。但是,这仅仅是确立公正思想的开端。这个过程的较高阶段,是促使学生采取行动,直接表现出对周围人们和社会利益的态度。当一个人感到为他人服务和为社会服务是伟大的和美的时候,才能说思想真正占据了他的心灵。儿童好比站在各种思想影响的十字路口,他的生活中会出现许多情况,要使他能感觉到、看到和认识到坏人坏事,并使他在内心反对这些现象。我们的任务是要使学生与坏事作斗争。

——《全面发展的人的培养问题》

"教育信念"是苏霍姆林斯基提出的重要教育概念,而他所说的教育信念也就是他主要的教育观点,包括相信教育的力量,相信孩子是可教的,实施全面和谐发展的教育,重视和强调"自我教育"的意义和作用等等。这种种教育信念的人性论基础便是马克思主义的人学观点。苏霍姆林斯基教育思想的核心是"人",以社会主义的人道主义精神教育儿童,成为其整个教育思想和教育实践的重要特征,也是苏霍姆林斯基教育信念的核心红线。

按照苏霍姆林斯基对于"人"的理解,世上不存在没有任何天资和发展可能性的人。在他充满着乐观主义的教育信念中，孩子们没有有才无才、有能无能之分，世上不存在教育不好的学生，“我们深信，任何一个人，在适当的条件下，经过适宜的教育，都能显露出自己出类拔萃的独特才华来”①。使每一个人都既是物质财富的创造者，也是精神财富的创造者，这是学校教育工作的首要任务，也是高尚的人道主义的重要表现。对于教育者而言，关键是要在每个学生的身上找到这些与众不同的能力，并开发它、培养它，使之充分显露出来。

既然所有的孩子都是可教的，教育者就应该对受教育者充满热忱，与孩子结成平等友好的朋友，这既是对于教师师德的要求，更是一种教育信念。没有对受教育者的爱和尊重，就不可能有社会主义人道精神的教育。“教师永远都应当做到在自己面前看到的不单纯是学生，而是人。如果教育者对我们称之为学生的幼小劳动者的名誉和人格不抱以同情和关怀的态度，则不论崇高的公民天职感的形成，还是通常的听话和起码的纪律，都是不可思议的。”②在苏霍姆林斯基看来，培养善良仁慈、有同情心的人，需要通过教师对孩子的“真诚的爱”来完成，生活在人际关系冷漠、无同情心的、残忍的环境中的孩子，不可能变成一个善良的公民，这是他的首要教育信条，“我生活中什么是最重要的呢？我可以不假思索地回答说：爱孩子”③。

在热爱学生的同时，还应尊重学生的人格，“我们最重要的一个教育手段是十分尊重自己学生的人格。我们的使命是用这一手段去培植非常细腻而又精致的想法——希望成为一个好人，希望成为一个今天比昨天更好的人”④。尊重学生的人格，意味着保护学生精神世界的隐秘不受侵犯，这也是教育的最重要任务之一。苏霍姆林斯基批评一些教育工作者极不人道地无视孩子的感受，或要求学生将个人隐秘的东西全部摊开来，或将一些只能和家长们私下谈论的情况拿到家长会上来讨论，这不仅刺伤了家长的感情，也伤害了学生的感情。不尊重学生人格的后果，不仅造成师生对立，而且也导致学生丧失自尊心，变得冷漠无情。在苏霍姆林斯基看来，“一个人如果没有自尊心，就不能成

---

① [苏]苏霍姆林斯基：《开发出每个学生独特的人格之美》，见《苏霍姆林斯基选集》（第 5 卷），教育科学出版社 2001 年版，第 115 页。

② [苏]阿·泽韦林：《苏联杰出的教育家》，王义高译，见《苏霍姆林斯基选集》（第 1 卷），教育科学出版社 2001 年版，第 42 页。

③ [苏]苏霍姆林斯基：《我把心给了孩子们》，见《苏霍姆林斯基选集》（第 3 卷），教育科学出版社 2001 年版，第 4 页。

④ [苏]苏霍姆林斯基：《公民的诞生》，见《苏霍姆林斯基选集》（第 3 卷），教育科学出版社 2001 年版，第 434 页。

为一个道德上纯洁和精神上丰满的人。……尊重受教育者的人格,是集体和教师对人们提出严格要求时最主要的前提,是实行真正的共产主义纪律的前提”①。

当然,强调对学生的爱与尊重,并不意味着对学生毫无要求。苏霍姆林斯基继承了马卡连柯“尽量多地要求一个人,同时也尽量多地尊重一个人”的思想,认为没有高标准要求,就无法教育一个人。教师对于学生的爱既不是盲目的伤感与怜悯,也非做作的过分夸奖和迁就,它应是理智的爱和尊重,是建立在合理的严格制度和严格要求基础上的爱。

热爱孩子,尊重孩子,同时也包含着相信孩子。只有当教育建立在相信孩子的基础上时,它的力量才能成为现实。否则,一切教育和教学的手段和方法及其智谋都将成为无本之源。此外,相信孩子不仅是指相信孩子的可教育性,还包括相信孩子具有自我教育的能力。苏霍姆林斯基的一个重要教育信念是:自我教育是学校教育中的一个重要因素,“没有自我教育就没有真正的教育”②。自我教育是以学生精神境界和内部需求为主,其动力主要来自于自己的主观能动性,其核心是充实和发展学生的精神世界,形成正确的道德信念和道德理想。

(二) 论个性的全面和谐发展

培养个性全面和谐发展的人,这一概念是苏霍姆林斯基首次提出的,是他对教育最终目的的概括,也是他教育思想的核心和长久研究的“主题”。在这一概念中,包含着个性发展、全面发展、和谐发展三者之间的有机统一关系。可见其内涵既不同于近代以来资产阶级的和谐发展思想,也不同于凯洛夫的全面发展理论,“它使全面发展更充实、更完整、更恰切;它使和谐发展增添了新意,发生了质变”③。

个性发展问题,是苏霍姆林斯基之前的苏联教育理论家们论及较少的主题之一,而这却是他重要的教育理念之一。在他看来,“在思想、对周围世界的理解以及在智慧、意志和性格的个性特点方面,没有完全相同的孩子。每个孩

① [苏]苏霍姆林斯基:《公民的诞生》,见《苏霍姆林斯基选集》(第3卷),教育科学出版社2001年版,第434页。

② [苏]苏霍姆林斯基:《帕夫雷什中学》,见《苏霍姆林斯基选集》(第4卷),教育科学出版社2001年版,第31页。

③ 王天一:《苏霍姆林斯基教育理论体系》(第二版),人民教育出版社2003年版,第37页。

子都是一个独特的‘世界’”①。教育工作者的任务，首先就是要开发每个学生的差异性、独特性和创造的个性。尽管社会主义教育重视集体主义精神的养成，但并不意味着否定个性的发展，他认为，集体并不是没有个性的一群人，它是许多具有个性的人集中在一起而存在的。

关于全面和谐发展的内涵，苏霍姆林斯基主要是以马克思的全面发展学说为指导，与其他苏联教育家对此问题的理解并没有本质的不同，只不过更加丰富和完善，在某些方面的提法更具新意。按照他的理解，全面和谐的发展的基本内涵是指人的多方面的发展，它“意味着劳动与人在各类活动中的丰富精神的统一，意味着人在品行上以及同他人相互关系上的道德纯洁，意味着体魄的完美、审美需求和趣味的丰富及社会兴趣和个人兴趣的多样”②。一个全面和谐发展的人，意味着他有能力承担多方面的任务，意味着他是社会物质生产领域和精神生活领域的创造者，是物质和精神财富的享用者，是有道德和文化素养的文化鉴赏者和保护者，还是积极的社会活动者和公民等。

要完成全面和谐发展的教育任务，一方面应该使学生在智育、体育、德育、劳动教育和审美教育都得到发展，另一方面应该使得到发展的各个方面和谐地结合，相互渗透和相互交织，形成一个统一的完整过程。基于此，他从统一性和整体性的角度，对智、体、德、劳、美各育发展的内涵进行了新的诠释。

苏霍姆林斯基认为，智育永远是教育教学过程的中心环节，它在个性全面和谐发展中居于极为重要的地位。按照传统的观念，一提到智育首先便会想到或仅仅想到知识的获得和积累。其实不然，虽然智育与传授知识分不开，智力的发展有赖于知识的获得，但不能简单地把智育归结为积累知识，不能在知识分量与智力发展之间画等号。他将智育的任务概括为：“获得知识和形成科学世界观，发展认识能力和创造能力，培养脑力劳动文明，使一个人在整个一生中都对丰富自己的智慧和把知识运用于实践感到需要。”③在苏霍姆林斯基看来，智育的目标并不仅仅是为了发展和充实自己的智能，不仅仅是为了将来从事狭隘的职业劳动，而是为了精神生活的充实，为了形成高尚的道德和优秀

---

① [苏]苏霍姆林斯基：《我们的职责是培养人》，见《苏霍姆林斯基选集》（第5卷），教育科学出版社2001年版，第294页。

② [苏]苏霍姆林斯基：《帕夫雷什中学》，见《苏霍姆林斯基选集》（第4卷），教育科学出版社2001年版，第13页。

③ [苏]苏霍姆林斯基：《全面发展的人的培养问题》，见《苏霍姆林斯基选集》（第1卷），教育科学出版社2001年版，第118页。

的品质。

体育在个性全面和谐发展中,与德育、智育、美育、劳动教育是密切相关的,被苏霍姆林斯基视为最重要的因素。就体育的任务而言,首先是增进身体的健康,其次是促进机体的正常发育和丰富学生的精神生活,以及与多方面的活动协调一致,即除了增进身体健康之外,还包括充实智慧才能、培养道德情感、丰富美感,以及确立热爱体力劳动等多项内容。他根据在帕夫雷什中学的教育经验认为,只有当体育运动给人带来快乐,成为一种享受和需要时,体育才具有重大的教育意义。学校中的体育运动包括比赛,不应病态地追求快慢和竞赛中获胜,而应看重谁的动作最优美、最协调,以培养学生健美的体格。

在苏霍姆林斯基看来,道德教育在个性全面和谐发展中居于核心地位。学校教育的全部任务在于造就完美的新人,因而教师首先应该关心的,是使知识进入每个学生的精神世界,变成他们个人的修养(信念、情感、志趣、需要和兴趣),转化为他们的情操和志向。由于苏霍姆林斯基将培养未来的公民作为苏联教育的总目标、总任务,因而他把培养一个公民应有的观点、信念、情感、行为和言行一致等基本素养作为道德教育的目标和任务。关于道德教育的内容,他将其归纳为道德准则(知识)、道德情感、道德信念和道德理想四个方面,其中强调把儿童心目中的道德概念转变为道德信念,是苏霍姆林斯基道德教育理论的一个突出的新见解。他认为道德信念是道德发展的最高目标,人的道德修养的特征,就在于道德信念成为激励他道德行为的精神力量。道德信念的树立,离不开道德情感的养成,而从道德概念通向道德信念的道路,也是以充满道德情感的行为和习惯为起点的。此外,道德信念是否深刻、巩固,还取决于个人的思想方向性和社会方向性,即思想立场的决定和政治方向的不动摇。

注重劳动教育是苏联教育的一个特色,苏霍姆林斯基同样将劳动教育作为个性全面发展的一个有机组成部分。他认为学校教育的使命,便是使劳动进入人的精神生活、集体的生活,使热爱劳动成为青少年的最重要的品质之一。没有劳动的教育是片面的教育。在苏霍姆林斯基的思想理论中,劳动的含义较为丰富,既包括体力劳动,也包含脑力劳动,还可指日常工作和生活。劳动教育的基本目的有二:一是社会目的;二是思想目的。就社会目的而言,便是能够为社会创造物质财富和精神财富。它要求学生通过劳动教育能够获得丰富的劳动知识、技能和技巧,提高参加劳动的积极性和创造性,同时使每个人的天赋才能在劳动和劳动教育过程中发掘和发挥出来;就思想目的而言,是指通过劳动和劳动教育培养学生热爱劳动的情感和创造性劳动的态度，激发他们的劳动意愿，丰富和充实人的精神生活，提高人的道德素养和有关的审美情操，并能使学生将劳动作为一种生活享受和生活乐趣来对待。在苏霍姆林斯基看来，劳动的思想目的才是学校劳动教育的最根本目的。

从美的视角对多方面发展予以规定，是苏霍姆林斯基全面和谐发展理论与实践的重要特点之一。他认为，在人的全面发展教育的总过程中，美育发挥着重要的决定作用，“美是道德纯洁、精神丰富、体魄健全的强大源泉”①。学校美育的任务是教会学生感知美、理解美，并进而能创造美，但最重要的任务则是引导学生能够通过自然和社会的美中看出精神的高尚、善良和诚恳，并进而在自己身上确立这种美。在关于人性美的概念中，人的精神美或心灵美（忠于信仰、人道主义和不容邪恶）占据首要地位，故教育者的最重要的任务，就是使青少年儿童形成关于人的美，关于人的思想、情感和体验中的高尚观念。学校审美教育的开展，应从引导学生感知和领会美入手。当教师将孩子看到或听到的周围世界中草虫的悦耳歌唱、小溪的潺潺流水、雪花沙沙的飘落、深夜的肃穆寂静等美的景象，用富有情感的语言描述出来时，才能对学生产生美的感染的作用，使他们学会欣赏它的美妙。当然，通过对文艺作品有表情的朗诵，对艺术作品的欣赏等也是进行审美教育的重要途径。但无论哪种途径和方法，都需要使学生将其全部的理智、情感和思维倾注到所闻所见的美中，并对对象给予智力的和情感的评价和剖析，这样才能培养学生高尚的审美情感。此外，学校中应通过指导学生进行文艺习作等方式来培养学生创造美的能力。

苏霍姆林斯基的教育理论体系，扎根于丰富的教育实践，从而具有强大的生命力基础。他的教育思想既不同于曾经盛极一时的盲目追求接触生活实际、开办“劳动学校”的极端的教育理论，也不同于仅仅局限于课堂教学来发展学生的赞科夫实验，具有较强的辩证色彩。而他对于学生和农村教育事业的热爱，更使其教育理论和实践经验走向世界，对许多国家的教育发展产生重要影响。

---

① [苏]苏霍姆林斯基：《全面发展的人的培养问题》，见《苏霍姆林斯基选集》（第1卷），教育科学出版社2001年版，第241页。

第五节　中国现代主要教育思潮

从1919年五四运动开始，中国文化教育的发展发生了历史性的转折。在此前后出现的各种教育思潮和教育运动，是对中国现代教育发展道路的探索。

一、平民教育思潮与平民教育运动

平民教育是五四运动前后流行的一种教育思潮，它产生的思想基础主要有两点。一是五四时期“民主”思潮在教育上的反映。当时知识界高唱“民主”，反对封建制度，提出“平民政治”，要求建立“以人民为主人，以执政为公仆”的民主国家，给人民以各种权利，其中包括受教育的权利。二是受杜威社会改良主义的影响。杜威认为“社会的改良，全靠学校”，宣传依靠平民主义的教育达到平民主义的政治的社会改良目的，又把平民主义的教育归结为“个性”智能的发展和“协作”精神、习惯等的培养。杜威的思想经过他本人与其学生胡适等人的宣传，影响甚大。

1915年，陈独秀在《青年杂志》(《新青年》)上发表《今日之教育方针》，提出应以“惟民主义”等为教育方针，强调新教育应以人民为对象，反对旧学校的“个人主义”“关门主义”，要求使“引车卖浆之徒，瓮牍绳枢之子”都能够进学校读书受教育。他是近代较早提倡平民教育者。1919年2月，李大钊在北京《晨报》上发表《劳动教育问题》，强调劳工的教育权利，呼吁多设劳工补助教育机关，使一般劳作的人也有均等机会去读书，去看报，去补习技能和修养精神。后来又提出“纯正”的平民主义，即打破“政治上、经济上、社会上一切特权阶级”获得的教育权利。

1919年，在杜威来华时，胡适著文介绍其思想、学说，宣传平民主义教育：“现代世界是平民政治的世界。”认为平民教育势在必行。蒋梦麟也著文：“世界潮流日趋于平民主义，平民主义愈发达，则和平之基础愈巩固。故欲言和平之教育，当先言平民主义之教育。”五四时期，北京高等师范学校成立“平民教育社”，宗旨为“宣传及实施平民教育”，1919年10月《平民教育》周刊创刊，在《发刊词》中称：“不先有了平民教育，哪能行平民政治？哪能使用平民政治工具？……我们要来细谈根本改造的教育，不愿去高谈‘空中楼阁’的政治。”鼓吹平民教育为教育救国的手段之一。同年12月，南京高等师范学校学生主办的《少年社会》，同样鼓吹平民教育，认为教育应使人人树立“德谟克拉西的人生观”，以实现德谟克拉西的社会。简言之，平民教育成为当时最流行的口号。

在大力鼓吹平民教育时，当时进行了一系列的平民教育运动。

1916 年 10 月，全国教育联合会作了《注意贫民教育案》的决议，1919 年 10 月又作了《失学人民补习教育办法》的决议。

1917 年 11 月，毛泽东等在湖南长沙第一师范学校开办工人夜校，被认为是“当时萌芽中的全国平民教育事业的前驱”。1919 年 3 月，邓小平、许德珩等在北京大学发起组织“平民教育讲演团”，朱自清、俞平伯等都曾参加该团。该团以“增进平民知识，唤起平民之自觉心”为宗旨。他们认为教育有两种：一是“以人就学”的学校教育；一是“以学就人”的教育，如露天讲演、出版刊物等。可是，当时学校教育只限于有钱子弟享受，而寒酸子弟迫于生计而不与，平民识字的人是极少数。现在要改造社会，灌输人民知识，实施平民教育，主要应采用后一种方式，组织讲演团。起初，讲演团只是以城市平民为对象，利用一些庙会作不定期讲演，后又在北大旁边设点定期讲演。从 1920 年开始，讲演团开始面向北京郊县如丰台、长辛店、通县等地农民。他们扛着旗帜，带着留声机，利用农村小学、村头场地讲演，宣传的主要内容包括爱国、民主、科学(科普、卫生常识)知识等。该讲演团活动到 1925 年止。

1923 年 6 月，陶行知、朱其慧、晏阳初等发起组成南京平民教育促进会，同时武汉等地也相继成立协会。同年 8 月，在北京清华学校召开第一次全国平民教育大会，成立中华平民教育促进会总会，朱其慧为董事长，曾为旅法华工实施补习教育的晏阳初为总干事，总会设有城市教育部、乡村教育部、华侨教育部来推行平民教育(主要还是以城市平民为对象)，接着全国 20 个省区也组成了平民教育促进会，促进了各省平民教育的发展。当时主要采取办平民学校、平民读书处(以一家一店或一个机关为单位)、平民问字处(随时可求教)三种形式，进行认字、读书的教育，此外还编印了《平民千字课》作为教材。据说当时全国有五十万人读平民识字课本。可见，平民促进会推行的平民教育运动实质是一次扫盲运动。陶行知曾说：“中国现在所推行的平民教育，是一个平民读书运动，我们要用最短的时间，最少的银钱，去教一般人民读好书，做好人。我们深信读书的能力是各种教育的基础。……今日之平民教育，就是将来普及教育的先声。”[①]该会于 1926 年停止活动。

参加当时平民教育运动，提倡平民教育的人员成分复杂，有信仰共产主义

① 陶行知：《陶行知全集》(第 1 卷)，湖南教育出版社 1984 年版，第 488 页。

的知识分子,有小资产阶级知识分子,有资产阶级知识分子。从总体上讲,他们都反对封建专制主义教育,要求打破几千年来封建地主阶级和有钱人独霸教育权的局面,实现平民的政治和社会的改造,但他们的内容、目的并不完全相同,特别是在20世纪20年代,平民教育运动更是明显分化,一部分早期共产主义者,深入到劳动群众中去,不仅传播文化知识,而且注意唤起工农群众的革命觉悟。如邓中夏于1920年底在长辛店成立劳动补习学校,结合补习文化,进行革命的政治思想教育,使学校成为北京共产主义小组进行革命活动的据点。此外,像刘少奇筹办的沪西小沙渡劳动补习学校,也对工人群众开展了文化补习教育、政治思想教育和工人组织工作。

另外一部分持教育救国论的知识分子,仍然希望以平民教育来实现国家民主,改造社会,走上社会改良主义的道路。共产党人萧楚女1924年在《中国青年》上发表《陶朱公底平民教育》,指出朱其慧、陶行知的平民教育既不能救国,也不能救民。他说:"平民教育是要紧的!但是起码的生活不要紧么?""现制度若不经过一番彻底的翻砂工夫,平民教育么——我恐怕还不止像汉口今天这样只留下几张纸招牌,做个聋子的耳朵,徒为装饰哩?即令有效,也不过是多使平民认识了几个字,因而多使平民添得几分烦恼苦病而已!"

二、工读教育思潮与工读运动

工读教育又称工学教育思潮,它是指提倡做工和求学相结合、做工和读书相结合的思想,具体提法有勤工俭学、半工半读、工学并进、工学兼营、工读互助、手脑并用等。这种教育思潮的兴起受到了一战以来世界工人运动的影响(劳工神圣是当时响亮的口号),他们希望通过提倡工读运动,寻求社会改良之路。他们认为,中国"民穷财尽真正的原因,在于生利的人太少,分利的人太多","根本大计就是用教育的方法,把国民惰性革除,叫生利的人多起来"。或者说,做工的穷人不能读书,就会造成"民智发达的一种缺憾",而读书的人不会做工,则造成"没有职业的流氓",实行半工半读的工读主义,则可实现教育和职业合一的理想。换言之,通过工读结合,普及教育,发展实业教育,启发民智,革洗民心,如此,则可挽救中国之危弱,达国家之民主富强。

与工读主义教育思潮相关的是赴法勤工俭学运动和工读互助团运动。

五四时期赴法勤工俭学运动是在辛亥革命后的留法俭学活动和赴法华工教育活动的基础上开展起来的。

1912年,李石曾、吴玉章、吴稚晖等在北京发起组织"留法俭学会",其会章声称:“改良社会,首重教育。”学会的宗旨是为了“输世界文明于国内”,到“民气民智高进”的法国去学习,为“造就新社会、新国民”而努力。俭学会在北京成立了留法预备学校。五四时期,大批青年为了寻找救国救民、改造社会的知识和真理,同时受工读思潮的影响,投入了赴法勤工俭学运动。1919—1920年间,先后共20批约1 600人到达法国。他们到达法国后,有的先工后学,有的先学后工,有的边工边读。1921年以后,赴法勤工俭学运动进入低潮。

1919年,在赴法国勤工俭学进入高潮时,国内工读互助运动也相继兴起,他们纷纷组成了许多实验工读主义的小组织。1919年2月,北京高等师范学校部分学生成立“工学会”,创办“工学”月刊,提倡:“有车大家乘坐,有田大家耕作。不要金钱,互助生活。不要军队枪炮免为人祸,既不纳妾,又无婢仆。大家做工,大家求学。”简言之,希望通过工读建立一个人人劳动、手脑并用、没有剥削的社会。

1919年底,少年中国学会的王光祈在北京倡议成立“工读互助团”,其倡议很快得到蔡元培、陈独秀、李大钊的支持,很多追求新生活的青年也积极响应,其宗旨是“本互助精神,实行半工半读”,理想是建设“人人作工,人人读书,各尽所能,各取所需”的社会。

工读教育思潮与工读教育运动,是爱国、民主教育思想的反映,是对古代“耕读相兼”理论的进一步继承与发展,是知识分子与工农结合的初步探索,它的工学结合,即要求教育与近代生产劳动结合起来,适应了社会发展的需要。它还是劳心与劳力的结合,促进了德、智、体的全面发展。

三、职业教育思潮

职业教育思潮是清末实利主义、实用主义思想的演变。

在中国最早研究和推行职业教育的民间教育团体是中华职业教育社。1917年5月,该社在上海成立,主要负责人是黄炎培。中华职业教育社的宗旨是通过教育来解决人民的“生计”,而不是首先从解决人民的“生计”中来解决人民教育。该社的章程中提出职业教育的目的是:“为个人谋生之准备、为个人服务社会之准备,为国家及世界增进生产力之准备。”从根本上来说,他们将社会问题归结为职业问题,将职业问题又归结为教育问题,认为只要有了教育,一切社会问题都可以解决。可见,这其实是一种“教育救国论"。

中华职业教育社成立于上海,就是为了满足中国民族资本主义发展的需要,同时也是为了在一定范围和一定程度上解决劳动人民及其子女的就业问题。根据中华职业教育社规定的业务,可以分为三类:第一类是调查、研究、劝导、指示、讲演、出版、通讯、问答等;第二类是设立职业学校;第三类是进行职业指导。为此,1918年开设了中华职业学校。这所学校根据社会职业调查的结果,设有铁工科、木工科,后设珐琅工科、纽扣工科、商科、职业师范科等。1925年增添了小工艺科和文书讲习科。这个学校设有工厂(场)和实验室。教学重实习,实习时间占课程总时数的二分之一。1926年设立职业指导所,包括职业谈话、职业询问、职业调查、职业讲演、职业指导、升学指导、职业介绍等。据1927年统计,到该社登记的人数是316人,受职业指导的20人,但介绍成工作的仅24人。此外,该社还开办了职业补习教育,主要是给一般小学毕业而不能升学或已经就业的青年以生产技能的训练。

中华职业教育社从1917年成立起,随着中国政治情况的发展,不断处于变化过程中。1926年以后,改变了以往只办教育的态度,认为"以后应加入政治运动"。教育的重点转向补习学校,教育的范围扩大到农村。

职业教育思潮在以中华职业教育社为主的热心者的倡导下,在中国存在发展了32年。他们研究职业教育理论,建立起职业训练、职业补习、职业指导、职业介绍的职业教育体系,在长期的教育实践中,为民族资本主义的发展培养了一批管理人才和技术人才。

四、科学教育思潮

所谓科学教育思潮,主要是指推崇科学在教育中的重要价值和地位,将科学知识作为教育的主要内容,以养成科学态度和科学精神,掌握科学的思想方法为宗旨的思潮,其具体的落实便是"科学教育化"和"教育科学化"两个方面。所谓"科学教育化",主要是指科学借助教育的手段和途径进行传播,科学成为学校教育的主要内容,科学素养(科学知识、科学精神、科学方法等)的养成成为学校的培养目标之一;"教育科学化"则是指运用科学态度、科学手段、科学方法对教育进行研究,用科学原理和方法来指导学校的教育和教学。

虽然自古以来我国便重视科技的实用价值,但严格意义上的科学教育则始于近代。严复是我国近代最早提倡科学教育的思想家,他认为:"今日要政,统于三端:一曰鼓民力,二曰开民智,三曰新民德。"①其中,民智是富强之源,而欲开民智,则需要大讲西学。因此,他反复强调学习西方的科学,学习西方重

① 严复:《原强》,见陈学恂主编:《中国近代教育文选》,人民教育出版社2001年版,第175页。

实证的治学方法和教学方法的重要性。

1914 年 6 月，美国康奈尔大学的一批中国留学生发起组织“中国科学社”，任鸿隽任社长。次年 1 月，任鸿隽、赵元任、杨铨等留美学生为向国内介绍科学，创办了《科学》杂志。“科学社”与《科学》杂志均以传播科学知识、科学精神、科学方法为使命，成为当时宣传科学的主要阵地，并对我国近现代科学教育思潮的兴起发挥了直接的作用。任鸿隽曾在《科学》杂志上发表《科学与教育》一文，详细阐述了科学对于教育改革的重要意义，并认为：“科学于教育上之重要，不在于物质上之智识而在其研究事物之方法；尤不在研究事物之方法，而在其所与心能之训练。”①恰是由于任鸿隽等人的大力提倡，带来了科学主义和科学教育思潮在五四新文化运动时期的高涨，在当时许多人看来，“现在的世界是一个科学的世界。整个中国必须受科学的洗礼，方能适于生存”②，教育研究当然也不例外，教育统计、教育测量、智力测验、学务调查等科学研究方法在教育研究中几乎成为唯一的研究方法。1926 年，《中华教育界》的“自由论坛”还曾发表《教育学是一种精确的科学》一文。

简而言之，科学教育思潮不仅改变了我国传统教育观念的学校课程的内容体系，而且揭启了第一次教育科学研究高潮的到来。

五、乡村教育运动

乡村教育运动是平民教育运动向前进一步的发展，当时许多举办平民教育运动的教育家，深感农村是平民教育的最弱处，农村人口占总人口的 85%，认为其时中国的教育制度不适应中国社会的需要，尤其是农村教育的需要，于是从 20 年代起把平民教育运动的重点放到农村，旨在从教育农民入手，以改进乡村生活和推进乡村建设，他们提倡“到乡村去”“到民间去”，不但极力鼓吹，而且实地从事，见诸行动。当时“复兴农村”“建设农村”的呼声成为一种社会思潮，当然，具体的观点主张不尽一致。有的以教育为中心，有的以生产为中心，有的以政治组织为中心，有的以自卫组织为中心，有的着眼于改革乡村生活，有的把政治、经济与教育事业结合进行，但不管怎样，教育始终是重点。因而，当年的乡村建设运动，实质上也即乡村教育运动。

---

① 樊洪业、张久春选编：《科学救国之梦——任鸿隽文存》，上海科技教育出版社 2002 年版，第 67 页。

② 陶行知：《从五周年看五十周年》，见《陶行知全集》（第 3 卷），湖南教育出版社 1985 年版，第 513 页。

提倡乡村教育最得力者是晏阳初、陶行知、梁漱溟等。

晏阳初(1890—1990年),四川巴中人,早年在法办华工识字班后始决定献身平民教育事业。1923年10月任平民教育促进会总干事后,最初重视城市平民教育,后由分析文盲数量而注意农民,研究农民教育,1926年选河北定县为华北实验区。1929年集中全力在定县进行实验。他用"学校式(平民学校)、社会式(体育、讲演、展览等)、家庭式(幼对长)"三大方式来进行生计、文艺、卫生与公民"四大教育",以此解决所谓中国农村的"四大病":贫、愚、弱、私;并实现政治、教育、经济、自卫、卫生和礼俗"六大建设"。在晏阳初的带领下,国内文化教育界许多名人也放弃城市生活来定县,工作人员最多时达500人,"博士下乡"一时传为美谈。定县实验进行了十年,成绩显著,全县形成平民教育网,多数农民脱掉了文盲帽,全县建成县、乡、村三级卫生保健网,卫生普及,天花等传染病被消灭。通过生计教育,农产品种子改良,防治病虫害与信贷运销合作得到普及,农民收入有相当的提高,乡民的民族意识、团体意识与公益精神也大有提高。

陶行知是1926年主张以乡村学校作为改造乡村生活的中心,强调要教育农民有征服自然、改造社会的本领,能够自立、自治、自卫等,并举办晓庄学校。

梁漱溟(1893—1988年),是现代新儒学的代表,1927年在广州任广东省立一中校长时,并代李济深任广州政治分会建设委员会主席,提出开办乡治(村治、乡村建设)讲习所的方案。1929年参观了晓庄与定县后,1930年主编《村治月刊》。1931年在邹平成立山东乡村建设研究院,除指导研究生和训练乡村服务人员外,并在邹平、菏泽两县办理乡农学校、乡学、村学。这种学校是把宋朝、清朝曾推行的"乡约"制度加以修改补充,以学校为外貌,由"乡村领袖"(乡绅)、"学众"(农民)和"有志于乡村运动"的知识分子(教员)组成,实质是"政教合一"的组织,既对农民进行宗法思想教育和训练地主武装,又行使一乡(村)的行政权力。1937年,抗战爆发,邹平等地沦陷,学校停办。

除上述三人外,中华职业教育社于1923年在江苏昆山徐公桥,江苏省立教育学院在无锡惠北、北夏,四川乡村建设学院在巴县等都进行了乡村教育试验,形成乡村建设与乡村教育运动。

第六节　陶行知的生活教育理论及其实践

一、生平与教育活动

陶行知

陶行知(1891—1946 年),原名文浚,安徽歙县人,中国现代伟大的“人民教育家”。陶行知幼年受教于旧式私塾,后入当地教会开办的崇一学堂读书,这是他初次接受西方文化科学的教育。1910 年秋考入南京金陵大学文科学习,因信仰明朝心学大家王守仁的“知行合一”说而改名“知行”。1914 年赴美国留学,先入伊利诺伊大学学市政,后又进入哥伦比亚大学研究教育,师从实用主义教育家杜威。1917 年获都市学务总监资格文凭后,怀着要使全国人民都有受教育的机会的愿望,返回国内,开始其教育生涯。他一生的整个教育实践可分为下面几个阶段。

(一) 改革旧教育,提倡新教育(1917—1922)

陶行知回国后,先后担任南京高等师范学校教授、教育专修科主任、教务主任,东南大学教授、教育科主任,《新教育》杂志主编等职,讲授过“教育学”“教育行政”“教育统计”等课程,发表了许多介绍实用主义教育理论的文章。1922 年初,陶行知被聘为当时规模和影响最大的教育团体“中华教育改进社”的主任干事。在讨论教育改革时,陶行知力主开展教育调查,进行分门别类的调查研究,并主持中华教育改进社的普通教育的调查等活动。此外,他在南京高等师范学校担任教育专修科主任时,曾提出以教学法取代教授法,试行选科制和学分制,提倡男女同校等。

(二) 为民众教育的普及而探索、奋斗(1923—1934)

1923 年后,陶行知的注意力逐渐从改革旧的学校教育转移到探索民众教育的普及这方面来,从介绍西方教育思想转移到研究中国国情、探索开辟中国人民大众教育的路上来。在此之后的十余年间,他的思想和实践活动经历了一个很大的发展过程,主要包括平民教育、乡村教育、普及教育等方面工作。

1. 提倡平民教育运动时期(1923—1926)

1923 年,陶行知辞去东南大学的职务,与朱其慧、晏阳初在北京发起组织中华平民教育促进会,专任教育改进社主任干事,积极提倡平民教育运动。陶行知的平民教育着眼于扫除文盲,为普及教育作准备,因此,其平民教育运动即是一个平民读书运动,这时,他还与朱经农合编平民识字课本。他认为"平民教育是改造社会环境的一个最重要方法",幻想利用平民教育来打通贫富、贵贱等阶级隔阂,用四通八达的教育创造一个四通八达的社会。从陶行知此时的思想和实践来看,他的平民教育主张既充满着真诚的爱国民主精神,同时又深受杜威阶级调和以及教育救国、教育万能思想的影响。但无论怎么讲,平民教育运动都是陶行知为人民大众的教育而探索、奋斗的起点。

2. 从事乡村教育时期(1926—1930)

陶行知在从事平民教育的初期,主要是以城市平民为教育对象,但不久他便开始注意到农民教育问题,因为"中国以农立国,十有八九住在乡下",平民教育应该主要是到乡下去进行的运动。1926 年,陶行知为"中华教育改进社"起草了《改造全国乡村教育宣言书》,提出要"筹集一百万元基金,征集一百万位同志,提倡一百万所学校,改造一百万个乡村"。并提出了师范教育下乡主张,成立了乡村教育研究会,创办《乡教丛讯》。1927 年春,他又与东南大学教授赵叔愚一道以改进社名义,在南京近郊和平门外小庄,创办了晓庄试验乡村师范学校(1928 年 8 月改名为南京晓庄学校),后来又在此基础上,创办了小学师范院(赵叔愚任院长)、幼稚师范院(陈鹤琴任院长)、晓庄小学、中心幼稚园、民众学校等。这个时期是陶行知教育思想和实践发展的第一个高峰时期,他的"生活教育"就是在此时提出并加以实践的。1930 年 4 月,国民党政府查封了晓庄学校,陶行知因受到通缉而逃亡日本。

3. 提倡普及教育运动时期(1931—1934)

1931 年春,陶行知由日本回上海,从事科学普及教育,提倡"科学下嫁运动",创办自然科学园和儿童科学通讯学校,并与他人一起编辑了许多通俗的科学丛书。1932 年,陶行知在上海大场创办了"山海工学团",它以"工以养生,学以明生,团以保生"为宗旨,进行军事、生产、科学、识字、运用民权、节制生育等六种能力的培养,将工场、学校、社会打成一片,他自己认为这是为改造社会创造富有生命力的新细胞。在此之后,他又相继建立了木工工学团、棉花工学团、报童工学团、晨更工学团等。

在普及教育的实践中,他还总结、创立了"小先生制"。这种制度是陶行知为了解决普及教育中的师资问题提出的。它主要是利用上学的儿童、小学生来教不识字的儿童、成年人甚至老人。他把这种识字、有一定文化知识的儿童或小学生称为"小先生"。陶行知认为,用"小先生"进行普及教育有四大好处:

第一，可以解决女子普及教育问题；第二，可以促进进步，焕发青春；第三，可以使知识公有；第四，可以使学校与家庭、社会流通。这种“即知即传人”的“小先生制”，在当时历史条件下，对于群众的识字教育、扫盲教育、文化普及教育等确实起到了积极的作用。当然也不可过于夸大其作用，毕竟“小先生”自己的身心发展还不成熟，其文化知识的水平还很低，让他们承担教师的责任，实际上是很难达到普及教育的目标的。

1934 年 7 月，陶行知发表了《行知行》一文，正式改名为“行知”，以表示他坚信唯物主义的认识论。

（三）从事国难教育、战时教育时期(1935—1945)

1935 年“一二·九”运动爆发后，全国要求抗战救亡、停止内战的呼声高涨。陶行知也积极投身其中，大声疾呼：读死书、死读书、读书死的时代已经过去，应该把教育与民族革命紧密联系起来。1936 年发起组织了“国难教育社”，他被推为社长，拟定《国难教育方案》。他指出：中国已到生死存亡关头，只有武力抵抗才是出路。民族的命运非“小众”所能救，“国难教育的任务，在唤醒大众组织起来救国”。1936 年 7 月，陶行知受全国教育联合会委托，担任国民外交使节，到欧美 28 个国家宣传中国的抗日主张。1938 年夏回国，将《生活教育杂志》更名为《战时教育》。同年 12 月，生活教育社在桂林成立，陶行知被推为理事长。

1939 年，陶行知在重庆创办培养人才幼苗的育才学校，学校以引导学生做追求真理的小学生、自觉觉人的小先生、手脑双挥的小工厂、反抗侵略的小战士为办学目标。育才的教育实践，大大地丰富了生活教育理论，并将其推向新的发展阶段。

（四）倡导民主教育时期(1945—1946)

抗战胜利后，陶行知开始提倡民主教育运动，担任了民盟中央常务委员兼教育委员会主任委员，并将《战时教育》更名为《民主教育》。他先后发表了《实施民主教育的提纲》《民主教育之普及》等许多有关民主教育的文章、演说，并提出了“社会大学运动”的主张。1946 年，他和李公朴等创办了重庆社会大学，这是一个团结进步青年、进行革命的政治教育和专业教育的文科夜大。同年 7 月 25 日，陶行知先生因劳累过度逝世。周恩来在给中共中央的电报中说，陶行知的去世，“这是中国人民又一次不可补偿的损失。十年来，陶先生一直跟着毛泽东同志为代表的党的正确路线走，是一个无保留追随党的党外布尔什维克”。

二、"生活教育"理论

"生活教育"理论是陶行知的基本理论,贯穿在他的教育思想和实践的各个方面。它包括了教育的目的、教育内容和教育方法。

生活教育理论酝酿于陶行知从事新教育和平民教育运动的过程中,到1927年前后,他从事乡村教育时期,形成了全面的、系统的观点,在以后三四十年代,"生活教育"理论又得到进一步发展和完善。

陶行知"生活教育"理论包括三个观点:"生活即教育""社会即学校""教学做合一"。

(一) 生活即教育

"生活即教育"是陶行知生活教育理论的核心,它既是陶行知的教育目的论,又是教育内容论。它明确规定生活决定教育、教育以生活为中心的思想。它包含三层含义:① 生活教育是人类社会原来就有的,是生活便是教育,自有人类生活产生便有生活教育,生活教育随着人类生活的变化而变化,而且生活教育是与生俱来,与生同去,"出世便是破蒙,进棺材才算毕业"。② 生活决定教育,实际生活是教育的中心。教育是为人生需要提供帮助的,因而教育的内容是为生活所必需的,而不是脱离生活的,过什么生活,就是受什么教育,同样,儿童的生活就应成为儿童的教育。同时,生活教育是生活所自营的,教育要通过生活才能产生力量而成为真正的教育,即教育应在生活中进行。陶行知认为:"生活与生活摩擦,才能起教育作用。如果过的是少爷生活,虽天天读劳动的书,不算是受着劳动教育;过迷信的生活,虽天天听科学的讲演,不算是受着科学教育……我们要想受什么教育,便须过什么生活,就如要提倡民主教育,就要在民主的生活中学习民主。"③ 教育的意义是生活的变化,是为了生活向前向上的需要。陶行知虽然主张生活决定教育,但并不是说教育仅是教人消极地"适应生活",而是主张以实际生活斗争教人去追求向前向上的生活。陶行知曾说过:生活教育即是要用前进的生活引导落后的生活,要大家一起来过前进的生活,受前进的教育。他在20世纪20年代从事乡村教育时便提出,生活教育要以培养学生和农民群众的"征服自然改造社会的本领"为总目标,使之具有"农夫的身手""科学的头脑""艺术的兴趣""改造社会的精神"。这实际上也是他理想中的具有全面高素质的"现代人"。

陶行知"生活即教育"的观点,固然有着将"生活"与"教育"相混同,抹杀教育的特殊性,轻视系统的书本知识传授等不足之处,但是他的"生活即教育"的理论旨在强调生活与教育的不可分离关系,要求儿童的教育应适应儿童的生活特点，它与脱离民众生活的以死的书本知识为中心的传统教育是根本对立的，也与杜威的“教育即生活”中的假生活与只一味教人适应生活有着本质的区别。这乃是一种具有现代精神的教育观念。

（二）社会即学校

这是陶行知“生活教育”理论中与“生活即教育”有着紧密关联的另一个重要的命题。它是指充分利用社会的活环境、活势力进行教育。

陶行知认为，生活教育中的“生活”是社会生活，所以整个社会的活动，就是教育的范围，学校与社会的血脉是自然相通的。然而，传统教育是把教育与生活、学校与社会相分离的；杜威提出了“学校即社会”的主张，虽然具有反传统的一面，但是不过为“学校社会化”而已，在学校与社会之间，仍然耸立着一座高墙。他以小鸟与鸟笼为喻说：杜威的“学校即社会”的主张，就如同将一只活泼可爱的小鸟关在鸟笼，且在鸟笼中为鸟营造一个模拟的“小自然”。“社会即学校”则不然，它是要把笼中的小鸟放飞到天空中，让它任意地自由翱翔，是要把学校的一切都伸张到大自然中去。所以，陶行知积极组织学生走出校门，接触生活、社会、大自然，使学生和社会打成一片，把课内课外、校内校外结合起来，以增强教育的活力。

必须指出的是，陶行知提出的“社会即学校”主张，并不是要求将学校与社会完全等同，更不是主张“学校消亡”，它的根本意义在于要求学校教育与社会、民众生活的“血脉相通”。大致说来，陶行知的“社会即学校”包含两层含义。一方面是就扩大学习的内容和教育对象等而言的。他说：我们主张“社会即学校”，是因为在“学校即社会”的主张下，学校里的东西太少。而反过来主张“社会即学校”，则教育的材料、教育的方法、教育的工具、教育的环境等都可以大大地增加，学生和先生也可以多起来，因为在这种办法之下，不论是校内还是校外，都可以做师生的。可见，陶行知的“社会即学校”是指学校教育的范围不只是书本，而要伸张到大自然、大社会和群众生活中去，向大自然、大社会学习，向群众学习。另一方面是就社会教育而言的。陶行知认为，旧教育只是“少爷小姐”的“小众教育”，没有大众受教育的机会，而且它与生活、与社会相脱离。在这种旧教育改变之前，陶行知认为：生活斗争是大众唯一的教育，社会是大众唯一的学校，马路、弄堂、乡村、工厂、战场等等，凡是生活的场所，都是大众教育自己的场所。茶楼、酒楼、戏院、破庙、茅棚等都可以成为大众的课堂。他曾赋诗一首赞美这种社会教育：“青天是我们的圆顶，大地是我们的地板……人民创造大社会，社会变成大学堂。”正是陶行知的“社会即学校”的观点具有不同的含义,所以他也根据不同的历史条件、不同的对象和教育目标,先后创办了晓庄学校、工学团、育才学校、社会大学等不同于传统学校的新型学校,以实现其普及民众教育的理想。

(三)教学做合一

"教学做合一"是陶行知"生活教育"主张的教学理论。陶行知说:"教学做合一是生活现象之说明,即是教育现象之说明。在生活里,对事说是做,对己之长进说是学,对人之影响说是教。教学做只是一种生活之三方面,而不是三个各不相谋的过程。"[①]简言之,"教学做合一"是以生活为中心的整个教育过程,它的基本含义是:事怎样做就怎样学,怎样学就怎样教。教的方法要根据学的方法,学的方法要根据做的方法,教与学都以做为中心。教学做是一件事,不是三件事,在做上教的是先生,在做上学的是学生,从先生对学生的关系说,做便是教,以学生对教师的关系来说,做便是学。"先生拿做来教,乃真教;学生拿做来学,方是实学。"[②]他举种稻为例:种稻要在田里做,便须在田里学,在田里教。可见,陶行知的"教学做合一"是强调教学与实践的关系、教育与生活的关系,主张教与学都是为了生活实践的需要,要和生活实践相结合。

陶行知特别强调要亲自在"做"的活动中获得知识,但他所说的"做"并不同于杜威的"做中学"的"做",有着自己特定的含义,他说:"这定义便是在劳力上劳心。单纯的劳力,只是蛮干,不能算做。单纯的劳心,只是空想,也不能算做。真正的做只是在劳力上劳心。"也就是要"看书、问人、用工具,劳力与劳心结合,就像做一件事,便要想如何可以把这件事做好,如何运用书本,如何运用别人的经验,如何改造用得着的一切工具,使这件事做得最好。我们还要想到这事和别事的关系,想到这事和别事的相互影响。我们要从具体想到抽象,从'我相'想到'共相',从片段想到系统,这都是在劳力上劳心的工夫"。由此我们可以知道,"教学做合一"并非只重视实践的技能而忽视理论知识,只强调个人的狭隘经验而轻视间接的经验和系统的知识。它强调的是教育要以社会生活实际的"做"为中心,认为劳力与劳心的结合才能获得真知。

陶行知的"教学做合一"的主张,以"行是知之始,知是行之成"的认识论观点作为它的哲学基础。他强调"行"是知识的来源,由"行"中得来的亲知是一

---

① 陶行知:《教学做合一下之教科书》,见《陶行知全集》第2卷,湖南教育出版社1985年版,第289页。

② 陶行知:《陶行知教育文选》,教育科学出版社1981年版,第77页。

切知识的根本，是“真知识”。但是陶行知并非只求狭隘的个人经验，而忽视间接经验和书本知识的重要性，他说：“我只说真知是要安根在经验里，没有说样样知识都要从自己的经验上得来。假使我们抹杀别人经验里所发生的知识而不去运用，那真可算世界上第一个大呆子。”为此他以“接知如接枝”说来加以说明：“我们要有自己的经验做根，以这经验所发生的知识做枝，然后别人的知识方才成为我们知识的一个有机体部分。”换言之，我们必须有个人经验做基础，然后才能了解和吸收、应用人类的全体经验。

据陶行知自己解释，“教学做合一”包含着两层意义：一是作为方法来说，它是要解决“学非所用，用非所学”的现象，达到学用一致的目的；二是作为生活的说明来说，它普遍存在于实际生活中。

综上所述，“教学做合一”的教育目的，也就是生活教育的目的，它旨在充分调动学生的主动性和积极性，实行劳力与劳心、知与行、理论与实践的结合，即教育与生产劳动、社会生活相结合，以培养学生的生活能力和创造能力。

陶行知的“生活教育”理论是在五四“民主与科学”的大旗指引下，在批判封建传统教育和近代出现的洋化教育的基础上，在了解中国教育现状和亲身从事教育实践活动之后提出来的，它是在半殖民地、半封建国家为建立普通民众的教育体系所进行的一场教育改革运动，是建立中国现代教育理论所作的一次有益的探索。它的内涵随着陶行知思想的变化而变化，1936 年春，他在《生活教育之特质》一文中，认为“生活教育”有六个特点：生活的、行动的、大众的、前进的、世界的、有历史联系的，从而把“生活教育”理论推向一个新的阶段。陶行知先生不愧是一位“伟大的人民教育家”。

第七节　陈鹤琴的“活教育”理论

一、生平与教育实践

陈鹤琴(1892—1982 年)，浙江上虞人，童年时在家乡接受过 6 年的传统私塾教育，1905 年秋，进入杭州教会开办的蕙兰中学学习，开始接受近代科学知识教育。1911 年春天进入圣约翰大学学习，同年秋天，留美预备学校——清华学堂招生，他作为浙江省保送生前往北京参加考试而被录取。在清华学习期间，陈鹤琴积极参加各种社会服务活动，在校内为校工开办了一所校役补习夜校，在校外为农村孩童开设了一所义务小学。

1914年下半年,陈鹤琴前往美国留学。他先是在霍普金斯大学研究普通学科,后进入哥伦比亚大学师范学院专攻教育学和心理学,并在1917年6月、1918年夏季先后获得霍普金斯大学文学学士学位和哥伦比亚大学师范学院教育硕士学位。值得一提的是,在哥伦比亚师范学院学习期间,陈鹤琴深受实用主义教育思想的影响,在所学课程中,曾选修了杜威的学生克伯屈的教育哲学课和教育史专家孟禄的教育史课。

1919年8月,陈鹤琴踏上归国的旅程,受聘担任南京高等师范学校(后更名为东南大学)教育科的儿童教育学、心理学教授,并开始从事学术研究工作。1921年,他与教育家廖世承合作,出版了《智力测验法》一书,这是我国第一部系统介绍智力测验知识的专著,对于推动我国教育测验运动发挥了重要的作用。1925年,陈鹤琴的《儿童心理之研究》和《家庭教育》由商务印书馆出版,这两部著作都是他在吸收西方研究成果,以自己儿子一鸣为对象进行个案研究的基础上撰写而成。自1920年12月底儿子一鸣出生第2秒开始,陈鹤琴便通过照相、观察、日记等研究方法追踪研究儿童心理发展特征,时间长达808天。

1923年春天,陈鹤琴以"东南大学教育科实验幼稚园"名义创办鼓楼幼稚园,并亲任园长和各项试验的指导,开展以课程试验为主导的全面试验。经过散漫期、论理组织期和设计组织期三期试验,其实验成果在教育部颁布的《幼稚园课程暂行标准》(1929年)中得到体现。

1927年3月,陶行知在南京创办晓庄学校,进行乡村师范教育试验。作为乡村教育试验的一部分,晓庄幼稚师范院也于同年6月成立,陈鹤琴被聘为院长兼指导员,开始进行乡村幼稚园教师的培养试验。

1927年6月,陈鹤琴担任南京特别市教育局学校教育课课长,次年夏应邀赴上海主持公共租界工部局华人教育,直至1939年离开。在此期间,陈鹤琴曾考察欧洲11国的新教育发展情况,其中比利时的德克乐利学校给他留下了深刻的印象,尤其是学校中"通过生活,为了生活"的教学方法对他"活教育"的形成产生了重要的影响。

1940年初,陈鹤琴应邀去江西办学。为了实验"活教育"理论,陈鹤琴在江西泰和县设立了我国历史上第一所公办幼儿师范学校——江西实验幼稚师范学校(初为省立,后改为国立)。他的活教育理论不仅在学校中开展实验,而且其理论也在实验过程中得以完善。

1945年抗战胜利后,陈鹤琴回上海担任教育局督导处主任督员,应邀担任了新成立的上海市立幼稚师范学校校长，继续开展“活教育”试验。

1949 年中华人民共和国成立，陈鹤琴被任命为中央大学师范学院院长，院系调整后，担任新成立的南京师范学院院长，为中国人民政治协商会议全国委员会第一、二、三、四、五届委员，江苏省第一、二、三届副主席。主要著作有《儿童心理之研究》《家庭教育》《幼稚园的课程》《中国幼稚教育之路》《我的半生》等，辑入《陈鹤琴全集》中。

二、“活教育”思想体系

1940 年，陈鹤琴发表《什么叫做“活的教育”》的演讲，首次提出了“活教育”的概念，1941 年创办《活教育》月刊，明确了“活教育”的基本观点，标志着他的“活教育”理论体系的正式形成。①

所谓“活教育”即“活的教育”，是相对“死的教育”而言的，按照陈鹤琴自己的解释：“什么是‘活的教育’？简单说一句，就是‘不是死的教育’。书本主义的教育就是死的教育。”②在“活教育”的内涵中，一切设施、一切活动以儿童做中心的主体，学校中的一切活动均是儿童的活动；教育对象是活泼好动、有生命力和生长力的，他们敢发问，有创造能力；课程与教材是活的，是根据儿童心理和社会需要编订的，且具有伸缩性和活动性；教学方法是活的，一切教学集中在“做”。简而言之，“活教育”的核心精神是“活”。

陈鹤琴的“活教育”理论体系较为丰富，1947 年 9 月的英文版《活教育》中曾刊载了陈鹤琴亲自撰写的《活教育》一文。关于“活教育”的理论，他从三大目标、十七条教学原则、训育的十三条基本原则、学习的四个步骤等诸方面进行归纳、介绍，其中三大目标是整个理论的核心，对应“活教育”的目的论、课程论、教学论。

（一）活教育的目的论

早在 1941 年，陈鹤琴在新创办的江西实验幼稚师范学校实验“活教育”理论时，就提出以“做人，做中国人，做现代中国人”③作为教学目标。到 1944 年，他在回答教育实践中如何实施“活教育”的问题时，则明确表示：“活教育的目

① 王伦信：《陈鹤琴教育思想研究》，辽宁教育出版社 1995 年版，第 235 页。

② 陈鹤琴：《什么叫做“活的教育”》，见《陈鹤琴全集》（第 5 卷），江苏教育出版社 1991 年版，第 24 页。

③ 陈鹤琴：《松林中新生的幼师》，见《陈鹤琴全集》（第 5 卷），江苏教育出版社 1991 年版，第 16 页。

的就是在做人、做中国人、做现代中国人。”①第二次世界大战结束后,民主化成为世界教育发展的潮流,狭隘的爱国主义教育受到教育界的批评。1948 年,陈鹤琴根据世界教育发展潮流的变化,又将“活教育”目的论的表述改为“做人,做中国人,做世界人”②。表述虽然有了变化,但基本精神依然是一贯的。

人是“活教育”的出发点,也是其最后的归宿。教人做人成为“活教育”的目的便不难理解。陈鹤琴认为,自古以来中外教育家都是非常重视做人的,只是到了近代,我国教育变了质,将“受教育”简单地等同于读书,反而将根本的做人忘记了。重提做人,不仅是对教育思想传统的继承,更是一种发展(因为今天做人的内涵与古代有着根本不同)。从陈鹤琴这个命题来看,本身包含了对人的发展和完善,包含了对人生理想的设计和追求。当然,“人”不是封闭性的、孤立的个体,他是社会的动物,社会性是人与其他动物的本质区别。做人其实就是如何处理社会中的人与人之间的关系,“怎么使这个关系正确而完好的建立起来,以通过这个关系参与共同生活”③,活教育讲做人,便是学习如何做人,如何求得人类的进步和社会的发展。

陈鹤琴关于“活教育”目的论的表述,体现了从一般到具体的三个不同层次的做人。第一个层次的做人的“人”,是指广义上的一般的人。就这个“人”应该具备的一般修养而言,首先他必须热爱人类,而不论对象的国籍、种族、阶级或宗教;其次他必须热爱真理,真理高于一切。然而由于任何人都是生活在一定的国度里的,不同的国家其社会性质不同,造成这个社会中的人民生活内容、生活追求也不一样。而生活在同一个国度里的人,共同拥有历史,生长在同一块国土上的人,他们的命运是息息相关的。故而“人”除了需要一般人的基本修养外,还需要与这个国度相一致的素养,故而就有了“活教育”目的论的第二个层次做中国人,而这也体现了活教育目的论的民族特征。做一个中国人必须热爱自己的祖国,这意味着爱祖国的历史、爱祖国的前途、爱祖国的人民。这种爱国不同于法西斯主义所标榜的爱国家,它是建立在热爱真理的基础之上的。“活教育”要求培养的人是生活在现代中国社会的人,是能够改造现代中国社会的人。当时中国社会处于半殖民地半封建社会,人民生活极端

---

① 陈鹤琴:《活教育要怎样实施的》,见《陈鹤琴全集》(第 4 卷),江苏教育出版社 1991 年版,第 356 页。

②③ 陈鹤琴:《活教育的目的论》,见《陈鹤琴全集》(第 5 卷),江苏教育出版社 1991 年版,第 62 页。

贫困,活教育要培养的就是那种能够承担起“对外反对帝国主义的干涉,争取民族独立;对内肃清封建残余,建树科学民主”①历史任务的现代中国人,体现了活教育目的论的现实性。

要做一个现代的中国人,必须具备一些基本素养。1941 年,他在《松林中的新生的幼师》一文中提出做现代中国人必须具备健全的身体、自动的能力、创造的思想、生产的技术、服务的精神,后来又改为要有健全的身体、建设的能力、创造的能力、能够合作、要服务。到了 1948 年,随着“活教育”目的论表述的变化,他对现代中国人应具有的基本素养的表达也略作了修改。

陈鹤琴认为,要做一个现代中国人必须具备五个条件:第一个条件是要有健全的身体。身体的好坏直接影响着一个人一生的生活和事业,然而长期以来中国人与外国人相比,体质太差,一到 50 岁便自居老朽,无所作为,被人讥为“东亚病夫”。为此他特别提醒国人:有了健全的身体,才能承担起建设现代中国的艰巨事业。第二个条件是要有创造的能力。中国数百年来受科举的影响,思想被束缚,因循守旧而不知创造,导致今日科学文化落后。现在要提倡创造力,必须从儿童抓起,才能事半功倍。因为儿童本性中蕴含着强烈的创造欲望,只要我们在教学中善于启发诱导,并放手让儿童手脑并用、实践探索,就能养成他们创造的能力。第三个条件是有服务的精神。所谓“服务”的精神,是指一种服务社会、服务大众、服务真理的“大我”崇高德性。一个自私自利的市侩小人,与禽兽也相去不远。“如果人人如此,那么国家民族堪忧,世界的前途也堪忧了”②,所以要培养儿童一种服务的精神,指导儿童去帮助他人。第四个条件是要有合作的态度。中国人个性很强,喜欢各自为政,在团体活动中,常常缺乏合作精神,以致被外国人形容为一盘散沙。这也是国民性中的缺陷之一。因此,要做现代中国人,首先要培养一种团结合作的态度。第五个条件是要有世界的眼光。所谓世界的眼光,便是对于世界的了解,它既包括对于人类社会发展变化的了解,也包含对于自然界运动规律的了解。

陈鹤琴认为,我们不仅要培养儿童做中国人,而且还要做世界人、做现代世界人。这便成为活教育目的论的第三个层次。中国是世界的一部分,不可能脱离世界关系而孤立存在,而且世界永久和平的缔造需要全世界人民的共同努力。因此,一个中国人不仅要了解中国社会发展,还要了解世界发展的潮

---

① 陈鹤琴:《活教育的目的论》,见《陈鹤琴全集》(第 5 卷),江苏教育出版社 1991 年版,第 63 页。

② 陈鹤琴:《活教育的目的论》,见《陈鹤琴全集》(第 5 卷),江苏教育出版社 1991 年版,第 66 页。

流;不仅要为中国的民主独立而努力,还要为世界和平而奋斗。而要做一个世界人的主要条件便是“爱国家、爱人类、爱真理”。

(二) 活教育的课程论

陈鹤琴认为,活教育的课程是“活”的,它是把大自然、大社会作为出发点,让儿童直接到大自然、大社会中去学习。后来他将活教育的课程论凝练成一个命题:“大自然、大社会都是活教材”。

如前面所述,陈鹤琴的“活教育”理论是从对书本主义的传统教育的批判入手。他认为,中国人历来对教育有一个错误的观念,即把书本知识作为唯一的教育资料,学生受教育被称为“读书”,教师教学被称为“教书”。其实,书本只能作为学习的“副工具”,书本上的知识都是间接的。相反,大自然、大社会才是真正的活的书。活教育就是主张向大自然、大社会学习,去向活的直接的知识宝库——大自然、大社会探讨研究。因为大自然、大社会的知识是直接的知识,它提供给儿童的知识是生动直观的、形象鲜明的,而且通过自然、社会,切合儿童生活的教育也是最能激发儿童兴趣的教育。

他以大自然、大社会为教材的课程论思想,显然受到杜威实用主义思想的影响,与陶行知“生活教育”理论也有相似之处。但是,陈鹤琴的活教育主张并没有走向极端。他虽然认为大自然、大社会是知识的主要源泉,但同时并不摒弃书本在学习过程中的价值。他以为只要不将书本知识作为学校学习的唯一材料,恰当地使用书本作为参考材料加以活用,书本依然是有用的。简而言之,活教育的课程论主要是要求将大自然、大社会作为学生学习、研究的对象,以书本知识作为参考,根据国家课程标准和当地儿童与环境的需要情况编制课程。陈鹤琴曾将活教育思想指导下的课程与传统的死教育进行了系统的比较,认为活教育的课程具有以大自然大社会作主要的教材,以课本为参考资料;各科混合或互相关联;不受时间限制,没有分节的时间表;内容丰富;生气勃勃的;儿童自己做的;整个的,有目标的;有意义的;儿童了解的九个特点。①

由于大自然、大社会以及儿童生活都是整个的、有联系的,因而活教育的课程体系的设计也是整个的、连贯的。他曾以形象的“五指活动”的概念来指称其为幼稚园设计的课程体系。所谓“五指活动”,一是指幼稚园的课程包括五个方面的活动,即健康活动、社会活动、科学活动、艺术活动和文学活动;二

① 陈鹤琴:《活教育与死教育》,见《陈鹤琴全集》(第5卷),江苏教育出版社1991年版,第32页。

是指这五个方面活动如同人的五指，它们是活的，可以伸缩，又互相联系。①

（三）活教育的教学论

杜威以“从做中学”为实用主义教学法，陶行知主张“教学做合一”，陈鹤琴汲取了他们对“做”高度重视的思想，而把它发展为“做中教，做中学，做中求进步”②。这是活教育的教学方法的一个基本原则，也是活教育的教学论的命题。

“做”是活教育的出发点。陈鹤琴认为，教师教儿童学习大自然中的实际事物，不能单单靠书本，而需要教师与学生共同去做，必要时给予学生指导。按照活教育的教学原则的要求是：凡是儿童自己能够做的，就应当让他自己做；凡是儿童自己能够想的，应当让他自己想；你要儿童怎样做，就应当教儿童怎样学；鼓励儿童去发现他自己的世界。③ 只有在与实际事物的接触中去做、去教，去获得直接经验，才能求得师生共同的进步。不难发现，“做中教，做中学，做中求进步”命题的意义，不仅仅是关于知识获得的途径和方法问题，更重要的是突出强调了学生在教学过程中的主体地位，这与活教育以儿童为中心，以培养儿童的发展为目的的特点是一致的。

根据以“做”为中心的活教育的教学论，对儿童的教学多安排在户外进行，采用启发式、诱导式教学方式，引导学生自动探讨。陈鹤琴将整个教学过程分为四个步骤：实验与观察、阅读和参考、发表与创作、批评与研讨。④

资料链接

譬如一个小孩子，他研究一只活的青蛙，这种研究和观察的工作就是第一个步骤“实验”。但是这种实验是不够的，他还需要更多的参考书，什么关于青蛙生活的科学小品呀，故事呀，儿歌呀，他要这一类的书，这是他在做他的“参考”工作，也就是教学过程的第二个步骤。他在参考了这些书之后，可以写一篇关于青蛙生活的报告，或则编一个木偶戏或故事，或者是童话，或者是演一幕自编自导的关于青蛙的小小戏本，这就是教学过程的第三个步骤。在这一

① 陈鹤琴：《活教育要怎样实施的》，见《陈鹤琴全集》（第 4 卷），江苏教育出版社 1991 年版，第 375 页。

② 陈鹤琴：《〈活教育〉发刊词》，见《陈鹤琴全集》（第 5 卷），江苏教育出版社 1991 年版，第 1 页。

③ 陈鹤琴：《活教育的教学原则》，见《陈鹤琴全集》（第 5 卷），江苏教育出版社 1991 年版，第 75—79 页。

④ 陈鹤琴：《活教育》，见《陈鹤琴全集》（第 6 卷），江苏教育出版社 1992 年版，第 302—303 页。

步骤之后,老师就和小朋友在一起检讨这一个学习过程,这就是第四个步骤了。

——陈鹤琴:《活教育要怎样实施的》

活教育的理论,是以中国社会为其发展的基础,是针对中国社会的实情,适合大众需要而发展起来的,因而它是本土化的产物。① 它是陈鹤琴那一代中国知识分子在广泛吸取西方现代教育理念的基础上,结合中国教育实际,为中国化现代教育理论体系的建构所进行的积极探索。当然,就体系的严密性而言,它也存在某些不足,诸如如何正确处理直接经验与书本知识学习的关系,活教育的适用对象及其范围等均有可商榷之处,但其所包含的现代性、先进性则与世界现代教育思想发展的潮流是一致的。

【本章小结】

19 世纪末兴起的新教育思潮揭橥了世界现代教育理论探索的序幕。大致而言,19 世纪末至 20 世纪的现代教育理论主要是在对传统教育理论批判的基础上,集中于三个方面的探索:一是关于教育民主化的诉求,二是关于教育本质的追问,三是关于教育与大自然、大社会之间关联的探讨。

19 世纪末的欧洲"新教育运动"与 20 世纪初美国的"进步教育运动"虽然在主旨上并不完全相同,但在强调教育的"儿童本位",在教育发展儿童自身的心智方面的诉求上却是一致的。

杜威作为 20 世纪影响最大的教育家之一,"教育民主化"是其教育思想理论的核心。他把以赫尔巴特为代表的教育理论称之为"传统教育派",而将自己的实用主义教育理论称为"现代教育派"。虽然从严格意义上讲,杜威在教育价值的取向上并不是一位"个人本位主义"者,但其对于教育本质的认识,却持"儿童中心"的观点。他认为教育的目的不是为将来生活作准备,而是当下儿童的发展,因而他将教育定义为儿童的生长、生活,教育过程就是儿童经验的改造和改组,主张以活动课程代替学科课程,提倡"从做中学",由此对传统教育的"三中心",即教师中心、教材中心和课堂中心进行了彻底的颠覆。

改造主义、要素主义、永恒主义、存在主义等诸种教育思潮,其实体现了人

① 陈鹤琴:《〈活教育的理论与实践〉再版卷头语》,见《陈鹤琴全集》(第 5 卷),江苏教育出版社 1991 年版,第 143 页。

们对于教育价值的取向上“学生本位”抑或“知识本位”的争议，或者说是进步主义教育与新传统主义的斗争。

马卡连柯、苏霍姆林斯基、赞科夫等苏联教育家在丰富的教育实践基础上，对社会主义条件下的教育发展规律作了有益的探索。马卡连柯的集体教育理论，强调个体生活在集体中，集体即是教育的对象，又是教育的力量；苏霍姆林斯基基于人道主义立场，提倡教育应该培养有个性的和谐发展的人；赞科夫不仅关注教学效率问题，更强调教学对于学生多方面发展（即一般发展）的价值。

中国20世纪20年代前后兴起的各种教育思潮，虽然受到了外国教育思想理论的影响，但总体而言均是中国学者努力探索现代教育中国化的结果。其立论的基础是在对传统“土八股”和新式“洋八股”不满的前提下，对于中国教育发展理论的探索。其基本指向有三：一是关于教育的民主化诉求，即摒弃传统的精英教育而提倡大众教育，如平民教育思潮、工读教育思潮等均可视为此种诉求的实践；二是关于教育的科学化追求，即重视自然科学知识的传授和教育的科学实验的开展，如二三十年代的乡村教育运动、陶行知的晓庄实验、陈鹤琴的鼓楼幼稚园的实验等，均属于中国学者对于教育的科学化的探求；三是关于教育的生活化探寻，即主张教育与社会生活实际的联系，诸如陶行知的生活教育理论、陈鹤琴的活教育理论以及黄炎培对职业教育的提倡等均是这种思想或理论倾向的反映。

学习指南

1. 重要概念

新学校运动　夏山学校　从做中学　活动课程论　改造主义教育　要素主义教育　平行教育影响原则　一般发展　最近发展区　平民教育思潮　定县实验　乡农学校　小先生制　山海工学团　活教育　五指活动

2. 问题与思考

① 19世纪末至20世纪初兴起的新教育运动“新”在何处？

② 如何理解杜威的“教育就是生长，在它自身之外，没有别的目的”这句话的含义？

③ 为什么说存在主义教育在本质上是一种人本主义教育思潮？

④ 如何评价赞科夫“教学与发展”的理论？

⑤ 苏霍姆林斯基教育思想的核心精神是什么？

⑥ 陶行知为何说自己的生活教育理论是将杜威先生的教育理论翻了一个筋斗？

⑦ 陈鹤琴“活教育”中的“活”的内涵是什么？

3. 推荐阅读

① 王承绪、赵祥麟编译:《西方现代教育论著选》,人民教育出版社 2001 年版。

② [英]尼尔:《夏山学校》,王克难译,南海出版社 2006 年版。

③ [意]玛利亚·蒙台梭利:《童年的秘密》,金晶、孔伟译,中国发展出版社 2003 年版。

④ 赵祥麟、王承绪编译:《杜威教育名篇》,教育科学出版社 2006 年版。

⑤ 吴式颖等编:《马卡连柯教育文集》,人民教育出版社 2005 年版。

⑥ [苏]赞科夫:《教学与发展》,杜殿坤等译,文化教育出版社 1983 年版。

⑦ [苏]苏霍姆林斯基:《苏霍姆林斯基选集》(五卷本),教育科学出版社 2001 年版。

⑧ 胡晓风等主编:《陶行知教育文集》,四川教育出版社 2007 年版。

⑨ 北京市教育科学研究所编:《陈鹤琴全集》(6 卷本),江苏教育出版社 1991 年版。